本书获国家社科基金（BGA200057）资助

U0679284

服装品牌形象营销理论与实践

陈李红　严新锋　著

东华大学出版社·上海

内容提要

　　《服装品牌形象营销理论与实践》沿着"概念→原理→应用"这一逻辑主线，围绕服装品牌形象的认知、维度、评价、营销、传播与管理六大核心主题，研究服装品牌形象营销的概念体系，探明服装品牌形象对消费者行为影响的内在机理，解决服装品牌营销实践中品牌形象的建构和认同等问题。同时，本书是以很多服装品牌的实际案例为基础的一本操作性的、实用的书籍。本书尝试将相关概念运用到服装品牌形象营销的实际工作中。

　　本书适合服饰行业的企业家及企业管理人员、市场营销从业人员、高校专业教师、本科及以上在校大学生使用。希望本书对于箱包、鞋类、化妆品、家具、旅行等营销领域的从业者都同样有用。

图书在版编目（CIP）数据

服装品牌形象营销理论与实践／陈李红，严新锋著. —上海：东华大学出版社，2023.1
ISBN 978-7-5669-2125-3

Ⅰ．①服… Ⅱ．①陈…②严… Ⅲ．①服装—品牌营销 Ⅳ．①F768.3

中国版本图书馆 CIP 数据核字（2022）第 195972 号

责任编辑：竺海娟
封面设计：魏依东

服装品牌形象营销理论与实践
陈李红　严新锋　著

出　　　　版：东华大学出版社（上海市延安西路 1882 号 邮政编码：200051）
本 社 网 址：http：//www.dhupress.edu.cn
天猫旗舰店：http：//dhdx.tmall.com
营 销 中 心：021-62193056　62373056　62379558
印　　　　刷：常熟大宏印刷有限公司
开　　　　本：787mm×1092mm　1/16
印　　　　张：19.75
字　　　　数：450 千字
版　　　　次：2023 年 1 月第 1 版
印　　　　次：2023 年 1 月第 1 次印刷
书　　　　号：ISBN 978-7-5669-2125-3
定　　　　价：88.00 元

服装产品具有较高重复购买频率、较强品牌消费倾向的特征。消费者在服装产品选择中，通过认知一致性和自我一致性的过程调节，形成自我认知与服装品牌形象的结果匹配，进而做出购买决策，通常会形成一定的品牌购买指向。由此可见，服装品牌形象成为吸引和影响消费者购买的重要因素。因此，服装企业如何建构品牌形象，如何实现品牌形象的价值创造及其创新，进而提升消费者对品牌的自我认同，是服装品牌营销战略中有待回答的基本问题。

本书从服装品牌形象营销的概念体系、原理体系和应用体系三个方面系统研究服装品牌形象营销的理论及应用问题。概念体系研究围绕服装品牌形象及其价值创造、创新的内涵维度界定、评价指标体系构建，回答"是什么"的问题；原理体系研究揭示服装品牌形象及其价值创造、创新对消费者行为的影响机理，回答"为什么"的问题；应用体系研究提出服装品牌形象营销与传播的运营模式、管理流程和实施路径，回答"怎么做"的问题。

本书的内容架构：

本书沿着"概念→原理→应用"这一逻辑主线，围绕服装品牌形象的认知、维度、评价、营销、传播与管理六大核心主题，研究服装品牌形象营销的概念体系，探明服装品牌形象对消费者行为影响的内在机理，解决服装品牌营销实践中品牌形象的建构和认同等问题。

第一部分 服装品牌形象营销的概念体系

由于服装品牌形象具有独创、多样性的特征，本部分收集服装品牌形象的国内外相关文献资料，梳理并界定相关概念、变量和模型；对文献、案例和访谈资料进行三级编码处理，界定服装品牌形象的内涵维度，识别其构成要素，构建服装品牌形象技术体系、价值体系和创新体系，结合运用熵值法展开评价指标分析。同时，建立服装品牌形象工程系统，为服装品牌形象原理体系和应用体系的研究奠定基础。分三章进行阐述：

第1章服装品牌形象的认知

第2章服装品牌形象的概念体系

第3章服装品牌形象的工程系统

第二部分 服装品牌形象营销的原理体系

在前述研究的基础上，本部分从消费者感知和品牌形象营销两个角度出发进行分析，基于认知一致性理论构建服装品牌形象与消费者意愿的理论模型，阐释服装品牌形象对消费者意愿影响的内在机理；基于消费者价值共创理论和体验价值感知理论构建品牌形象价值创造与品牌忠诚的理论模型，阐释服装品牌形象价值创造对消费者品牌忠诚的影响机理；基于类别化加工理论构建服装品牌形象创新对消费者购买行为的理论模型，阐释服装品牌形象创新对消费者购买意愿的影响机理。分三章进行阐述：

第4章 服装品牌形象对消费者购买意愿的理论模型构建

第5章 服装品牌形象的价值创造对品牌忠诚的影响机理

第6章 服装品牌形象创新对消费者购买意愿的影响机理

第三部分 服装品牌形象营销的应用体系

本部分从服装品牌形象营销传播、广告传播、公关传播、新媒体传播四个方面探讨其运营模式；从服装品牌形象的市场管理、危机管理、延伸管理、创新管理四方面探讨其管理流程；探讨服装品牌形象营销在企业的实施路径，包括服装品牌形象的塑造路径、营销战略与传播策略。分四章进行阐述：

第7章 服装品牌形象的运营模式

第8章 服装品牌形象的管理系统

第9章 服装品牌形象的行动实践

第10章 服装品牌形象研究的应用

本书的主要观点

1. 品牌形象是品牌营销的重要抓手，在品牌与消费者之间起着很好的桥梁与媒介作用。服装品牌形象营销是包含服装品牌形象构成要素、服装品牌形象价值创造和服装品牌形象创新的综合概念体系。

2. 品牌形象的塑造与营销是一项系统性工程，包括塑造内容、塑造方式、塑造过程与传播效应，因而需要从品牌形象的不同角度（技术、价值、价值创造和创新）探讨品牌形象工程系统的组成与运营方法。

3. 消费者基于对品牌形象的自我一致性认知产生购买意愿，并通过参与品牌形象价值创造的感知体验形成品牌忠诚。同时，消费者对服装品牌形象创新的整体水平知识和属性水平知识会促使其购买行为的产生。

4. 品牌形象的建构、营销与传播呈四阶段的阶梯成长模式，因而在不同阶段，企业需要采用不同的实施路径和发展模式。

本书的理论创新

1. 系统构建服装品牌形象营销的概念体系。已有研究主要基于某个单纯的视角（如品牌形象设计、品牌营销、品牌形象传播）提出品牌形象建构与营销的方法，缺乏系统性分析。本书综合管理学、心理学和传播学的理论和方法，科学界定服装品牌形象及其价值创造和创新的概念维度，并系统构建包含技术体系、价值体系和创新体系的服装品牌形象工程系统。

2. 揭示服装品牌形象影响消费者行为的机理体系。已有研究侧重于服装品牌形象对消费者行为的影响做现象层面上的阐释分析，尚缺乏揭示内部动因机理的深度理论解释。本书以"消费者——品牌形象一致性"底层逻辑作为基点，深入分析服装品牌形象影响消费者购买意愿的内部机理，并基于消费者价值共创和体验价值感知理论，剖析服装品牌形象价值创造影响消费者品牌忠诚的内部机理，同时基于类别化加工理论，阐释服装品牌形象创新影响消费者购买意愿的内部机理，为服装品牌形象建构和营销奠定学理基础。

3. 建立服装品牌形象营销的战略管理体系。在服装品牌形象营销的概念体系和原理体系研究的基础上，形成涵括服装品牌形象建构、营销和传播的战略管理体系。具体以"服装品牌形象工程系统"为载体，从消费者和品牌形象两方面综合分析服装品牌形象建构与营销的通用运营模式和管理流程，并提出了普适性的实施路径思路，为相关企业提供决策参考。

本书的学术价值

本书基于营销学、管理学、传播学、心理学等学科的相关理论与方法，围绕品牌形象核心变量解释服装品牌与消费者的互动关系以及服装品牌消费行为的心理驱动机制。从消费者品牌形象认知的视角创建新的品牌营销管理理论与实践方法，为品牌营销的研究开辟了一条新的思路。把心理学领域的认知一致性理论、传播学领域的品牌传播理论与营销学领域的"认知——行为"理论相结合，将能够更准确地理解品牌信息向消费者传递的动态系统，更科学地识别消费者品牌认知模式与认知程度。学术价值体现在以下几方面：

（1）理论价值：以品牌形象为核心变量，遵循"现象→概念→原理→应用"的理论发展途径，运用扎根理论、专家访谈、熵值法等方法深入研究服装品牌形象的构成要素及其评价，提出了服装品牌形象营销的概念体系，为后续拓展研究奠定基础。进而通过实证研究探讨了服装品牌形象影响消费者行为的机理体系，为服装品牌形象营销实践提供理论支撑。

（2）应用价值：基于理论研究成果，结合大量案例实践分析，归纳形成服装品牌营销的战略体系，具体包括服装品牌形象营销的运营模式、管理流程和实施路径，从而为企业品牌营销战略服务，指导企业品牌形象营销的具体实践。

（3）创新研究视角：重点关注服装品牌形象的结构维度、价值创造和创新，从品牌形象视角，结合管理学和心理学相关理论和方法，研究品牌管理的理论和实践问题，以品牌形象为联结探索品牌与消费者行为之间的关系，深化品牌形象研究领域的探索。

（4）强化产研结合：基于服装企业品牌实例，运用案例分析法，从大量服装企业品牌数据资料中辨识品牌形象在品牌建设与营销中的表现形态，研究品牌形象的信息载体与信息传递过程，以便更准确地理解品牌消费观念和行为背后的消费者需求、知觉、情感与印象，了解消费者品牌认知的程度，从多个层面对服装品牌形象建设和营销的方式和策略进行分析。

本书的社会效益

（1）为其他行业品牌形象营销管理提供有效工具

本书中提出的品牌形象营销的理论方法可用于描述其他行业品牌形象工程系统的概念与维度，解释消费者品牌形象感知的影响因素及内在机理，并提出相应的感知行为控制策略，可以为品牌建设提供方向指南、品牌形象建构路径及行业品牌形象营销与传播策略。

（2）为其他品牌形象系统研究提供借鉴与参考

本书中提出的服装品牌形象营销理论、方法和应用体系具有整体性完整性特征，完全可以移植到其他品牌形象系统。通过概念、维度、原理及应用体系的移植，完全可以照此构建其他品牌形象的概念、原理及应用体系，并最终建立起其他品牌形象的工程系统。

（3）为品牌相关人才培养提供方向与支持

通过本书研究，在高层次人才培养方面起到重要的引领作用。同时，为交叉学科的人才培养提供了方向上的支持。

（4）为品牌建设与营销提供智力方面的社会服务

通过本书研究，加强了产、学、研的合作，能为社会提供更多的智力支持。并为品牌形象建构、营销与传播提供理论帮助。

服装品牌形象营销是一个复杂的系统问题，如何将复杂系统问题进行合理简化，构建具有科学性、普适性的评估指标体系和可操作性的实践模式是研究难点。本书研究成果要对接政府、行业部门与服装企业，推进其在政府决策、行业研究和服装企业的实际应用，进一步检验和完善本书中提出的理论和实践方法。同时，本书中探索的服装品牌形象营销原理体系及其研究范式需要组织相关学科的专家学者就服装品牌形象营销的核心知识结构、研究方法与组织结构展开讨论，进一步完善其科学与合理性评估，及对学科发展与行业应用的贡献分析。

值此本书出版之际，谨对给予本书的写作和出版以帮助和支持的专家学者、编辑、研究生等表示衷心的感谢！

目 录

第一章 服装品牌形象的认知

　　品牌形象是驱动品牌资产的关键要素和品牌资产的主要来源，也是企业获得持续性竞争优势的重要营销策略。服装品牌形象是消费者接触服装品牌所有信息后产生相关联想，进而做出的整体评价，是一种与个体经历有关的综合认知。在服装消费领域，品牌形象已成为消费者对品牌进行主观判断时选取的重要线索，对人们购买决策过程具有重要作用。同时，服装品牌形象作为服装企业差异化竞争优势的关键价值资产，在企业经营管理中扮演着愈发重要的战略角色。

　　然而，我国服装企业对于品牌形象的塑造，普遍存在品牌定位模糊、形象塑造雷同且精准度低等问题，导致品牌缺乏辨识度，品牌形象传播效果不佳。随着越来越多国外服装品牌进入本土服装市场，我国服装品牌的发展难度加大，竞争加剧，生存压力上升。如何准确塑造服装的品牌形象和优化形象传播效果从而刺激服装消费，已经成为我国服装品牌迫切需要解决的问题。

　　本章分析和讲解服装品牌形象的基本内涵、兴起和发展的社会背景、核心价值和产生机理等方面的具体内容，以理解当今服装品牌的建设与营销对企业思维方式、战略方向和竞争优势的改变，探讨服装品牌形象塑造与传播的重要意义，阐明服装品牌形象的产生机理，探寻和实践服装品牌形象的市场新需求。

第一节　服装品牌形象的概念和内涵

　　品牌指所有利益相关者对组织和相关对象心理联想的总和，是消费者辨识和区分企业产品或服务的象征性表现。品牌形象的概念由 David Ogilvy 在 20 世纪 50 年代，从品牌传播的角度首次提出，倡导用广告树立品牌形象。此后根据使用语境和领域的差异，品牌形象被赋予不同的含义，按照研究视角分为以下三类：

一、品牌形象是消费者对品牌的心理感知

　　学者们用知觉、态度、情绪等心理学术语，对品牌形象进行描述。例如：Biel[1]将品牌形象定义为某个品牌在消费者记忆中留下的所有相关联想的总和，是消费者在

心中对品牌做出的主观评价；Keller[2] 认为品牌形象是顾客对某一特定品牌的理性或感性认知；Herzog[3] 提出品牌形象是消费者通过各种渠道对品牌印象感知的总和。从心理感知视角来看，品牌形象是消费者基于品牌信息带来的外部刺激与知觉，结合自身经验知识，形成与品牌有关的推断和联想，体现个体对品牌总体的感知。

二、品牌形象是具有象征性价值的品牌资产

消费者购买某品牌产品时关注的重点不仅仅是产品实用性或功能性价值，还是它们所具有的象征性价值。他们将品牌视为传达自身形象的象征性符号，是在自身形象构建过程中寻求的特殊表达方式，即品牌形象是一种无形文化的标志和物化结果。Pohlman 等[4] 指出商品对使用者的价值分为两类：一是商品自身具体的功能效用，另一种则是象征身份的价值效用。Warren 等[5] 认为品牌有利于消费者塑造或强化自身形象，这也是消费者使用或偏好某品牌产品的原因之一。Alden 等[6] 认为品牌形象是消费者向社会或他人传递自身形象和地位的一种象征性资源。Firat 等[7] 和 Cova[8] 学者将品牌形象视为消费者进行自我构建的手段和核心要素。

三、品牌形象是企业与消费者之间的沟通桥梁

该研究视角将品牌形象定义为消费者在产品和企业营销活动共同作用下产生的一种有关品牌的总体认知。该视角认为品牌形象是企业和消费者之间沟通的桥梁，既代表消费者接收到的信息，也代表企业方传达出的信息。McEnally 等[9] 提出品牌形象是在众多企业竞争中，由自身的产品、服务与竞争者的产品、服务所形成的差异联想集合。Dichter[10] 认为品牌形象是消费者获知品牌和企业传递的信息后，反映出的综合态度。Berry[11] 将品牌形象定义为与企业相关事物和渠道的总和。

综上所述，学者们从不同研究视角界定了品牌形象的概念，但不同视角下的概念的本质是一致的，即品牌形象是消费者对品牌及其营销活动的认知和感受，在头脑中留下对品牌所有信息的联想和评价。既是消费者对品牌态度的总和，也是消费者对品牌形成的综合认知。服装品牌形象则是品牌形象在服装领域的表现，即消费者对服装品牌信息进行认知和感受后，根据头脑中对服装留下的印象做出的联想和评价。

第二节　服装品牌形象的社会背景

一、数字时代推动服装品牌形象的兴起

在数字经济时代，企业只有创造价值才能生存，而品牌作为企业最重要的无形资产，成为企业价值创造的主要来源。技术的发展、顾客需求的变化和市场竞争的转型都加快了品牌形象发展的步伐。互联网时代信息高度透明，为品牌形象的塑造与传播提供了更多的渠道与方法，也加速了传统品牌营销渠道的转变，如改变交易场所、拓展交易时间、丰富交易品类、加快交易速度，减少中间环节等。互联网商业模式以消

费者需求为导向，借助网络平台使消费者无时无刻都能接触到品牌信息、与品牌进行互动。这使得品牌更容易在短时间内获得高美誉度和高知名度，从而为企业带来更大的经济效益。

品牌本身具有形象特征，每一个品牌及其不同的产品都应该发展并投射一个形象。数字时代品牌形象是公司在增加品牌价值时最关键的要素，对公司而言是类似资产的存在，体现了一个公司价值观念和标签，决定公司的生存和发展以及市场占有率。在服装企业进行营销活动的过程中，通过开展营销活动在消费者心中树立正面的品牌形象是非常重要的。良好品牌形象的树立，能够有效提高产品销量并取得市场成功，从而提升企业的核心竞争力。因此，在互联网时代，服装品牌形象是品牌营销和品牌传播研究的核心内容之一。企业将塑造良好的品牌形象放在品牌管理战略中最核心的位置。

二、消费需求升级驱动服装品牌形象的发展

随着物质生活质量提高，人们开始更多地追求精神层面的需求与满足。各类服装品牌快速兴起，品牌与品牌之间的竞争也越来越激烈，塑造一个契合品牌定位、内涵，同时能够引起目标消费者共鸣的品牌形象在品牌的宣传与推广中发挥着不可或缺的作用。满足生理需求已不再是消费者对服装的唯一诉求，服装成为一种内心诉求的表达。品牌应该发掘自身内涵并建立能够引起消费者关注的品牌形象，而消费者对于品牌形象的认知将会转化成一种品牌信仰，从而影响消费者对品牌的选择。

在经济飞速发展，人民生活水平大幅提高的前提下，除了商品本身的质量提升外，消费者还越来越追求良好的购买体验。当前我国时尚行业自身创新能力不够，但消费者尤其是年轻消费群体对个性化、时尚化的需求越来越高，导致服装品牌需要更加强调自我品牌的调性[12]。同时，国外众多时尚企业每年在时装周发布的内容，均具备原创、吸引力强的特性，更能满足消费者不断升级的新需求。而我国服装精品少，导致消费者越来越偏爱国外服装品牌。此外，消费者已逐渐成为价值创造的主角，消费者的需求即价值创造存在的空间，故满足消费者需求成为品牌价值创造的目的之一[13]。如目前许多产品质量不过关，消费者会因此产生信任危机，因而国内市场迫切需要塑造新的品牌及品牌形象来赢得消费者的信任和忠诚[14]。

三、品牌形象是服装企业发展的必然选择

如今服装品牌的同质化现象日益严重，服装消费品市场上的同类产品增多，并且许多服装品牌都具有类似的风格，各品牌的形象定位模糊不清。很多服装企业并不了解品牌形象能对消费者的品牌忠诚度产生什么影响，对于自身品牌形象的树立与传播也缺乏系统的研究与指导，导致彼此品牌形象间的差异太小，使得消费者很难分辨其中差别，致使企业失去竞争优势。

在日趋激烈的市场竞争下，服装品牌想要存活和发展，销售业绩是关键的因素。销售业绩受品牌策略的影响较大，符合市场的品牌营销策略可以提升销售业绩，甚至

挽救处于低迷状态中的品牌。品牌形象是营销策略中的关键环节，这是由于品牌形象和品牌创新容易被消费者感知，其一直是品牌营销策略中的重要内容，当品牌形象发生改变时，消费者很快会察觉到，并且其购买决策也会受到影响。

品牌形象对服装企业来说是理念的诠释和延伸，在目前服装消费市场竞争激烈的情况下，一个优秀服装品牌形象的建立与传播能影响消费者的心理和行为，为服装企业带来巨大的优势和利益。因此，服装企业对良好品牌形象的塑造与传播有着巨大的需求。同时，服装品牌形象一直是影响消费者品牌忠诚度的重要因素之一，对稳定和提升消费者的品牌忠诚度发挥着重要作用。

第三节 服装品牌形象的核心价值

一、服装品牌形象是消费者信息决策过程中的重要线索

品牌形象的本质是消费者对品牌信息识别、接收、理解、接受、联想等的感知与评价结果，是一种与个体经历有关的综合认知过程。消费者最初进行商品选择时，对消费市场琳琅满目的产品缺乏足够的了解，无法掌握完整的产品信息，也缺乏产品使用经验，这使得消费者必须依赖某一线索对该产品做出评价。品牌形象正是消费者信息整合分析及其购买决策过程的重要线索。品牌形象承载着品牌声誉、企业信誉、品牌理念、品牌定位、品牌战略等与品牌有关的所有信息。在接收品牌形象信息后，消费者进行商品选择时会无意识地从记忆中提取该商品所属品牌的特征、信誉度等品牌形象信息，并将这些信息与产品本身高度关联起来，依据自身对品牌形象的感知对产品做出主观评价。消费者对品牌形象信息的感知在一定程度上降低了产品信息缺失可能导致的误判。正面的品牌形象在消费者心中会留下积极的影响，可以最大限度地降低消费者进行商品选择时信息的不对称程度。

品牌形象是消费者对品牌的所有联想的集合体。服装款式、服装风格、服装面料、服装色彩、品牌风格、服装广告、店铺装修风格、网络店铺信息等都是服装品牌形象的信息来源，也是服装商品的特殊性信息所在，受消费者的经历和主观认知影响较大，也直接决定消费者的购买决策。在未知品牌和熟悉品牌的产品比较中，品牌形象对消费者选择具有很强的引导性。当消费者需要在一件"优衣库"的白色T恤和一件未知品牌的白色T恤中做出选择时，熟悉"优衣库"品牌的消费者，会联想到该品牌相关的各种信息，如价格便宜、性价比高、百搭、纯棉材质等，进而认为这件白色T恤也具有高性价比，虽然没有试穿，但主观认为它一定是舒适的。而对于未知品牌的白色T恤却会产生诸多疑问，如它是否舒适？是否值得这个价格？一系列问题都因对该产品信息的一无所知而产生。为了规避选择未知品牌所需要承担的风险，尽管这两件衣服具有相同款式和同样的价格，消费者还是会选择早已熟悉的"优衣库"品牌白色T恤。

二、服装品牌形象是产品或服务差异化的外在表现

品牌形象是一种产品或服务差异化含义的联想的集合，是一种明显的个性形象，不仅与品牌产品或服务的实质性内容相关，还与品牌个性、品牌体验等其他内容相关。产品或服务差异是指产品的提供者在形成产品或服务实体的要素上或在提供产品或服务过程中，以某种方式打造区别于其他同类产品或服务的特殊性差异，以吸引购买者注意、帮助其区分该产品/服务与其他产品/服务，并引发其对该类产品或服务的偏好，从而使消费者产生对该类产品/服务的忠诚。产品或服务差异化使顾客能够把某个产品或服务同其他竞争性企业提供的同类产品或服务有效地区别开来，使企业在市场竞争中占据有利地位。

众所周知，产品是不断更迭换新的，尤其服装产品，同样款式的服装也需要创新。就连时尚达人衣橱中必备的 Burberry 经典卡其色风衣，在传承的 160 多年中也不停地在做着改变，风衣的长短、纽扣的位置和大小、格纹图案运用的面积等，尽管传递的英式优雅气质依旧，但就产品本身来说还是有很多细节方面的改变。如果企业在塑造产品差异化的过程中，只运用产品本身去传递这种特殊性，那么这种努力无疑是事倍功半的。春季服装产品的差异化信息还未准确传递到消费者心中，夏季产品又要开始上架销售，每一轮新产品都需要重新塑造差异化，这样需要投入的资金和时间成本太过高昂并且收效甚微。因此，需要寻找一个统一的表达方式去传递产品的差异化信息，即品牌形象。

品牌形象作为一个整体将产品的核心优势和个性差异呈现出来，成为产品或服务差异化的外在表现。服装品牌形象则是利用企业形象、服务形象、产品形象、店铺形象、网络形象等构成要素，直接或间接地传递产品或服务的差异化信息，将品牌定位和理念持续传递给消费者。这使得消费者在未接触到新产品之前，已经对该品牌产品有了初步的定位和判断。我们依旧用两件看起来并无太多差异的白色 T 恤举例。一件来自平价快时尚品牌"优衣库"，另一件来自街头服饰品牌"Supreme"。尽管这两件白 T 恤看起来并无区别，但热爱 Hip-hop 文化、追求街头时尚，希望服装宽松有范的 18 岁年轻少年更有可能选择"Supreme"的白色 T 恤。而不想服饰风格太过夸张，想要穿着这件白 T 恤工作的职场新人，更有可能选择"优衣库"的白色 T 恤。在这两个品牌持续的形象传递中，消费者已经在心中建立了有关品牌和产品的惯性认知，"优衣库"的服装通常更为日常百搭，而"Supreme"则是大码、宽松服装的代名词。

三、服装品牌形象是传递象征性意义的符号系统

品牌形象的本源是品牌信息要素在消费者心中产生的综合印象，是品牌信息要素和消费者共同作用的结果。品牌形象的象征性意义可以很好地解释这种共同作用产生的原因。品牌形象与消费者的关系就如文字与事物的关系，人类创造"植物"这个词去描述具有细胞壁和细胞核且大多数无法自主移动的生命物体。经过人们持续不断地学习和认知，当提到"植物"一词时，会引起人们对绿色、生机、新鲜、水分等一系列的相关联想或者产生诸如舒适、清新、氧分充足等的感受。

服装品牌形象利用不同的形象要素组合，持续不断地将这些信息要素传播给消费者，刺激人们将形象信息要素与自身经历、认知等相结合，对品牌生成相应的联想。比如当提到"CHANEL"这个品牌时，会让人联想到优雅的女士、山茶花、粗花呢套装等具象的事物，或者黑白的视觉感官，最终会归结到奢华、优雅、时髦、高品质等非具象的感受上。这些非具象的感受是人们无法仅仅通过观察和接触一件衣服、一件首饰、一个产品就能形成的，而是通过在日常生活当中对"CHANEL"所传递的品牌形象信息持续不断地接收、学习和认知最终生成的。

服装品牌形象这种刺激消费者将认知信息与品牌关联起来的特性，也赋予了服装品牌形象的象征性意义。当某个群体的消费者对某品牌建立认知后，都将该品牌与某个特定的特征相关联，那么在这个群体中，该品牌也就能代表这个特定的特征，穿着该品牌的产品的人在一定程度上就具备了这个特定的特征。简单来说，就像给穿着这个品牌的人贴上了无形的标签。例如：穿着"Valentino"定制长裙的少女可能是一个富家千金。穿着"VANS"防水夹克的女孩可能是热爱滑板、摇滚略显的叛逆少女；穿着"SKINS"紧身上衣的男士应该是个爱跑步的运动达人。当人们想要购买一件很酷很"潮"的服装时，脑海中也许会先跳出诸如"Supreme""VANS"等品牌。当人们想要购买一件可以展示自己优雅品味和富有的服装时，脑海中也许会先跳出诸如"CHANEL""Burberry""Valentino"这些奢侈品牌。人们乐于利用品牌"标签"去展示自己的身份、个性、喜好和状态，这正是品牌形象象征性意义的体现。

第四节　服装品牌形象的产生机理

一、服装品牌形象是品牌信息传递的结果

品牌信息是品牌形象的核心要素，是信息化发展的首要命题，因而品牌建设与营销需要依托更多的信息要素，以塑造与传播品牌形象。在服装消费领域，由于资讯信息的不对称，消费者所获产品信息较为单一。对企业而言，品牌形象可增加消费者对品牌的认同感及信任感，并促进相互关系的提升。企业将品牌信息以客体的形式传递给消费者，消费者作为主体对这些信息进行感知，信息感知的结果会影响其购买决策。

消费者对品牌信息感知的过程机理可以用信息采纳理论来解释。品牌形象实际上是品牌信息到消费者的传递结果。品牌信息通过服装、款式、色彩、标识、服务、店铺等客体将信息传递给消费者，消费者对接收到的信息质量进行判断，包括该信息是否满足其消费需求，是否与自己的期望相一致等。这里的信息质量指的是品牌信息能够满足用户做出购买决策所达到的要求，是决定消费者是否将信息用于决策的关键因素。同时，消费者在信息感知过程中也会受到相关群体和所属文化等社会因素的影响，进而影响其信息采纳的意愿和态度。因此，本书认为消费者从信息内容、信息效用、信息表达和信息载体四方面对品牌传递出的信息质量进行感知，最终通过信息质量的感知来影响其信息采纳的态度，从而影响其购买意愿。

二、服装品牌形象是品牌感知活动的进化演变结果

品牌形象是品牌的典型特征在消费者心中的整体印象，包括直接和间接品牌形象。直接品牌形象是消费者直接感知品牌信息的结果，间接品牌形象是消费者对品牌信息经过认知而形成的感知印象。因此，品牌形象的建设与营销是由一系列品牌感知活动组成的系统工程，且这些感知活动都要围绕品牌信息要素进行，以便给消费者传递统一的品牌形象。回顾品牌营销的发展历程，品牌形象的内容与形式也在不断变化，大致分为五种类型：说明性品牌形象、工业性品牌形象、技术性品牌形象、价值性品牌形象和精神性品牌形象。这五种类型反映了消费者对品牌信息感知重点的变化，依次为产品信息、企业信息、技术信息、价值信息和体验信息。

从品牌营销的视角来看，品牌感知活动是品牌形象的驱动力。消费升级时代背景下，服装企业和消费者的品牌意识逐渐增强，消费者对服装品牌的感知活动也发生了明显的变化。消费者不仅关注品牌服装的款式、价格、功能、陈列、包装，还关注品牌理念、品牌个性、品牌故事等赋予的情感体验价值。因此，在品牌形象的建设与营销过程中，企业不仅要强调具体产品，还要强调消费者的心理体验。服装品牌形象是品牌产品的客观存在、品牌符号的外在表达、品牌系统的视觉语言和品牌精神的价值载体，与之相关的品牌感知觉活动是品牌建设与营销的输出目标。品牌形象与品牌感知是相关联的，精致独特的品牌形象能够增加品牌在消费者头脑中的印象，使品牌形象上升到情感依恋的高度。

三、服装品牌形象反映消费者的价值诉求

品牌形象是消费者在心理上形成的一个联想性的集合体，它受消费者自我概念的影响。自我与品牌的一致性可以解释和预测消费者对品牌的价值诉求。自我形象与品牌形象的一致性也可以反映消费者的需求。服装品牌形象是消费者通过对品牌形象要素感知及解释有关品牌及其相关营销活动后进一步形成的结果，它超越实际产品和营销活动本身，是存在于消费者心智和头脑中的抽象概念。因此，品牌形象并不是单一和固定的因素，而是需要以消费者与品牌间产生联系为前提，进一步通过对形象联想的加工生成。消费者获取品牌形象信息后，经过一系列认知加工过程，产生对品牌的整体印象，进而产生对品牌积极或消极的态度[15]。作为认知主体的人对事物产生的态度是由其对事物属性的主观价值判断决定的，也与将事物与个体属性关联起来的信念有关[16]。

在日常生活中，当消费需求产生时，人们会主动搜集品牌相关信息。同时，消费者无时不刻都被动接受着各式各样的品牌信息。不论是主动获取还是被动获取，均存在选择性感知的特点，即消费者对有利于现有认知积累、符合个体价值取向、个体偏好和大众消费趋向的品牌形象信息进行选择性感知，而对与现有认知关联度差、不符合个体价值观及偏好、不符合认知习惯和认知趋向的品牌形象信息感知效果较弱。这种对品牌形象信息的感知特点符合认知一致性理论中个体寻求认知一致和关注认知过程中相关因素影响的描述。此外，在认知一致性理论的自我一致性视角中强调认知事物与个体概念契合度的关系，这也与消费者对品牌形象信息的感知特点相符。

四、服装品牌形象是消费者价值共创的产物

近年来，消费者的角色从产品或服务的被动接受者转变为积极的价值共同创造者，使得消费者参与价值共创成为当前学术界和企业界关注的热点问题。消费者价值共创的内涵是消费者作为价值创造的主体，参与到价值创造的活动中，与企业共同创造价值。也就是说，生产者不再是唯一的价值创造者，消费者也不再是纯粹的价值消耗者，而是与生产者互动的价值共创者。消费者参与价值共创属于高度的、交互性的积极参与行为，他们在参与过程中付出了情感、认知、行为、时间、精力等，同时为顾客和企业创造价值。

消费领域的价值共创主导者是消费者，价值表现为消费者的体验价值。价值共创是体验的来源，体验是价值共创的结果。消费者体验价值的形成过程是消费者与企业共同创造价值的过程。服装品牌形象正是消费者体验价值的综合表现。在服装品牌形象的产生过程中，消费者与企业或消费者之间的互动都会给消费者带来美好的体验价值，这也是消费者参与价值共创的结果。消费者对品牌的认知与感受是一个连续的过程，可以出现在产品开发、设计、生产、营销和服务等任何价值形成的阶段。服装品牌形象的形成贯穿于整个消费体验过程，服装品牌形象的形成过程也是消费者体验价值的创造过程。

第二章 服装品牌形象的概念体系

消费者对品牌的认知过程具有持续性，与信息识别、信息收集和评估等环节有关，受信息输入、信息处理、信息刺激、信息环境等内外因素的影响。因此，为了促进消费行为的发生，品牌需要将信息传递给消费者，且要避免品牌传递目标信息与消费者所获信息的不对称。

本章从服装品牌形象的信息要素这一基本问题入手，基于品牌形象的测评模型，以服装品牌形象为输出目标，探寻服装品牌与消费者感知的接触点，准确识别服装品牌形象的信息输入要素，进而深入分析服装品牌形象的构成维度，科学界定服装品牌形象的概念体系，为服装品牌形象的塑造、营销、传播与管理提供指引。

第一节 品牌形象的构成维度

目前国内外学者从不同角度提出了品牌形象的测评维度，在具体测量内容上存在一定差异。国外学者 Biel[1] 于 1992 年对品牌形象做出了较为详细的维度划分，以品牌存在载体、品牌存在根本目标和品牌存在的必要因素三个线索为切入点，将品牌形象划分为企业形象、产品形象和使用者形象。他认为品牌形象是消费者对所感知到的品牌信息进行加工阐释的结果，具有主观性，并根据信息感知效果将这些维度进一步划分为"硬性"和"软性"两种属性。"硬性"属性与企业提供的服务和产品有关，涉及消费者只可接受而无法改变的信息，包括产品功能、企业规模等；"软性"属性涉及消费者自身情感态度与价值共鸣，需品牌方和消费者通过互动和沟通才可完成构建，包括使用者性格、年龄、价值观等。Biel 模型未考虑形象信息传播有关渠道和形式对品牌形象构成的影响，在测评的完整度上有所缺失。Keller[2] 于 1993 年基于记忆联想网络模型对品牌形象进行了再定义，认为品牌形象与消费者信息感知节点和其记忆中的品牌知识有所关联。他基于消费者视角提出品牌资产模型，并将品牌形象视为品牌资产模型中的核心要素。在此基础上，利用属性联想、利益联想和态度联想 3 种不同类型的品牌联想来衡量品牌形象。Keller 的模型并不是完全对品牌形象进行测量，而是在品牌资产的测量过程中对品牌形象有所涉及，存在局限性和模糊性。Herr 等[17] 于

1994 年从传播学视角出发，以品牌形象为基石构建了品牌资产模型。他们认为品牌形象是品牌资产累积的重要驱动因素，二者不可分割。Herr 等的品牌资产模型包括五部分内容：品牌知晓度（Brand Awareness）、品牌忠诚（Brand Loyalty）、品牌联想（Brand Association）、品牌感知质量（Perceived Quality）和其他独占的品牌资产（Other Proprietary Brand Assets）。Herr 等的模型给品牌形象测量提供了清晰的维度，但未给出详细的品牌形象测量范围，且对不同行业领域品牌形象的测量缺少针对性。此外，由于 Herr 等的模型构建得较早，无法准确地对现代品牌形象的构成作出解释。

我国学者围绕品牌形象的测评也开展了相当的研究。其中罗子明、范成秀、关辉和董大海提出的测评模型运用最为广泛。罗子明[18] 从形象认知过程和消费者行为理论视角，深入分析品牌形象的构建基础、价值来源及对消费者心理和行为的影响，将品牌形象划分为品牌认知（Brand Recognition）、产品属性认知（Product Attribute Recognition）、品牌联想（Brand Association）、品牌价值（Brand Value）和品牌忠诚（Brand Loyalty）五个维度。范秀成等[19] 基于 Aaker 提出的品牌识别系统构建了品牌形象综合测评模型，将品牌形象划分为产品维度（Product）、企业维度（Enterprise）、人性化维度（Humanization）及符号维度（Symbol）。关辉等[20] 运用消费者行为学中的需求动机论对品牌形象做出了解释，认为消费者决策过程受理性观点和感性观点共同影响，反映品牌形象的功能效用和象征效用；在此基础上，将品牌形象测评模型分为品牌表现（Brand Performance）、品牌个性（Brand Personality）和公司形象（Corporate Image）三个维度。

服装品牌形象的测量还未形成统一标准。李陵申[21] 结合形象呈现特点将服装品牌形象分为品牌内涵和品牌特征两部分。品牌内涵是企业文化的积淀和形象"软"实力的表达，包括品牌属性、品牌文化、品牌价值等。品牌特征则是品牌与其他竞争者形成差异化表现的核心内容，包括品牌特色、产品质量、市场领先性及可持续性等指标。吴煜君[22] 将服装品牌形象分为内在和外在两部分。内在形象的划分与李陵申的观点无较大差异，但外在形象划分更为具体，主要包括服饰产品形象、店面形象、设计师形象和代言人形象。白琼琼等[23] 运用专家访谈和层次分析法，构建了包含产品风格、人员形象、广告形象的成衣品牌形象测评模型。

综合看来，国内外学者利用不同线索构建品牌形象测评模型，从各个角度提出了品牌形象的构成维度和指标，在不同程度上为后续研究提供了具有参考价值的测评指标。然而，在网络和新媒体快速发展的新时代背景下，这些测评模型覆盖范围仍不够全面，各维度指标的详细度和精准性有待进一步完善，以更好地测评当今市场中的服装品牌形象。因此，与当下时代特征相适应的服装品牌形象测评体系亟需建立，以全面的框架和准确细致的指标为基准进行测量。

第二节　服装品牌形象评价指标体系

一、服装品牌形象构成要素

（一）服装品牌形象构成要素初步提炼

依据上述品牌形象测评模型的文献综述，本书进一步选取 20 个不同类型的服装品牌，进行线下实体店铺和线上品牌官网的调研，归纳总结出在新媒体时代背景下线上、线下服装品牌形象的构建特点。在此基础上，本书识别出服装品牌形象细分的评价指标。其中，线上服装品牌形象评价指标包括产品形象、品牌识别形象、企业形象、促销宣传形象、服务形象、网络形象六个维度，以及款式、价格、图案等 25 个指标。线下服装品牌形象评价指标包括产品形象、品牌识别形象、企业形象、促销宣传形象、服务形象、店铺形象六个维度，以及质量、性能、档次等 29 个指标。

（二）服装品牌形象扎根理论分析

扎根理论是通过对详实的经验资料进行概括、归纳、分析，将碎片化的概念进行关系层次的提炼，最终上升至系统理论的方法。该方法的关键是收集资料和分析事物间关联性的过程，通过对资料进行三个阶段的编码（开放性编码、主轴编码和选择性编码），寻找资料间概念上的联系，最终形成完善的理论框架。由于网络技术发展带来的品牌营销新环境，现有服装品牌形象测评体系的构建不够完善，很难有效测量细分指标，因此扎根理论的运用对服装品牌形象测评体系构建具有理论适用性。

1. 资料收集

本研究进一步采用扎根理论分析提炼出的服装品牌形象评价指标。为保证研究主题的针对性和精确性，在分析过程中选取服装品牌形象的资料进行优先编码，其后资料编码顺序依次为品牌形象、时尚形象、品牌识别。扎根理论研究方法支持数据来源的多元化，本研究数据收集途径主要包含：①关于品牌形象和服装品牌形象的相关学术论文、图书、报导资料；②相关网络资料；③服装行业资深从业人员、专家教授访谈记录。根据这三个资料来源途径，初步筛选出 228 篇相关的文本资料，剔除关联度较弱的资料后，留下 116 篇相关资料。然后，对保留资料进行重复性排查，筛选去除内容重复度较高以及与研究目标不符的资料后，最终确定 71 份资料。这些资料全方位反映了服装品牌形象测评指标各方面构成内容，具有很强的代表性和真实性。其中对 60 份资料进行编码分析，剩余 11 份用于扎根理论研究的饱和度检验。

2. 开放性编码

开放性编码是对所收集的资料进行归纳、整理和提炼的过程，通过归纳资料中的同类概念，再根据某一现象和主体逐步提炼和聚敛为某一范畴。在开放性编码过程中可使用资料中原本的话语，也可由研究人员进行语句归纳，但不论哪种方法，均需以准确反映实际情况为首要原则。

本研究首先对相关学术论文、图书、报导资料、网络资料及访谈资料进行阅览，标注与研究相关的重点语句、图片、段落等，并通过资料对比，寻找文章中的关联点。随后对摘录材料中极具代表性的语句、段落、图片进行编码，以达到初步概念化目的的（以 aax 表示），在 MAXQDA 10.0 软件中表现为子代码的创立。然后对这些初步概念进行归纳、整理和串联，进一步概念化（以 ax 表示），在 MAXQDA 10.0 软件中该过程表现为编码组的建立。最后对得到的概念（ax）进行再次提炼和聚敛，以达到范畴化（以 Ax 表示）目的。

本文通过对资料进行仔细分析和对比，共找到 302 个参考点，52 个初步概念（aa1~aa52），进一步上升为（a1~a31）31 个概念：a1 款式、a2 图案、a3 质量、a4 档次、a5 价格、a6 品牌名称、a7 品牌商标、a8 品牌特有色彩、a9 品牌服装风格、a10 品牌包装、a11 历史延续、a12 文化内涵、a13 创新能力、a14 货品更新速度、a15 企业行为、a16 媒体广告、a17 形象代言、a18 折扣促销、a19 售前服务、a20 售后服务、a21 销售人员形象、a22 网页界面设计、a23 网页信息设计、a24 网页图片风格、a25 网站安全性、a26 网站便利性、a27 店铺外观形象、a28 店铺服装展示效果、a29 卖场氛围、a30 商场整体形象、a31 商场位置（详见附录 1 中的表 1）。

3. 主轴编码

主轴编码的主要目的是研究范畴间的相互逻辑关系，从而把碎片化的资料以类属的形式组织起来。根据开放式编码结果，对概念加以串联，经过反复推敲，最终将其进一步归纳为 7 个范畴（以 AX 表示），即 A1 产品形象、A2 品牌识别形象、A3 企业形象、A4 宣传形象、A5 店铺形象、A6 网络形象和 A7 服务形象。

A1 产品形象是围绕品牌总体形象目标展开的有关产品的系统形象设计，由外在属性和内在属性组成。产品形象的外在属性是直观可视的，如产品图案、款式设计等概念，是对品牌产品的展示和表征；内在属性如质量、价格、档次等概念，侧重服装产品的技术和性能。

A2 品牌识别形象浓缩着品牌的综合特征信息，具有区别于其他品牌的辨识效能。品牌名称是消费者认知和辨识品牌的必要条件，也是与品牌记忆有关的重要元素。品牌商标将品牌特征赋予符号之中，是品牌特征最简洁、直观的呈现。基于符号记忆和符号诠释的特点，商标具有优化品牌形象传播、加强品牌记忆的效果。在服装领域，服饰风格和品牌特有色彩具有明显的识别效用。

A3 企业形象是人们通过品牌所在企业表现出的各方面综合特质而形成的企业总体印象。产品上新速度和产品创新能力能够反映服装企业综合设计实力、潮流反应效率和货品生产调配能力，也能说明企业规模和生产能力。文化内涵、历史延续概念与企业发展历史、文化积淀和精神内涵有关。拥有明晰文化内涵与历史底蕴的企业，有利于塑造可信度高的企业形象，赢得消费者的青睐。此外，有关社会责任的企业行为与企业道德紧密相连，反映企业社会责任的重视程度。

A4 宣传形象是消费者获得各种宣传手段传递的品牌信息后对品牌做出的整体评价。要树立服装品牌的知名度，宣传和促销方法起着至关重要的作用。媒体广告作为一种重要的促销手段，形式上不断发生变化（如报刊广告、户外广告牌发展至 LED 广告、电视广告、网络广告等），在促销宣传过程中一直占据最重要的地位。形象代言作为 20 世纪兴起的宣传形式，能够通过代言人的明星效应扩大品牌宣传效果。品牌方通过选择与品牌内涵相契合的代言人，直观地将品牌精神内涵呈现给大众。促销力度的掌握关乎品牌形象定位，高档次的品牌通常为维护高端形象，折扣频次和力度均较弱，而大众品牌则通过频繁折扣和高优惠力度塑造亲民形象。此外，在宣传过程中服务人员能够与顾客直接产生接触，是信息的直接传递者，其态度和仪表的好坏影响着顾客的品牌体验，因此也是构成促销宣传形象的一部分内容。

A5 店铺形象是人们在线下购物过程中在实体环境中体验后留下的对品牌总体的印象。店铺外观的设计创意和视觉效果是吸引消费者进入店铺，进一步发生购买行为的推动力。橱窗设计的格调和服装展示方式与品牌精神内涵相呼应，是把品牌形象推向消费者视线的有效手段和渠道。店铺氛围包括灯光、气味、音乐等，烘托着店铺整体的销售气氛，与视觉有关的陈列要素相辅相成，通过视觉、嗅觉、听觉、触觉等感官影响消费体验。另外，店铺所在的商场位置和商场整体形象也与店铺形象的形成有关，品牌入驻商场的选择与品牌档次和定位密不可分。

A6 网络形象与消费者网购虚拟性体验有关。网页图片风格和网站设计风格等与视觉相关的要素能够吸引消费者的注意力，通过视觉冲击效果使其留下初步的品牌印象。随后，有关产品的信息设计是延续关注的要点，详尽的产品信息能让顾客全方位了解产品相关知识。网站的安全性和便利性是网络形象构成的基础前提，只有构建让人信赖的网站才能引入更高的浏览量。

A7 服务形象是指消费者和社会公众对服装企业员工在销售和经营活动过程中的表现做出的客观评价。售前服务和售后服务分别处于销售过程的不同环节，均在与消费者沟通的过程中传递着企业方的态度。销售人员是与顾客直接接触的人员，其形象的美观度也在一定程度上代表着品牌和企业的形象。

4. 选择性编码

选择性旨在从前几个编码过程中确定的范畴中提炼核心范畴，以将其他范畴按照一定线索系统地联系起来。深入分析 52 个初步概念，31 个概念和 7 个范畴发现，服装品牌形象这一核心范畴能够统领和解释其他范畴，沿着这条线索可得到"故事线"：

在服装品牌形象塑造过程中，产品形象是最根本和基础的必要条件，一切形象塑造都需从产品形象出发，并围绕其展开，而质量、价格、图案、款式和档次是服装产品物理属性最本质的呈现方式。吸引顾客对产品进行关注是产品形象传递的前提，该部分主要由线上、线下传播渠道构建的网络形象和店铺形象发挥作用。通过对线下服装陈列、橱窗、卖场氛围等及线上图片风格、网页信息等的设计与规划，利用感官因素直接影响消费者体验感和关注度，使消费者对产品和品牌的关注成为可能。顾客关注行为发生后，促销宣传形象能够维护和提升消费者对品牌持续关注的程度，这一过程中所采用的宣传手段、渠道或与消费者直接接触的宣传人员与品牌整体形象息息相关，决定着消费者获取信息的主动性和接受性。在消费者掌握一定的品牌信息后，企业形象作为承载品牌信誉的重要形象维度，是消费者衡量品牌品质和感知品牌文化和历史的重要参考，也是进一步提升顾客对品牌的信赖程度、巩固服装品牌形象的重要环节。最后，品牌标识形象是对品牌形象整体的浓缩和反映，利用名称、色彩、符号和包装综合传递着品牌的文化内涵和精神，是对其他形象维度的直观彰显和简化呈现。各主范畴在服装品牌形象的构建中相互促进、相互支撑，均发挥着不可替代的作用。

5. 理论饱和度检验

为确保研究理论的信效度，在进行扎根理论研究时需不断运用新数据与已提炼完成的范畴进行比较，产生新范畴时需及时补充和修正，直至理论饱和。本研究在完成初步模型构建后，通过报刊、网络、书籍等多种渠道收集的有关服装品牌形象的 11 份资料用于理论饱和度检验，笔者对验证资料再一次进行了开放式编码，共得到 32 个概念，然后将验证性资料和初步模型构建资料进行对比分析，未发现新的范畴和相互关系，因此可认为所建立的理论是饱和的。

（三）服装品牌形象测评指标体系

综合文献综述、案例分析和扎根理论分析结果，服装品牌形象测评指标体系各维度划分如图 2-1 所示。为便于后续研究的呈现，对各维度进行了编码，分别表示为产品形象 PI、品牌识别形象 BC、企业形象 BI、促销宣传形象 PPI、服务形象 SE、网络形象 NI 和店铺形象 SI。

产品形象是为实现品牌总体形象目标细化，以产品设计为核心而展开的系统形象设计；品牌识别形象是品牌信息的高度浓缩；企业形象是人们通过企业所表现出的综合特征而建立的对企业总体的印象；促销宣传形象指受众接收到通过促销、宣传手段传递的品牌各方面信息后对品牌做出的整体评价；服务形象指社会公众对品牌产品销售过程中所表现出的服务态度、服务方式等做出的客观评价；网络形象是消费者进行网购虚拟性体验后对品牌留下的印象。店铺形象是消费者进行线下购物时受到实体环境影响后留下的总体或全面性的印象。

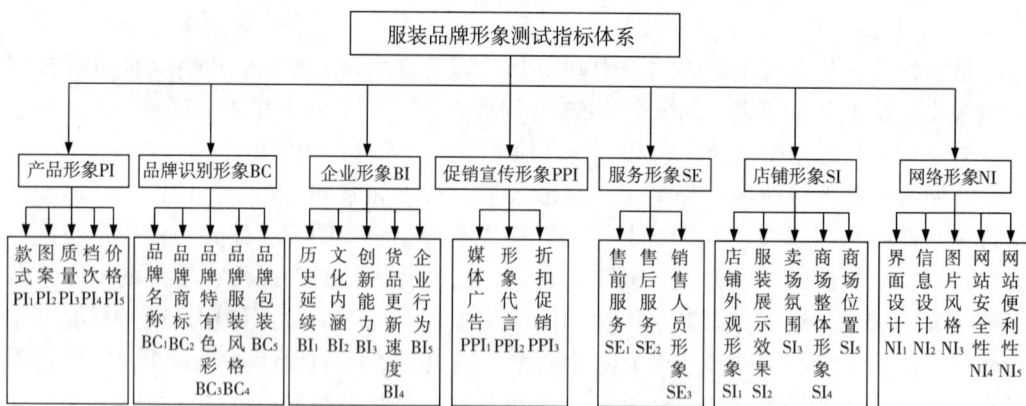

图 2-1 服装品牌形象测评指标体系

二、服装品牌形象评价指标分析

本研究进一步采用专家打分法分别对评价指标进行筛选和分类，以确保服装品牌形象评价指标筛选的合理性，更好地反应各要素对服装品牌形象构建的重要程度。为此，本研究邀请了 13 名服装领域专家学者和资深服装从业者进行打分。其中包括 7 名服装品牌形象方面的学者，2 名实体服装品牌市场营销人员，2 名线上服装品牌市场营销人员，以及 2 名品牌零售渠道从业人员。采用 1~9 分相对重要标度值打分法对评价指标进行打分。通过打分得出每个维度之间及每个维度指标间的重要性关系，以此作为依据对各层级指标进行比较，分别得出两个指标间相对重要程度的具体分值，每个得分的平均值将作为层次分析法中判断矩阵的构建依据。最后，利用 yaahpV10. 3 层次分析软件将专家打分法中得到的平均值代入判断矩阵，在满意的一致性范围内计算各层级指标的具体权重得分，以进一步分析线上、线下品牌形象评价指标的差异。线上、线下服装品牌形象构成因素专家调查表请见附录 B。

　　线上、线下服装品牌维度层的权重分布情况如表 2-1 所示。由其可以看出，在线上服装品牌中网络形象占据其品牌形象的核心地位，权重达 0.420 5，对品牌形象的影响程度最大。这是由于线上购物接触方式的独特性，感官影响着网购者的虚拟体验，进而影响其对品牌的判断和购物决策。促销宣传形象的权重为 0.266 5，排名第二，网购消费者难以对产品质量、档次做出直接判断，通过促销宣传可影响消费者对品牌的态度，从而提升品牌形象传播效果。企业形象对线上品牌形象的贡献最小，仅为 0.031 7，这是由于网络市场的特殊性，消费者更多倾向于网购过程的感官感受，对企业形象关注较少。

表 2-1　服装品牌形象维度层指标权重分布

线上服装品牌形象		线下服装品牌形象	
指标	权重	指标	权重
产品形象	0.131 3	产品形象	0.160 2
品牌识别形象	0.063 1	品牌识别形象	0.380 6
企业形象	0.031 7	企业形象	0.064 3
促销宣传形象	0.266 5	促销宣传形象	0.042 5
服务形象	0.086 8	服务形象	0.251 6
网络形象	0.420 5	店铺形象	0.100 9

　　线下服装品牌形象中，品牌识别形象所占权重最大，为 0.380 6。品牌识别形象的象征性特点为消费者的视觉感官带来强大的冲击力，使顾客对该品牌的形象产生联想记忆。其次为服务形象，权重为 0.251 6。在线下购物环节中，服务形象是消费者感受品牌形象的重要渠道。促销宣传形象权重最小仅为 0.042 5，由于线下消费环境、产品、服务等的可接触性特点，线下消费者对品牌间接性传递的信息关注度较低。

　　品牌识别形象和促销宣传形象在线上、线下服装品牌形象中所占权重差异较大。品牌识别形象对线下影响最为显著而线上影响较小；促销宣传形象在线上占据重要作用，而在线下对整体影响最小。说明互联网带给品牌在网络中无限延展的可能，使网络信息更迭快速、获取便捷，造成消费者更为注重线上品牌的宣传促销形象。线下品牌消费者难以凭借单方面的宣传促销信息就对品牌做出判断，而良好的品牌识别形象暗示着品牌对消费者的某种承诺，能够引起消费者对品牌美好形象的联想。

　　线上、线下服装品牌形象指标层的权重分布情况如表 2-2 所示。从整体上看，线上服装品牌形象中促销宣传形象维度的媒体广告 P_{11} 对整体贡献值最大，权重为 0.169 8。其次是网络形象维度的界面设计 N_1、信息设计 N_2 及安全性 N_3，均为 0.126 2。贡献最低的为企业形象维度中的文化内涵 B_{12}，仅为 0.001 0。在线下服装品牌形象中，情况有所不同，对整体贡献最大的是品牌识别形象维度的品牌服装风格 BC_{24}，权重达 0.194 1。其次为服务形象维度的销售服务 SE_{22}，权重为 0.125 8。企业形象维度的货品更新速度 B_{24}，贡献最小仅为 0.002 1。由此可见，线上、线下服装品牌形象构成方式和传播渠道存在明显差异。线上品牌更注重信息传达与视觉效果，利用视觉感官，如图片、视频、网页色彩、界面设计等形式更有利于塑造品牌形象。而线下品牌对消费环境与产品风格的感知更为敏感，因此对服装风格、销售服务的要求更高。

表 2-2 服装品牌形象指标层权重分布

产品形象	线上服装品牌指标层	指标	PI_{11}	PI_{12}	PI_{13}	PI_{14}	PI_{15}		
		权重	0.062 1	0.028 1	0.006 5	0.028 1	0.006 5		
	线下服装品牌指标层	指标	G_{21}	G_{22}	G_{23}	G_{24}	G_{25}	G_{26}	G_{27}
		权重	0.058 1	0.003 5	0.006 5	0.040 8	0.028 1	0.013 9	0.009 4
品牌识别形象	线上服装品牌指标层	指标	BC_{11}	BC_{12}	BC_{13}	BC_{14}	BC_{15}		
		权重	0.008 2	0.004 0	0.002 1	0.032 3	0.016 7		
	线下服装品牌指标层	指标	BC_{21}	BC_{22}	BC_{23}	BC_{24}	BC_{25}		
		权重	0.024 2	0.012 5	0.100 4	0.194 1	0.049 3		
企业形象	线上服装品牌指标层	指标	BI_{11}	BI_{12}	BI_{13}	BI_{14}	BI_{15}		
		权重	0.002 0	0.001 0	0.008 4	0.016 2	0.004 1		
	线下服装品牌指标层	指标	B_{21}	B_{22}	B_{23}	B_{24}	B_{25}		
		权重	0.004 1	0.017 0	0.008 3	0.002 1	0.032 8		
促销宣传形象	线上服装品牌指标层	指标	PPI_{11}	PPI_{12}	PPI_{13}				
		权重	0.169 8	0.027 9	0.066 88				
	线下服装品牌指标层	指标	P_{21}	P_{22}	P_{23}				
		权重	0.007 3	0.004 3	0.030 8				
服务形象	线上服装品牌指标层	指标	SE_{11}	SE_{12}	SE_{13}				
		权重	0.028 9	0.028 9	0.028 9				
	线下服装品牌指标层	指标	SE_{21}	SE_{22}	$SE2_3$				
		权重	0.062 9	0.125 8	0.062 9				
网络形象	线上服装品牌指标层	指标	NI_1	NI_2	NI_3	NI_4	NI_5		
		权重	0.126 2	0.126 2	0.126 2	0.042 1	0.040 7		
店铺形象	线下服装品牌指标层	指标	SI_1	SI_2	SI_3	SI_4	SI_5		
		权重	0.017 8	0.027 9	0.043 1	0.008 1	0.004 1		

三、服装品牌形象测评量表开发

（一）服装品牌形象测评量表开发思路

按照 Churchill 等[24] 提出的量表开发流程，本节分四个步骤开发服装品牌形象测评量表：①通过文献分析界定服装品牌形象的概念，确立其构成要素（见图 2-1）；②

借鉴现有品牌形象经典测量量表，结合服装品牌形象测评体系构建结果，通过归纳、总结和创新形成初始测量题项；③利用随机抽样方法对 134 个样本进行预调研测试，以检验初始量表的可靠性和有效性，删减不符合标准的题项；④根据预测试结果，进一步确定测量题项，从而正式进行调研，再次对量表的可靠性和有效性进行检验，形成最终的服装品牌形象测评量表。

（二）服装品牌形象测评量表初始题项生成

开发测评量表需先确定相关概念的操作化定义，基于服装品牌形象构成要素的研究结果，本研究将服装品牌形象划分为产品形象、品牌标识形象、企业形象、促销宣传形象、店铺形象、网络形象和服务形象七个测评维度。同时，针对各个维度的内涵，参考 Biel[1]、Aaker[25]、Keller 等[26]及罗子明[18]、范秀成等[19]、关辉等[20]提出的品牌形象测量量表，结合本研究特点编撰测量题项，形成包含 31 个题项的初始量表。所有题项均采用李克特六级量表测量，用 1~6 分别代表"非常不同意""不同意""不太同意""比较同意""同意""非常同意"的得分。具体测量题项如表 2-3 所示。

表 2-3　服装品牌形象初始测量题项

维度	编号	题项	来源（参考文献）
网络形象	NI-1	该品牌网站的图片风格很吸引我	[29]
	NI-2	该品牌网站提供了很详细的产品信息	[29]
	NI-3	该品牌网站设计风格让人印象深刻	[29]
	NI-4	该品牌所属网站很可靠	[29]
	NI-5	该品牌所属网站操作便捷	[29]
促销宣传形象	PPI-1	该品牌的代言人让人印象深刻	[26]、[18]、[20]
	PPI-2	该品牌广告宣传很有吸引力	[26]、[18]、[20]
	PPI-3	该品牌产品折扣促销力度很有吸引力	[27]、[28]
服务形象	SE-1	该品牌的售前服务让人愉悦	[18]、[29]、[32]
	SE-2	该品牌的售后服务让人愉悦	[29]、[32]
	SE-3	该品牌销售人员形象好	[18]、[29]、[32]
品牌识别形象	BC-1	该品牌服饰风格非常明显	[18]、[24]
	BC-2	该品牌通过包装就能辨认出	[18]、[24]
	BC-3	该品牌通过 LOGO 就能辨认出	[18]、[17]
	BC-4	该品牌色彩具有辨识度	[18]、[166]
	BC-5	该品牌名称让人印象深刻	[25]、[17]、[26]
产品形象	PI-1	该品牌服装质量好	[25]、[17]、[26]
	PI-2	该品牌服装价格合理	[25]、[17]、[26]
	PI-3	该品牌服装运用的图案美观	[25]、[17]、[26]、[19]
	PI-4	该品牌款式设计很有特点	[25]、[17]、[26]、[19]
	PI-5	该品牌服装档次较高	[25]、[17]、[26]、[19]

(续表)

维度	编号	题项	来源(参考文献)
企业形象	BI-1	该品牌所属公司产品上新频繁	[1]、[17]、[20]
	BI-2	该品牌所属公司具有社会责任感	[1]、[17]、[20]
	BI-3	该品牌所属公司历史文化深远	[1]、[17]、[20]
	BI-4	该品牌所属公司具有独特的风格理念	[1]、[17]、[20]
	BI-5	该品牌所属公司创新能力强	[1]、[17]、[20]
店铺形象	SI-1	该品牌店铺的橱窗陈列效果具有吸引力	[30]、[31]、[32]
	SI-2	该品牌店铺内的氛围让人心情愉悦	[30]、[31]、[32]
	SI-3	该品牌店铺内的服装陈列效果具有吸引力	[30]、[31]、[32]
	SI-4	该品牌店铺所在商场位置便利	[30]、[31]
	SI-5	该品牌店铺所在商场整体形象令人满意	[30]、[31]

(三) 服装品牌形象测评量表预调研

预调研采用随机抽样方法,通过小范围调研获取数据,根据数据信效度评估结果,对初始题项进行修改和调整。预调研问卷除了包含服装品牌形象测量题项之外,还加入了调查对象的人口学因素测量题项,包括被调查者的性别、年龄、学历、收入及居住城市。预调研样本选择曾有过线上和线下服装购物经历的群体。问卷(附录C)通过问卷星软件发放,共计发放 134 份,回收有效问卷 116 份,有效率为 86.5%。运用 SPSS 21.0 软件对 116 份问卷进行信效度检验和探索性因子分析。

1. 内部一致性信度分析

现有研究常用 Cronbach's α 系数和 CITC(校正的项总体相关性)值来评价量表的一致程度,数据越趋于一致,说明测量量表越稳定可靠。参照 Nunnally 提出的临界值要求,Cronbach's α 系数应至少达 0.7,CITC 值应至少达 0.3,且越接近 1,题项间的相关性越大。

内部一致性信度分析结果见表 2-4 所示,服装品牌形象测评量表各维度 Cronbach's α 系数分别为 0.874、0.746、0.920、0.815、0.793、0.840、0.855,量表整体的 Cronbach's α 系数 0.942,均符合大于 0.7 的要求。NI-2、PPI-3、BI-3、SI-4 题项的 CITC 值分别为 0.491、0.380、0.495、0.456,未满足大于 0.5 的要求,因此将这 4 个题项分别进行剔除,观察 Cronbach's α 系数的变化情况。将 NI-2 题项剔除后,其所属维度的 Cronbach's α 系数从 0.874 变为 0.834。将 PPI-3 题项剔除后,其所属维度的 Cronbach's α 系数从 0.746 增长为 0.849。将 BI-3 题项剔除后,其所属维度的 Cronbach's α 系数从 0.840 变为 0.819。将 SI-4 题项剔除后,其所属维度的 Cronbach's α 系数从 0.855 增长为 0.882。删除 SI-4、PPI-3 后这两个指标所在维度 Cronbach's α 系数有明显增长,即删除后问卷可靠性增强,而将 NI-2、BI-3 删除后这两个指标所在维度的 Cronbach's α 系数无太大变化,故将题项 NI-2、BI-3 删除。删除后量表整体

Cronbach's α 系数增长至 0.943，所在维度的 Cronbach's α 系数在 0.746 到 0.920 之间，剩余 29 个题项均符合 $3.151<t<11.22$ 的显著差异水平，说明量表具有区分高低水平的检验能力。整体分析结果表明，量表具有较高的内在一致性。

表 2-4　预调研问卷信度分析结果

维度	题项	CITC	删除项后的 Cronbach's α 系数	所在维度的 Cronbach's α 系数
网络形象	NI-1	0.534	0.941	0.874
	NI-2	0.491	0.941	
	NI-3	0.649	0.940	
	NI-4	0.592	0.940	
	NI-5	0.529	0.941	
促销宣传形象	PPI-1	0.516	0.942	0.746
	PPI-2	0.608	0.940	
	PPI-3	0.380	0.943	
服务形象	SE-1	0.617	0.940	0.920
	SE-2	0.656	0.940	
	SE-3	0.626	0.940	
品牌识别形象	BC-1	0.602	0.94	0.815
	BC-2	0.545	0.941	
	BC-3	0.569	0.942	
	BC-4	0.535	0.941	
	BC-5	0.539	0.941	
产品形象	PI-1	0.598	0.94	0.793
	PI-2	0.501	0.941	
	PI-3	0.627	0.940	
	PI-4	0.700	0.939	
	PI-5	0.572	0.941	
企业形象	BI-1	0.607	0.940	0.840
	BI-2	0.678	0.940	
	BI-3	0.495	0.941	
	BI-4	0.569	0.941	
	BI-5	0.704	0.939	
店铺形象	SI-1	0.580	0.941	0.855
	SI-2	0.628	0.940	
	SI-3	0.706	0.939	
	SI-4	0.456	0.942	
	SI-5	0.624	0.940	

2. 探索性因子分析

探索性因子分析（EFA）的目的是根据变量间的相关关系，在所有测量项目中提取与某个类型变量高度相关的因子，以此探索变量间的本质结构，从而达到降维的目的。本研究采用主成分分析法，遵照大于 1 的准则提取特征值进行探索性因子分析。测项临界值标准参照 Ford 等学者的研究结果，当因子载荷至少达 0.4 的标准、方差解释率达 60% 的标准、共同度至少达 0.4 的标准时，表明没有出现跨因子负载的情况，测量量表具有良好的区别效度，测量结构划分合理。另外，利用 KMO 值和 Bartlett's 球状检验的显著性水平（sig 值）衡量量表的结构效度，参照 Fornell 等[33] 的研究结果，认为 KMO 值应在 0.7 以上，显著性水平（sig 值）应小于 0.05。

预调研问卷探索性因子分析结果如表 2-5 所示。量表整体 KMO 值为 0.871，各维度 KMO 值都在 0.50 和 0.82 之间，均达 0.7 的标准。Bartlett's 球形检验的显著性均为 0.000，说明本数据样本适宜做因子分析，且量表具有良好的结构效度。

表 2-5　预调研问卷探索性因子分析结果

项目	NI	PPI	SE	BC	PI	BI	SI
KMO 值	0.808	0.500	0.695	0.782	0.729	0.795	0.814
Bartlett's 检验卡方值	301.003	91.182	334.437	200.063	201.389	232.221	252.504
Sig 值	0.000	0.000	0.000	0.000	0.000	0.000	0.000
问卷整体结果	KMO 值 = 0.871，Bartlett's 球状检验卡方值 = 2 407.577，Sig 值 = 0.000，累积方差贡献率 = 72.722%						

预调研问卷因子载荷检验结果如表 2-6 所示。各测项因子载荷均大于 0.5，说明量表具有良好的建构效度。29 个测项 7 个公因子的累积方差贡献为 72.722%。通过旋转成分矩阵从中提取 7 个因子，分别命名为产品形象、品牌识别形象、企业形象、促销宣传形象、服务形象、网络形象和店铺形象。

表 2-6　预调研问卷因子载荷

维度	题项	因子 1	因子 2	因子 3	因子 4	因子 5	因子 6	因子 7
网络形象	NI-1	0.805	0.012	0.222	-0.044	0.11	0.161	0.212
	NI-2	0.851	0.155	0.171	0.047	0.128	-0.012	-0.05
	NI-3	0.712	0.112	0.318	0.116	0.186	0.176	0.365
	NI-4	0.592	0.295	0.383	0.231	0.173	0.046	-0.099
	NI-5	0.746	0.074	0.05	0.189	0.307	0.158	-0.183
促销宣传形象	PPI-1	0.124	0.092	0.154	0.181	0.038	0.845	0.145
	PPI-2	0.187	0.079	0.018	0.336	0.204	0.789	0.211
服务形象	SE-1	0.210	0.207	0.270	0.008	0.854	0.145	0.044
	SE-2	0.226	0.163	0.171	0.299	0.728	0.195	-0.022
	SE-3	0.247	0.129	0.297	0.064	0.840	0.108	0.167
品牌识别形象	BC-1	0.254	0.085	0.118	0.643	0.239	0.052	0.245
	BC-2	0.164	0.054	0.215	0.792	0.082	0.09	0.087
	BC-3	-0.034	0.270	0.174	0.702	-0.015	0.219	-0.037
	BC-4	0.373	0.425	0.023	0.503	-0.164	0.271	0.163
	BC-5	-0.043	0.321	0.136	0.668	0.061	0.194	-0.006

（续表）

维度	题项	因子 1	因子 2	因子 3	因子 4	因子 5	因子 6	因子 7
产品形象	PI-1	0.110	0.245	0.231	0.268	0.167	-0.007	0.602
	PI-2	0.269	0.241	-0.028	-0.041	0.299	0.186	0.672
	PI-3	0.439	0.348	-0.028	0.275	0.198	0.270	0.562
	PI-4	0.291	0.367	0.116	0.262	0.317	0.063	0.609
	PI-5	0.094	0.385	0.197	0.235	0.122	0.199	0.703
企业形象	BI-1	0.063	0.571	0.254	0.285	0.287	0.029	-0.071
	BI-2	0.228	0.709	0.211	0.112	0.067	0.031	0.107
	BI-3	-0.094	0.600	0.306	0.198	-0.051	0.085	0.121
	BI-4	0.037	0.687	0.250	0.337	0.109	0.057	0.226
	BI-5	0.121	0.552	0.221	0.266	0.278	0.118	0.269
店铺形象	SI-1	0.147	0.082	0.839	0.059	0.138	0.148	0.225
	SI-2	0.063	0.240	0.755	0.262	0.211	0.087	0.120
	SI-3	0.259	0.216	0.668	0.127	0.315	0.148	0.176
	SI-5	0.237	0.297	0.655	0.182	0.157	-0.002	-0.065

综上所述，所提出的服装品牌形象测评维度具有一定的合理性和有效性。通过预调研结果分析与题项调整，本研究确定最终服装品牌形象测评的 29 个题项，以此为问卷主体，添加人口统计因素的相关测量题项，形成最终的调研问卷（见附录 2）。

（四）服装品牌形象测评量表正式调研与量表检验

1. 数据收集

正式调研采用线下纸质问卷和线上网络问卷相结合的方式，重点选择上海市南京西路、汇金百货、新天地购物广场等商业中心作为实地调查地点，进行随机调查。同时，通过问卷星平台发放线上问卷。共发放问卷 540 份，回收 513 份，回收率为 95%，达到 20% 的最低回收率标准。有效问卷 487 份，有效率为 94%。有效问卷总数符合题项数量 5~8 倍的标准值[33]。

本次调查样本的人口统计变量包括性别、年龄、学历等，具体情况如表 2-7 所示。根据统计结果，样本性别比例接近均衡，男性占 46.91%，女性占 53.19%；样本年龄分布上，18~25 岁样本数量最高（236 人），占 47.01%；在月收入分布上小于 2000 元收入的居多，占 44.62%；在职业分布上，以在校学生居多，占 44.62%；居住城市中一线城市占比最高（301 人），占比达 59.96%。

表 2-7 调研样本基础信息

占比 /%		样本量	占比 /%	统计变量		样本量	占比 /%
性别	女	267	53.19	居住城市	一线城市（如北京、上海、广东）	301	59.96
	男	235	46.91		二线城市（如杭州、南京、重庆）	109	21.71
年龄	<18	6	1.20		三线城市（如贵阳、兰州、南通）	32	6.38
	18~25	236	47.01		四线及以下城市	60	11.95
	26~35	137	27.29	教育水平	初中及以下	11	2.19
	36~40	45	8.97		高中及大专	22	4.38
	41~50	61	12.15		本科学士	256	51.00
	45~55	8	1.59		硕士及以上	213	42.43
	>56	9	1.79	月收入 / 元	< 2000	225	44.62
职业	企业管理人员	60	11.95		2000~4999	109	21.71
	在校学生	224	44.62		5000~9999	112	22.31
	教师	55	10.96		10000~14999	36	7.17
	国家单位从业人员	65	12.95		15000~19000	16	3.17
	自由职业者	3	0.60		>20000	4	1.02
	其他	95	18.92				

测量题项均值和标准差如表 2-8 所示。由其可知，各题项的均值都在 4.5~5.5，标准差在 0.85~0.99，说明调研样本对服装品牌形象各维度指标感知效果较好。

表 2-8 服装品牌形象量表均值及标准差

维度	题项	均值	标准差	维度	题项	均值	标准差
网络形象	NI-1	4.64	0.947	产品形象	PI-1	4.90	0.857
	NI-2	4.72	0.926		PI-2	4.57	0.916
	NI-3	4.56	0.970		PI-3	4.63	0.950
	NI-4	4.95	0.858		PI-4	4.80	0.950
	NI-5	4.73	0.907		PI-5	4.36	0.920
促销宣传形象	PPI-1	4.90	0.857	企业形象	BI-1	4.64	0.903
	PPI-2	4.57	0.916		BI-2	4.37	0.939
服务形象	SE-1	4.50	0.940		BI-3	4.37	0.950
	SE-2	4.50	0.980		BI-4	4.77	0.880
	SE-3	4.49	0.920		BI-5	4.65	0.910
品牌识别形象	BC-1	4.90	0.908	店铺形象	SI-1	4.70	0.924
	BC-2	5.02	0.896		SI-2	4.68	0.920
	BC-3	5.00	0.852		SI-3	4.69	0.961
	BC-4	4.67	0.922		SI-4	5.02	0.774
	BC-5	5.06	0.908				

2. 内部一致性分析

本研究通过 Cronbach's α 系数、CITC 值和组合信度来分析量表内部一致性信度，检验结果如表 2-9 所示。问卷整体 Cronbach's α 系数为 0.944，服装品牌形象各个测量维度的 Cronbach's α 系数在 0.79~0.9，均达到 0.7 的最低接受标准，删除任一题项均会使 Cronbach's α 系数降低。7 个维度的 Cronbach's α 系数差距较小，且各部分系数均大于 0.79，说明各维度的题项设计合理且具有可靠性。CITC 值都在 0.47~0.70，均达到 0.3 的最低标准，故保留所有题项。另外，29 个题项均符合 $3.151 < t < 11.22$ 的显著性差异水平，说明量表具有区分高低水平的检验能力。因此，服装品牌形象量表具有较高的内在一致性。

表 2-9　服装品牌形象量表信效度

维度	题项	CITC	删除项后的 Cronbach's α 系数	Cronbach's α 系数
网络形象	NI-1	0.623	0.943	0.856
	NI-2	0.491	0.943	
	NI-3	0.479	0.941	
	NI-4	0.662	0.942	
	NI-5	0.628	0.942	
促销宣传形象	PPI-1	0.529	0.943	0.827
	PPI-2	0.595	0.942	
服务形象	SE-1	0.610	0.942	0.887
	SE-2	0.641	0.941	
	SE-3	0.617	0.942	
品牌识别形象	BC-1	0.577	0.942	0.822
	BC-2	0.542	0.942	
	BC-3	0.504	0.943	
	BC-4	0.556	0.942	
	BC-5	0.516	0.943	
产品形象	PI-1	0.572	0.942	0.790
	PI-2	0.483	0.943	
	PI-3	0.629	0.941	
	PI-4	0.685	0.941	
	PI-5	0.573	0.942	
企业形象	BI-1	0.598	0.942	0.855
	BI-2	0.708	0.941	
	BI-3	0.575	0.942	
	BI-4	0.628	0.941	
	BI-5	0.685	0.941	
店铺形象	SI-1	0.560	0.942	0.885
	SI-2	0.640	0.941	
	SI-3	0.698	0.941	
	SI-4	0.623	0.942	

3. 效度分析

效度分析能够检验量表的有效性和正确性，即测量结果反映测评要素的真实程度和测量目标间的接近程度，通常采用内容效度和建构效度进行检验。在内容效度检验上，本研究先通过扎根理论方法对相关文献及资料进行分析，确定服装品牌形象的概念及维度构成。通过参考和借鉴品牌形象的经典测量量表完成研究量表编撰，并利用预调研测试检验量表的可靠性和有效性，确保了问卷的内容效度。

在建构效度检验上，首先进行探索性因子分析，以此检验测项结构性概念效度。本研究采用主成分分析法，截取特征值大于1的数据，并通过方差最大化正交旋转进行分析。结果显示，整体 KMO 值为 0.856、0.838、0.895、0.831、0.832、0.883、0.851，达到 0.5 的最低接受标准。Bartlett's 球形检验的 Sig 值均为 0.000。说明数据适宜进行因子分析。正交旋转抽取出 7 个特征值大于 1 的因子，依次命名为企业形象、店铺形象、网络形象、品牌识别形象、促销宣传形象、服务形象、产品形象，累积方差百分比为 70.194%。表 2-10 为服装品牌形象指标标准化因子载荷。由其可知，各项因子载荷在 0.5~0.8，均大于标准值 0.5，表明测量量表具有良好的区别效度，初步证明本研究对服装品牌形象的维度划分合理。

表 2-10　服装品牌形象指标标准化因子载荷

维度	题项	因子 1	因子 2	因子 3	因子 4	因子 5	因子 6	因子 7
网络形象	NI-1	0.012	0.222	0.771	-0.044	0.161	0.110	0.212
	NI-2	0.155	0.171	0.792	0.047	-0.012	0.128	-0.05
	NI-3	0.112	0.318	0.673	0.116	0.176	0.186	0.365
	NI-4	0.295	0.383	0.518	0.231	0.046	0.173	-0.099
	NI-5	0.074	0.05	0.721	0.189	0.158	0.307	-0.183
促销宣传形象	PPI-1	0.092	0.154	0.122	0.181	0.781	0.038	0.145
	PPI-2	0.079	0.018	0.187	0.336	0.719	0.204	0.211
服务形象	SE-1	0.207	0.270	0.210	0.008	0.145	0.824	0.044
	SE-2	0.163	0.171	0.226	0.299	0.195	0.709	-0.022
	SE-3	0.129	0.297	0.247	0.064	0.108	0.780	0.167
品牌识别形象	BC-1	0.085	0.118	0.254	0.690	0.052	0.239	0.245
	BC-2	0.054	0.215	0.164	0.797	0.090	0.082	0.087
	BC-3	0.270	0.174	-0.034	0.709	0.219	-0.015	-0.037
	BC-4	0.425	0.023	0.373	0.508	0.271	-0.164	0.163
	BC-5	0.321	0.136	-0.043	0.679	0.194	0.061	-0.006
品牌识别形象	PI-1	0.044	0.231	0.11	0.268	-0.007	0.167	0.645
	PI-2	-0.212	-0.028	0.269	-0.041	0.186	0.299	0.641
	PI-3	0.335	-0.028	0.448	0.275	0.270	0.198	0.539
	PI-4	0.367	0.116	0.291	0.367	0.063	0.317	0.562
	PI-5	0.385	0.197	0.094	0.235	0.199	0.122	0.610

（续表）

	题项						
企业形象	BI-1	0.529	0.254	0.063	0.285	0.218	0.287	~0.071
	BI-2	0.667	0.211	0.228	0.112	0.431	0.067	0.107
	BI-3	0.558	0.306	−0.094	0.198	0.485	−0.051	0.121
	BI-4	0.684	0.250	0.037	0.337	0.057	0.109	0.226
	BI-5	0.617	0.221	0.121	0.266	0.118	0.278	0.269
店铺形象	SI-1	0.082	0.804	0.147	0.059	0.148	0.138	0.225
	SI-2	0.240	0.738	0.063	0.262	0.087	0.211	0.120
	SI-3	0.216	0.673	0.259	0.127	0.148	0.315	0.176
	SI-4	0.002	0.618	0.242	0.199	0.268	0.083	−0.310

KMO 值 =0.856，Bartlett's 球形检验卡方值 =9915.639，Sig 值 =0.000，
累积方差贡献率 =70.194%，整体 Cronbach's α 系数 0.944

其次，依据所有题项的标准化因子载荷系数（EFA）和平均提取方差（AVE）判断量表的收敛效度和区别效度。根据 Fornell 等[33] 提出的标准，若所有 AVE 值达到 0.5 判断标准并且其平方根大于两维度间的相关系数，则这两个维度间具有区别效度，测量变量可有效反映潜在变量。根据 Anderson 等提出的标准，当标准化因子荷载系数大于 0.5 且达到显著性水准（$p< 0.05$）时，量表具有收敛效度。本研究采用 AMOS 21.0 软件对数据进行一阶验证性因子分析，以评估测量量表的收敛效度，如表 2-11 所示。

表 2-11　一阶验证性因子分析结果

维度	题项	EFA 因子载荷	CR （组合信度）	AVE （平均提取方差）	模型拟合优度	
网络形象	NI-1	0.681	0.856	0.545		
	NI-2	0.680				
	NI-3	0.838				
	NI-4	0.717				
	NI-5	0.762				
促销宣传形象	PPI-1	0.940	0.838	0.723		
	PPI-2	0.750				
服务形象	SE-1	0.897	0.895	0.741		
	SE-2	0.734				
	SE-3	0.938				
品牌识别形象	BC-1	0.690	0.831	0.502		
	BC-2	0.645			x_2	332.56
	BC-3	0.716			x_2/d_f	2.521
	BC-4	0.746			RMSEA RMR	0.071 0.029
	BC-5	0.720			NFI	0.931

（续表）

维度	题项	EFA 因子载荷	CR （组合信度）	AVE （平均提取方差）	模型拟合优度	
产品形象	PI-1	0.663	0.832	0.509	CFI	0.972
	PI-2	0.799			TLI	0.922
	PI-3	0.723			GFI	0.942
	PI-4	0.692			AGFI	0.911
	PI-5	0.634			IFI	0.935
公司形象	BI-1	0.756	0.883	0.605		
	BI-2	0.867				
	BI-3	0.818				
	BI-4	0.807				
	BI-5	0.618				
店铺形象	SI-1	0.794	0.851	0.588		
	SI-2	0.711				
	SI-3	0.794				
	SI-4	0.765				

注：x^2 拟合优度检验；x^2/d_f；RMSEA 近似均方根误差；RMR 均方根残差 ；NFI 规范拟合指数；CFI 比较拟合指数；TLI Tucker-Lewis 指数；GFI 拟合指数；AGFI 调整的拟合优度指数；IFI 递增拟合指数。

由表 2-11 所示的一阶验证性因子分析结果可知，所有题项的标准化因子载荷系数都在 0.53~0.95，达到 0.5 的最低标准，且达到显著性水平（$p<0.05$）。区分效度检验结果如表 2-12 所示，其中，对角线上的数值为服装品牌形象每个维度的 AVE 值，对角线外的数值为各维度之间的相关系数。各潜变量中最小的 AVE 值为 0.502，各维度的 AVE 值在 0.502~0.741，均高于 0.5 的最低标准，相关系数在 0.025~0.046，各维度 AVE 值的平方根均高于任何两个维度间的相关系数。此外，由一阶验证因子分析的结果可知，卡方与自由度的比即 x^2/d_f 值为 2.521，达到 2~5 标准值。CFI、NFI、CFI 等各项拟合度指标均在 0.9 以上，达到最低接受值标准；RMSEA 为 0.071，满足最低接受标准，说明模型的拟合度好。综合指标检验结果，可认为本研究开发的测量量表具有较好的收敛效度。

表 2-12　区分效度检验

维度	NI	PPI	SE	BC	PI	BI	SI
NI	0.545						
PPI	0.042***	0.723					
SE	0.038***	0.055***	0.741				
BC	0.026***	0.046***	0.033***	0.502			
PI	0.033***	0.052***	0.042***	0.037***	0.509		
BI	0.025***	0.042***	0.034***	0.030***	0.036***	0.605	
SI	0.026***	0.037***	0.034***	0.025***	0.030***	0.025***	0.588
AVE 平方根	0.738	0.850	0.861	0.704	0.706	0.778	0.767

为保证量表在不同群体中的有效性，进一步对交叉效度进行检验。交叉效度是以一定的规则标准将样本拆分为两部分，从而建立起两个差异性测量样本，然后分别对其进行检验，若两个模型的各项拟合指标结果趋于一致，则表明量表具有良好的交叉效度。本研究将样本以性别拆分为两部分，其中，男性样本235个，占46.91%，女性样本267，占53.19%，然后分别对两部分样本数据进行一阶验证性因子分析，结果如表2-13所示。

表2-13　交叉效度分析结果

模型拟合指标	x^2	x^2/d_f	RMSEA	RMR	NFI	CFI	TLI	GFI	AGFI	IFI
男性样本 （$N=235$）	284.76	2.31	0.067	0.033	0.948	0.965	0.947	0.925	0.932	0.951
女性样本 （$N=267$）	332.56	2.06	0.064	0.025	0.935	0.942	0.933	0.941	0.918	0.941

由表2-13可知，拆分后样本的 x^2/d_f 值分别为2.31和2.06，达到2~5的标准；CFI、NFI、CFI指标拟合度在0.90~0.97，满足0.9的最低临界值标准；RMSEA分别为0.067和0.064，达到小于0.1的标准值；RMR分别为0.033和0.025，达到小于0.05的标准，表明拆分后子样本总体拟合效果好且具有显著一致性，即量表交叉效度符合标准。

通过一阶验证性因子分析已证实各维度间具有相关性。为证实各维度都归属于服装品牌形象这一构念，确保维度划分的合理性，进一步利用二阶验证性因子分析对数据进行检验。由于二阶因子无法直接观测，因此将一阶因子作为观测值进行分析，结果如表2-14所示。

表2-14　收敛效度检验结果

二阶因子	一阶因子	路径系数	观测变量	EFA 因子载荷	模型拟合优度	
服装品牌形象	网络形象	0.83	NI-1	0.72		
			NI-2	0.70		
			NI-3	0.86		
			NI-4	0.69		
			NI-5	0.81		
	促销宣传形象	0.74	PPI-1	0.85		
			PPI-2	0.72		
	服务形象	0.87	SE-1	0.92		
			SE-2	0.77		
			SE-3	0.91		
	品牌识别形象	0.76	BC-1	0.72		
			BC-2	0.68	x_2	312.42
			BC-3	0.69	x_2/d_f	2.27
			BC-4	0.81	RMSEA	0.067
			BC-5	0.69	RMR	0.031

（续表）

二阶因子	一阶因子	路径系数	观测变量	EFA 因子载荷	模型拟合优度	
	产品形象	0.79	PI-1	0.74	NFI	0.907
			PI-2	0.82	CFI	0.941
			PI-3	0.77	TLI	0.916
			PI-4	0.68	GFI	0.938
			PI-5	0.66	AGFI	0.902
	企业形象	0.84	BI-1	0.76	IFI	0.946
			BI-2	0.87		
			BI-3	0.83		
			BI-4	0.86		
			BI-5	0.64		
	店铺形象	0.81	SI-1	0.77		
			SI-2	0.74		
			SI-3	0.85		
			SI-4	0.82		

由表 2-14 可知，x^2/d_f 值为 2.27，达到 2～5 的标准；CFI、NFI、CFI 拟合度在 0.90～0.95，满足 0.9 的最低临界值标准；RMSEA 为 0.067，RMR 为 0.031，均达到标准值，表明二阶验证性因子分析模型拟合度佳，服装品牌形象量表中的 7 个维度可较好地收敛于服装品牌形象这一更高层阶的概念。综上所述，本研究开发的服装品牌形象测量量表具有较好的信效度，能够准确有效地测量服装品牌形象这一概念。

本节开发的服装品牌形象测量量表有助于企业审视和诊断自身在品牌形象传递过程中存在的不足，并根据测量指标有针对性地解决存在的问题，也可为后续的相关研究提供参考和依据。服装品牌形象测评体系的建立有助于服装企业更准确、清晰和全面地掌握品牌形象的内容构成，并切实意识到品牌形象的价值与效用。

第三节 服装品牌形象价值创造指标体系

一、服装品牌形象价值创造的内涵

品牌价值创造是在一定基础上用新的品牌价值去满足顾客的更高价值目标追求[34]。品牌价值创造是企业对品牌投入的结果函数[35]。品牌价值创造是企业借助品牌的威力，依靠品牌形象和声誉树立竞争优势的一种手段[36]。品牌价值创造的最终目的是使顾客形成独特的品牌体验[37]。品牌价值创造的内容包括产品、服务、创新、品牌形象、品牌关系等[36-38]。前期品牌价值创造的研究主要集中在品牌产品的使用价值方面，而金焕明[39]认为产品使用价值的价值创造空间是有限的，为了创造出更大的价值空间，品牌价值创造应快速转移到更加个性化的顾客体验、服务提供和共同创造上。综合学者们对品牌价值创造的文献报道，本研究认为服装品牌价值创造是品牌或企业为满足顾客更高目标价值追求和品牌价值最大化而产生的一系列创新活动。在此基础上，进一步提出服装品牌形象价值创造是服装品牌或企业在品牌形象各方面的创新活动，以期在品牌原本有限价值空间上创造出额外的品牌价值。

二、服装品牌形象价值创造指标体系

（一）服装品牌形象价值创造构成要素

为了进一步探究服装品牌形象价值创造的构成要素，结合案例分析与文献报道，研究了品牌价值创造的实现方式（见表2-15），主要包括借助美学手段、顾客参与、包装、塑造品牌个性、差异化营销和发挥品牌功能。借助美学手段是为了形成品牌美学的差异化，以提升品牌在消费者头脑中的印象[38]。顾客参与指的是顾客参与服装品牌形象的价值创造过程，并就品牌形象的感知给予反馈。品牌形象的包装是品牌建设与品牌宣传的有效手段，可增强顾客对品牌形象的感知[40]。塑造品牌个性是创造人格化、个性化的品牌形象，以此建立与目标消费者有利的情感联系[41]。差异化营销指的是企业为了赢得市场的营销创新活动，旨在塑造产品、品牌、服务、形象等要素的独特性，并将这种差异性传递给消费者[42]。发挥品牌功能指的是充分发挥品牌的识别、导购和传播等各项功能，展现出品牌的与众不同之处，从而提高品牌的辨识度。综上，本研究初步提炼出服装品牌形象价值创造构成要素，包括形象设计、形象宣传、品牌美学、品牌魅力和品牌功能。

表2-15　品牌价值创造的内容与实现方式

品牌价值创造点	实现的关键要素	实现方式
品牌文化	品牌定位	顾客参与
	品牌质量	顾客参与
	品牌创新	顾客参与、差异营销
产品	产品功能	创新产品开发
	产品的附加值	时尚元素植入产品设计
服务	服务成本	顾客参与、发挥品牌功能
	服务质量	顾客参与
创新	模式创新	品牌延伸、品牌跨界
	理念创新	差异营销
品牌关系	消费者	顾客参与
	利益相关者	差异营销
	品牌联盟	品牌延伸、品牌跨界
	资源和环境	包装创造
品牌形象	形象设计	美学手段
	形象宣传	顾客参与、包装创造
	品牌美学	美学手段、塑造品牌个性
	品牌魅力	发挥品牌功能、塑造品牌个性
品牌创始人	时尚鉴别力	顾客参与
	时尚创造力	发挥品牌功能

（二）服装品牌形象的价值创造指标体系

本研究进一步界定服装品牌形象价值创造的构成要素及其内涵，如表 2-16 所示。其中，形象设计是指品牌对形象各要素做全方位分析，并结合自身特征进行塑造与包装品牌形象的活动，主要是借助美学设计与差异营销来实现品牌形象的价值创造，包括产品形象设计、店面形象设计等 5 个指标。形象宣传是指为提高品牌知名度与维护品牌形象开展的一系列宣传推广活动，主要是通过顾客参与和差异营销的方式实现品牌形象价值创造，包含设计师形象宣传、品牌代言人形象宣言在内的 7 个指标。品牌美学是一种实现品牌审美溢价价值的品牌构建理论，主要是借助美学手段及顾客参与来实现服装品牌形象的价值创造，包括品牌风格、品牌特征等 7 个指标。品牌魅力指品牌的独特特征，旨在展现品牌的精神价值，主要通过挖掘品牌内涵与塑造品牌个性的方式实现品牌形象的价值创造，还可借助顾客参与和差异营销的手段，创造出更高的价值空间，包括品牌内涵、品牌精神等 8 项指标。品牌功能是品牌区别于竞争者产品与服务等属性的一种外在价值，可通过结合顾客参与的手段，发挥品牌的各项功能，达到实现价值创造的目的，主要包括识别功能、竞争功能等 6 项指标。综上所述，本研究构建了服装品牌形象的价值创造指标体系，如表 2-17 所示。

表 2-16　品牌形象价值创造构成要素及其内涵

	构成要素	内涵
形象设计	产品形象设计	在品牌形象价值创造中，产品形象设计是指将品牌产品塑造为实用、物美、质高等高价值的正面形象
	店面形象设计	在品牌形象价值创造中，店面形象设计是指品牌通过店面美学设计给消费者传递品牌档次高，符合大众品味等信息
	品牌标识形象设计	在品牌形象价值创造中，品牌标识形象设计是品牌借助美学设计手段，使得品牌标识达到高识别度、高联想度的目标
	包装设计	产品的包装会影响消费者的体验价值，品牌包装形象需与服装品牌形象相一致
	价格形象设计	在品牌形象价值创造中，价格形象设计旨在给消费者传递品牌价格合理或符合品牌定位等信息
形象宣传	设计师形象宣传	设计师形象与品牌形象密切相关，设计师形象宣传主要是指宣传设计师的品牌价值观、设计灵感来源及新品主题等，为品牌带来更大的好感度，创造额外的品牌价值
	品牌代言人形象宣传	品牌代言人外貌形象、生活态度、穿着风格应符合品牌定位，目前多数品牌侧重于关注代言人的外表，因此代言人的生活态度等形象宣传有利于品牌创造出更大的价值
	广告形象宣传	在品牌形象价值创造中，广告形象宣传是指品牌宣传的方式、途径等。多渠道及创新性方式宣传可实现品牌形象的价值创造
	服务形象宣传	在品牌形象价值创造中，服务形象宣传旨在塑造品牌服务周到、员工专业、仪表得体等的正面形象
	企业形象宣传	企业形象宣传主要是指宣传品牌所附属企业的经营理念、经营规模、企业发展前景与目标等

构成要素		内涵
	顾客形象宣传	顾客的产品效果展示形象及顾客评价等也属于品牌形象的范畴。顾客形象宣传主要是通过顾客参与的形式来实现的
	促销形象宣传	在品牌形象价值创造中，促销形象宣传主要是指以传播和推广品牌形象为主的促销，而不是以销售产品为主，旨在尽量向更多的人宣传并告知良好的品牌形象，让品牌形象深入人心
品牌美学	品牌风格	品牌风格主要是指品牌的设计风格、产品风格、服务风格（自主式、引导式）等
	品牌特征	品牌特征是指品牌美学设计手段的独特性（如扎染、刺绣等）
	品牌符号	品牌符号是一种独特的商业符号，这一符号被消费者认识，让品牌真正地"活着"，品牌设计需要围绕自身的品牌符号展开
	品牌色彩	在品牌形象价值创造中，品牌色彩是指品牌独有色调或美学在产品色彩设计中的运用
	品牌图案	在品牌形象价值创造中，品牌图案是指品牌特有的图案（如亚历山大·麦昆的骷髅头）或服装产品图案设计美学的运用
	品牌海报	在品牌形象价值创造中，品牌海报的设计需具备良好的美学基础并能与其他品牌的海报形成差异性
	品牌商店氛围	品牌商店氛围在品牌美学中表现的内容为音乐、气味等其他要素的选择
品牌魅力	品牌内涵	品牌内涵代表品牌的核心价值
	品牌精神	消费者和社会越来越看重品牌的精神价值，寻求归属、自我实现这类精神需求。在品牌形象价值创造中，品牌精神主要是增加显著的、令人鼓舞的新价值，是品牌实现与消费者情感传递的载体
	品牌理念	品牌理念是指品牌的经营理念，告知消费者品牌营销的职责所在
	品牌文化	品牌文化包括品牌历史、品牌故事、品牌发展愿景等
	品牌声誉	品牌声誉是品牌魅力的外在体现，是品牌形象价值创造的前提
	品牌个性	品牌个性是消费者认知中品牌所具有的人类人格特质（如真诚、能力、刺激、经典和粗犷）
	品牌附加值	品牌附加值是品牌通过各种方式在产品等有形价值上附加的无形价值。它是在产品物质功能基础上建立起来的消费者的精神享受，或是地位的象征，或是财富的象征
	品牌价值取向	品牌价值取向是品牌在追求经营成功的过程中推崇的基本信念和奉行的目标，是品牌经营者一致赞同的关于品牌意义的终极判断
品牌功能	识别功能	品牌的识别功能是指帮助消费者识别产品、服务或其他内容的功能
	质量承诺与保证功能	品牌一旦成立，即明示了对消费者的质量承诺与责任，同时品牌的专有性也得到法律的保护
	传播功能	品牌的传播功能是把产品及品牌信息传递给消费者
	导购功能	品牌的导购功能是品牌传播功能结果的展现，或促使消费者发生购买行为，或促使消费者对品牌形成一定的记忆
	竞争功能	品牌所具有的影响力促使产品具有与品牌相同的竞争力，降低了新产品投放市场的风险与成本
	价值链功能	品牌的价值链功能是指品牌具有连接上下游企业、厂商和最终用户价值链的作用

表 2-17　服装品牌形象价值创造指标体系

维度层	指标层	维度层	指标层
形象设计	产品形象设计	品牌功能	识别功能
	店面形象设计		质量承诺与保证功能
	品牌标识形象设计		传播及导购功能
	包装设计		竞争功能
	价格形象设计		价值链功能
形象宣传	设计师形象宣传	品牌美学	品牌风格
	品牌代言人形象宣传		品牌特征
	广告形象宣传		品牌符号
	服务形象宣传		品牌色彩
	企业形象宣传		品牌图案
	顾客形象宣传		品牌海报
	促销形象宣传		品牌商店氛围
品牌魅力	品牌内涵		
	品牌理念		
	品牌精神		
	品牌文化		
	品牌声誉		
	品牌个性		
	品牌附加值		
	价值取向		

三、服装品牌形象价值创造指标定量分析

（一）研究方法

本研究结合专家打分法和熵值法对服装品牌形象价值创造的指标体系进行定量化分析。专家打分法[43] 是一种客观地综合多数专家经验与主观判断的描述定量化的研究方法。熵值法[44-45] 是一种在综合考虑各因素提供信息量的基础上计算综合指标的客观数学分析方法。目前熵值法已被广泛用于各种指标体系的评价及指标权重的计算中[46-48]。由于熵值法的运算依赖于样本数据，要求样本数据的来源是客观真实的数据，或是基于专家经验指导的数据。因此，专家打分法与熵值法的结合运用可以避免数据结果偏差过大，保证数据来源的真实度及分析结果的可信度。

1. 专家打分法

本研究设计了服装品牌形象价值创造构成要素的专家调查表（详见附录 D），并邀请了 13 位服装领域专家学者、企业家及资深服装从业者，对 33 个服装品牌形象价值创造指标进行打分。采用 1-5 分相对重要标度值进行打分：很大—5，较大—4，一般—

3，较小—2，很小—1。根据专家打分可得出每个维度指标间的重要性关系，以此作为依据对各层级指标进行初步筛选，结果显示各指标的平均得分均在 3 以上。重要性分值将作为熵值法中判断矩阵的构建依据。

2. 熵值法

本部分将运用熵值法分别计算各指标的权重，并根据权重值确定各指标的贡献度。根据专家反馈的情况，将这 13 份专家打分结果均在 3 以上的样本作为数据来源。其中，13 位专家为评价对象，33 个服装品牌形象价值创造指标为评价目标，具体步骤如下：

①构建服装品牌形象价值创造指标的判断矩阵，即将专家对各指标的打分数值构建成 13×33 的矩阵。

②矩阵的数据标准化处理：

$$X' = \frac{X_{ij} - \min\{X_j\}}{\max\{X_j\} - \min\{X_j\}}$$

式中：X' 为标准化处理后的数值；i 为专家序列号；j 为指标要素；X_{ij} 表示矩阵中第 i 行第 j 列的数值；$\min\{X_j\}$ 表示第 j 列的最小值，$\max\{X_j\}$ 表示第 j 列的最大值。

③计算服装品牌形象价值创造指标矩阵中第 i 个专家第 j 个指标值的比重（Y_{ij}）：

$$Y_{ij} = \frac{X'_{ij}}{\sum_{i=1}^{33} X'_{ij}}$$

④计算服装品牌形象价值创造指标的信息熵（e_j）：

$$k = \frac{1}{\ln(33)}$$

$$e_j = -k \sum_{i=1}^{33} (Y_{ij} \times \ln Y_{ij})$$

式中：K 为常数。

⑤计算信息熵冗余度（d_j）：

$$d_j = 1 - e_j$$

⑥计算指标权重（W_i）：

$$W_i = \frac{d_j}{\sum_{j=1}^{13} d_j}$$

服装品牌形象价值创造指标评价的关键在于确定各指标的权重及其贡献度。这里的熵权代表各项指标在服装品牌形象价值创造指标体系中提供的有用信息量的多寡，有利于做出更精确、可靠的评价指标分析。信息熵值越小，权重越大，说明指标对整体提供的信息越多，贡献度越大[44]。因此，指标的权重越大，说明该指标对服装品牌形象价值创造的贡献度越大。

（二）服装品牌形象价值创造指标定量分析

1. 维度层分析

为保证指标权重的精准度，指标权重均保留四位小数[49]。熵值法权重具有可加性[49]，各维度的指标权重由指标层的权重加和所得，再对其进行排序，结果如表 2-18 所示。各维度指标均大于 0.1，因此各维度对品牌形象价值创造都有一定的贡献，其贡献度大小依次为形象宣传>品牌功能>品牌美学>品牌魅力>形象设计。这说明各维度均能在有限的价值空间基础上创造出额外价值，从而使品牌实现更高的目标价值追求。其中，形象宣传对服装品牌形象价值创造的贡献度最大，这是由于在品牌形象宣传时，消费者参与价值共创的体验或行为较多，使得品牌形象价值创造的空间增大，品牌可借助差异营销的手段，使品牌形象价值创造最大化。品牌功能的权重为 0.204 9，贡献度排在第 2 位，这是由于品牌发挥各项功能，可形成独特的消费体验，提升品牌的识别度、知名度和消费者满意度，从而提升品牌形象的价值。形象设计对品牌形象价值创造的贡献度（0.149 5）最小，这可能是由于当前消费者还未能直接参与品牌的设计、生产、销售、物流等全过程，只能以一个接受者的身份参与品牌的价值共创[50]。

表 2-18　服装品牌形象价值创造维度权重

指标	权重	排序
形象设计	0.149 5	5
形象宣传	0.272 4	1
品牌美学	0.191 9	3
品牌魅力	0.181 3	4
品牌功能	0.204 9	2

2. 指标层分析

服装品牌形象价值创造指标层的权重分布如表 2-19 所示。从整体上看，所有指标权重均大于 0.01，说明各指标对服装品牌形象价值创造均存在贡献，即各维度指标均能在有限的价值空间基础上创造出额外价值，从而使品牌实现更高的目标价值追求。权重值较大的 8 个指标依次为促销形象宣传（0.072 2）、设计师形象宣传（0.066 9）、导购功能（0.062 9）、品牌海报（0.062 9）、顾客形象宣传（0.059 6）、价格形象设计（0.052 7）、品牌图案（0.041 5）、包装设计（0.040 3）。显然，这 8 项指标的权重值均在 0.04 以上，说明相对其他指标而言，这些指标对服装品牌形象价值创造指标体系的贡献度较大。由此可见，促销宣传形象、导购功能、品牌海报、价格形象设计等 8 项指标是服装品牌形象价值创造的重点内容，它们能够创造出更大的价值。而其他指标的贡献度相对较小，权重值均小于 0.04，说明这类指标可作为服装品牌形象价值创造的补充内容，这是由于它们要实现服装品牌形象的价值创造可能需要更多的时间或经济条件。

本研究进一步对上述贡献度排序前 8 的指标进行深入分析。在形象宣传维度上，各指标贡献度依次为促销形象宣传、设计师形象宣传、顾客形象宣传，这是由于品牌将形象宣传的重点逐步从广告、代言人、服务等扩散到促销、设计师和顾客形象层面上。作为品牌形象宣传的新切入点，它们具有较大的价值创造空间和提升品牌外在形象的潜力。在品牌功能维度上，导购功能是该维度中贡献度最大的指标，说明品牌商品能够通过向消费者传递并强化信息来引导消费者购买商品，这不仅能让消费者快速区分该品牌与其他竞争者的产品，还能形成独特的购物体验，有助于实现服装品牌形象的价值创造。在品牌美学维度上，贡献度较大的指标为品牌海报和品牌图案，这是由于品牌海报和品牌图案的美学设计具有多样性和独特性的特征，本身就存在较大的价值创造空间。在形象设计维度上，贡献度较大的指标为价格形象设计和包装设计，这是由于合理化的价格设定及精美的包装设计有助于价值创造的实现。在品牌魅力维度上，品牌附加值和价值取向的贡献度最大，这是因为地位象征、财富象征等附加值及与消费者相同的价值取向会在大众心目中形成更高价值的品牌形象。此外，贡献度最低的指标是形象设计维度的产品形象设计和品牌魅力维度的品牌声誉，权重均为0.010 8。这是由于品牌难以控制消费者感知产品内在品质形象与外在视觉形象产生的偏差，使产品形象设计很难满足顾客目标价值追求。品牌声誉是品牌长期积累的结果，因而品牌声誉指标的价值创造存在时间因素的局限性。

表 2-19 服装品牌形象价值创造指标权重

维度	指标	权重
形象设计	产品形象设计	0.010 8
	店面形象设计	0.023 0
	品牌标识形象设计	0.022 8
	包装设计	0.040 3
	价格形象设计	0.052 7
形象宣传	设计师形象宣传	0.066 9
	品牌代言人形象宣传	0.013 5
	广告形象宣传	0.013 2
	服务形象宣传	0.021 9
	企业形象宣传	0.025 0
	顾客形象宣传	0.059 6
	促销形象宣传	0.072 2
品牌美学	品牌风格	0.017 7
	品牌特征	0.022 5
	品牌符号	0.012 3
	品牌色彩	0.012 3
	品牌图案	0.041 5
	品牌海报	0.062 9
	品牌商店氛围	0.022 8
品牌魅力	品牌内涵	0.022 8
	品牌理念	0.013 2
	品牌精神	0.012 3
	品牌文化	0.031 7
	品牌声誉	0.010 8
	品牌个性	0.019 8
	品牌附加值	0.035 4
	价值取向	0.035 4

（续表）

维度	指标	权重
品牌功能	识别功能	0.022 8
	质量承诺与保证功能	0.032 4
	传播功能	0.013 2
	导购功能	0.062 9
	竞争功能	0.038 2
	价值链功能	0.035 4

综上，本节首先综述了品牌价值创造和品牌形象的相关文献，界定了服装品牌形象价值创造的内涵，再基于文献综述和案例分析识别服装品牌价值创造的实现方式并提炼出服装品牌形象价值创造的影响因素，最终构建服装品牌形象价值创造的指标体系，包含形象设计、形象宣传、品牌美学、品牌魅力及品牌功能 5 个维度和产品形象设计、店面形象设计等 33 个指标。在此基础上，采用专家打分法和熵值法定量分析服装品牌形象价值创造指标体系。结果表明，服装品牌形象价值创造的各维度和指标对其均有贡献，但贡献度大小存在着明显差异。

本研究的主要贡献在于：首先，界定了服装品牌形象价值创造的内涵，即服装品牌为了满足消费者对品牌形象的更高目标价值追求及品牌价值的最大化，而产生的一系列创新创造活动；其次，识别并提炼出服装品牌形象价值创造的指标体系，并定量化分析各指标对其的贡献度大小，可以更有效地解释服装品牌形象价值创造的实现过程。

本研究认为服装企业在进行品牌形象价值创造相关活动时应科学分析其价值创造的着力点，并采取合适的实现方式开展创新创造活动，以达到品牌形象价值创造的最佳效果。本研究建议服装企业可从促销形象宣传、品牌的导购功能、品牌海报、品牌附加值、品牌价值取向和价格形象设计 6 方面开展品牌形象价值创造活动。

四、服装品牌形象价值创造测评量表开发

（一）服装品牌形象价值创造测评量表开发思路

本研究设计开发服装品牌形象价值创造的测量量表的步骤有 4 步：明晰相关概念→确立指标要素→基于现有文献资料，参考借鉴与价值创造相关的成熟量表并进行修改和调整形成量表初始题项，展开预调研与量表信效度检验→依据预调研的结果，对指标或题项进行筛选，最后展开正式调研并进行量表可靠性检验，最终形成服装品牌形象价值创造的测量量表。

（二）服装品牌形象价值创造测量量表初始题项生成

结合案例分析、扎根分析和专家打分法分析的结果，将形象设计、形象宣传、品牌美学、品牌魅力和品牌功能作为服装品牌形象价值创造的 5 个测评维度。在此基础上，参考刘培、Godey、Mariné、蔡瑞林等学者提出的相关测量量表，经过修改和筛选设计初始测量题项，共包含 29 个题项。为更加精确地测量消费者对服装品牌形象价值

创造指标要素的感知情况，选取李克特七级量表进行测量。问卷中赋予不同等级的感知指标不同的分值，从大到小依次为：7—非常同意，6—同意，5—比较同意，4——一般，3—比较不同意，2—不同意，1—非常不同意。初始测量题项如表 2-20 所示。

表 2-20　服装品牌形象价值创造初始测量题项

维度	编号	二级指标	题项
形象设计	ID1	产品形象设计	产品形象设计新颖
	ID2	店面形象设计	店面形象设计独特
	ID3	品牌标识形象设计	品牌标识形象设计具有辨识度
	ID4	包装设计	包装设计简洁大方
	ID5	价格形象设计	价格形象设计合理
形象宣传	IP1	设计师形象宣传	品牌设计师形象与我心目中的设计师形象相符
	IP2	广告形象宣传	品牌广告通常能吸引我的注意
	IP3	服务形象宣传	品牌服务通常能令我满意
	IP4	企业形象宣传	品牌所属的企业具有良好的口碑
	IP5	顾客形象宣传	品牌的顾客通常具有良好的个人形象
	IP6	促销形象宣传	品牌的促销活动通常能让我加深对该品牌印象
品牌美学	BA1	品牌风格	品牌风格通常受大众喜爱
	BA2	品牌符号	品牌符号通常具有美感（如 CHANEL 的"双 C"对称美）
	BA3	品牌色彩	品牌色彩运用通常符合大众审美观念
	BA4	品牌图案	品牌图案通常具有代表性（如格纹——BURBERRY，山茶花——CHANEL）
	BA5	品牌海报	品牌海报通常是独特新颖的
	BA6	品牌商店氛围	商店氛围通常会令人愉悦舒适
品牌魅力	BC1	品牌理念	品牌理念符合大众观念
	BC2	品牌精神	品牌精神积极向上
	BC3	品牌文化	品牌文化深厚
	BC4	品牌声誉	品牌声誉良好
	BC5	品牌个性	品牌个性鲜明（如耐克——勇于挑战）
	BC6	品牌附加值	该品牌具有品牌附加值（如与其他品牌相比，会获得比较高质量的服务水平）
	BC7	品牌价值取向	品牌价值取向能得到大众认同
品牌功能	BF1	识别功能	该品牌很容易让我识别和其他品牌的差异
	BF2	质量承诺与保证功能	该品牌的产品质量可靠
	BF3	传播及导购功能	该品牌能够向我传递品牌或产品信息
	BF4	竞争功能	该品牌具有较高的竞争优势
	BF5	价值链功能	该品牌通常会和知名品牌合作（如跨界、联名）

（三）服装品牌形象价值创造测量量表预调研

以表 2-20 中的题项为测量题项，设计预调研问卷，依据预调研的数据分析结果，对服装品牌形象价值创造的初始量表进行修改和调整。本研究旨在小范围内选择有服装购物经历的群体作为调查对象，结合随机抽样方法展开预调研。预调研问卷包括两部分：①服装品牌形象价值创造测量题项；②统计样本人群基本信息的单选测量题项（性别、职业、学历、年龄、目前居住地及月收入）。预调研的形式主要是线上调研，本研究通过"问卷星"软件累积发放 122 份问卷，剔除无效问卷后问卷有效率达 90.16%，共 110 份。将调研数据导入 SPSS 25.0 分析软件中对问卷进行验证性分析，主要检验量表的信度、建构效度及区分效度。

1. 内部一致性信度分析

验证问卷的内部一致性信度主要是为了检验量表题项是否测量了同一内容或特质，该项检验是分析问卷可靠性的第一步。具体分析结果如表 2-21 所示。校正的项总体相关性 CITC 值在 0.597~0.740，均符合大于 0.5 的判断标准，初步判断出可以保留各题项。此外，服装品牌形象价值创造测评量表各维度的 Cronbach's α 系数分别为：形象设计 0.894、形象宣传 0.925、品牌美学 0.917、品牌魅力 0.932、品牌功能 0.904，量表整体 Cronbach's α 系数为 0.961，均符合大于 0.7 的要求。经比较可知，量表中的任一题项被删除后都会产生该题项所属维度下的 Cronbach's α 系数变小的结果。综上可知，预调研中量表的各题项均可以保留，即服装品牌形象价值创造的指标体系与其测量量表均具有合理性。

表 2-21　预调研信度分析结果

维度	测量项	CITC 值	删除项后的 Cronbach's α 系数	Cronbach's α 系数
形象设计	ID1	0.643	0.876	0.894
	ID2	0.659	0.871	
	ID3	0.639	0.858	
	ID4	0.642	0.860	
	ID5	0.637	0.887	
形象宣传	IP1	0.678	0.917	0.925
	IP2	0.713	0.915	
	IP3	0.690	0.910	
	IP4	0.684	0.906	
	IP5	0.621	0.910	
	IP6	0.640	0.906	
品牌美学	BA1	0.665	0.907	0.917
	BA2	0.672	0.895	
	BA3	0.646	0.898	
	BA4	0.682	0.900	
	BA5	0.638	0.903	
	BA6	0.672	0.910	

（续表）

维度	测量项	CITC 值	删除项后的 Cronbach's α 系数	Cronbach's α 系数
品牌魅力	BC1	0.693	0.924	0.932
	BC2	0.668	0.924	
	BC3	0.669	0.929	
	BC4	0.740	0.920	
	BC5	0.715	0.917	
	BC6	0.692	0.920	
	BC7	0.715	0.916	
品牌魅力	BF1	0.658	0.894	0.904
	BF2	0.604	0.875	
	BF3	0.690	0.875	
	BF4	0.597	0.880	
	BF5	0.656	0.889	

2. 探索性因子分析

探索性因子分析是用于查找影响服装品牌形象价值创造的因子个数，并探究各因子与变量之间的相关关系，试图揭示服装品牌形象价值创造的本质结构、并进行降维，由此对量表的结构效度和判别效度做出判别。Bartlett's 球形检验的显著性水平（sig 值）和 KMO 值常被用于检验结构效度，当 sig 值达到小于 0.05 的标准、KMO 值达到大于 0.7 的标准时，表明量表的结构效度良好。累积方差贡献率和因子载荷常被用于检验判别效度，当累计方差贡献率大于 60%、因子载荷大于 0.4 时，表明量表的判别效度良好。

本利用 SPSS 25.0 进行探索性因子分析，具体分析结果如表 2-22 和表 2-23 所示。由其可知，可提取出 5 个特征值大于 1 的主成分因子，且各因子与服装品牌形象价值创造测量量表的维度划分一致，其因子名称与 KMO 值分别为：形象设计 0.815、形象宣传 0.889、品牌美学 0.848、品牌魅力 0.875、品牌功能 0.828，且整体 KMO 值为 0.942，均大于 0.7 的临界值。此外，问卷的 Bartlett's 球形检验的各维度及整体 sig 值均为 0.000，小于 0.05，可得出量表结构效度良好的结论。量表的累积方差贡献率为 72.087%，符合大于 60% 的判断标准；各题项的因子载荷的范围为 0.636~0.836，均达到大于 0.4 的判断标准；此外从表 2-22 中可以看出，各因子均归属于量表所划分的维度之下。综上可得出量表判别效度良好的结论。

表 2-22 预调研问卷探索性因子分析结果

项目	ID	IP	BA	BC	BF
KMO 值	0.815	0.889	0.848	0.875	0.823
Bartlett's 球形检验卡方值	370.599	477.525	526.175	802.340	492.135
Sig 值	0.000	0.000	0.000	0.000	0.000
问卷整体结果	KMO 值＝0.942,Bartlett's 球形检验卡方值＝3177.233, Sig 值＝0.000,累积方差贡献率＝72.087%				

表 2-23　预调研问卷因子载荷

维度	题项	因子 1	因子 2	因子 3	因子 4	因子 5
形象设计	ID1	0.250	0.211	0.230	0.147	0.699
	ID2	0.237	0.253	0.224	0.154	0.711
	ID3	0.236	0.143	0.192	0.172	0.805
	ID4	0.213	0.176	0.172	0.212	0.781
	ID5	0.250	0.196	0.171	0.272	0.646
形象宣传	IP1	0.231	0.679	0.207	0.220	0.237
	IP2	0.237	0.651	0.257	0.203	0.304
	IP3	0.236	0.733	0.221	0.198	0.207
	IP4	0.237	0.788	0.222	0.186	0.141
	IP5	0.208	0.821	0.141	0.149	0.117
	IP6	0.187	0.836	0.156	0.158	0.145
品牌美学	BA1	0.209	0.191	0.696	0.184	0.261
	BA2	0.190	0.196	0.809	0.176	0.171
	BA3	0.168	0.151	0.806	0.205	0.163
	BA4	0.227	0.189	0.751	0.197	0.204
	BA5	0.270	0.173	0.748	0.152	0.114
	BA6	0.276	0.254	0.648	0.185	0.175
品牌魅力	BC1	0.713	0.245	0.208	0.178	0.199
	BC2	0.715	0.184	0.201	0.196	0.195
	BC3	0.636	0.183	0.261	0.245	0.182
	BC4	0.706	0.234	0.241	0.268	0.205
	BC5	0.787	0.173	0.193	0.211	0.227
	BC6	0.780	0.224	0.204	0.113	0.208
	BC7	0.803	0.235	0.207	0.110	0.219
品牌功能	BF1	0.245	0.235	0.182	0.674	0.242
	BF2	0.196	0.149	0.136	0.815	0.181
	BF3	0.195	0.223	0.267	0.748	0.222
	BF4	0.168	0.155	0.208	0.802	0.123
	BF5	0.220	0.239	0.229	0.704	0.179

　　由以上的数据分析可知，本书开发的服装品牌形象价值创造测量量表具有一定的可靠性和有效性。以这 29 个题项为问卷主体，加入其他变量的相关测量题项及基本信息调查题项后可进入正式调研。

（四）服装品牌形象价值创造测评量表正式调研与量表检验

1. 数据收集

　　为获取足够数量的样本，采用线上、线下共同发放问卷的方式展开正式调研。此次调研累计发放 642 份问卷，剔除答案完全一致，基本信息与正常情况不一致，以及填写答案具有规律性的问卷后，有效回收率达 88.32%，共 567 份。其数量大于 5 倍的问卷题项数，可进行下一步的分析。样本的描述性统计结果见 2-24。由表 2-25 为量表的均值及标准差可知，各题项的均值及标准差波动不大，数据比较集中，符合正态分布，说明数据可用来进行实证分析，且服装品牌形象价值创造的各指标能够较好地被消费者所感知。

表 2-24　描述性统计结果

统计变量		样本量	占比 /%	统计变量	样本量	占比 /%
性别	男	270	47.62	高中及以下	55	9.65
	女	297	52.38	大专	84	14.88
年龄	18 岁以下	19	3.41	本科	245	43.26
	19-25 岁	185	32.68	硕士及以上	183	32.21
	26-30 岁	157	27.63	1500 元以下	167	29.45
	31-40 岁	110	19.34	1501-3000 元	71	12.52
	41-50 岁	70	12.35	3001-5000 元	114	20.11
	51 岁以上	26	4.59	5001-8000 元	137	24.16
职业	党政机关工作人员	41	7.23	8001-12000 元	54	9.52
	专业技术人员、医生	53	9.35	12001 元及以上	24	4.24
	教师	63	11.11	一线城市	173	30.51
	公司管理干部	30	5.29	二线城市	222	39.15
	企业职工	115	20.28	三线城市	104	18.34
	学生	184	32.45	四线城市或其他地区	68	12.00
	商业服务业职工	42	7.41			
	个体经营者	36	6.35			
	其他	3	0.53			

表 2-25　量表均值及标准差

维度	题项	均值	标准差	维度	题项	均值	标准差
形象设计	ID1	5.03	0.913	品牌魅力	BC1	5.16	0.905
	ID2	5.10	0.921		BC2	5.14	0.857
	ID3	5.02	0.915		BC3	5.10	0.840
	ID4	5.15	0.902		BC4	5.33	0.911
	ID5	5.09	0.925		BC5	5.40	0.919
形象宣传	IP1	5.05	0.876		BC6	5.25	0.939
	IP2	5.04	0.907		BC7	5.24	0.898
	IP3	5.32	0.910	品牌功能	BF1	5.20	0.866
	IP4	5.36	0.903		BF2	5.15	0.796
	IP5	5.14	0.871		BF3	5.06	0.901
	IP6	5.18	0.888		BF4	5.13	0.912
品牌美学	BA1	5.31	0.841		BF5	5.01	0.931
	BA2	5.24	0.894				
	BA3	5.24	0.912				
	BA4	5.26	0.920				
	BA5	5.20	0.799				
	BA6	5.00	0.835				

2. 信度检验

信度检验即内部一致性信度检验，结果如表 2-26 所示。从表 2-25 可以看出各维度的 Cronbach's α 系数分别为：形象设计 0.896、形象宣传 0.928、品牌美学 0.923、品牌魅力 0.936、品牌功能 0.911，均大于 0.7，并且 5 个维度的系数值相差不大，表明各维度题项设计得较为合理可靠。同时，问卷整体的 Cronbach's α 系数为 0.965，达到 0.7 的临界值。对比删除项前后的 Cronbach's α 系数可知，量表中的任一题项被删除都会产生该题项所属维度下的 Cronbach's α 系数变小的结果。结合 CITC 值在 0.714 ~ 0.851，均大于 0.5 的结果可知，所有题项均可保留。综上可知，量表的内在一致性信度较高。

表 2-26　服装品牌形象价值创造量表的信效度

维度	测量项	CITC 值	删除项后的 Cronbach's α 系数	Cronbach's α 系数
形象设计	ID1	0.714	0.880	0.896
	ID2	0.756	0.871	
	ID3	0.807	0.859	
	ID4	0.791	0.863	
	ID5	0.659	0.892	
形象宣传	IP1	0.719	0.924	0.928
	IP2	0.763	0.919	
	IP3	0.783	0.916	
	IP4	0.827	0.910	
	IP5	0.811	0.912	
	IP6	0.844	0.908	
品牌美学	BA1	0.753	0.913	0.923
	BA2	0.835	0.901	
	BA3	0.801	0.906	
	BA4	0.789	0.908	
	BA5	0.788	0.908	
	BA6	0.708	0.918	
品牌魅力	BC1	0.786	0.926	0.936
	BC2	0.755	0.929	
	BC3	0.708	0.933	
	BC4	0.794	0.925	
	BC5	0.835	0.921	
	BC6	0.805	0.924	
	BC7	0.851	0.920	
品牌功能	BF1	0.716	0.903	0.911
	BF2	0.797	0.887	
	BF3	0.806	0.884	
	BF4	0.797	0.886	
	BF5	0.755	0.895	

3. 效度检验

表 2-27 为正式调研的探索性因子分析结果。从表 2-26 中可以提取形象设计、形象宣传、品牌美学、品牌魅力、品牌功能 5 个因子，且各因子与服装品牌形象价值创造测量量表的维度划分一致，其编号依次为 ID、IP、BA、BC、BF。从整体上看，KMO值为 0.946，sig 值为 0.000；从主成分因子上看，0.825＜KMO 值＜0.890，sig 值为 0.000，均在 KMO 值大于 0.7、sig 值小于 0.05 的参考范围内。由此可得出在正式调研中，量表内容效度良好的结论。此外，各指标均归属于相应的测量量表维度之下，量表的累积方差贡献率为 73.061%＞60%；各题项的因子载荷的范围为 0.621～0.821，均达到 0.5 的临界值。因此可得出在正式调研中，量表区别效度良好，维度划分合理的结论。

表 2-27　指标标准化因子载荷

维度	题项	因子 1	因子 2	因子 3	因子 4	因子 5
形象设计	ID1	0.278	0.268	0.217	0.166	0.659
	ID2	0.293	0.231	0.268	0.170	0.688
	ID3	0.229	0.197	0.153	0.190	0.812
	ID4	0.204	0.186	0.208	0.203	0.785
	ID5	0.233	0.181	0.212	0.239	0.647
形象宣传	IP1	0.206	0.205	0.670	0.220	0.242
	IP2	0.247	0.277	0.637	0.213	0.333
	IP3	0.232	0.221	0.722	0.227	0.209
	IP4	0.244	0.231	0.789	0.195	0.137
	IP5	0.227	0.171	0.817	0.165	0.143
	IP6	0.229	0.184	0.821	0.177	0.180
品牌美学	BA1	0.227	0.722	0.198	0.171	0.216
	BA2	0.200	0.808	0.205	0.190	0.186
	BA3	0.186	0.807	0.143	0.194	0.172
	BA4	0.224	0.751	0.193	0.210	0.212
	BA5	0.263	0.736	0.229	0.204	0.144
	BA6	0.257	0.652	0.252	0.175	0.184
品牌魅力	BC1	0.689	0.265	0.269	0.208	0.241
	BC2	0.671	0.230	0.210	0.230	0.237
	BC3	0.621	0.259	0.184	0.267	0.202
	BC4	0.689	0.240	0.239	0.297	0.213
	BC5	0.786	0.200	0.206	0.221	0.220
	BC6	0.791	0.197	0.232	0.132	0.197
	BC7	0.811	0.228	0.237	0.133	0.215
品牌功能	BF1	0.256	0.177	0.241	0.679	0.207
	BF2	0.227	0.162	0.169	0.802	0.179
	BF3	0.199	0.262	0.192	0.754	0.232
	BF4	0.206	0.219	0.189	0.792	0.146
	BF5	0.190	0.226	0.239	0.738	0.179

KMO 值 = 0.946，Bartlett's 球形检验卡方值 = 12546.576，Sig 值 = 0.000，累积方差贡献率 = 73.061%，整体 Cronbach's α 系数 = 0.965

　　将上述 29 个指标作为观测值，5 个维度作为一阶因子，构建验证因子分析模型，以检验量表效度。一阶验证性因子分析结果如表 2-28 所示。x^2 为 1046.170，自由度 d_f 为 361，说明能进行模型拟合优度检验，且 x^2/d_f 为 2.898，达到小于 3 的临界值。GFI 为 0.874、AGFI 为 0.846，达到了大于 0.8 的最低接受值标准，NFI、CFI、TLI、IFI 分别为 0.918、0.945、0.938、0.945，均达到了 0.9 的判断标准；RMR 为 0.023，RMSEA 为 0.062，达到判断标准，说明模型拟合优度佳。从整体上看，服装品牌形象价值创造测量量表的 EFA 因子载荷系数在 0.648~0.912，均大于 0.5，且在 $p<0.001$ 水平下显著。从各维度上看，形象设计、形象宣传、品牌美学、品牌魅力及品牌功能的平方提取方差依次为 0.625、0.674、0.659、0.667、0.655，均达到大于 0.5 的临界值；组合信度依次为 0.892、0.925、0.920、0.933、0.904，均达到大于 0.7 的临界值。一阶验证性因子分析的各项数据表明，服装品牌形象价值创造测量量表的收敛效度良好。

表 2-28　一阶验证性因子分析

维度	题项	EFA 因子载荷	CR（组合信度）	AVE（平方提取方差）	模型拟合优度	
形象设计	ID1	0.817				
	ID2	0.849				
	ID3	0.847	0.892	0.625		
	ID4	0.774				
	ID5	0.648				
形象宣传	IP1	0.753				
	IP2	0.820				
	IP3	0.841	0.925	0.674		
	IP4	0.864				
	IP5	0.807				
	IP6	0.838			x^2	1046.170
品牌美学	BA1	0.802			x^2/d_f	2.898
	BA2	0.884			RMSEA	0.062
	BA3	0.863			RMR	0.023
	BA4	0.842	0.920	0.659	NFI	0.918
	BA5	0.771			CFI	0.945
	BA6	0.691			TLI	0.938
品牌魅力	BC1	0.824			GFI	0.874
	BC2	0.740			AGFI	0.848
	BC3	0.668			IFI	0.945
	BC4	0.788	0.933	0.667		
	BC5	0.883				
	BC6	0.873				
	BC7	0.912				
品牌功能	BF1	0.807				
	BF2	0.876				
	BF3	0.855	0.904	0.655		
	BF4	0.770				
	BF5	0.729				

区分效度检验结果如表 2-29 所示。由其可知，AVE 平方根（0.791~0.821）均大于各维度间的相关性系数（0.073~0.090）。综合数据分析可知，测量量表的区别效度良好，各题项设计得合理，均能体现出潜在变量的特质。

表 2-29　区分效度检验结果

	形象设计	形象宣传	品牌美学	品牌魅力	品牌功能
形象设计	0.625				
形象宣传	0.070***	0.674			
品牌美学	0.074***	0.080***	0.659		
品牌魅力	0.079***	0.086***	0.090***	0.667	
品牌功能	0.073***	0.079***	0.084***	0.088***	0.655
AVE 平方根	0.791	0.821	0.812	0.817	0.809

为进一步确保量表的有效性，需进行交叉效度分析。以性别为标准，将原样本拆分为男性、女性两个样本集进行检验。其中，男性样本占样本总数的 47.62%，女性样本占 52.38%。具体分析结果如表 2-30 所示。

表 2-30　交叉效度分析结果

模型拟合指标	男性样本（$N=270$）	女性样本（$N=297$）
x^2	955.246	1032.738
x^2/d_f	2.901	2.872
RMSEA	0.064	0.059
RMR	0.033	0.027
NFI	0.910	0.907
CFI	0.938	0.929
TLI	0.931	0.922
GFI	0.863	0.866
AGFI	0.836	0.833
IFI	0.938	0.929

由表 2-30 可知，男性样本的 $x^2/d_f=2.901$，女性样本的 $x^2/d_f=2.872$，均达到小于 3 的临界值。男性样本 RMR=0.033，RMSEA=0.064；女性样本 RMR=0.027，RESEA=0.059，均达到 RMR<0.05，RMSEA<0.1 的标准。此外，男性样本中 GFI、AGFI 分别为 0.863、0.836，女性样本则分别为 0.866、0.833，都满足 0.8 的最低判断标准；男性样本中的 NFI、CFI、TLI、IFI 的指标数据在 0.910~0.938，女性样本在 0.907~0.929，都满足 0.9 的最低判断标准。拆分样本后的各模型拟合指标数据均达到理想值，表明两个样本总体拟合效果趋于一致，因此可得出量表交叉效度良好的结论。

在此基础上进行二阶验证性因子分析，以确保形象设计、形象宣传、品牌美学、品牌魅力及品牌功能 5 个维度划分的合理性，并验证各维度能否充分解释服装品牌形象价值创造这一更高层次的概念。服装品牌形象价值创造作为二阶因子，是一种由其他范畴凝练出来的核心范畴，无法被直接观测，因此本文进行二阶因子验证性因子分析时的观测值为以上 5 个维度。二阶验证性因子分析的结果如表 2-31 所示。

表 2-31　二阶验证性因子分析结果

二阶因子	一阶因子	路径系数	观测变量	EFA 因子载荷	模型拟合优度	
服装品牌形象价值创造	形象设计	0.816	ID1	0.817		
			ID2	0.849		
			ID3	0.847		
			ID4	0.775		
			ID5	0.649		
	形象宣传	0.818	IP1	0.753		
			IP2	0.821		
			IP3	0.841		
			IP4	0.864		
			IP5	0.806		
			IP6	0.803		
	品牌美学	0.778	BA1	0.884	x^2	980.824
			BA2	0.863	x^2/d_f	2.687
			BA3	0.841	RMSEA	0.058
			BA4	0.771	RMR	0.022
			BA5	0.836	NFI	0.923
			BA6	0.765	CFI	0.950
	品牌魅力	0.847	BC1	0.679	TLI	0.945
			BC2	0.805	GFI	0.884
			BC3	0.881	AGFI	0.862
			BC4	0.807	IFI	0.951
			BC5	0.876		
			BC6	0.854		
			BC7	0.770		
	品牌功能	0.770	BF1	0.729		
			BF2	0.838		
			BF3	0.691		
			BF4	0.830		
			BF5	0.879		

由表 2-31 可知：EFA 因子载荷在 0.649～0.884，均大于 0.5；$x^2/d_f = 2.687$，满足 <3 的最高判断标准值；RMSEA = 0.058，RMR = 0.022，均符合判断标准。NFI、IFI、CFI 的范围为 0.90～0.95，达到大于 0.9 的标准。各维度的路径系数分别为 0.816、0.818、0.778、0.847、0.770，均大于 0.5。各项数据表明问卷的收敛效度较佳，并且

形象设计、形象宣传、品牌美学、品牌魅力、品牌功能均属于服装品牌形象价值创造之一范畴。综合正式调研的各项数据分析结果可知，本书开发的测量量表信效度良好，即服装品牌形象价值创造这个构念能够被准确有效地测量。

第四节　服装品牌形象创新指标体系

一、服装品牌形象创新的内涵

"创新"一词来源于 1912 年奥地利经济学家熊彼特的成名作《经济发展理论》，熊彼特所说的"创新"或"新组合"包括以下 5 个方面的内容：开发新产品；采用新工艺；采用新材料；开拓新市场；改变企业组织结构和变革资产形态。也就是说，创新是指新技术、新发明在生产中的首次应用，是指建立一种新的生产函数或供应函数，在生产体系中引进一种生产要素和生产条件的新组合[51]。创新是一种新流程和新方法，这对顾客来说可能比较陌生，但在提供服务和产品方面具有重要的价值[52]。

品牌创新是随着消费者的需求和营销环境的变化而变化的[53]，是企业发展竞争者不具备的技术和手段，可为市场提供更好的产品或服务的过程[54]，具有可区别性、专属性、附加价值性和与消费者的联系性等属性[55]。企业的创新活动包括 5 方面：开发或改进新产品、新技术、开辟新市场、获得新原料供应来源、成立新的组织。其最大的重点是强调革新与重组。品牌形象创新是指对品牌形象所包含内涵和外延的创新，是对品牌形象的各构成要素进行重组。本研究认为服装品牌形象创新是指服装品牌形象各构成要素的重组、革新或扩展。因此，服装品牌形象创新是企业围绕服装品牌形象开展的各项创新活动，旨在提高消费者对品牌形象的认知和感受。

高效的品牌形象创新能够为品牌形象注入新的创意和想法，使得品牌更加年轻化。有利于树立企业良好的形象和信誉；有利于企业改进技术、改善管理，从而提高企业自身的竞争力；有利于生产出适销对路的高质量产品，扩大市场占有份额，获取更大的利润；有利于服装企业开创自己的品牌产品，形成企业独特的品牌优势[56]。

二、服装品牌形象创新要素的扎根分析

本研究文献资料收集来源主要包含：①关于服装品牌形象创新的相关学术论文、图书资料等；②关于服装产业的相关调研报告等；③相关专家教授访谈记录等；④相关网站、新闻媒体采访报道等资讯。共收集 106 篇相关资料，为保证资料的有效性、真实性及与研究的相关性，进一步对资料进行重复筛选，最终筛选出 45 篇文献资料。研究采用质性分析软件 MAXQDA 10.0 进行数据处理与分析，对其中的 35 篇文献资料进行开放式编码、主轴编码和选择性编码，剩下的 10 篇用来做扎根理论的饱和度检验。

首先是开放式编码。先将资料导入 MAXQDA10.0 软件中，对原始资料进行逐字逐句分析、编码及命名，初步得到 188 个标签编码，包括企业文化、服务态度、设计理

念等 21 个概念。其次是主轴编码。该阶段编码主要是将开放式编码得到的概念进行分门别类。从消费者感知和品牌形象塑造的视角，运用"因果条件→现象→脉络→中介条件→行动/互动策略→结果"[57]这一典范模型将开放式编码得到的概念关联，建立彼此间的联系。典范模型是扎根理论方法的一个重要分析工具，利用产生主范畴的条件、脉络、策略和结果进一步挖掘主范畴的含义。通过主轴编码，最终得到 6 大主范畴（用 Ax 表示）和 21 个子范畴（用 a_x 表示），编码内容如表 2-32 所示。

表 2-32　主轴编码内容

主范畴	子范畴	参考点举例
产品形象创新（A1）	款式创新 a_1	对服装的款式造型进行改进或再设计
	功能创新 a_2	对老化品牌产品功能进行改进或再开发
	面料创新 a_3	对面料的表观、组成和结构、性能进行改进或再设计
	工艺创新 a_4	企业采用全新或改进的生产工艺、操作程序等
	设计理念创新 a_5	形成新颖原创的主导思想，赋予产品新的设计主题
识别形象创新（A2）	包装创新 a_6	为提高视觉效果对品牌包装的材质、设计等进行及时更新
	标识创新 a_7	更新品牌 LOGO、标志等
	品牌定位创新 a_8	依靠准确定位创造知名品牌
	服装风格创新 a_9	对品牌服装风格进行改进或再设计
企业形象创新（A3）	企业文化创新 a_{10}	不断修正、调整丰富文化内涵
	管理方式创新 a_{11}	不断改进、优化企业内部管理系统
	技术创新 a_{12}	不断改进或开发新技术
营销形象创新（A4）	广告创新 a_{13}	广告定位主题句革新
	营销方式创新 a_{14}	依托新零售打造全渠道营销
	宣传活动创新 a_{15}	举办各种创意比赛活动
服务形象创新（A5）	员工创新 a_{16}	着装风格的革新
	个性服务创新 a_{17}	对服务体验进行改善或再开发
	服务理念创新 a_{18}	对服务态度、质量进行改进
店铺形象创新（A6）	橱窗展示创新 a_{19}	让橱窗营造意境、讲故事
	卖场氛围创新 a_{20}	对卖场环境进行升级改造
	店面设计创新 a_{21}	对店面视觉形象进行更新

其次是选择性编码。该阶段编码主要是对主轴编码提炼出来的 6 个主范畴和 21 个子范畴作进一步归纳剖析。围绕"服装品牌形象创新"这一核心，构建本文的理论关系模型，如图 2-2 所示。

最后是饱和度检验。将留下来的 10 篇文献资料进行重新编码并进行饱和度检验，未发现新的概念和范畴，证明上述的理论关系模型已达到了理论饱和。通过综述服装品牌形象创新的相关文献资料，打下坚实的研究基础，外部效度充分；研究资料来源丰富，编码设计逻辑清晰，操作过程严格缜密，信度充分。故研究具有信度和效度的保障。

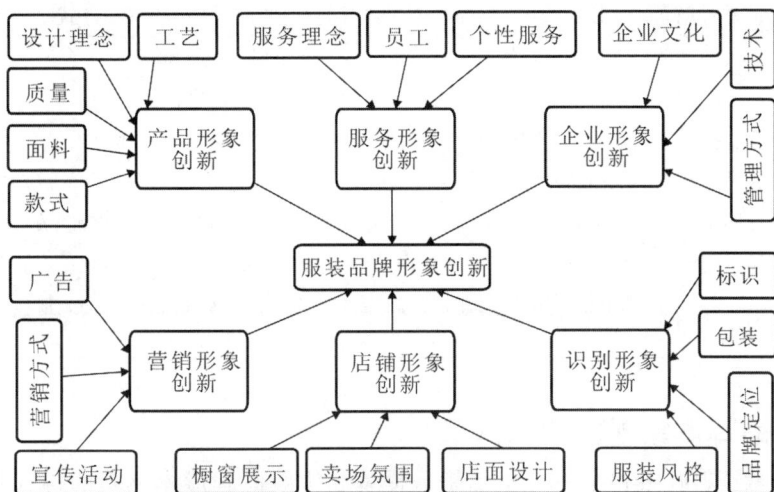

图 2-2　理论关系模型

三、服装品牌形象创新要素的案例分析

为了进一步从实践中辨识上述服装品牌形象创新要素，进一步对服装品牌形象创新案例进行深入分析，案例分析结果如表 2-33 所示。

表 2-33　服装品牌形象创新案例分析

维度	指标	案例
产品形象创新	款式创新	ZARA 设立 Join Life 产品线，款式以简单，实穿性为主
	功能创新	优衣库推出的发热秋衣的发热功能为消费者提供温暖
	面料创新	NIKE 研发出一种新型再生皮革面料 Flyleather
	工艺创新	NIKE 推出 Flyknit 编制工艺，产生废料更少
	设计理念创新	PINKO 围绕着"可持续发展、重新造林、多元文化主义和国际合作"理念打造胶囊系列
识别形象创新	包装创新	Pangaia 附赠一种可降解的 TIPA 包装
	标识创新	李宁设计了新的简单易识别的"中国李宁"品牌 LOGO
	品牌定位创新	太平鸟将品牌定位为青年，以"太平青年"为其代名词
	服装风格创新	回力推出保留中国传统文化的特色又与新时代的审美相符的产品
企业形象创新	企业文化创新	Adidas 加入 Parley for the Oceans，创新企业的环保文化
	管理方式创新	李宁推出"闭环零售运营"的新运营管理模式
	技术创新	企业开发出激光加工技术应用于服装行业

（续表）

维度	指标	案例
营销形象创新	广告创新	ANTA 根据时代背景不断改变广告主题词
	营销方式创新	ANTA 在国内率先开创了"体育明星＋央视"的营销方式
	宣传活动创新	Adidas 举办一些宣传健康生活的跑步主题活动
服务形象创新	员工创新	GAP 对部分员工进行培训，展现整齐的仪容仪表
	个性服务创新	H&M 推出服装修补、定制刺绣和衣物洗涤的服务体验
	服务理念创新	众品牌对服务态度、服务质量有所改进
店铺形象创新	橱窗展示创新	Hermes 为多家门店的橱窗赋予特殊的主题，让橱窗有讲故事的作用
	卖场氛围创新	Li Ning 安装大屏幕播放体育节目，地板做成跑道营造运动氛围
	店面设计创新	CHANEL 在阿姆斯特丹开设的新旗舰店，外立面全由玻璃搭建而成，被称为"水晶屋"

四、服装品牌形象创新指标体系

结合文献资料扎根和案例分析结果，提炼出服装品牌形象创新的构成要素，由 6 个维度、21 个指标组成，如表 2-34 所示。其中维度包括产品形象创新、识别形象创新、企业形象创新、营销形象创新、服务形象创新、店铺形象创新。产品形象创新包括对服装生产工艺、款式造型等进行改进或再设计；识别形象创新是品牌形象创新最直接的表现，包括包装、标识、品牌定位等创新要素；企业形象创新从企业文化、管理方式、技术等方面进行创新；营销形象创新则是对品牌推广进行创新，包括营销方式、宣传活动、广告的创新等；服务形象创新是从消费者角度出发对服务理念、个性服务、员工形象进行创新；店铺形象创新包括对店面设计、橱窗展示、卖场氛围的创新。

表 2-34　服装品牌形象创新指标体系

维度层	指标层	维度层	指标层
产品形象创新	款式创新	识别形象创新	包装创新
	功能创新		标识创新
	面料创新		品牌定位创新
	工艺创新		服装风格创新
	设计理念创新	营销形象创新	广告创新
企业形象创新	企业文化创新		营销方式创新
	管理方式创新		宣传活动创新
	技术创新	店铺形象创新	橱窗展示创新 卖场氛围创新 店面设计创新
服务形象创新	员工创新		
	个性服务创新		
	服务理念创新		

五、服装品牌形象创新测评量表开发

基于顾客感知价值的成熟量表，开发服装品牌形象创新各维度的测量量表，并得到服装品牌形象创新测评量表的初始题项（表2-35）。为了避免被调查者选择中立选项，以保证数据的有效性，问卷的变量测度均采用李克特六点量表，最终形成消费者对服装品牌形象创新感知的调查问卷（附录E）。通过线上线下发放问卷，共发放330份，回收325份，剔除不合格问卷37份，获得有效问卷288份，有效率达85%。调研样本性别、学历、职业、年龄、收入、居住地的数量分布比较正常，调研数据符合调研要求，能进行后续分析。采用SPSS 22.0软件对调研数据进行统计分析，进行问卷信效度检验，以确保问卷的有效性和可靠性。

表2-35　量表题项及参考来源

变量	题项
产品形象创新	品牌持续推出样式新颖的产品
	品牌推出的产品质量比同行业好
	品牌产品使用新型面料
	品牌不断地更新产品生产过程所需的工艺
	品牌的设计理念很新颖
识别形象创新	品牌的包装不断地更新
	品牌的标识能与时俱进
	品牌不断调整品牌定位
	品牌的服装风格能领导产业的方向
企业形象创新	企业拥有很强的创新文化
	企业的管理方式符合时代的发展
	企业注重新技术的研发
营销形象创新	品牌的广告很有创意
	品牌的促销活动相当创新
	品牌的营销方式(如体验营销、网络营销)符合时代发展
服务形象创新	品牌雇佣优秀的员工(如文化素养高、受过专业训练)
	品牌能提供更多个性服务(如定制服务、智能体验)
	品牌的服务态度比同行业好
店铺形象创新	品牌的店铺氛围与众不同
	品牌有与众不同的店面设计
	品牌的橱窗展示很有创意

问卷的信度与效度检验结果如表2-36所示。问卷整体Cronbach's α 系数为0.921>0.7，各维度Cronbach's α 系数在0.7~0.9，说明问卷具有较高信度；KMO值为0.884>

0.7，Bartlett's 球形度检验达到 0.000 显著性水平，表明调研数据适合做因子分析；所有变量的因子载荷均>0.5 且达显著性水平，组合信度均>0.8，平均提取方差均>0.5，累积方差贡献率为 70.07%。综合上述数据分析结果，调研问卷具有良好的信度和效度。

表 2-36　问卷信效度结果

维度层	指标层	组合信度	平均提取方差	因子载荷	Cronbach's α 系数
产品形象创新	工艺创新	0.853 3	0.538 9	0.790	0.854
	款式创新			0.716	
	质量创新			0.788	
	设计理念创新			0.705	
	面料创新			0.663	
识别形象创新	包装创新	0.816 9	0.528 1	0.785	0.758
	标识创新			0.734	
	定位创新			0.714	
	服装风格创新			0.669	
企业形象创新	企业文化创新	0.821 6	0.605 6	0.797	0.792
	管理方式创新			0.782	
	技术创新			0.755	
营销形象创新	广告创新	0.836 7	0.630 9	0.768	0.827
	营销方式创新			0.795	
	宣传活动创新			0.819	
服务形象创新	员工创新	0.809 8	0.588 2	0.835	0.827
	服务理念创新			0.777	
	个性服务创新			0.681	
店铺形象创新	卖场氛围创新	0.871 1	0.692 8	0.819	0.877
	店面设计创新			0.812	
	橱窗展示创新			0.865	
接受值		> 0.7	> 0.5	> 0.5	> 0.7

第三章　服装品牌形象的工程系统

　　服装品牌围绕企业、产品、设计、色彩、标识、店铺、营销、服务等物质性内容，融合品牌理念、品牌定位、品牌战略、品牌价值观、品牌文化、品牌故事等精神性内容，以品牌形象的信息要素为载体，形成品牌与消费者之间动态的"对话系统"。针对消费者对品牌形象信息要素的感知特点，服装品牌在建设与营销过程中，要用整合和创新思想，用系统思维塑造品牌形象。

　　本书认为服装品牌形象的塑造与营销是一项系统工程。本章将从品牌形象营销的视角，深入分析服装品牌形象的技术体系、价值体系、价值创造体系与创新体系，明晰服装品牌形象塑造与营销的工程系统，重点阐明服装品牌形象的塑造内容、塑造方式、塑造过程与传播效应，探讨服装品牌形象工程系统的组成与运营方法，探寻服装品牌形象的营销与传播效应。

第一节　服装品牌形象的技术体系

　　品牌形象的技术体系可解析为品牌形象塑造的技术体系和品牌形象传播的技术体系。品牌形象包含外在的有形形象和内在的无形形象。其中，外在形象是品牌形象的"名片"，而内在形象是文化特质在品牌精神中的沉淀，是赋予品牌生命力的精髓。品牌形象不是孤立形成的，它是品牌围绕企业、产品、设计、色彩、标识、店铺、营销、服务等物质性内容，融合品牌理念、品牌定位、品牌战略、品牌价值观、品牌文化、品牌故事等精神性内容，系统性地将品牌信息向消费者传递的动态系统。因此，品牌的信息内容包含有形的物质内容和无形的精神内容。品牌形象的形成可以认为是品牌信息内容的传递过程与传播效果，与品牌形象的建设与营销息息相关。

一、服装品牌形象塑造的内容与技术点

　　品牌形象塑造的目的在于提高品牌影响力，提升品牌价值。品牌知名度、品牌美誉度、品牌认知度、品牌忠诚度、品牌追随度等都是品牌形象力量化的评价指标，也是品牌形象塑造的目标。为实现这些目标，服装品牌可依据品牌自身的特性采用不同

的技术接触点塑造品牌形象。

（一）服装品牌外在形象的技术接触点

服装品牌外在形象的载体主要来源于物质性内容，包括产品形象、店面形象、环境形象、企业形象、广告形象、服务形象等。服装品牌外在形象塑造的技术接触点主要包含设计、市场、营销和服务4方面。其中：设计指的是品牌名称、标志、产品和包装的设计，以打造醒目独特的品牌形象；市场指的是品牌定位与公共关系，旨在塑造清晰聚焦的品牌形象；营销指的是品牌产品质量和品牌营销策略，以形成持久一致的品牌形象；服务指的是品牌及所属企业整体的人员形象、服务内容和服务方式，旨在提升品牌形象。

1. 设计：优化品牌设计，打造品牌特性

品牌名称、标志、产品和包装的设计是突出品牌个性、提高品牌知名度、体现品牌形式美的有效途径，是塑造品牌形象必不可少的步骤[67]。名称与标志是品牌的缩影，浓缩着品牌文化，属于品牌形象识别系统的建设。目前国外服装品牌的名称及标志设计具备华丽和有代表性的特点，而国内服装品牌的名称及标志缺乏独树一帜的视觉形象，导致品牌形象的识别度、辨识度不高[68]。国内服装品牌的名称、标志设计需要贯彻仔细、系统、全面规划的理念。从设计总体上看，一个优秀品牌名称首先必须做到简洁大方、易于记忆和书写。其次要运用规范化的色彩、字体、图形等加强视觉的整体形象，传递美感[69]。品牌标志设计应遵循"形美以悦目，意美而感心"的原则[70]，具体表现为：①统一与变化。任何完整的图形必须具有统一性，这种统一性越单纯越具有美感；而在和谐稳定的统一基础上，添加一些变化，则会变得多样丰富。②对称与均衡。对称是图形稳定的表现，而均衡是在不对称的情况下重新寻找的视觉平衡。③节奏与韵律。它们是图形构成中有规律性的一种属性。节奏是重复、排列和延续扩张的艺术表现，而韵律则是变化的、有情调色彩的，能够满足消费者的精神需要。④调和与对比。调和讲究的是趋向于"同"，对比则是趋向于"异"。香奈儿在这些方面做得格外出色。一提起"香奈儿"，人们就会很自然地想起有两个英文字母C组成的标志（见图3-1）。品牌名称是品牌创始人的名字，"C"是"CHANEL"的缩写，标识具有对称性。色彩是黑白两色对比，简洁大方且具有高辨识度与知名度。

产品设计与品牌形象息息相关。产品设计不能简单地停留在产品本身的设计上，它的设计还必须符合品牌在消费者心目中的形象。根据服装品牌市场经济商业运作模式，服装产品设计需围绕企业制定的品牌营销策略展开，使产品成为建立企业品牌、树立品牌文化的一种途径[71]。品牌服饰产品的开发是为某一服饰品牌生产、消费而进行的创作活动，其表现主体是消费者。服装产品设计的内容相当丰富，如色彩、面料、版型、款式、辅料、结构、细节、工艺、图案、搭配

**图3-1 CHANEL
创始人与 LOGO 设计**

及风格[72]。因此，服装品牌产品在设计时必须以市场调研、流行趋势、品牌定位、风格形象、消费者需求和生产工艺等为依据。

包装设计是品牌形象元素化的重要载体之一，也是塑造品牌形象的重要组成部分。

包装设计的外部结构能直接影响大众的感官，其中品牌商标、图形及文字所构成的视觉形象系统是品牌识别最直接的体现[73]。国际著名时尚品牌大多使用简约的包装设计，如在单色或是留白的背景色上仅印有品牌标志[74]。如施华洛世奇的全部包装背景色为深蓝色，背景色上仅使用天鹅标志和品牌标注字（见图3-2）。古驰的包装设计相对来说更为多样化，但大多均是以"纯色背景+品牌标识"的形式呈现。此外，品牌包装设计应按照风格统一的原则加以系统设计，从而设立起区别于竞争对手的独特设计风格[75]。好的包装设计，可以为消费者带来产品以外的精神享受[76]。

图3-2　施华洛世奇与古驰包装设计

2. 市场：精准品牌定位、借助公共关系

品牌定位与品牌形象塑造是相辅相成的关系，一个成功的品牌定位通常能够带来成功的品牌形象与企业形象。品牌定位是企业在市场定位和产品定位的基础上，对特定品牌在文化取向及个性差异上的商业性决策，它是建立一个与目标市场有关的品牌形象的过程和结果[77]。"雀巢"的品牌定位为其树立了良好的品牌形象。雀巢的LOGO、母婴产品、营养产品和咖啡都能明确体现其具体的功能定位和情感定位。功能定位的实质是突出商品的新价值，强调与同类商品的不同之处及其优越性，从而给消费者带来超值利益。因此，从市场方面来看，品牌要善于分析消费者对商品需求的心理特征，通过理性、感性、情感或功能的品牌定位方式，精准确定品牌定位，塑造清晰的品牌形象，以赢得一定的市场份额。

品牌定位一直以来都是企业面对的一个难题，它关乎着品牌的未来走向及消费者对企业的整体评价。实施品牌定位的策略有：①确定品牌的核心价值。面对不同需求的消费者，在其他品质得到保证的前提下，品牌可以选择以价格为优势、以服务为优势、以技术和创新等为优势。企业必须根据自身的财力、技术能力和销售能力等确立品牌的核心价值。一个品牌若不具备明确的核心价值，就失去了竞争的基础；②完善品牌展现。品牌展现就是将品牌的核心价值，如品牌文化、品牌精神、品牌理念等，以品牌名称为聚焦点，系统地展示给社会公众；③确保营销组合和品牌定位相协调[78]。品牌定位需要营销组合全方面的配合，若营销组合与品牌定位不一致，必定会影响消费者对品牌的综合评价。成功的品牌定位一定是避开了误区。常见的品牌定位误区主要有三方面：定位不足、求全定位、品牌的过度延伸[79]。成功的品牌，其立足点都是以自己的优势满足特定的消费需求，在同行中尽力凸显个性与魅力。如"乐百氏"延伸至水产品市场时，首先对同行的定位情况进行了分析："娃哈哈"进行"情感定位"——我的眼里只有你；农夫山泉进行"口感定位"——农夫山泉，有点甜。故

"乐百氏"寻求与同行的差异，以"品质"定位切入——乐百氏，27层净化，最终一举成功[80]。

公共关系对品牌形象塑造也有着催化剂的作用。公共关系对品牌形象的作用主要表现为提升品牌荣誉度、增强品牌竞争力及化解贸易争端三方面。利用公共关系塑造品牌形象的策略主要有：①借助大众传播力量，宣传品牌形象。在现代社会中，大众传播极大地影响了人们的思维与行为方式。企业可借助大众传播力量将品牌信息传递给消费者；②倾心公益活动，提高品牌形象。通过赞助捐赠等公益公共活动推广品牌的社会公众形象，能够美化品牌形象；③加强与消费者沟通，完善品牌形象。在公共关系的协助下，企业与消费者的沟通能够创造出很多价值，如顾客信任价值、品牌美誉度提升的价值、创造良好发展环境的价值、强化品牌内聚力的价值等[81]。因此，企业或品牌需借助公共关系手段，建立与消费者的情感联系，以塑造良好的品牌形象。

3. 营销：重视产品质量、制定品牌策略

质量是品牌的基石，所有强势品牌最显著的特征就是质量过硬。质量形象是品牌形象的支撑，品牌形象是质量形象的反映[82]。高质量的品牌通常有较高的品牌美誉度和品牌忠诚度。品牌服装产品从设计、选料、加工制造到售后服务应该是一个严密的闭环管理过程[83]。每一个环节的严格控制才能确保品牌产品的高品质高质量。品牌产品的质量代表的是整个产品的品牌，而不是某个或部分零件的品牌，也不是包装上的品牌。品牌产品的质量需要经历不断地改进，如面料的升级、制造工艺的改进、服装性能的提升等。

品牌形象的塑造需要有一套科学的品牌营销策略。①明星效应。品牌代言人形象一直是品牌形象最直接的展现方式之一[84]。品牌代言人的选择通常依据目标消费群的需求，社会公众对明星的整体评价及明星的粉丝流量状况确定[85]。比如，奢侈品品牌DIOR在中国区的品牌形象大使是杨颖（Angelbaby）、赵丽颖等人（见图3-3）。她们均为具有顶级粉丝流量的国内女明星，并且个人形象都能展现出DIOR优雅端庄的品牌特性。②线上营销与线下营销相结合[86]。在互联网时代背景下，有些服装品牌的实体店数量不多，若采用线上营销方式，则能保证消费者的广泛性。但需要注意的是，服装企业不能单单发展线上营销，还要注重实现线上营销到线下营销的引流，使电商与实体店相互结合、相互呼应，从而为消费者提供更多更新的服务。比如，在某品牌官方应用中设置优惠券，且优惠券仅限于在实体店内消费使用，这样能提高消费者对该品牌官方应用的关注，同时能吸引消费者到线下实体店消费。③品牌联名。品牌联名是推进品牌创新策略的重要路径。品牌联名的特点在于品牌双方运用各自的品牌资源，发挥品牌对目标顾客的影响力，在形成独特竞争优势的同时提升品牌形象[87]。如2019年优衣库与KAWS的联名，KAWS赋予了优衣库品牌艺术形象的附加价值（见图3-4）。KAWS作为一名著名的艺术家，此次联名带给广大消费者一次接触艺术家的机会，其联名款被粉丝认为具有收藏价值。④绿色营销。可持续时尚是未来服装行业的发展趋势。绿色营销有助于推动可持续消费与行业的可持续发展。一方面，绿色营销可以增加公众信任，增强可持续发展竞争力；另一方面，绿色营销可以减少企业库存堆积，避免资源浪费，减少不必要的中间环节。新零售模式下绿色营销可以从两方面开展：

一是生产绿色产品，打造绿色品牌与营销理念；二是从原材料、加工、包装、后处理等环节入手，对未使用完的废料等进行二次设计[88]。服装品牌"例外"成功塑造了追究生态平衡和绿色环保的品牌形象。

图 3-3　DIOR 中国区形象大使——杨颖、赵丽颖

图 3-4　优衣库 &KAWS 联名

4. 服务：提升服务质量，完善服务形象

品牌的服务形象是指消费者对品牌所属企业在售前、售中和售后的销售全过程中所表现出的服务态度、服务方式、销售人员形象等的总体印象。随着消费升级，消费者越来越追求精神性消费。同时，也有越来越多的顾客"为服务买单""为心情买单"。雅莹服装品牌正是"以服务来取胜"的经典品牌成功案例。一提及雅莹，消费者联想的第一印象就是服务热情周到。越来越多的服装品牌都在不断提升服务，用高品质的服务提升品牌形象。

(二) 服装品牌内在形象的技术接触点

服装品牌内在形象包括品牌理念、品牌价值观、品牌文化、品牌精神、品牌故事等多元化的延伸[89-90]。服装品牌内在形象塑造的内容与技术点主要包括品牌个性、品牌故事、品牌文化及品牌附加值。

1. 塑造品牌个性，培育品牌生命力

品牌个性的本质是品牌人格化。品牌人格化是品牌个性的外部表现。品牌个性是品牌形象的内生力量，能够驱动品牌的建设与发展。个性化的品牌形象能够提升品牌的辨识度，增强与消费者的情感共鸣。个性化、定制化服务不断给品牌注入新鲜活力，塑造独特的品牌个性，是未来服装品牌发展的新方向。当今社会，消费者对服装产品的差异化与个性化需求越来越大，他们不再满足于千篇一律、批量化生产的产品，而是开始追求品牌的独特性和个性化[91]。定制能够满足消费者的个性化需求，让他们获得更多个性化体验。此外，品牌人格化形象的设计也不乏为一条塑造品牌个性的方式[92]。如"王者图腾"的标志就是劲霸男装（见图3-5）的人格化形象，它不断演绎着奋斗、阳刚、霸气的品牌个性。

图 3-5　劲霸品牌人格化形象

2. 构思品牌故事，形成品牌语言

随着故事营销观念的兴起，品牌故事与品牌形象的关系已受到业界的广泛关注。品牌故事作为一种宣传媒介，具备彰显品牌文化，告知品牌信息、传播品牌理念、回顾品牌历史、提示品牌内涵、凸显社会责任等多种提升品牌形象的功能[93]。服装企业借助品牌故事能够向消费者传递品牌个性、品牌历史、品牌风格、品牌定位、品牌理念等信息，用故事营销的方式增强消费者与品牌之间的对话，促使消费者对品牌产生好感，从而树立良好的品牌形象。品牌故事的塑造对企业、品牌和消费者都颇具重要性。从品牌故事的特性上看，它传达着品牌文化和价值理念，彰显品牌产品或服务的附加值，凸显品牌的审美观。从消费者层面上看，品牌故事则是另一种形式的广告，是品牌与消费者之间情感传递的纽带[94]。可见，品牌故事是塑造品牌形象的重要手段之一，有助于塑造出独特的品牌形象。品牌故事的塑造有多种方式：①形象定位。形

象定位是指企业或品牌在消费者心中形成的个性特征，代表着品牌的知名度[95]。它是塑造品牌故事的基础构成要素，其目的主要是引领消费者关注品牌自身；②文化理念。品牌文化是与品牌历史相一致的品牌内涵的个性化体现。简言之，品牌的产生及过程就是品牌故事[96]。品牌文化包括品牌创始人、品牌发展背景、品牌精神、品牌愿景和使命等要素。品牌文化理念赋予了品牌深刻而丰富的文化内涵，形成消费者对品牌在精神上的高度认同感，创造品牌信仰，最终形成强烈的品牌忠诚；③价值理念。价值理念是提升品牌故事价值的精神要素，如品牌价值观与情感的表达；④故事艺术。故事艺术能带给消费者不同的感受，通常讲究故事类型、叙事方式、情节发展、时间顺序、故事主题等[97]。消费者对品牌故事的认知、情感和倾向对于品牌故事的塑造与传播具有决定性影响。

3. 开展品牌文化营销，挖掘品牌文化内涵

文化营销是提升服装品牌文化内涵与价值的重要营销手段[98]。通过文化营销塑造服装品牌形象，将文化价值融入其中，挖掘品牌文化内涵，塑造品牌文化形象，培育品牌文化的核心竞争优势。文化营销是在经济与文化一体化的背景下，将营销融入文化内涵的一种新型营销理念。文化营销区别于传统的营销方式。传统的营销方式是将有形产品或者服务直接推销给消费者，从而实现市场价值，其营销过程表现为实物输出。文化营销则是通过有意识的发现、识别、培养或者开发出某种核心价值观来影响消费者的观念、行为和心理，从而实现市场价值的一种营销方式，其营销过程表现为实物输出与文化输出的相结合[99]。服装品牌进行文化营销可以考虑以下几点[100]：①注重产品的文化内涵。产品的文化内涵是品牌文化的载体，是品牌价值的具象体现；②在制定价格时考虑产品的文化因素，注重产品的文化价值；③注重促销推广活动的文化性，在进行促销推广活动时因地制宜，在不同地域选择符合当地文化特性的推广促销活动，以此获得当地消费者的认同感。

4. 创造品牌附加价值，创新品牌象征意义

品牌附加价值是品牌形象的无形内容，属于企业的附加产品，是增值了的商品，是品牌的无形资产[101]。在企业与消费者价值共创的实现过程中，品牌可以产生衍生价值，不仅可以推动品牌的建设与发展，还可以促进品牌形象的塑造与营销。品牌附加价值是在营销过程中，立足于消费者需求提供相对应的产品或服务。对于企业而言，品牌附加价值的开发利用是品牌形象塑造与营销过程中创新的生产空间，有助于实现品牌形象的价值创造。品牌象征意义是体现品牌附加价值的具体形式。通过分析品牌的象征意义，可以拓展服装品牌的衍生价值，提升服装品牌形象。服装品牌是一个人身份、地位及审美的象征，在社交活动中直接或间接地传递与品牌相关的各种信息。品牌本身集聚了巨大的文化能量，这是品牌背后不可忽视的无形力量，也是品牌凝聚力的体现。同时，品牌具有文化宣传的作用，可以满足消费者心理上的需求[102]。

综合来看，服装品牌形象塑造的技术接触点包括品牌标识、产品开发和包装设计；品牌定位和品牌公共关系的建设；品牌产品质量、服务质量和品牌营销战略的制定；品牌个性的独特塑造；品牌故事的巧妙构思；品牌文化的创意营销；品牌附加价值的无限增值。

二、服装品牌形象传播的技术点

网络技术的快速发展与新媒体交互即时且互动性强的特点，使服装品牌形象的传播模式迎来了新的变革契机。互联网时代服装品牌以更为积极主动的姿态与消费者进行互动沟通。当今消费者受到成长背景、爱好等个性化因素的影响，对信息内容需求趋向多元化，更加注重信息获取的效率且更具主动性。这使得服装品牌须依据品牌环境及用户需求制定品牌形象传播策略。

21世纪以来，服装品牌形象传播意识逐渐增强，传播方式越来越多，并呈现多样化特点。然而，服装品牌形象传播仍存在以下问题：①品牌形象传播缺乏个性和特色[103]；②消费者参与传播的主动性低；③传播过程忽视了整合传播的运用，不足以覆盖大多数的目标受众。品牌形象传播要具有个性和特色，必须先筛选出品牌形象的特质信息，再借助传播渠道将这些信息传递给消费者。本书认为服装品牌形象传播需侧重个性化品牌形象的大众传播、分众传播、自传播及整合营销传播。

（一）大众传播

大众传播主要是借助媒介进行大范围和远距离传播。大众传播能在最短时间内以多样化形式传播品牌形象，产生明显的传播效果，一直以来都是服装企业进行品牌宣传的首要渠道。目前大众传播的主要方式有新媒体环境下的广告传播，通常要将广告信息以"巧妙"的方式传递给消费者，使受众更容易接受这些广告信息，从而实现传播的效果。其中，隐形广告这一形式最受品牌欢迎，它们种类繁多，见缝插针，不易被发现，而且无处不在[104]。此外，一些新兴的传播营销手段也应运而生，如病毒式营销、体验式营销、关系营销等。通过这些营销模式的运用，品牌广告信息的内容越来越丰富，共享传播也更为快捷，他们通过电子邮件、聊天室交谈或论坛发布消息等实现品牌信息的精准快速传播。

（二）分众传播

分众传播更为关注受众群体的不同需求、关注动机和个人或社会属性。在分众传播过程中，传播主体根据受众的差异性和个性化需求，提供特定的信息与服务[105]。这种传播方式的独特优势在于：一方面传播主体可对信息受众进行分类，根据目标受众的特点，投放不同的信息内容，更能兼顾不同受众对信息的不同需求，进而提高受众的信息接受率[106]；另一方面，分众传播的受众依据特定的兴趣和相似需求组成，具有群体范围小、成员间需求相似性高的特点，其接受信息后能够将更有针对性和准确性的信息反馈给传播主体。传播主体可根据收到的反馈信息，更为清晰和准确地定位目标受众的需求，对传播内容进行及时调整和修正，从而优化传播内容，制定和投放更加符合受众需求的信息。

相对传统品牌传播渠道，微信平台凭借其运行特点显示出巨大的分众传播潜力。消费者需先关注品牌公众号才能获取品牌相关信息和内容，这一措施缩小了品牌信息受众范围，确保受众对品牌传播的信息具有一定兴趣基础和关注度，这正是分众传播理念中受众分类的体现。同时，微信平台的互动和反馈机制有利于分众传播"点对点"

思想的充分发挥。一方面，微信平台便捷、在线性高的特征，吸引着用户积极参与信息反馈环节，用户通过评论留言的方式与传播主体进行在线交流，两者互动性的增强使得品牌信息传播主体能够通过及时的信息反馈制定和调整品牌形象传播策略，提高传播的有效性和准确性；另一方面，品牌可利用微信平台获取消费者基础资料、页面停留时间、分享转发数量等反馈数据，并对群体进行深入分析和更为精准地定位，再投放具有群体针对性的资讯信息、个性化服务等。对于微信平台上的服装品牌运营管理者来说，要充分利用分众传播理论要点，准确地把握消费者对信息的关注动机和需求特点，实现与受众的深度互动和协作，满足受众的个性化需求，更好地塑造与传播品牌形象。

（三）自传播

自传播的核心是激发分享行为，它是借助事件、产品或推广活动中种种吸引人、触动人的因素，引起个人或机构自发、多级的传播。通过自传播开展的产品和营销活动能频繁出现在朋友圈，并获得再次分享和传播。自传播的特点主要体现在两方面：①低成本。自传播可以充分利用社交网络，实现低成本营销。②高质量。自传播所激发的用户分享行为，是一种高质量高水平的传播模式，本身已经实现了带动消费者的目的。自传播旨在引导大家把着眼点更多地放在产品上，挖掘产品的潜力，让产品本身具有"病毒"的特性。自传播用于服装品牌形象传播，能够提高消费者参与品牌形象传播的主动性。同时，还可以在社交网络中筛选目标消费者，及时收到反馈信息，实现品牌形象的精准传播。

（四）整合营销传播

整合营销传播的目标是整合传播中每个环节的各种信息，给消费者传达统一的品牌形象，以提升品牌的辨识度和影响力，进而促进消费者的购买行为。整合营销传播所要树立的正是品牌的"长治久安"，它必须借助各种传播和营销手段，传播一致的品牌形象。整合营销传播主张把一切企业的营销和传播活动，如广告、促销、公关、新闻、直销、CI、包装、产品开发进行一元化的整合重组，让消费者可以从不同的信息渠道获得对某一品牌的一致信息，以增强品牌诉求的一致性和完整性。这使得一切营销活动和传播活动有了更加广阔的空间，可以运用的传播方式大大增加了。在服装品牌的整合营销传播中，首先要确立品牌形象的核心价值。这个核心是所有传播工作的"重心"，围绕"重心"，所有传播策略都要统一，致力于将各种营销手段一元化，追求"同一个重心，同一个形象，同一个声音"。在服装企业的品牌战略中，应用整合营销的方法可以迅速提高服装品牌的形象力。

第二节　服装品牌形象的价值体系

品牌形象与消费者感知价值之间存在密切的关系。消费升级背景下品牌的独特性和价值感越来越被重视。品牌形象建设及美化逐渐成为零售企业拓展市场覆盖范围、提升消费者感知价值的重中之重。服装品牌形象的价值来源于消费者对服装品牌形象的感知价值，具体可细分为认知价值、体验价值、享乐价值、情感价值、功能价值、质量价值及经济价值等[107]。服装品牌形象由产品形象、服务形象、标识形象、店铺形象等多重要素构成，每项要素均会在不同方面影响消费者的感知价值。

一、服装品牌形象价值的驱动因素

消费者感知价值对提升品牌形象具有重要的意义。对于服装企业而言，品牌形象的营销与传播，可以提升消费者的感知价值，进而提升服装品牌形象价值。因此，服装品牌需要深入了解和分析市场中消费者的需求与偏好，持续与顾客保持良好互动，通过识别消费者感知价值的驱动要素，促进服装品牌形象的价值创造。服装品牌形象价值的驱动因素如下：

（一）产品质量和功能

产品质量和功能是消费者感知价值的基础要素。其中，产品质量是产品固有的特性或需求。对消费者而言，产品质量和功能越好，消费者对产品的满意度越高。对企业而言，要想提升顾客的感知价值，首先要提升产品质量与功能。产品质量与功能的改进会提升服装品牌的产品形象，从而提升消费者的感知价值。

（二）品牌服务

随着人们生活水平和服务意识的不断提高，消费者对品牌服务的期望和要求越来越高。优质的、及时的服务能够有效提升消费者对产品价值、形象价值，甚至品牌价值的感知。对企业而言，需要不断完善与提升品牌服务。品牌服务的改进能够提升顾客的感知价值。顾客对服务质量的评价，是通过其接受服务之前的预测与接受服务过程中的感受相比而获得的[108]。服务质量高低不是依据客观标准衡量，而是要融入消费者的主观评价。若顾客的实际感受超出了预期，顾客就会觉得服务是高质量的。若实际感受没有符合预期，顾客就感受不到服务质量。其实这是顾客将经验质量与期望质量对比之后得到的[109]。消费者的期望质量受很多因素的影响，比如企业在服装品牌形象营销推广的过程中向大众传递的信息、已经形成的大众口碑等。

（三）品牌-顾客关系

服装品牌能够借助品牌-顾客关系影响消费者的感知价值。高质量的服务有助于品牌发展与维系稳定的消费关系。在优质的品牌-顾客消费关系中，顾客若是对某品牌形成了归属感与忠诚度，那么顾客在购买该品牌时就不仅仅是单纯的消费，更多是获得心理上的满足，并且这种满足感是其他品牌无法替代的。

（四）品牌本身的影响

近年来消费者的品牌意识逐渐增强，越来越重视品牌的消费。品牌作为产品的要素之一，在消费决策过程中扮演着愈加重要的作用。品牌是驱动和构建顾客感知价值的核心要素，是公司产品或服务的标签。提升消费者感知价值就是在消费者心中构建良好的品牌形象，通过优秀的品牌口碑提升产品的溢价能力。

综上，从消费者感知价值视角探究服装品牌形象价值体系时，可从感知价值的驱动因素，即产品质量与功能、品牌服务、品牌与顾客关系及品牌影响 4 个维度进行深入分析。

二、服装品牌形象价值体系

（一）产品形象——质量价值、功能价值、情感价值

产品的质量与功能能够赋予服装品牌形象质量价值、功能价值和情感价值。消费者对品牌产品质量与功能的感知直接影响品牌的产品形象。从产品形象最直观的影响和属性来看，消费者首先关心的是产品质量和功能是否满足其需求。同时，品牌的功能性形象直接影响消费者对产品功能与质量的判断[110]。因此，良好的服装品牌形象应具有质量价值、功能价值及由此而产生的情感价值。也就是说，高质量和多功能的服装产品能够提升服装品牌在消费者心目中的印象，从而赋予服装品牌更高的品牌形象价值。比如国内服装品牌"红豆"的产品质量和功能一直都颇受消费者青睐。"红豆"也借助大众对其品牌产品的评价，塑造了一个高品质的品牌形象，这个品牌形象直击消费者的目标需求，使得"红豆"在国内服装领域占据了一定的市场份额。

（二）服务形象——体验价值、情感价值和享乐价值

服务形象指的是服务提供者在其所提供的服务及服务过程中，为顾客所感受、所看到，或所听到的印象、认知或看法的综合体[111]。品牌服务包含服务人员、服务态度、服务方式、服务内容等，在整个消费过程中起着至关重要的作用，不论是人员服务还是其他便利服务都会给消费者带来不一样的购物体验，这种体验会直接影响其对品牌的满意度和忠诚度。可见，服装品牌形象的体验价值是顾客感知虚拟价值的重要组成部分。此外，随着生活质量的改善，消费者的消费观念也随之改变，越来越多的消费者愿意为服务买单，为开心买单，目的是从购物体验中获得心理上的满足。从消费者体验的角度看，品牌服务就产生了体验价值、情感价值和享乐价值。

（三）企业形象、顾客形象——情感价值、社会价值

国外成功品牌战略的实践表明：品牌是一个以消费者为中心的概念，没有消费者，就没有品牌，品牌与消费者关系是品牌价值与品牌形象价值的最好表征[112]。一方面，品牌不仅仅是价值的聚合，更是情感的载体。顾客感知到的品牌形象在很大程度上是由情感因素来决定的，也就是我们通常所说的印象感觉[113]。就比如，色彩本身并没有温度，但我们却可以在红、黄、桔等色彩系列中得到温暖愉悦的感觉；在蓝、绿等色系中体会到寒冷与春意，这种情感的体验是印象感觉的长期传播在我们心中形成的记忆，并左右着人们的心理和情感反应。另一方面，顾客形象与企业形象的关系密不可分。顾客形象能够反映企业形象，这是因为消费者对品牌形象的情感、反应，决定了品牌在市场上的地位和价值[114]。做品牌就好像在银行存款，存款的多少，取决于消费

者。与消费者沟通得好，对消费者心理需求和情感体验把握得好，消费者的感觉就会好，对价值的认可度亦高，存款就会上升，否则就会相反。在长期市场竞争中，享有崇高声誉的服装企业形象，给消费者带来了信心和保证，能满足消费者所期待获得的物质、功能和心理利益的满足；同时，只有被消费者信赖的品牌才能屹立不倒并持续服务于人类社会，带来社会价值。

（四）价格形象——认知价值、经济价值

品牌价格形象在消费者判断产品品质时可以充当产品品质的符号。当价格扮演"讯息"的角色时，消费者会认为价格高的产品有较好的品质，产品所属的品牌档次也相对较高。客观价格会催生感知价格，进而影响消费者的感知质量和感知性价比，进一步影响感知价值，最终影响消费者的购买倾向。由此可见，服装品牌的价格形象会影响消费者的认知价值[115]。一般而言，价格促销会给品牌产品带来经济效益，但价格促销同样会有负面影响。价格促销会使消费者的心理产生变化，不合理的价格促销活动会破坏品牌原本的价格形象，使消费者感知质量下降[116]。目前，服装品牌大打折扣现象比较少，基本保持在6~8折水平。这正是由于品牌专卖店选择一定商品进行促销时，不仅要考虑到能否吸引消费者的光顾，增加销量，还要考虑到能否增强消费者对促销商品的记忆，这对品牌建设具有积极的作用。

（五）店铺形象——体验价值、认知价值

服装品牌形象的体验性是用来满足消费者的体验性需求。通过满足消费者多元化的需求能够刺激消费者对企业品牌的认知。就服装品牌店铺形象而言，随着消费者购物观念的升级，消费者的购物期待不再局限于实现良好的商品交易，而是更加期待在店铺购物时获取优质体验，因而服装品牌的店铺形象会给顾客带来体验价值。顾客对服装品牌形象形成一定的认知，便会产生认知价值。事实上，只要消费者与品牌发生互动性行为就会产生体验价值和认知价值。随着体验经济时代的到来，体验营销的发展也越来越成熟。体验营销是现代营销的一种新型方式，它以满足消费者的体验需求为目标，从消费者的感官、情感、思考、行动、联想等因素出发，拉近与消费者之间的距离[117]。消费者在观摩、聆听、尝试、试用的过程中，亲身体验品牌的产品形象、服务形象等内容，从而产生认知、喜好并购买的行为[118]。最经典的案例是运动品牌的线下体验店。如耐克的北京城区体验店，拥有品牌的最新精选单品，从Jordan Brand、Nike Sportswear、Nike Basketball到Nike SB系列一应俱全。商店设计时尚、产品展示打破了人们对鞋店固有形象的认知，充分展示了现代流行的运动风尚。体验店以"个性化"为特色，充分融合了街头文化和北京特色，鼓励年轻人以创造性的方式表达个性，表达自己[119]。

（六）标识形象——认知价值、情感价值

品牌是一种商品区别于另一种商品的标志，是商品独特性的代表。随着某种商品逐渐受到消费者的喜爱，其品牌也越来越受到人们的欢迎。品牌已不仅仅是代表一个

产品的符号，而是体现产品的内在价值。标识形象属于服装品牌形象的视觉形象系统，是品牌给消费者留下的第一印象，它能够影响消费者对品牌的认知。标识作为品牌资产不可或缺的一部分，对于品牌的传播和建立具有关键性作用。作为一种社会性的特殊符号，能够清晰反映消费者的个人偏好、价值取向等。如 2017 年 CK 全面更新了品牌标识，将原有的大小写字母组合形式改为全部字母的大写形式（见图 3-6），将其相对灵活与年轻的视觉感知转变成更为大气和高档的个性感知。关于 CK 品牌标识的评价，一部分消费者认为新标识更能彰显品牌个性，显得更高端；而另一部分消费者则认为新标识毫无辨识度，大写的字母让他们更难区分出品牌。

旧标识   新标识

图 3-6 CK 的新旧标识对比

（七）内在形象——认知价值、情感价值

随着社会的进步和经济的发展，人们的生活水平不断提高，消费结构发生了很大变化。当衣食住行等维持生理需求的物质消费已基本满足以后，人们在精神方面的消费需求就表现得越来越突出。消费者在选购商品时，比以往更加注重心理上、情感上的满足，在这些方面，品牌内在形象的作用越来越重要[120]。服装品牌的价值取向、品牌故事、品牌个性、品牌文化等都会影响消费者对品牌的认知和判断。如意大利轻奢品牌 CURIEL 在塑造品牌故事、品牌个性时都围绕着"小黑裙"展开——百年专制小黑裙（见图 3-7），由此消费者就对 CURIEL 形成了高贵典雅烂漫的品牌印象。

图 3-7 CURIEL 小黑裙

服装品牌形象的情感价值主要表现在消费者与顾客的情感认同上。服装品牌通过LOGO、店铺形象、宣传推广等视觉和行为形式载体直接接触消费者，吸引他们关注并了解品牌，并参与到品牌的互动体验中，此时他们对品牌的认同不仅仅是在产品上，更是对品牌精神内涵上的情感认同。因此，品牌的核心价值观、品牌内涵、品牌精神等作为品牌情感的载体，就成为了品牌形象价值的重要内容。

综上，服装品牌形象的价值体系如表3-1所示。

表3-1　服装品牌形象的价值体系

价值	内容
质量价值	产品形象
功能价值	产品形象
情感价值	产品形象
	服务形象
	企业形象
	标识形象
	顾客形象
	无形形象
享乐价值	服务形象
社会价值	企业形象
	顾客形象
体验价值	服务形象
	店铺形象
经济价值	价格形象
认知价值	价格形象
	店铺形象
	标识形象
	无形形象

三、服装品牌形象的传播价值

品牌形象的建立依赖于宣传媒介的有效传播。品牌形象只有借助有力的传播媒介和传播手段，才能真正成为屹立着的品牌。利用媒介进行品牌信息传播，产生的效果影响到诸多方面，不仅有利于品牌的经营，在商场上扩大品牌利益，而且可以促进社会认同，增加品牌的社会效益，形成品牌文化和社会文化的融合。服装品牌形象的传播效果及营销目标主要体现在以下几个方面。

（一）传达品牌定位、打造品牌的差异性

在产品的不断更新换代中，在需求时尚的不断转换中，品牌定位是品牌获得成功的关键。服装品牌形象的宣传能够有效地向消费者传达品牌的相关信息，让消费者了解品牌产品的同时了解品牌的定位，便于他们与其他品牌进行区分。品牌形象的传播通常是有针对性的，要么是基于产品的形象传播，要么是基于服务的形象传播，但无论是基于哪一类形象的传播，其传播内容都会向信息接收者表明品牌的定位，或是品

牌产品风格，或是品牌的目标消费人群，或是品牌的业务范围。比如：童装品牌的品牌形象传递给消费者的信息一般都包括品牌的业务范围——小童、中童或大童；女装的品牌形象传递给消费者信息一般包括品牌产品风格——淑女、优雅、中性休闲、可爱等；而男装的品牌形象传递给消费者的信息除了包括品牌产品的风格之外还包括品牌的目标消费人群——商务人士、运动爱好者、潮流的时尚消费者等。服装品牌形象宣传的目的之一就是让品牌在消费者心目中的期待形象与实际形象相吻合。品牌定位可以通过定位声明、广告标语和标语口号加以传达。

（二）提升品牌认知度、知名度、联想度与忠诚度

品牌形象传播是企业满足消费者需要，培养消费忠诚的有效手段，是目前企业家们高攀的一面大旗。品牌认知度指品牌被公众认识、再现的程度，某种意义上是指品牌的特征、功能等被消费者了解的程度。品牌知名度是指品牌被公众知晓的程度，是评价品牌形象的量化指标。品牌联想是顾客与品牌的长期接触形成的，它们反映了顾客对品牌的认知、态度和情感，同时也预示着顾客或潜在顾客未来的行为倾向[121]。品牌联想从总体上体现了品牌形象，决定了品牌在消费者心目中的地位。品牌忠诚度主要指公众对品牌产品使用的选择程度。

服装品牌形象传播可达到不同层次的目的：①建立品牌的基础认知（提升品牌认知度与知名度）。消费者对品牌基础认知的建立是提升品牌认知度和知名度的过程，比如服装品牌的名称、标识、品牌色彩、品牌个性、品牌故事、品牌理念等都是品牌形象传播的基础要素，有助于提升品牌的知名度，让目标受众对品牌产生熟悉感以帮助他们能够快速识别该品牌；②建立品牌较深层次的识别（提升品牌的联想度）。建立品牌较深层次的识别是让消费者认识到品牌独特性的过程，同时也是提升品牌联想度的过程。消费者对品牌的联想可能源于消费者日常生活中的各个层面，如消费者本身的使用经验、朋友的口耳相传、广告信息以及市面上的各种营销方式等。服装品牌形象传播过程中使消费者产生品牌联想的构建方式有讲述品牌故事、借助品牌代言人和建立品牌感动；③建立并强化品牌和目标受众的关系（提升品牌的忠诚度）。建立并强化品牌和目标受众的关系是指建立两者的双向交流，更加强调消费者对品牌的体验，进而达到提升品牌忠诚度的目的。为此，品牌形象传播的重点可集中在品牌核心价值、功能、社会性、情感性、文化性等方面。

（三）提升品牌竞争力或竞争优势——以 ZARA 为例[122-123]

品牌形象传播的最终目的是要发挥创意的力量，利用各种有效的发声点在市场上形成品牌声浪，有声浪就有话语权。

相较于大众服装品牌和奢侈时尚服装品牌，ZARA 具有鲜明的品牌形象，使得消费者能够快速识别，不断吸引消费者走入店内挑选新产品，快速做出购买决策，进一步提升了品牌的认知度和忠诚度，从而这一品牌具备了相较于其他品牌的差别优势，并使消费者有效感知，具备了一种领先于其他竞争对手并能支持自身发展的力量。由此可见，品牌形象作为 ZARA 品牌竞争力的主要来源之一，发挥了巨大的作用。那么，ZARA 的品牌形象是怎么样的呢？原来，ZARA 品牌形象的营销策略之一就是媲美国际

顶级奢侈品服装品牌的店面形象。主要依靠高档繁华的店面地段，宽敞的店面空间，以及高级的店面装修和布局，营造出独特的店面氛围，带给消费者独特的视觉感受和体验。其次是产品的时尚性、快速更新的形象，以及与之匹配的良好的服务态度。以时尚、潮流且丰富的款式结构、适当的价格和限量供应来吸引大批的时尚消费者，并以快捷的更新速度及其带来的款式稀缺性吸引消费者购买。良好的服务态度使消费者在整个购物过程中感觉到诚意，感受到自在和愉悦，形成良好的心理体验。第三，是鲜明的使用者形象。ZARA 的目标顾客定位于中青年时尚消费者和追求者，这些目标顾客一旦成为真正的消费者，则可影响和吸引与之有相同或相近爱好、生活方式和性格特征的目标顾客，走进 ZARA 的店面进行体验和消费。综上，由店面形象、产品、服务形象、使用者形象所构成的 ZARA 品牌形象是其营销策略实施，以及商业模式运作的必然结果。

（四）增强与消费者的情感联系

塑造与传播品牌形象的最终目的是与消费者建立情感联系。

品牌的深度传播也称品牌的深度沟通，通过各种方式向消费者表达美好的愿望，匹配形象的宣传就是其中一种方式。随着情感消费时代的到来，"走心"式的形象传播方式也越来越普遍。"走心"是让品牌与消费者发生情感共鸣的一把利器，也就是说，从消费者的情感需要出发，唤起和激起消费者的情感需求，诱导消费者产生心灵上的共鸣。第一，不同的情感主张产生的情感共鸣不同。人的情感可以关于亲情、友情和爱情，也可以是坚持、顽强、不放弃等品质，只要是能与目标消费者产生联系的情感元素，就是合适的传播方式。但是，有些品牌塑造的品牌形象本身就是带有情感主张的。比如中国"李宁"服装品牌（见图 3-8）本着"源于体育，用于体育"的精神结束了中国运动员在奥运会上穿着国外体育品牌服装的历史，同时成为了中国体育用品的第一品牌。它将运动、自信、超越等品质传达给大众，与消

图 3-8 中国李宁——
一切皆有可能

费者建立联系，将品牌的理念甚至与爱国情怀相结合，一步步深入人心。第二，为目标消费者创造一个日常化的场景，通过营销内容直击消费者情感痛点也不乏为一个与消费建立情感联系的有效品牌形象传播方式。例如，利郎西服（见图 3-9）简约而不简单的宣传文案，简约和简单有一个共同的"简"字，但不同的意义直接表达了利郎西服的两大特点，"简约"强调产品的价格合理，产品很别致，而"不简单"则是表明产品高贵典雅，符合消费者购物心理，所以容易引起消费者的共鸣。总之，走心的营销需要以目标消费者为基点，选择合适的情感主张，创造日常化的场景，以深入人心的内容打动消费者，通过合适的媒介去传播。只有撬动了消费者的情感痛点，消费者才会记住品牌和产品，才会与品牌发生联系。

图 3-9 利郎西服——简约而不简单

第三节 服装品牌形象的价值创造体系

品牌形象的塑造以及价值创造都能在一定程度上提高品牌形象的价值，并满足消费者对品牌形象的目标追求。品牌形象价值创造本质上也是对品牌形象的塑造。本书在服装品牌形象价值创造指标研究的基础上，进一步从服装品牌形象价值创造的实现过程及具体内容两方面探讨服装品牌形象的价值创造体系。

一、服装品牌形象价值创造的实现方式及过程

（一）借助美学手段实现品牌形象的价值创造

品牌形象与品牌美学息息相关。品牌美学的目的是使品牌形象形成差异化[38]。美学形象设计的主要内容有造型美、功能美和形式美，这正是美学设计的实现方式[124]。造型美是指服装品牌形象的形体结构之美，其直观形式是以空间为基础，以视觉为中心，与艺术形象的鲜明性、独创性有直接的关联。如服装品牌波司登（见图 3-10 和图 3-11），2019～2020 年间，波司登一改往常低品位的服装形象，向国际大牌靠拢，借助美学手段，凭借新的造型形象屡次登上微博热搜并获得一致好评。功能美是指服装品牌产品的品质之美。如防水隔热面料的运用、一衣多穿的概念设计等。形式美是指服装品牌形象的内在之美。服

图 3-10 波司登以往的品牌形象

装品牌形象的美学设计通常需要依附一个主题，以此赋予品牌形象更高的价值。不论是为了实现服装品牌形象的塑造或价值创造，美学设计都需从造型美入手，在此基础上考虑产品的功能之美，最终传达品牌的形式美。

图 3-11　波司登现在的品牌形象

（二）通过顾客参与实现品牌形象的价值创造

顾客参与指的是顾客参与服装品牌形象价值创造的行为，并就品牌形象的感知给予反馈。顾客参与品牌形象的设计和宣传等过程，在此过程中逐渐拥有一定的口碑宣传力和品牌影响力，提升顾客的感知价值，进而实现品牌形象的价值创造。同时，顾客也可通过参与生产活动以满足他们对自我表达和独特性的需求[125]。企业或品牌也积极搭建平台，给顾客提供沟通交流的机会，使顾客不再是品牌价值的被动接受者，而是积极的参与者。

（三）通过包装与塑造品牌个性的方式实现品牌形象的价值创造

品牌形象包装是品牌建设与品牌宣传的有效手段，能够使顾客感知品牌形象达到 $1+1>2$ 的效果[40]。品牌个性是在品牌定位的基础上创造人格化、个性化的品牌形象，它能代表特定的生活方式、价值观念，旨在与目标消费者建立有利的情感联系[126]。包装与塑造品牌个性的步骤为识别产品类型和竞争性品牌的象征性联系→考虑品牌定位及消费者期望→确定品牌个性目标→设计出品牌人格化形象→塑造积极正面的品牌象征→深化消费者情感联系→追求品牌个性简单化→进行最直接的整合传播→加强品牌个性的投资及管理[127]。

（四）通过差异化营销实现品牌形象的价值创造

差异化营销指的是企业为了赢得市场开展的营销创新活动，用以塑造产品、品牌、服务、形象等要素的独特性，并将这种差异性传递给消费者[128]。形象差异化是指通过塑造与竞争对手不同的产品、企业和品牌形象来取得竞争优势。塑造形象差异化的工具包括名称、颜色、标识、标语、环境、活动等。以色彩来说，柯达的黄色、富士的绿色、乐凯的红色；百事可乐的蓝色、非常可乐的红色等都能够让消费者在众多的同类产品中很轻易地将其辨识出来。此外，在实施形象差异化处理措施时，企业一定要有针对竞争对手的形象策略，以及针对消费者的心智而采取不同的策略。企业巧妙地实施形象差异化策略会收到意想不到的效果。例如，农夫山泉为了表现公司的形象差异化，2001年推出"一分钱"活动支持北京申奥；2002年推出"阳光工程"支持贫困地区的基础体育教育事业[128]。通过这样的公益服务活动，农夫山泉获得了极好的社会效益，提升了品牌价值，实现了形象的"差异化"。

（五）发挥品牌功能实现品牌形象的价值创造

发挥品牌功能指的是充分发挥品牌的识别、导购和传播等各项功能，展现出品牌的与众不同之处，从而提高品牌的辨识度。研究表明，发挥品牌功能在一定程度上能够提高服装品牌形象的美誉度。

二、服装品牌形象价值创造的内容

从服装品牌形象价值创造实现方式的内涵、过程与结果上看，服装品牌形象塑造可通过美学设计、顾客参与、包装与塑造品牌个性、差异化营销及发挥品牌功能等方式来实现。服装企业或品牌应区分不同因素对品牌形象的影响效果，采取不同的方式对服装品牌形象进行一系列价值创造活动，以便更有效地建立、维护和提升服装品牌形象。因此，本书认为服装品牌形象价值创造的主要内容包括形象设计、形象宣传、品牌美学、品牌魅力及品牌功能。

（一）形象设计

形象设计是指品牌对形象各要素做全方位分析，并结合自身特征进行塑造与包装品牌形象的活动，主要是借助美学设计与差异营销实现品牌形象的价值创造，主要包括产品形象设计、店面形象设计、品牌标识形象设计、包装设计和价格形象设计。品牌形象设计的原则是根据消费者的感知及企业自身的审美和追求而进行的，主要表现在三方面[129]：①品牌视觉的统一与稳定。品牌视觉形象必须是统一的，还要求稳定，不能随意变动，这是品牌吸引消费者的重要条件之一。所谓的统一即文字统一、图形统一、色彩统一及整体协调统一；②品牌的定位与个性。品牌定位反映了品牌的个性特征，没有个性的人容易被人忽视，同样没有个性的品牌容易被人遗忘。就像是"亚历山大·麦昆（Alexander McQueen）"的品牌定位是浪漫、色情、朋克等，塑造出怪诞风格的品牌形象，不论是服装产品方面还是店面环境设计都演绎着品牌的特性，让人耳目一新，过目不忘；③品牌的创新与文化。品牌创新是品牌的生命力和价值所在。品牌文化反映品牌的精神与理念，它是能够唤起人们心理认同的最重要因素，逐渐成为连接企业与顾客的精神纽带。

（二）形象宣传

形象宣传是指为提高品牌知名度与维护品牌形象而进行的一系列宣传推广活动，

主要是通过顾客参与和差异营销的方式实现品牌的形象价值创造，包含设计师形象宣传、品牌代言人形象宣传、广告形象宣传、服务形象宣传、企业形象宣传、顾客形象宣传、促销形象宣传。品牌形象的宣传与推广是企业营销的重要环节。当今，品牌形象的宣传重点不仅在产品、广告、及代言人层面上，还不断向设计师、顾客及促销形象转移。从价值创造的角度上看，设计师形象、顾客形象及促销形象成为形象宣传新的切入点，它们具有较大的价值空间和可提升品牌外在形象的潜力。品牌形象宣传推广的方式有很多种，如媒体广告、时装秀、展销会、赞助活动等。这就要求服装企业根据自身特点选择适合自己的形象宣传推广方式。比如德国的 Bruno Banani，就采用了事件推广法，它曾赞助一位青年穿着 Bruno Banani 的内衣穿越沙漠，这件事受到社会的瞩目，达到品牌形象宣传推广的目的[130]。

（三）品牌美学

品牌美学是一种实现品牌审美溢价价值的品牌构建理论[131]，主要是借助美学手段及顾客参与实现服装品牌形象的价值创造，包含品牌风格、品牌特征、品牌符号、品牌色彩、品牌图案、品牌海报和品牌商店氛围等要素。当品牌通过这些要素与消费者进行审美互动时，品牌美学就出现了。品牌美学是品牌通过美学的营销传播策略让消费者对品牌产生情感上的认知与好感度，从而建立和加强消费者对品牌的感情依恋与情感联想。品牌通过实施品牌美学战略，加强消费者对品牌的好感，增强品牌资产。品牌美学营销是创造品牌资产，提升品牌审美溢价价值的一种美学策略。

（四）品牌魅力

品牌魅力指品牌的独特特征，旨在展现品牌的精神价值，主要通过挖掘品牌内涵与塑造品牌个性的方式实现品牌形象的价值创造，还可借助顾客参与和差异营销的手段，创造出更高的价值空间，包含品牌内涵、品牌理念、品牌精神、品牌文化、品牌声誉、品牌个性、品牌附加值及价值取向。品牌魅力在塑造与传播服装品牌形象的内在形象上发挥着重要的作用。如快时尚品牌的魅力在于上新速度快、平价，且紧跟时尚潮流。即使快时尚品牌本身存在着很多的问题，如服装产品质量安全问题、设计简陋（从设计到上架只有 14 天）、环保问题等，但这些完全不影响年轻消费者对快时尚品牌的喜爱，"快时尚"品牌依旧拥有众票粉丝。

（五）品牌功能

品牌功能是品牌区别于竞争者产品与服务等属性的一种外在价值，可通过结合顾客参与的手段，发挥品牌各项功能，达到实现价值创造的目的，主要包括识别功能、竞争功能、质量承诺与保证功能、传播及导购功能、价值链功能。品牌的识别、竞争与导购功能主要体现在品牌商品能够通过向消费者传递并强化信息从而引导消费者购买商品，这不仅能让消费者快速区分品牌与其他竞争者的区别，还能形成独特的购物体验[142]。对于绝大多数品牌来说，品牌明示了企业对顾客的质量承诺和责任，同时也通过品牌的专有性使企业的产品特色得到法律保护。Roselius 认为品牌是品质、信赖和忠诚的永久指南，并能给予那些消费者更多信心。品牌的传播功能是把产品及信息传递给消费者，其直接的结果有两种：一是品牌宣传促使消费者产生购买行为；二是即使消费者未产生购买行为，他们对广告商品也会在认知感觉上发生变化，并留下一定的信息记忆，当消费者再次发生购买行为时，这些信息会起到相当大的影响作用[132]。此外，品牌具有连接上下游企业、产商和最终用户价值链的功能。品牌可以给供应商带来可靠的利润来源，可为下游企业和销售商带来机会和价值，同时能给消费者降低风险，减少精力和体力的支出，最终使品牌的产品价值、人员价值、形象价值和服务价值得到提升。

第四节　服装品牌形象的创新体系

服装品牌形象创新是实现品牌形象塑造和品牌价值增值的重要手段。时尚的核心特征之一就是创新，因而创新对于竞争性服装品牌形象的发展至关重要。创新本身的定义包含创造和推广，创造的过程涵盖了所有创造新想法的努力，而推广的过程则包括商业发展的各个阶段，如创意的应用和转移、目标达成的评估等，而这一过程就可以实现服装品牌形象的价值增值。随着消费者需求和企业营销环境的变化，品牌形象的内涵和表现形式也要不断发展变化，才能适应社会市场的发展[133]。

品牌创新是企业自我发展的必然要求，也是使品牌生命不断得以延长的最佳途径。品牌形象创新，是指品牌要适应时代的变化和科技的进步，不断寻求发展，包括内在和外在两个方面的创新[134]。内在形象创新包括品牌形象的定位创新、品牌形象的文化创新；外在形象创新包括品牌形象的标识创新、品牌形象的包装创新和品牌形象的广告创新。

一、品牌形象的定位创新

品牌形象的定位创新是指在品牌的不同发展阶段，对不同目标消费者重新定位的过程[135]。由于消费者需求和市场形势的千变万化，品牌定位要根据企业经营状况的变化而适时进行调整，品牌的内涵和形式也要根据定位的不同而不断修正，以确保品牌一直紧贴市场，紧贴消费者。如果一个品牌定位不能完全适应市场，或者该品牌最初的定位就是不正确的，都需要更新其属性，并使之获得新生[136]。因此，品牌定位创新就是从消费心理、市场经济和社会文化的角度对品牌定位进行调整和修正的再认识和再把握。

Lily 品牌成立于 2000 年，依托于其母公司——上海丝绸集团，品牌拥有极为成熟的成衣加工制造方面的经验。最初的定位是"淑女装"，但由于品牌同质化严重，到 2013 年 Lily 开始思考定位的改变。为了找到更适合的发展路线，Lily 做了大量的市场调研，最终将品牌定位锁定在了"商务时装"领域，并且打出"正合适"的商务时装概念（见图 3-12）。在当时，大多数的商务女装都停留在西装、套裙的传统模式上，过于"职业化"的设计完全抹杀了女性的个性与美感。但 Lily 首次将时尚与商务完美结合起来，还进一步将目标消费人群确定在 26~32 岁的职场女性。转型后的 Lily 通过简洁明快的品牌形象和时尚精英化的品牌风格增强品牌效应，提升品牌溢价。比如和国际大牌设计师合作寻求款式创新，参与时装周并定期发布当季新款、联动时尚 icon、明星……这些动作在迎合当代女性需求偏好的同时，也让 Lily"正合适的商务时装"概念在消费者心中愈发鲜明。

图 3-12　Lily "商务时装" 的品牌定位创新

在之前的李宁门店，不论是门店装修，还是产品本身，看起来似乎与时尚毫不相干，只是一个普通到不能再普通的运动品牌。然而，在重新定位并成功转型之后，从门店装修到产品本身都充满了浓厚的设计味道，看起来也更加地高端时尚。从品牌转型来看，李宁绝对是成功的典范！李宁借助"国潮时尚"的概念，重新定位了品牌的受众市场，根据"国潮时尚"的定位，改进了品牌的设计和营销策略，2018 年李宁创造国潮风的"元年"，在 2018 年 2 月，中国李宁在纽约时装周上惊艳亮相。作为第一个登陆国际秀场的中国运动品牌，这不仅是中国制造的里程碑，同时也是让世界感受中国设计的辉煌时刻。中国李宁以"悟道"为主题，坚持国人"自省、自悟、自创"的精神内涵，从运动的视角表达对中国传统文化和现代潮流时尚的理解。李宁一改之前"传统运动品牌"的定位，从自身出发寻找本土品牌自身的 IP，将品牌的颜色和历史融入设计中，将"国潮"新定位体现的淋漓尽致（见图 3-13）。

图 3-13　李宁 "国潮时尚" 的品牌定位创新

　　自 2018 年李宁先后登上纽约时装周和巴黎时装周后，新的品牌形象定位得到了极大的提升和认可，与此同时也变得愈发活跃，似乎从一家运动品牌摇身一变成为了潮牌。之后到 2019 年，李宁已经坐稳"国潮大佬"的宝座。2019 年 2 月，李宁再次登上了纽约时装周，2019 年 6 月，李宁登上了巴黎时装周。到 2020 年，李宁品牌迎来了自己的三十周年，凭借"国潮时尚"的重新定位，已经让李宁完成了华丽转身，既带领国内新兴消费崛起，又将中华文化成功输出国外。

二、品牌形象的文化创新

　　品牌文化创新是将品牌与文化进行有机融合的过程。众所周知，品牌是文化的载体，文化既是凝结在品牌上的精华，又是渗透到品牌经营全过程、全方位的理念、意志、行为规范和群体风格[137]。品牌文化创新的作用是为了打造企业的品牌形象，从某种意义上来说，品牌文化本身就是塑造品牌形象的一种方式。品牌形象的文化创新是指以品牌创造新的品牌个性、品牌内涵、品牌形象或品牌服务，来引导一种全新的生活方式和消费观念。众所周知，品牌文化是品牌资产的基石，而品牌文化的内涵需要随着人们观念的改变而不断地调整、修正，才能创造出最能体现企业精神，最能征服消费者的品牌文化[138]。创立品牌之初，企业就不断地将自己的文化融入到品牌之中，使其在竞争中显示出独特的优势。现如今品牌文化已经逐渐成为影响企业发展的关键因素之一，品牌文化的创新可以创立企业的价值观，增强员工的凝聚力，塑造企业独有的气质等。可以说，品牌文化不断丰富和发展为品牌的创新提供了肥沃的土壤，也打下了良好的基础。只有在这种良好的条件下，品牌的创新才有保障，品牌的创新才会不断升级，才能为企业的长盛不衰提供文化的支撑。

　　创办于 1856 年的服装品牌 Burberry，是英国皇室御用品，过去的几十年，主要以生产雨衣，伞具及丝巾为主。而今，Burberry 强调英国传统的高贵设计，讨取了无数消费者的欢心，已成为一个永恒经典的品牌。其作为极具英国传统风格的奢侈品牌，多层次的产品系列满足了不同年龄和性别的消费者需求。在品牌初创时期，品牌秉持的理念为"服饰应被设计用于人们抵抗变幻莫测的英国天气"。第一次世界大战时期，Burberry 为军人设计风衣，也就是它最经典风衣的原型，继续秉承着 Burberry 为消费者

图 3-14　Burberry "可持续发展"的品牌文化创新

抵抗恶劣天气的品牌文化进行设计，其研究的防水面料也获得过英国女王授予的英国皇家认证。到 1965 年，五分之一从英国出口的大衣均来自 Burberry，可以说 Burberry 将品牌文化做到了极致。但到了 1999 年，Burberry 意识到品牌文化需要随着消费者的需求变化而改变，除了抵御严寒以外，还需要加入时尚的元素，因此 Burberry 改变了

原来的品牌文化，将时尚、英伦风情、奢华等主题融入了品牌文化，一改经典骑士的 logo 设计，创造更具有颠覆性变革的图样，这也标志着 Burberry 的品牌文化彻底更新。之后，Burberry 在伦敦证券交易所上市，首次公开发行股票，转型成为大型奢侈时尚品牌。到 2016 年，Burberry 意识到服装产业的发展对地球生态的环境破坏，于是将"可持续

图 3-15　优衣库"传统苗绣"的品牌文化创新

发展"融入品牌形象的建设中，联合研发团队发明新的可持续材质，转化顾客体验，优化制造过程，让时装行业乃至全社会均能因此获益。2018 年，Burberry 秉持着可持续发展的文化理念，发起「Make Fashion Circular」计划，协助针对当前时尚行业面临的重大环境问题制定解决方案，共同构造可循环的时尚经济。现如今，Burberry 在充满现代感和崇尚真我表达的同时，又承袭了最初的价值理念和 1856 年创立至今的品牌文化，在品牌文化的不断创新中寻找新的出口，为消费者带来前所未来的品牌文化理念。

2019 年，优衣库携手中国宋庆龄基金会共同发起"传承新生，传递优绣的力量"苗绣项目，将传统文化中沉淀的人文精神，通过服装的力量，不断激励当代年轻人用创新和创意，创造美好生活的更多可能。优衣库希望透过苗绣文化中五种积极的力量——奋进、凝聚、融合、新生、母爱，为当代人的生活带来启发，也为绣娘们创造更多工作机会。苗绣项目还与优衣库践行了七年的全商品回收再利用项目相结合。优衣库一直秉承着"服适人生"的理念，也一直希望为所有人制造优质的服装，并通过服装的力量，让世界朝更好的方向发展。此次苗绣项目将传统文化的精髓带入当代人生活，让广大消费者，尤其是年轻一代，更切身感受服装背后蕴含的美学价值和内涵，为大众的美好生活创造更多可能。优衣库自 2012 年启动全商品回收再利用项目，以服装为载体，传递爱的力量，至今已经让 340 万件旧衣的生命得以延续，30 万户家庭感受到服装的力量和温暖。这一次的"传统苗绣"文化创新项目，凝聚社会各方的力量，携手相传，让文化的价值得以延续，让服装的力量成就当代人更美好的生活。

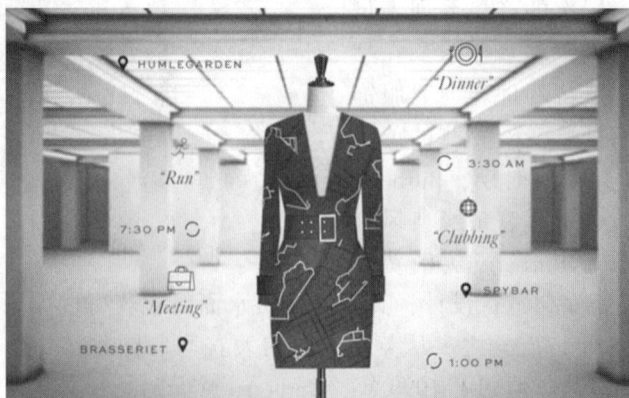

图 3-16　H&M"科技联名"的品牌文化创新

在品牌文化创新领域，还有一类很重要的创新活动就是"联名"，也可以被理解为新文化的注入[139]。2017年谷歌宣布与H&M达成合作，开发一款名为"Coded Couture"的APP。通过技术将时尚与创意巧妙结合，推出数字定制服装服务，而其设计创意则原原本本地来源于生活。这款APP依托Google的应用程序接口，搜集你在一周中，不论吃饭，与朋友逛街，外出旅行的位置和活动数据，甚至当地的一周天气数据等，然后，根据这些数据为你定制衣服，并且你可以购买定制好的衣服，定价是99美元一件。在这款时尚定制APP中，衣服的材质、色彩、装饰、腰带、袖扣等配饰的设计过程完全由数据驱动。比如以基于如温度的天气数据来选择面料，并匹配穿戴者的使用场景。

三、品牌形象的标识创新

品牌标识作为品牌的重要组成部分，直接关系到品牌传播的效果。品牌的易辨性、易记性主要体现在品牌标志上。简洁醒目的品牌标志有利于进入消费者的视线，更有利于印刻在消费者记忆中。但是，并不是所有企业的品牌标识都能有这样的传播效果。若经过一段时间的使用，品牌标志未能达到简洁醒目、留存在消费者记忆中的程度或者未能体现企业的经营理念，则需及时予以更新。

百年品牌Burberry在Instagram上突然宣布推出新标识和以创始人名字命名的Thomas Burberry印花，这是Burberry巴宝莉品牌近20年来首次对标识设计作出颠覆性的改动。对比新旧标识，差别还是很大的。新标识用无衬线字体取代了之前圆润的字体，字体的设计比较粗，字母的间距减小，整体非常紧凑。伦敦以及英格兰字样与品牌名字原本是由两种字体呈现的，在新标识中也统一化处理，并统统改成了大写，去掉了中间的逗号，整体感更强，更具潮流感，也更国际化，符合当下的设计流行趋势。随着时代的更替，年轻人也开始更多地成为奢侈品消费的主力军。而一个活泼、灵动的新标识能给人焕然一新的面貌。在从图形获悉信息的今天，品牌形象的图标商标越来越关键。

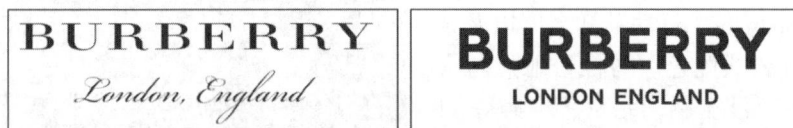

图3-17　Burberry的品牌标识别创新

Celine在Instagram上也公布了品牌的全新Logo。新Logo去除了原本Céline拼写中的重音符号，é变为e，字体变得更加现代化，字母之间的间距也缩小了，使整个LOGO看起来简洁并紧凑。新LOGO的直接灵感来源是品牌于1960年曾使用的LOGO，颇具现代主义色彩的字体则来自于1930年，原本LOGO中的重音符号"é"的去除使LOGO的比例更加简单和平衡。明星代言由曾经的国际巨星变为年轻人喜爱的流量级新生代偶像，产品设计转为次元文化卖萌可爱，不断利用社交媒体赢得年轻群体的存在感和话题关注度，与这一次Celine标识的变革是一致的。

图 3-18　Celine 的品牌标识别创新

四、品牌形象的包装创新

品牌包装的创新也是品牌运营实践中提高品牌竞争力的重要举措。新包装视觉形象的改变可以影响消费者的需求。品牌名称和品牌标识的创新也都要靠品牌包装的创新来承载[140]。因此，对品牌增值过程而言，品牌包装的创新更具有现实意义。

ZARA 从 2016 年秋冬系列开始，就特地开发了一条名为"Join Life"的环保线，面料以再生羊毛、有机棉、天丝棉为主，款式也比较简约、实穿，基本符合断舍离的生活要求。2017 年夏天加入了再生亚麻面料等。在这个系列中，品牌专用的包装纸箱也采用 100% 可回收纸板生产，每年可减少砍伐 21840 棵树，减少二氧化碳排放 1680 吨。目前 ZARA 有 56% 的网上商店订单，都使用自行回收利用的再生纸箱包装。

图 3-19　ZARA 的品牌包装创新

2018 年初，Adidas Ultra Boost 系列推出全球马拉松邀请函礼盒，送给签约明星、代言人以及自媒体的限量款包装，提升新款 Boost 技术运动鞋知名度以及宣传新的球鞋款式配色。马拉松地点包含巴黎、首尔、波士顿、北京、雅典等 11 个全球著名城市，邀请函为礼盒形式，内附便携鞋带以及马拉松路线。制作工艺为立体折纸，"LET'S GOU"，字体由扁平折叠到打开呈现出立体感，增加了邀请函的趣味与质感层次。礼盒表面图案应用 Boost 技术中的巴斯夫材质进行设

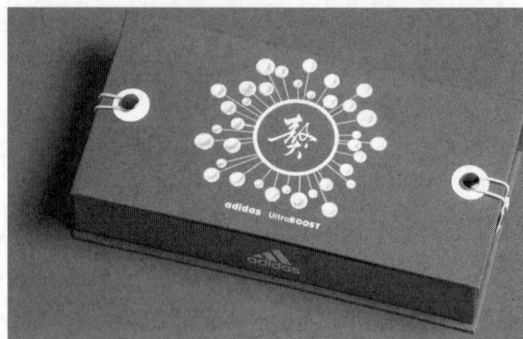

图 3-20　Adidas 的品牌包装创新

计元素的延伸，起凸工艺与 Boost 纹理相结合，增加触感层次和呼应产品卖点，这也正是跑鞋体验感的反馈，能量满满。

PUMA 与工业设计师 Yves Behar 合作，研发出一款超环保的「聪明小提袋 Clever Little Bag」，比传统鞋盒减量了 65% 的纸板，而且「纸盒+提袋」的设计概念，更不占

空间且不需另外使用塑料袋，这才是真
正的爱环保爱地球。

2020 年四月，Gucci 发售的限量款
"幻境系列"，以绘画艺术诱生灵感，结
合奇情幻想，迸发出一系列时尚艺趣。
系列包含 9 款卫衣和 9 款 T 恤，分别全
球限量 100 件及 200 件，每件衣服有专
属的编号和标签，搭配带有西班牙艺术
家彩绘作品的特别包装。

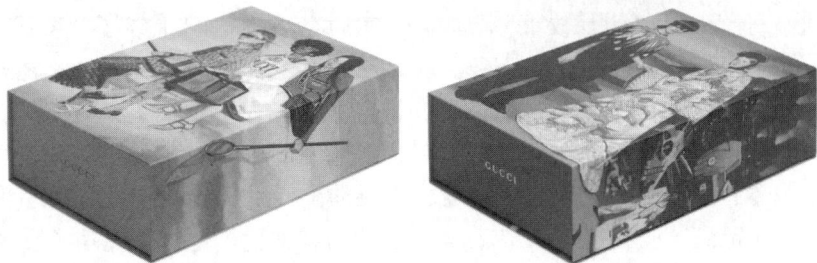

图 3-22　Gucci 的品牌包装创新

五、品牌形象的广告创新

品牌形象的广告创新是通过借助各类媒体的有效组合以及精准定位，进一步传播
独特的品牌形象。好的广告创新对于品牌形象的宣传起着重要作用。品牌广告的创新
一般分为人性化创新和文化性创新两大趋势，前者更关注对消费者的人文关怀，后者
更关注对品牌文化的传播推广。但不管是哪一种广告创新，品牌都要做到：情感诉求
与理性诉求的完美结合；通过合理定位广告诉求点，建立品牌信任，获得竞争优势；
注重累积效应，加强品牌沉淀。在广告媒体和传播推进日益丰富的今天，品牌的广告
创新如何实现对媒体的有效组合，就显得尤为重要。品牌要通过分析目标群体的消费
心理，根据不同时期消费者的媒介接触点，来投放不同的广告，实现多样化的媒体组
合，形成强大的广告效应，刺激消费者的购买欲望，从而拉动消费的增长。

由于信息时代特有的生活节奏，现在的广告语可以概括为将信息精炼浓缩的产物。
所以没有什么文字形式比一个品牌的 Slogan 更具备语言质感了。无论英文还是中文，
Nike 的广告随着时间的变化一直在不断地创新。2016 年，Nike 推出全新广告语"跑
了，就懂"——言简意赅的一句因果关系短语。其实 Nike Running 产品线曾经打造过
无数经典电视广告及 Slogan，选择这句的原因除了其清晰的逻辑关系，还源自这则广告
在各个平台的整体包装方式：这种创意和设计让"跑了就懂"的主题更加丰满，更有
延伸性。让你感觉这四个字，不但可以做一段话的第一句；还可以作为总结性回答许
多问题的最后一句。

图 3-23　Nike 的品牌广告创新

当全世界都只在 3 月 8 日为女生庆祝时，匡威却选择跳出这个时间节点，为女孩们庆祝发生在每一天的"非凡故事"。匡威在 2019 年 3 月 8 日上线了"女孩逆无界"的小程序，用户可标记日期并写下故事，从而创造属于自己的节日。除此之外，匡威还邀请了模特 Cici、滑手黄燕和安福大厅的 Runq 三位酷女孩拍摄了三支极具创意的广告短片，分享属于自己的不同故事。在匡威看来，创造故事的那天才是女孩的真正节日，每一个故事背后都是女性"忠于自我，无畏向前"的全新改变。通过小程序的互动，匡威宣传了品牌"自由平等，终于自我"的品牌文化，也充分调动了女孩们的自信感和参与感。"每一双匡威，都封存一个故事"的品牌理念得到了很大的认可。另外，匡威也推出了相应主题的鞋和服饰单品，将内容落地到产品，启发和鼓励年轻人跳脱常规、忠于自我。

图 3-24　匡威的品牌广告创新

　　2020 年新型冠状病毒疫情对服装零售业市场带来了巨大的打击，面对很多服装品牌关店的压力，许多公司不得不逆势而上，在特殊时刻带来特殊的应对方案。优衣库便是其中之一，除了通过数字化渠道，将客流转到线上之外，优衣库还在期间推出了2020 春夏《Life Wear 服适人生》品牌册。优衣库表示：疫情带来的影响绝不仅仅是零售商业市场的冲击，更是普通大众生活方式的改变甚至再造，这些变化都指向同一个靶心——消费心理和行为。长达一两个月的"禁足"时期，让民众有足够的时间静下心来思考生活的本质是什么，该追求什么。品牌册《Life Wear 服适人生》以"服适宜居之城"为主题，深入思考城市、人与服装之间的关系，解读更加多元的生活方式，呈现多彩环境中人们生活跟服装的互动和交集。很好地通过这种形式在疫情期间宣传了优衣库的品牌理念，把企业文化志当成一种宣传工具是一种方式，试图通过企业文化志让读者更加了解公司。

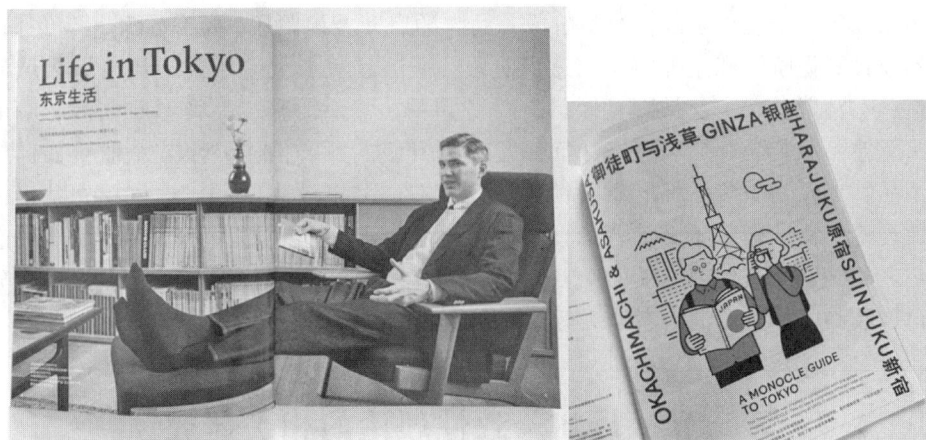

图 3-25　优衣库的品牌广告创新

第四章 服装品牌形象对消费者购买意愿的理论模型构建

经过改革开放以来几十年的发展，我国服装行业已进入了一个崭新的时代，其大致经历了以下几个发展阶段：产品阶段、品牌的启蒙意识阶段、品牌的质量意识阶段、品牌的设计意识阶段和品牌的形象意识阶段。服装品牌形象是服装市场营销领域研究的要点，对消费者行为及品牌营销具有关键作用。然而，服装品牌形象如何影响消费者购买意愿？服装品牌形象营销如何满足不断升级的顾客需求？服装企业应如何塑造与营销品牌形象？服装品牌形象营销领域还存在许多未解决问题。本章首先基于认知一致性理论，从认知主体（消费者）对认知对象（服装品牌形象）积极或消极的态度受到与之相关联的其他因素的影响（自我一致性、感知质量）这一关键点出发，分析和探讨服装品牌形象对消费者购买意愿影响的内在机理。

第一节 认知一致性理论的相关研究

一、认知一致性内涵

认知（Cognition）是人们结合环境和自身特点对信息加工的过程，也是个体受到外界信息刺激后对刺激对象产生一系列心理活动的过程[141]。认知一致性（Cognitive Consistency）用于解释个体在接收信息后，为保持认知稳定状态或避免认知相互冲突刺激而进一步努力[142]。该概念由心理学家McGuire[143]于1960年首次提出，他认为当人们意识到自己的观念、态度、行为或信念与其他行为、观点产生矛盾时，便会产生一种动力去调整和改变，使之与其他人相一致。在这一思想基础上，学者们进行了更深入的研究，形成了与认知一致性有关的多种理论视角。包括Festing的认知失调理论[144]、Heider提出的平衡论[145]、Osgood和Tannenbaum的一致性理论[146]、Newcomb的对称论[147]，统称为认知一致性理论（Cognitive Consistence Theory）。其中Heider的平衡理论、Osgood的一致性理论和Festing的认知失调理论是认知一致性基础理论的三大流派。

1. Heider的平衡论

平衡论又被称为P-O-X理论，由Heider在20世纪60年代提出。该理论基于朴素行为学视角，描述了人类如何感知周围的人、如何解释和预测他人的行为。Heider 认为相关联的认知元素间会形成一种稳定的结构，当不一致情况发生时会产生某种驱动力，推动稳定状态的重建[145]。作为认知主体的人在与其他个体的看法不一致时会处于心理紧张状态，只有消除这种状态才能恢复为一种和谐平静的状态。Heider 提出的理论概念关注认知元素的结构属性，认为认知主体（P）可能对一个对象、个体或一个问题（O）表现出消极或积极的认知关系，而这种积极或消极的认知可能受到和其他一些对象、个体（X）的影响。其中，P 的认知与 O 和 X 有关，并且极为关注 O 与 X 间的关系，另外 P 与 X 的关系也可能受到 O 影响。即一个认知主体与两个态度对象形成相互关联的三角关系。P-O-X 模型的核心是，认知主体在潜意识中受到影响并改变认知结构，以保持认知上的平衡或和谐状态。该理论开辟出一个概念领域，由构成态度结构的要素间的关系组成。无数的关系产生各种积极的、消极的或中性的观点，这些观点认知最终会趋向一致状态。经历态度不一致的人会试图通过改变关系、改变要素或完全回避问题来纠正认知状态使其趋于平衡。

2. Osgood 和 Tannenbaum 的一致性理论

Osgood 和 Tannenbaum 在 Heider 平衡论的基础上进行了补充，从传播的角度出发运用理论解释信息源和信息对象间的关系以及两者在信息接收者态度改变过程中的作用效果，以预测信息接收者的态度改变的方向和程度[146]。该理论预测到个体在接受新信息后，为保持内部一致性会调整原有态度，并认为个体对不同认知对象具有相同或不同的态度，这些态度间相互独立。但当认知对象中的一方（信息源）发出与另一方（信息对象）有关的信息时，两者间的态度从独立状态转换为关联状态。若个体对两者间的态度相同则会产生一致性，若不同则会引起心理上的紧张和其他负面情绪，从而促使人们产生一种驱动力去调整对认知对象的原有态度，以产生一致的认知和态度。在这过程中，个体会选择性地支持或避免某些信息以减少认知失谐。Osgood 和 Tannenbaum 的理论更为强调个体接受新信息后为保持内部一致性而调整原有态度，进而减少认知失谐带来的影响。

3. Festing 认知失调理论

认知失调理论认为，人的信念和行为具有保持一致性的倾向。当一个人对固有事物的认知与所接收到的实际信息不一致时，认知失调就会产生。认知失调理论描述了个体由于内部信念和外部信息不一致而导致的心理不适状态，该理论还表明，不适发生时个体会产生一种倾向去改变这种状况以达到认知和谐，减少认知不一致带来的负面影响[26]。减少这种不协调可通过三种方式：①改变自我对某一要素的认知，使该要素与其他要素相一致。②添加一个新的认知要素，以改变认知不一致的状况。③加强某一要素的重要程度[144]。另外，Festing 的理论认为认知要素是个体所接触和意识到的一切，既可是个体对自我行为、心理状态、个性特征等的认知，也可是对一切客观事物如事物特征、色彩、形状等的认知。该理论还指出，人们减少不和谐状态的动机随着不和谐程度的增加而增强，不和谐的程度又受到不和谐信息或信念数量及重要性的影响。

学者们从不同视角对认知一致性进行了诠释，尽管这些理论对导致认知一致性的原因以及在认知一致性被打断后如何恢复平衡状态的解释不同。但它们本质的概念内涵是统一的，即当个体对某一认知要素的观点、态度、行为等与现有的（包括自身认知与外界认知）观点、态度、行为等不一致时，个体会产生一种驱力去改变或减轻这种不一致带来的影响，并努力维持认知一致的状态。认知一致性理论被用于解释个体接受到的信息与对事物的原有认知、信念一致或不一致时，对个体情感及认知带来的影响。

二、认知一致性理论研究现状

学者们将认知一致性理论引入各个研究领域，进行了改进和发展，以阐释认知一致和不一致产生的原因，以及如何减少不一致带来的负面影响。研究视角集中于态度改变、自我一致性、自我肯定、厌恶后果、自我标准和行为基础六个方面。

态度改变视角关注的问题集中于态度改变与逆态度行为间的关系上。研究人员通常要求实验对象做出与自身态度相冲突的行为，从而测试和探究因逆态度行为产生的不一致性所导致的负面影响及个体为消除这种不一致所做出的态度改变。该视角也涉及自由选择造成的认知不一致。当个体必须在两个同等喜好的事物间做出选择时，不论选择哪一方都会进入一种认知失谐状态。个体为减少选择带来的认知失谐，会对自己的决策进行解释或改变对所选择事物的态度（如增强对所选事物的好感度，降低所对未选择事物的好感度）[148]。Festinger[144] 在研究中发现，消费者必须在同等喜好的两个产品中做出选择时，会对所选择的产品做出更高的评价或给予未选择的产品更低的评价，以此减少选择带来的认知失谐。同时，当个体偏向于选择某个事物时还未做出决策的，他们将进行选择性的信息处理，寻找各种有利信息线索以支持所偏向的选择。自我一致性（Self Consistency）视角关注的问题集中在两方面：一是，当个体的自我概念参与到认知事物的过程中时，若认知主体与个体自我概念不一致，个体就会产生认知失谐；二是，当个体所做出的行为或行为产生的后果与自我意识相冲突时，就会造成一种认知上的不一致[149]。在管理学领域，常采用该视角解释个体进行决策后造成负面后果而产生的认知失调现象。自我肯定视角（Self Affirmation）认为个体都有维护自我统整性的需求，即认为自我形象是正向和足够好的。当人们的自我概念受到威胁时会产生认知上的不一致，如果个体积极地肯定或加强整体自我概念，就可以消除这种不一致带来的失谐感[150]。因此，个体通常更偏向于解释和接受与自我概念一致程度较高的信息并以此为依据做出进一步的决策和具体行为。Dineen 等[151] 基于自我肯定视角研究发现，个体会弱化他们不同意的信息。Brett 等[152] 发现当员工收到与自我评价不同的绩效反馈时，他们对这种不一致信息感到不适并选择忽略与自我评价不同的反馈信息。在市场营销领域，Wattanasuwan[153] 运用该理念解释顾客更偏向于购买和选择与自我概念相一致的品牌，并倾向于给予该类品牌更为积极的评价。厌恶后果（Aversive Consequences）观点认为不一致带来的失谐感与个人概念无关，而是由于某人作出某种行为前，预测到该行为会导致令人反感和厌恶的结果但自身必须为此负责，此时个体会经历认知失谐，并会采取行动减少失谐带来的不适感[154]。如当需要承担说谎的责任时，劝慰自己是善意的谎言；当为选择打折商品而放弃更为喜爱的商品时，说服自己选择打折商品更为明智。自我标准（Self Standards）观点认为自我一致性、自我确认和厌恶后果这三个以自我概念出发的研究视角均是正确的，只是区别于以个人标准还是以规范标准为判断依据。当规范标准显著时，厌恶后果观点更为适用。当个人标准显著时，自我一致性和自我确认观点更为适用[155]。行为基础（Action Based）研究视角认为观点和认知决定着个体的行为倾向。当认知和行为相互冲突或不一致时，便会导致失谐感的产生，从而驱动个体采取行动或调整认知来减少这种失谐感[155]。

认知一致性理论被广泛应用在社会心理学、传播学、管理学及消费者行为领域的研究中，用于解释与认知有关的态度、行为变化。管理学领域中，认知一致性理论用于探究组织行为、人力资源管理、策略和企业管理等相关的问题，预测未解决的不和谐带来的负面后果，解释有关企业行为、企业道德以及员工的工作态度、行为等[156]。如 Elsbach 等[157] 从认知一致性理论视角出发探究自我概念与组织形象一致性关系对组织认同的影响。Erdogan 等[158] 研究发现个人价值观和组织价值观发生冲突时，员工的工作满意度和职业满意度会降低。Bashshur 等[159] 提出当团队成员与管理者对组织支持水平的不一致导致了团队成员之间的不协调，进一步影响团队表现。Baum[160] 探讨了招聘广告与组织形象一致性对组织吸引力的影响，结果表明符合组织形象的招聘广告对应聘者具有较高的吸引力。

认知一致性理论在市场营销研究领域的运用主要集中在探究消费者的购后态度和意愿行为、品牌延伸、企业并购和形象关联四方面内容。早期认知一致理论主要用于解释购买前认知与购后认知的不一致对消费者行为及态度的影响。Neilland[161] 研究发现随着时间的推移消费者感知服务质量前后变化一致性与购后认知失调有一定的联系。Hasanand[142] 发现他人在消费者购买决策中的参与程度越高，消费者因购前购后感知不一致造成的认知失谐水平越高。近年来 Kollerand[162] 证明了认知一致性理论在购前阶段同样适用。随后 Chou[163] 将认知一致性理论用于解释购前行为，指出在线评价与消费者内部信念不一致时会产生失调感，此时消费者会依据内部信念产生购买行为。他还提出企业应注重对自身形象的塑造，以此给消费者留下良好印象，进一步刺激消费者产生对企业的正向信念。认知一致性理论也被用于由解释品牌延伸（子品牌与母品牌间）、企业并购（被并购企业与并购企业间）前后状态的一致性所造成的影响。Badrinarayanan 等[164] 运用一致性理论对网络品牌延伸进行了研究，发现消费者对网络品牌延伸的接受程度和态度一定程度上取决于网站与实体店的一致性。在解释事物间的关联上，Kamins[165] 和 Lynch 等[166] 提出当商品代言人形象和代言产品相契合时，这种契合性可以提升消费者对产品的正向态度。Close 等[167] 证明消费者的自我形象和娱乐活动形象之间的认知一致程度在事件营销中极为重要。Gwinner 等[168] 提出品牌赞助能够增加赞助品牌和赞助体育赛事之间联系，通过认知上的关联增强它们之间形象的一致性。Henrik[169] 在 Gwinner 的研究基础上进一步证明了两者间功能相似性对形象一致性程度有调节作用。

第二节 自我一致性理论的相关研究

一、自我一致性的内涵

自我概念是人们对自身看法及情感的总和，既包含个体客观看待自我的方式，又包含个体对自己是怎样的人和希望自己成为怎样的人这两个问题的思考[170-171]。早期研究中自我概念被视为一个单维度的构念，随着自我概念研究逐渐趋于成熟，学者们提出了同一个体拥有多个不同自我概念的理论，即自我概念是一个多维结构[172]。其中Sirgy的理论得到广泛的认可，是众多学者构建自我概念维度的基础参照，他针对市场营销领域，确定了四个自我概念维度，用以解释和预测消费者行为[173]。Sirgy从消费者个人属性和社会属性两方面，将自我概念分为现实自我、理想自我、社会现实自我、社会理想自我。现实自我指个体如何看待自己；理想自我指个体期望自己看起来如何；社会现实自我指个体如何被其他人看待；社会理想自我指个体希望别人如何看待他。DelHawkins[171]基于Sirgy的研究，从消费者心理期望的角度，将实际自我、理想自我和社会自我解释为"我现在是怎样的人""我想成为怎样的人"和"别人如何看待我或我期望别人如何看待我"。Philip将自我概念划分为实际自我、理想自我和他人自我三个方面，其中实际自我、理想自我的解释与Sirgy的研究相同，他人自我指别人如何看待自己。国内学者符国群[174]结合中国消费者自我认知特点，在Sirgy的理论基础上，增加了"期待自我"维度，以表达未来对自我做出的评价。

表 4-1　自我概念维度划分

学者	年份	理论维度
Sirgy	1982	实际自我、社会自我、理想自我、理想社会自我
Del Hawkins	2000	实际的自我概念是"我现在是什么样"，理想的自我概念则是"我想成为什么样"，社会的自我概念则是"别人怎样看我或我希望别人怎样看我"
符国群	2001	实际的自我概念、理想的自我概念、社会的自我概念、理想的社会自我概念和期待的自我概念
Philip Kohler	2006	实际自我概念、理想自我概念和他人自我概念

自我一致性概念由消费行为领域学者在研究象征性消费趋向与自我概念间的关系过程中提出。用自我一致性代表消费者自我概念（如现实自我、理想自我、社会自我等）与对其他事物间的认知匹配过程和匹配结果，该事物包括具有符号代表属性和象征性意义的产品形象、品牌形象、商店形象、目的地形象以及产品、品牌或服务的使用者形象等[175]。

二、自我一致性研究现状

在市场营销领域，自我一致性的研究主要集中于两方面。一是关注自我一致性与消费者购买前行为、意向及决策之间的关系，如购买意向、产品偏好和产品选择等。韩慧琳等[176] 的实证分析结果表明，中国跨国公司的公司形象通过自我一致性正向影响消费者购买意向，这种影响作用受到自我动机和产品熟悉度的调节。王兆峰[177] 基于旅游行业背景，验证了品牌个性对游客自我一致性的影响作用，并证实品牌个性的三个维度的影响作用有所不同。此外，自我一致性对行为意向（包括重游意愿、推荐意愿）具有正向影响作用。乔均[178] 以品牌形象的象征性特点为切入点，探究消费者与联合品牌形象的自我一致性对购买意愿造成的影响，结果表明，尽管消费者未有该品牌的购物经历，但与第二品牌形象的自我一致性仍会促进购买行为的产生。

二是关注自我一致性在购后环节评估模型中的运用，探究自我一致性对各种消费后变量的作用，如满意度、忠诚度、感知质量、购后态度等。Jamal[179] 基于汽车行业的研究发现，自我形象与品牌形象一致性越强，消费者对品牌的满意度越高，但这种影响作用受到消费者对汽车专业知识熟悉程度调节。Frank[180] 构建了自我一致性对品牌忠诚的直接和间接影响模型，通过实证分析证实了自我一致性通过功能一致性、产品涉入度和品牌关系质量直接或间接地影响品牌忠诚度。Hafedh 等[181] 利用定性和定量分析方法得出理想的自我形象一致性比实际的自我形象一致性对态度的影响作用强的结论，其研究还表明消费者行为意图直接或间接地受到购物者的自我一致性、态度和满意度的影响。

第三节　认知一致性理论应用于本研究的适用性分析

综述发现，服装品牌形象是消费者通过对品牌形象要素感知及解释有关品牌及其相关营销活动后进一步形成的结果，它超越了实际产品和营销活动本身存在于消费者心智和头脑中的感知结果。因此，品牌形象并不是单一和固定的因素，而是以消费者与品牌间产生联系为前提，通过对形象联想的加工生成。即消费者获取品牌形象信息后，经过一系列认知加工过程，产生对品牌的整体印象，进而产生对品牌积极或消极的态度。作为认知主体的人对事物产生的态度是由对事物属性的主观价值判断决定的，也与将事物与个体属性关联起来的信念有关。

认知一致性理论认为，消费者努力寻求认知上的连贯性和其中所含的意义，当发现自身的信念和价值判断不一致时，便会通过改变态度达到认知上的平衡，因此不一致状态是消费者态度变化的标志之一[144]。认知一致性理论还表明认知主体对认知对象的判断会受到其他因素的影响，并且认知主体极为关注认知对象与这些因素间的关系，进而产生相应的态度[182]。认知一致性理论用于解释个体接受到的信息与对事物的原有认知、信念一致或不一致时，对个体情感、认知和意愿行为等带来的影响。认知一致性理论的运用集中于态度改变、自我一致性、自我肯定、厌恶后果、自我标准和行为基础六个方面。此外，本研究从消费者对形象信息的选择性感知特点和认知事物与个体概念契合度关系这两个切入点出发，提出了认知一致性理论运用于本研究的适应性。

在日常生活和消费过程中，人们在消费需求产生时会主动地搜集与品牌相关信息，同时消费者时刻被动地接受着各式各样的品牌信息。不论是主动获取还是被动获取，均存在选择性感知的特点，即消费者对有利于现有认知积累，符合个体价值取向、个体偏好和大众消费趋向的品牌形象信息进行选择性感知，而对与现有认知关联度差、不符合个体价值观及偏好、不符合认知习惯和认知趋向的品牌形象信息感知较弱。这种对品牌形象信息的感知特点符合认知一致性理论中个体寻求认知一致和关注认知过程中相关因素影响的描述。此外，认知一致性理论自我一致性视角中强调认知事物与个体概念契合度的关系，也与消费者对品牌形象信息的感知特点相符。因此，本研究将品牌形象作为认知对象，以自我一致性与感知质量为消费者感知过程的影响因素，结合认知一致性理论探究服装品牌形象对消费者购买意愿的影响机制具有理论适用性。

第四节　服装品牌形象对消费者购买意愿的影响机理

一、服装品牌形象与消费者购买意愿研究假设

消费者购买意愿产生过程具有持续性，与信息识别、信息收集和评估等环节有关，受信息输入、信息处理、信息刺激、环境等内外因素的影响。在实际消费过程中，品牌方与消费者获取的信息是不对称的，消费者需先依据某些参考线索对品牌进行判断和评价再做出购买决策。服装品牌形象是品牌理念、文化、声誉等的外显形式，是消费者对品牌的总体感知和看法，因此被消费者作为品牌价值评估的重要参照线索。

Park[183] 指出消费者通常依据对品牌的评价结果进行消费决策，而品牌的评价极大程度受到品牌形象认知的影响。Bird[27] 提出产品使用程度不同时，消费者对品牌形象的感知有所差异，并通过实证研究验证了品牌形象会影响消费者购买意愿的产生。蒋廉雄[28] 揭示了顾客对品牌形象感知程度的差异会影响其消费决策过程和购买行为倾向。孙国辉，杨一翁[184] 研究结果发现，公司和产品品牌形象对消费者态度和购买倾向有积极的影响效果。韩慧林[176] 研究发现，公司品牌形象通过自我一致性和品牌赞赏感两个中介变量进一步影响消费者的购买意向。肖锴[29] 发现线上服装的品牌形象在顾客心中形成价值感知后，对购前意向和购买决策产生影响。据此，提出假设 H1：

H1：服装品牌形象对消费者购买意愿具有显著正向影响。

二、自我一致性的中介作用关系假设

人们有关品牌的记忆由节点和相关的链环两部分组成。节点代表储存的品牌信息和相应概念，链环则代表节点中各个信息要素间的连接强度。消费者在日常生活中有意识或无意识地接触到包含语言、图形、符号、文字和抽象概念等品牌形象信息并将其储存在记忆网络中。服装品牌形象作为一个整体概念，以系统化的呈现方式将品牌

信息传递给消费者，促进消费者整合和链接有关品牌信息的碎片化记忆节点。人们对品牌形象的感知是通过联想和学习不断形成的，即使某两个对象间一开始形象相似度不高，但通过多个方面信息的共同作用将两者联系为一个整体，它们之间的形象一致性也会随之增加。根据认知一致性理论，个体认知通常更偏向于解释和接受一致性程度高的信息。品牌形象的整合性传递作用将与品牌有关的信息高度关联起来，在一定程度上激励着消费者从记忆中检索品牌与自我有关的信息，促进品牌与自我形象相关的信念生成。

Sirg 等[173] 的研究结果表明，在消费者的认知过程中，具备象征性的符号属性信息比功能属性信息更容易加工和处理，因此人们更偏向根据品牌的象征性属性对品牌做出判断和评价。当象征属性与自我概念产生联系（即拥有更高的自我一致性时）时，消费者会对产品和品牌产生更高的偏好倾向。Rogers[185] 与 Sirg 观点相似，他将自我概念视作解释产品象征主义的一种方式，认为与自我概念最为相似的产品、品牌或事物对消费者更具吸引力。Levy[186] 指出消费者具备产品或服务使用体验前所做出的消费行为，并非是由产品功能属性引发的，而是受到产品或品牌的象征性属性影响。这是由于象征性属性能够引发人们对品牌有关因素的联想和与自我概念的联系。Ibrahim[181] 基于酒店行业背景的研究表明，酒店整体品牌形象越好，越能激发消费者自我概念与品牌形象的联系，使其与品牌形象间产生更高的自我一致性。众多学者的研究都强调了品牌象征性属性与自我概念的关联。即品牌象征性属性所富含的意义与消费者自我概念匹配的程度越高，消费者就越有可能认为该品牌能够满足他们的某种需求[187]。品牌形象作为消费者对相关品牌信息联想汇集而成的集合体，象征着品牌的各方面内容。据此，提出假设 H2：

H2：服装品牌形象对自我一致性具有显著的正向影响。

Kwak[187] 的研究表明，人们在处理具有品牌象征性的信息时若产生较高的自我一致性，会促进对该品牌好感的形成，反之则会形成对品牌不利的态度，从而影响其对品牌做出的评价。Mukherjee[188] 证实自我一致性对消费者的态度和行为有显著影响，提出当消费者的自我概念与其对某一事物的观点相匹配时，会对该事物产生更为积极的态度。Malar[189] 的研究结论也指出人们更偏向选择和购买与自我一致性较高的品牌。Mary[190] 于 1989 年提出了自我一致性理论在服装消费研究中的适用性，并构建了职业女性的服装偏好与自我一致性之间的关系模型。谭箐[191] 探讨了服装的款式、色彩以及服装品牌、购物环境等与女性消费者自我概念间的关系，并通过调研证实了女性对服装的选择与自我概念有关。Liu 等[192] 对奢侈品服饰的研究结果表明，自我一致性对消费者的品牌态度和品牌忠诚度有正向影响。牛婷[193] 的研究证实了消费者自我概念与品牌个性的一致程度对品牌服装购买意愿有直接影响。

认知一致性理论认为，认知对象中的一方发出与另一方有关的信息时，能够引发个体对两者间信息关联的主动性。当个体对两者间的认知相同时会产生认知一致性，而认知不同时会引起认知紧张和其他负面情绪。在认知不一致时，个体会产生一种驱力去调整和改变对认知对象的态度，或选择性的支持和避免某些信息，以减少认知不一致带来的紧张感。在对服装品牌形象的认知过程中，品牌形象促进了个体从记忆中检索与品牌相对应的自我概念的积极性，引发了个体自我概念与品牌形象关联性联想的过程。积极的品牌形象感知促使消费者对品牌产生一种积极的态度，作用于消费者记忆、检索和处理信息的过程，促使个体为产生一致的认知而做出主动努力，有选择性地投入记忆检索[194]。尽管以往众多研究证明自我一致性对消费者购买意愿和行为有促进作用，但这种促进作用并非单向形成的，而是依赖于品牌形象与自我概念匹配程度（即自我一致性），以及品牌形象与自我一致性间的双重作用效果[188]。因此，对消费者购买意愿的影响结果应是由品牌形象与自我一致性共同作用形成。正向、积极的品牌形象在引导人们自我概念重新定位的同时，也能够通过自我一致性影响购买意愿产生的各个环节[176]。据此，提出假设 H3 和 H4：

H3：自我一致性对消费者购买意愿具有显著的正向影响。

H4：服装品牌形象通过自我一致性正向影响消费者的购买意愿，即自我一致性具有中介作用。

三、感知质量的中介作用关系假设

品牌感知质量由有关品牌质量的各种信息（包括广告、产品价格、企业社会活动等）组合而成[195]。Tsiotsou[196] 提出，感知质量信息不仅包括产品本身的内部质量信息，还包括品牌形象等外部信息。消费者在实际的消费活动中，无法通过直接的观察获悉许多产品和品牌的详细质量情况，造成消费者难以发现商品性能和质量的问题。消费者没有充足的时间和渠道掌握全面的品牌和产品信息，又缺少足够的品牌知识对比多个品牌，只能通过其他线索和衡量标准对产品和品牌质量进行判断。

品牌形象作为引发品牌相关联想的重要概念，包含与产品属性相关的产品形象，与品牌标识、辨识度等相关的品牌识别形象，与企业行为、文化相关的企业形象等的形象信息，这些信息被整合为一个整体传递给服装消费者。根据认知一致性理论，信息内容一致的整体性信息对人们认知过程的作用效果，远远大于单一和碎片化信息，通过整体的联系性只需要进行较少的认知阐述便可以迅速记忆和加以利用[142]。因此，人们往往将品牌形象这一具有整体性的信息，作为形成品牌质量感知的重要参考线索。Jacoby[197] 的研究证明了品牌形象对质量感知有较强的影响，并发现越积极正向的品牌形象影响越为显著。蒋廉雄等[28] 将品牌形象分为功能性因子和非功能性因子两方面，并就这两方面内容对感知质量、感知价值、满意度和忠诚的影响进行了研究，结果表明感知质量受到功能性因子和非功能性因子的影响。关辉等[20] 以中国本土品牌形象为研究对象，构建品牌形象与感知质量、满意度和忠诚度的影响机制模型，并通过实证检验证明品牌形象与感知质量有直接影响关系。汪旭晖[198] 运用实证研究证明了包括商品形象、环境形象和服务形象等维度在内的店铺形象对品牌感知质量具有显著影响。王海忠[199] 在中西方品牌名称对感知质量的影响作用研究中，证明品牌名称正向影响感知质量。上述研究为品牌形象与感知质量的影响关系的科学性提供了有力支撑。据此，提出假设 H5：

H5：服装品牌形象对感知质量具有显著的正向影响。

Aaker[25] 将感知质量定义为消费者对品牌形成的一种无形整体感知，并发现感知质量对购买意愿具有显著影响。在此基础上，Boulding[200] 建立了感知质量对消费决策的影响模型，提出感知质量是消费者对品牌质量的判断和对实际服务质量的预期结果，对消费者的购买决策过程具有重要的预测作用。Lin 等[201] 研究表明顾客对某品牌的感知质量较高时，会对该品牌产生更为积极的态度，进而产生更高的购买意愿。Chang[202] 采用实证检验方法，以感知价格、感知质量等作为中介变量，探索其对购买意愿的影响。研究结果表明，当消费者获知大量产品信息和其他相关外部线索时，价格对感知质量的影响有所减弱，他还发现感知质量是影响购买意愿的主要因素。Levy[186] 的研究结果表明，消费者的店铺质量感知是预测店铺销量的主要衡量指标，并指出感知质量的提高有利于促进消费者的购买行为和意愿的产生。

上述研究均表明感知质量与购买意愿间具有影响关系，其中大多数研究将感知质量作为中介变量，构建品牌信息线索对购买意愿的研究模型。如 Dodds[203] 提出外部线索（价格、品牌名称和商店名称）对消费者感知质量和购买意愿影响的概念模型，其研究结果表明价格和正向的品牌信息感知对感知质量有积极的影响。Sheau－Feny[204] 在针对亚太地区市场的实证研究中，确定了感知质量在商店形象对购买意愿影响关系中的中介作用，并发现消费者对品牌质量的感知会影响消费者品牌选择倾向性。

综上所述，本研究预测品牌形象作为消费者对品牌进行判断时的重要线索，能够对感知质量产生显著的正向影响。此外，感知质量已被证实能够直接影响消费者的购买意愿，根据这条作用路径，本文推断品牌形象会通过感知质量的中介作用间接作用于消费者的购买意愿，因此，提出理论假设 H6 和 H7：

H6：感知质量对消费者购买意愿具有显著的正向影响。

H7：感知质量在服装品牌形象对购买意愿的影响关系中起中介作用。

四、自我动机的调节作用关系假设

在有关自我一致性与消费者购买决策、意愿和行为的研究中，学者们发现这两者的影响关系存在一定的边界条件，消费动机和消费者个性都在一定程度上影响两者的作用过程[205]。其中，消费动机包含了自我确认动机和自我提升动机两方面内容，两者统称自我动机（Self-Motive）。自我动机反映了消费者将自我一致性作为判断线索的两个不同目的。

当消费者以自我确认为动机时，人们偏向于解释和接受与自我概念相同或相似的信息[206]。该动机与自我概念中的现实自我和社会现实自我有关，是个体进行信息判断的自我内在标准和社会标准[194]。在自我确认动机的作用下，消费者更倾向于选择能够维护现实自我或社会自我形象以及与其一致性较高的品牌，并给予积极的评价[153]。自我提升动机与自我概念的改变程度有关，自我确认动机使消费者倾向于与实际或社会自我相符的品牌，而自我提升动机使消费者更倾向于帮助他们实现理想自我或理想社会自我的品牌，该动机被激发后人们更倾向于选择能够满足自尊、塑造理想形象的事物[173]。Aguirre[194] 研究表明，当人们以自我提升为目的时，偏好于比自我形象档次更高或更好的品牌，借以提升自我形象，展示更高层次的社会形象或地位。因此本研究推论，自我动机在自我一致性与消费者购买意愿的作用过程中发挥着调节作用。据此，提出假设 H8：

    H8： 自我动机在自我一致性与购买意愿的关系中起调节作用。

    H8a： 自我提升动机在自我一致性与购买意愿的关系中起调节作用。

    H8b： 自我确认动机在自我一致性与购买意愿的关系中起调节作用。

五、品牌熟悉度调节作用关系假设

品牌熟悉度（Brand Familiarity）是消费者对品牌的先验知识和经验，即消费者所掌握的有关品牌的一系列知识[31]。品牌熟悉度是测量和评估客户对目标品牌了解程度的重要指标，通过品牌熟悉度可直观了解消费者对某品牌相关经验、知识的积累程度[207]。

Szybillo[208] 认为消费者感知质量会受到产品内部线索（即产品物理属性）和产品外部线索（即产品的非物理属性）的影响。当消费者因未接触过品牌产品而无法衡量产品质量时，会依据品牌名称、产品设计、包装、广告等与品牌产品相关的外部线索进行判断，并进一步作出购买决策[209]。但当消费者有过使用经历或对产品、品牌有一定了解后，对产品知识的掌握程度会影响消费者最终的购买决策。Petty[210] 的研究表明，对产品或品牌熟悉度不同的消费者评价同一产品或品牌的判断标准有所不同，产品或品牌熟悉度高的人群偏向于关注产品和品牌呈现的实际属性，而熟悉度低的人群更为关注与产品或品牌有关的外部线索。Labeaga[211] 认为消费者在缺乏积极质量感知的情况下，高品牌熟悉度产生的低感知风险能够推动顾客产生更高的品牌消费倾向。

虽然本研究提出感知质量对消费者购买意愿具有显著的正向影响，但根据消费者对信息加工过程的特点，品牌熟悉度会从根本上影响顾客对品牌认知的过程。据此推论，消费者对品牌的感知质量并非无条件地对购买意愿产生积极影响。譬如，当消费者品牌熟悉度较高时，尽管他们通过某些线索获得较高的品牌感知质量，但由于已经掌握众多品牌知识，其对该品牌的产品做出评估和购买决策时，会根据已存在的品牌知识和消费经验对品牌和产品进行直接判断。尽管新的品牌信息建立了积极的感知质量，但以往不愉快的品牌体验经历或对品牌产品功能属性等的负面情绪均影响着消费者购买意愿的产生，此时感知质量所发挥的促进效应将会受到抑制。据此，提出假设 H9：

    H9： 品牌熟悉度在感知质量与购买意愿的关系中起调节作用。

六、感知质量与自我一致性的链式中介作用关系假设

消费者行为学理论认为外部线索不仅影响着对个体做出的判断，还对个体行为反应具有预测效果。在消费领域，外部线索通常为由一系列能被消费者感知和评价的品牌或产品质量信号构成，在消费者缺乏产品和品牌详尽知识和信息的情景下，外部线索成为了人们判断感知产品和品牌质量的重要信号来源。依据外界线索所形成的感知质量是消费者感知品牌形象和确认产品、品牌质量的主要途径，高感知质量可以提高消费者对品牌产生的好感和归属感，激发个体追求高质量美好事物的愿望，引导个体

对自我概念的重新审视和定位，并进一步促使消费者将自我概念在更高层次上与品牌形象进行匹配。Quester 等[212] 研究表明消费者对产品质量感知和消费者与品牌之间的认知契合关系（即自我一致性）具有积极的影响关系。Graeff[213] 针对零售品牌形象的研究中也证实了人们对产品的主观评价与消费者的自我形象和零售品牌形象的一致性存在正相关关系。外部线索的象征效用使人们对产品和品牌产生较高质量感知时，能在一定程度上提升产品和品牌对消费者的预示价值和信心价值从而产生更高的期待和关注，这对消费者自我概念与品牌形象一致性的形成有积极的影响[214]。另外，服装品牌形象传递给消费者的过程是一种信息传播的过程，具备层级性传递的特点。传播的信息对个体认知形成的作用是由浅至深的，从浅层的直观感知到思维和情感的形成，再到深层的自我个性和特质的匹配。这是由于在消费者对产品或品牌不熟悉的情况下，有关自我概念的线索无法被立即获得，而是需要一个相对复杂的确认和认知加工过程。直接通过客观感知即可获得的线索更为便捷，认知的过程更为简单直接。感知质量依据客观线索形成，是消费者对产品、品牌质量的直观感知和判断。自我一致性与消费者自我形象和品牌形象的契合度有关，通过消费者将自我概念与品牌形象进行对比得出，需要更多的认知阐述和更为复杂的信息加工过程。据此，本文推测在消费者品牌形象认知过程中，先通过对形象信息的直接感知形成感知质量，再利用这种信息评价线索将自我形象与品牌形象相关联。据此，提出假设 H10：

H10：感知质量与自我一致性在服装品牌形象影响购买意愿的过程中起链式中介作用。

研究假设汇总于表 4-2。

表 4-2　研究假设汇总

编号	研究假设
H1	服装品牌形象对消费者购买意愿具有显著正向影响
H2	服装品牌形象对自我一致性具有显著的正向影响
H3	自我一致性对消费者购买意愿具有显著的正向影响
H4	服装品牌形象通过自我一致性正向影响消费者购买行为，即自我一致性具有中介作用
H5	服装品牌形象对感知质量具有显著的正向影响
H6	感知质量对消费者购买意愿具有显著的正向影响
H7	感知质量在服装品牌形象对购买意向的影响关系中起中介作用
H8	自我动机在自我一致性与购买意愿间关系中起调节作用
H8a	自我提升动机在自我一致性与购买意愿间的关系中起调节作用
H8b	自我确认动机在自我一致性与购买意愿间的关系中起调节作用
H9	品牌熟悉度在感知质量与购买意愿的关系中起调节作用
H10	感知质量和自我一致性在服装品牌形象影响购买意愿的过程中起链式中介作用

七、理论模型的构建

本研究基于认知一致性理论，从认知主体（消费者）对认知对象（服装品牌形象）积极或消极态度受到与之相关联的其他影响因素（自我一致性、感知质量）这一关键点出发，将品牌形象作为前因变量，自我一致性和感知质量作为中介变量，购买意愿作为结果变量，并以自我动机和品牌熟悉度作为调节变量构建模型。该理论模型认为，消费者购买意愿的产生源于对品牌的积极态度，在正向服装品牌形象的刺激下增强认知线索与品牌的关联效果，以此提升品牌与个体认知一致性从而促进良好的品牌态度生产，最终形成购买意愿。理论模型如图4-1所示。

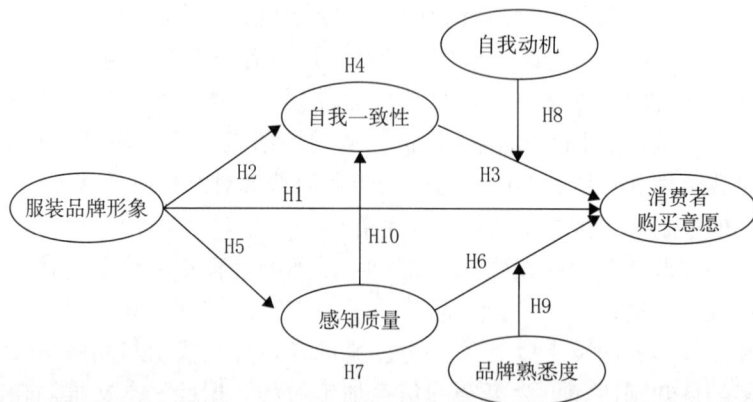

图4-1　理论模型

第五节　服装品牌形象与消费者购买意愿关系的实证检验

一、数据收集

采用问卷调查收集数据（问卷详见附录F），调研样本选取具有线上和线下店铺服装消费经验的人群，同时发放线下纸质问卷和线上网络问卷。线下调研地点重点选择上海市南京西路、汇金百货、新天地购物广场等商业中心。网络问卷通过"问卷星"软件进行发放。本次调研共收回546份问卷，其中有效问卷468份，问卷回收率为85.71%，有效样本数量满足测量题项5倍的要求。

抽样控制的特征包括消费者的年龄、性别、教育水平、收入和居住城市5个方面。样本描述性统计分析结果：女性占53.19%，男性占46.91%；18~25占47.01%，25~35岁占27.29%，36~50岁占21.32%，18岁以下及50岁以上占4.58%；初中及以下占2.19%，大专占4.38%，本科占51.00%，硕士及以上占42.23%；收入2 000元以下占44.62%，2 000~4 999元占21.71%，5 000~9 999元占22.31%，10 000~14 999元占7.17%，15 000~19 999元占3.17%，20 000元以上占1.02%；一线城市占59.96%，二线城市占21.71%，三线城市占6.38%，四线及以下占11.95%。总体看来，调研对象多为在校学生和初入职场人士，月收入水平多在1万元以下。这样的样本结构与研究对象的消费特性较为接近，有利于得到符合客观事实的调研结果和普遍性研究结论。

二、变量测量

本研究共涉及6个构念，分别为服装品牌形象（BI）、自我一致性（SC）、感知质量（QP）、品牌熟悉度（BF）、自我动机（SM）、购买意愿（PUI）。所有构念均源于国内外相关的成熟量表，并邀请服装领域专家及资深从业人员对量表语义的准确性进行评估和指正，最终修订成正式的调查问卷。本研究涉及的所有题项均采用李克特6分量表。其中，"1"表示"非常不同意""6"表示"非常同意"，且量表均源于国内外代表性文献。服装品牌形象测量借鉴 Biel[1]、Aaker[25]、Keller[2] 及范秀成[19] 在研究中使用的品牌形象量表，用来测量消费者对服装品牌形象的感知情况。自我一致性借鉴 Sirgy[173] 和 Escalasje[205] 开发的量表来测量服装品牌形象与消费者个人形象方面的契合程度。感知质量借鉴 Parasuraman[215] 和 Dodds[203] 开发的量表来测量消费者对品牌总体质量、质量稳定性及质量依赖程度。自我动机参考 Alexandrov[216] 和 Napper[217] 在研究中使用的量表。品牌熟悉度借鉴 Dursun[218] 和 Nepomuceno[219] 在研究中使用的量表。购买意愿参考 Diallo[220] 和 Fishbein[221] 等在研究中使用的量表。

三、信度和效度检验

信度检验通过 Cronbach's α 系数和 CITC 值进行判断。如表4-3所示，服装品牌形象、自我一致性、感知质量、品牌熟悉度、自我动机和购买意愿的 Cronbach's α 系数在 0.821~0.951，均大于0.7的临界值，且 CITC 值在 0.553~0.927，说明量表具有良好的可靠性，信度水平较高。

效度检验采用 AMOS 21.0 工具对各变量进行验证性因子分析，以验证变量的收敛效度，结果如表4-3所示。各变量的标准化因子荷载系数均大于0.5且达到显著水准（$p<0.05$），各构念的组合信度（CR）均大于0.8，说明量表具有较好的收敛效度。各构念的平均提取方差（AVE）值达到0.5判断标准且其平方根均大于两构念间的 Pearson 相关系数（见表4-4），表明变量具有良好的区分效度。

表4-3　测量条目的信度与效度检验结果

构念	题项	因子载荷	CITC	Cronbach's α	CR	AVE
服装品牌形象	NI	0.640	0.624	0.879	0.877	0.507
	PPI	0.600	0.553			
	SE	0.660	0.633			
	BC	0.720	0.646			
	PI	0.850	0.777			
	BI	0.830	0.751			
	SI	0.700	0.665			
自我一致性	SC-1	0.813	0.734	0.869	0.870	0.627
	SC-2	0.836	0.758			
	SC-3	0.790	0.733			
	SC-4	0.724	0.660			

（续表）

构念	题项	因子载荷	CITC	Cronbach's α	CR	AVE
感知质量	QP-1	0.945	0.898	0.951	0.960	0.889
	QP-2	0.960	0.927			
	QP-3	0.923	0.918			
购买意愿	PUI-1	0.718	0.640	0.821	0.867	0.567
	PUI-2	0.743	0.555			
	PUI-3	0.742	0.698			
品牌熟悉度	BF-1	0.687	0.665	0.843	0.930	0.767
	BF-2	0.712	0.665			
	BF-3	0.855	0.647			
	BF-4	0.855	0.623			
	BF-5	0.911	0.646			
自我动机	SM-1	0.907	0.831	0.934	0.734	0.508
	SM-2	0.819	0.834			
	SM-3	0.858	0.860			
	SM-4	0.642	0.854			

表4-4　问卷区分效度检验结果

	BI	QP	SC	PUI
BI	0.507			
QP	0.046***	0.889		
SC	0.037***	0.043***	0.627	
PUI	0.030***	0.039***	0.051***	0.508
AVE 平方根	0.712	0.943	0.792	0.713

四、模型拟合和假设检验

本研究采用 AMOS 21.0 工具将收集的问卷数据和品牌形象影响消费者购买意愿的假设模型进行结构方程模型的拟合，适配度检验指标的统计值如表4-5所示。本研究的适配度检验指标 x^2/d_f 为 2.778 < 3，GFI、NFI、CFI、TLI 和 AGFI 的值都大于 0.9，RMSEA 值为 0.062 < 0.1，RMR 为 0.037 < 0.5，都处于比较好的适配度水平。结果表明模型具有非常好的适配检验结果，拟合效果良好。

表 4-5　模型适配度检验的主要指标

指标	x^2/d_f		GFI	NFI	CFI	TLI	AGFI	RMR	RMSEA
数值	CMIN	CMIN/DF	0.932	0.941	0.961	0.953	0.921	0.037	0.062
	311.171	2.778							

　　模型拟合和假设检验结果见表 4-6。服装品牌形象影响购买意愿、自我一致性和感知质量的 3 个向量都在 $p<0.001$ 水平上显著，服装品牌形象对购买意愿、自我一致性和感知质量具有显著影响，假设 H1、H2 和 H5 得到验证。此外，假设 H3、H6 和 H8 的向量也都在 $p<0.001$ 水平上显著，说明自我一致性对购买意愿具有显著影响，感知质量对自我一致性影响显著。需要说明的是，尽管 H6 路径系数为 0.488，略小于 0.5，但对于社会科学研究，考虑到样本量及其他因素影响，模型路径系数 ≥0.4 即可纳入考虑范围[222]。因此，感知质量对购买意愿具有显著的影响，假设 H6 成立。

表 4-6　模型拟合和假设检验结果

假设	估计值	标准误差	t 值	p	结论
H1	0.559	0.055	17.532	＊＊＊	成立
H2	0.798	0.045	14.956	＊＊＊	成立
H3	0.554	0.060	13.571	＊＊＊	成立
H5	0.631	0.076	15.557	＊＊＊	成立
H6	0.488	0.058	13.613	＊＊＊	成立
H8	0.521	0.052	11.075	＊＊＊	成立

注：＊＊＊表示 p 值小于 0.001。

五、中介效应检验

　　本研究采用 Bootstrap 方法对自我一致性、感知质量的中介效应（假设 H4、H7）及自我一致性对感知质量的链式中介效应（假设 H10）进行检验。利用 Hayes 编写的 SPSS 宏中的 Model 4（简单的中介模型），在控制性别、学历、年龄、收入、居住地等 6 个人口学影响因素的情况下分别对自我一致性和感知质量在服装品牌形象与购买意愿间关系的中介效应进行检验，检验结果见表 4-7 和表 4-8。

表 4-7　中介效应分析结果

路径	效应值	Boot 标准误差	BootCI 置信区间下限	BootCI 置信区间上限	效应占比/%
间接效应:感知质量中介效应	0.180	0.0108	0.0034	0.0449	26.63
间接效应:自我一致性中介效应	0.217	0.0467	0.0997	0.2816	32.04
直接效应	0.280	0.0601	0.2634	0.4993	41.33
总效应	0.677	0.0410	0.5040	0.6630	—

表 4-8　链式中介效应分析结果

路径	效应值	Boot 标准误 uda	BootCI 置信区间下限	BootCI 置信区间上限
总效应	0.773	0.045	0.127	0.306
直接效应	0.286	0.049	0.290	0.482
间接效应:服装品牌形象→自我一致性→购买意愿	0.224	0.046	0.098	0.277
间接效应:服装品牌形象→感知质量→购买意愿	0.136	0.012	0.005	0.051
间接效应:服装品牌形象→自我一致性→感知质量→购买意愿	0.127	0.0137	0.002	0.005

结果显示，服装品牌形象对购买意愿的直接效应及自我一致性、感知质量的中介效应的 Bootstrap 95%置信区间的上、下限均不包含 0，表明服装品牌形象不仅能够直接预测购买意愿，而且能够通过自我一致性和感知质量的中介作用预测购买意愿。直接效应作用值为 0.280、自我一致性中介效应作用值为 0.217、感知质量作用值为 0.180，分别占总效应的 41.33%、32.04%、26.63%，假设 H4、H7 成立。

本研究以服装品牌形象为自变量 X，以购买意愿为因变量 Y，以自我一致性为第一个中介变量 M1，以感知一致性为第二个中介变量 M2，运用 Hayes 所编写的 SPSS 宏中的 Model 6 进行 Bootstrap 分析，对自我一致性和感知质量的链式中介效应（即连续中介效应）进行检验。结果显示：总效应置信区间为 0.127~0.306 不包含 0，说明服装品牌形象对购买意愿的总效应显著。直接效应置信区间为 0.290~0.482 不包含 0，说明服装品牌形象对购买意愿的直接效应显著。在间接效应中，服装品牌形象→自我一致性→购买意愿作用路径的置信区间为 0.098~0.277 不包含 0，说明当服装品牌形象通过自我一致性但不通过感知质量时，对购买意愿的中介效应显著。服装品牌形象→感知质量→购买意愿作用路径的置信区间为 0.005~0.051 不包含 0，说明当服装品牌形象通过感知质量但不通过自我一致性时，对购买意愿的中介效应显著。路径服装品牌形象→自我一致性→感知质量→购买意愿置信区间为 0.002~0.005 不包含 0，说明当服装品牌形象通过自我一致性进而通过感知质量对购买意愿的影响效应显著。综上所述，自我一致性和感知质量在服装品牌形象与购买意愿关系中起链式中介作用，假设 H10 成立。

六、调节效应检验

本研究采用层级回归模型对调节作用进行检验。将购买意愿作为因变量，在控制性别、学历、年龄、收入、居住地等人口学因素的条件下，引入自我一致性与自我动机、感知质量与品牌熟悉度的交叉乘积项进行回归分析，分析结果见表 4-9。结果显示，调整 R^2 随着交互项的引入逐渐增大，表明模型得到了更好的拟合。感知质量和品牌熟悉度的交互项对购买意愿的影响显著（$\beta=-0.153$，$t=-3.239$，$p<0.001$），表明品牌熟悉度在感知质量与购买意愿间关系中存在显著的调节作用，H9 成立。此外，自我一致性与自我动机的交互项对购买意愿具有较显著正向影响（$\beta=0.078$，$t=1.972$，$p<0.05$），表明在自我一致性与购买意愿间关系中自我动机具有调节作用，H8 成立。

表 4-9　调节效应检验结果

变量	购买意愿		购买意愿		购买意愿	
	标准化系数	T 值	标准化系数	T 值	标准化系数	T 值
性别	0.013	0.251	0.034	0.833	0.041	1.012
学历	0.039	0.703	0.013	0.278	0.009	0.201
职业	-0.034	-0.553	-0.003	-0.064	0.006	0.113
年龄	0.077	1.358	0.048	1.052	0.040	0.876
收入	-0.023	-0.411	-0.011	-0.251	-0.015	-0.348
居住地	-0.027	-0.445	-0.033	-0.657	-0.038	-0.764
感知质量			0.176***	4.423	0.255***	5.204
品牌熟悉度			0.110**	2.509	0.140**	3.063
自我一致性			0.528***	12.527	0.512***	11.862
自我动机			-0.052	-1.189	-0.065	-1.485
感知质量×品牌熟悉度					-0.153***	-3.239
自我动机×自我一致性					0.078*	1.972
调整 R^2	-0.008	0.341	0.357			
F 值	0.360	24.861	22.318			

　　在 H8 成立的情况下，本研究进一步检验不同自我动机类型（即自我确认动机和自我提升动机）在自我一致性与购买意愿关系中的调节作用。对于自我确认动机，自我一致性对购买意愿具有显著的正向影响（$\beta=0.096$，$t=2.226$，$p<0.05$）；相反，对于自我提升动机，自我一致性对购买意愿的影响并不显著（$\beta=0.132$，$t=1.323$）。这说明自我一致性对购买意愿的影响只有在消费者具有自我确认的消费心理条件下，才会发生显著效应，假设 H8b 成立，H8a 不成立。

　　根据上述检验结果，对本研究的模型假设检验情况汇总于表 4-10。

表 4-10 假设检验结果汇总

编号	研究假设	检验结果
H1	服装品牌形象对消费者购买意愿具有显著正向影响	成立
H2	服装品牌形象对自我一致性具有显著的正向影响	成立
H3	自我一致性对消费者购买意愿具有显著的正向影响	成立
H4	自我一致性在服装品牌形象与消费者购买意愿的关系中起中介作用	成立(部分中介)
H5	服装品牌形象对感知质量具有显著的正向影响	成立
H6	感知质量对消费者购买意愿具有显著的正向影响	成立
H7	感知质量在服装品牌形象对购买意愿关系中起中介作用	成立(部分中介)
H8	自我动机在自我一致性与购买意愿的关系中起调节作用	成立
H8a	自我提升动机在自我一致性与购买意愿的关系中起调节作用	不成立
H8b	自我确认动机在自我一致性与购买意愿的关系中起调节作用	成立
H9	品牌熟悉度在感知质量与购买意愿的关系中起调节作用	成立
H10	感知质量与自我一致性在服装品牌形象影响购买意愿的过程中起链式中介作用	成立(部分中介)

　　服装品牌形象对消费者购买意愿影响机制的研究结果，为企业在实际营销活动中制定和转变营销策略提供科学的理论指导。本研究揭示了服装品牌形象对消费者购买意愿影响的内在作用机理，有助于企业精确地开展市场细分和客户管理工作，使企业能够针对具有不同认知特点的消费群体，制定相对应营销策略，有针对性地塑造品牌形象。

第五章 服装品牌形象的价值创造对品牌忠诚的影响机理

当今服装市场同质化竞争激烈，顾客流失严重。吸引一位新顾客的成本是保留一位老顾客成本的4到6倍，越来越多的服装企业将建立消费者忠诚度作为企业发展的重要目标。品牌形象对消费者忠诚度具有直接影响。消费者对品牌形象的认知与评价会影响顾客的体验价值感知，进而影响其对品牌的信任度、满意度与忠诚度。本章从消费者价值共创理论和价值感知理论的视角，进一步探究服装品牌形象价值创造影响消费者意愿的后因变量（顾客参与行为、体验价值感知、品牌忠诚），并阐释服装品牌形象价值创造对消费者品牌忠诚的影响机理。研究结果可为服装企业制定服装品牌形象营销策略，有针对性地塑造与传播品牌形象提供理论参考。

第一节 品牌价值创造理论

一、品牌价值创造的内涵

强有力的品牌已成为市场地位的标志和竞争优势的保证，且高价值的品牌不仅能够给企业减少营销成本还能够带来溢价收入，因而品牌价值创造越来越受到了企业的关注。同时，品牌价值创造也是服装品牌领域的一项重要研究内容。国内学者唤明[34]认为品牌价值创造是在一定基础上用新的品牌价值去满足顾客的更高价值目标追求。谢京辉[35]认为品牌价值创造是企业对品牌投入的结果函数。杨依依[36]提出品牌价值创造是企业借助品牌的威力，依靠品牌形象和声誉树立竞争优势的一种手段。黄斌元[37]认为品牌价值创造的最终目的是使顾客形成独特的品牌体验。品牌价值创造的内容包含产品、服务、创新、品牌形象、品牌关系等[36,38]。前期品牌价值创造的研究主要集中于品牌产品的使用价值方面，而金焕明[39]认为产品使用价值的价值创造空间是有限的，为了创造出更大的价值空间，品牌价值创造应快速转移到更加个性化的顾客体验、服务提供和共同创造上。综合学者们对品牌价值创造的研究，可以发现国内对品牌价值创造的内涵尚未有明确的界定，因此本文提出服装品牌价值创造是指品牌或企业为满足顾客更高目标价值追求和品牌价值最大化而产生的一系列创新创造活动。

二、品牌价值创造 SWOT 分析

为了能够更好地实现品牌价值创造，并了解其带来的效应，本书分析了品牌价值创造的内部和外部环境，如表 5-1 所示。

表 5-1　品牌价值创造 SWOT 分析

	Strengths（S）	Weaknesses（W）
内部环境	1. 品牌价值创造使顾客能根据市场与产品类别的差异认知品牌的价值 2. 让品牌更容易获得高美誉度及高知名度 3. 能够为企业带来更大的经济效益 4. 可以使品牌的名牌效益得以延长，品牌价值得以增值，并创造出新的价值空间	1. 实现品牌价值创造需要经历漫长的摸索过程才能找到适合的实现方式 2. 品牌价值创造的实现路径复杂多变
	Opportunities（O）	Threats（T）
外部环境	1. 国家鼓励各大市场朝着品牌化方向发展，迎合了市场需求 2. 市场上缺乏有价值创造力的品牌 3. 互联网经济的发展，为品牌价值创造的实现提供了更多渠道	1. 在建立品牌关系时，企业往往只注重品牌与消费者之间的联系，而忽略了其他利益相关者、资源和环境的影响 2. 国内品牌对品牌美学的重视程度不够，品牌价值创新能力低下，不及国外

三、品牌价值创造的现实意义

品牌价值创造能够促进品牌建设，具体表现为：①品牌价值创造引导品牌准确把握消费趋势，有利于提升消费者的品牌认知度、联想度、满意度及忠诚度[223]；②品牌价值创造在品牌建设过程中不断赋予品牌自信、活力、优雅、卓越等品牌内涵，不断增强品牌的优势地位；③品牌建设的核心是凝聚品牌价值[224]，品牌价值创造有助于品牌价值的创新；④品牌价值创造可以提升品牌意识、塑造品牌形象，从而提升品牌市场竞争力，挖掘更大的市场潜力与增效空间。

品牌价值创造对时尚营销的作用表现为：①品牌价值创造便于企业实现精准营销，降低营销成本，为顾客提供精准的产品和服务[225]；②品牌价值创造有助于提升顾客的参与度，便于收集目标消费者的信息，并由此进行营销策略和产品策略的改进；③品牌价值创造使时尚营销的手段更多元化，品牌可通过开通微信公众号、微博公众号等平台账号来向目标消费者推荐品牌最新资讯[39]；④品牌价值创造能够让品牌产品区别于市场中的同质化产品，让品牌产品更具个性[128]。总体来看，品牌进行价值创造可以提升品牌价值，从而提高品牌的竞争优势；也可提升顾客感知价值，从而提升消费者对品牌的认可度与忠诚度[226]。从企业的视角来看，品牌价值创造能为企业创造更高的利润，增加企业的品牌形象价值。

第二节　消费者价值共创理论的相关研究

一、消费者价值共创的内涵

（一）价值共创的内涵

价值共创是一个描述消费者与企业之间互动创造价值的概念。消费者价值共创理论的核心观点是强调消费者在价值创造过程中的主体地位，消费者是价值的共同创造者。学者 Normann 等[227] 认为价值共创是指活动者聚集在一起，共同生产价值。Prahalad 等[230] 认为价值共创是企业与顾客共同创造个性化体验，且顾客与企业之间存在着多个互动点，使其能够共同创造价值。他们还提出共创体验是独特价值创造的基础[230]。Vargo 等[231] 提出在价值共创的过程中，企业只能提供价值主张，而顾客是通过共同生产的方式参与价值创造，因而共同生产是价值共创的一部分，发生在消费、使用或体验的全过程中[232]。Schau 等[233] 认为"顾客集体"是大多数价值创造发生的场所，通过多个成员参与价值创造活动能够共同创造价值。Heinonen 等[234] 认为企业提供价值共创的机会，顾客只参与到价值创造活动中的一部分。李朝辉[235] 认为狭义的价值共创是指价值是共同生产的，顾客是共同生产者，而企业通常是价值的共同创造者。广义的价值共创则认为价值创造是由消费者所主导的，顾客才是价值的共同创造者。万文海[236] 认为消费领域的价值共创主导者是消费者，价值表现为消费者的体验价值。刘文超等[237] 认为价值共创是消费者与企业之间一种积极的互动过程。在这种互动过程中消费者主动贡献自己的智慧和劳动，与企业共同发明、合作设计、共同生产对消费者有价值的产品、服务和体验。安静[238] 提出服务系统价值共创强调价值不仅仅是由服务提供者创造的，而是与顾客共同创造的过程，价值不仅仅作为产出交付给消费者，而是资源整合的动态过程。综上，学者们认为共创的价值是体验价值，且企业应该设法鼓励顾客参与价值链的各个环节，成为价值的共同创造者。

当前国内外学者对价值创造内涵的界定还没有达成统一，主要包含以下三层涵义（见表5-2）：①价值是共同生产的，顾客是共同生产者。Kambil 等[239] 将价值共创界定为一个企业与其顾客实现价值的联合生产过程。Ramirez[240] 认为除了企业，顾客也可以参与价值的生产，价值是企业与顾客共同生产的，并提出了价值共同生产的概念。Meuter 等[241] 提出价值共创是消费者在高水平的顾客参与下和生产商等专业人士之间的联合生产；②价值是共同创造的，顾客是价值的共同创造者。当今市场是以消费者为中心，消费者对价值创造的影响力越来越大，已经进入了全新的价值创造模式，企业需要从顾客角度出发，让顾客参与价值链的每个环节；③价值是共同创造的，企业是价值的共同创造者。Grönroos[248] 提出在价值共创过程中，不是顾客获得了参与企业价值创造的机会，而是企业获得了参与顾客价值创造过程的机会，并由此成为价值促进者或者价值的共创者。

表 5-2　价值共创的内涵

概念类型	概念	学者
价值是共同生产的,顾客是共同生产者	价值共创是指活动者聚集在一起,共同生产价值	Normann 等(1994)
	价值共创是消费者在高水平的顾客参与下和生产商等专业人士之间的联合生产	Meuter 等(1998)
	企业与顾客实现价值的联合生产过程	Kambil 等(1999)
	除了企业,顾客也可以参与价值的生产。价值是企业与顾客共同生产的	Ramierz(1999)
	企业只能提供价值主张,而顾客可通过共同生产的过程参与价值的创造并决定价值	Vargo 等(2004)
	共同生产是价值共创的一部分,发生在消费、使用或体验的过程中	Vargo 等(2008)
	狭义的价值共创是指价值是共同生产的,顾客是共同生产者,而企业通常是价值共同创造者	李朝辉(2013)
价值是共同创造的,顾客是价值的共同创造者	价值共创是企业与顾客共同创造个性化体验,且顾客与企业之间存在着多个互动点	Prahalad 等(2000、2003)
	"顾客集体"是大多数价值创造发生的场所,通过多个成员参与价值创造活动能够共同创造价值	Schau 等(2009)
	价值不仅仅是由服务提供者创造的,也由顾客创造的	安静(2010)
	价值共同创造是消费者与企业之间一种积极的互动过程。在这种互动过程中消费者主动贡献自己的智慧和劳动,与企业共同发明、合作设计、共同生产并提供对消费者有价值的产品、服务和体验。	刘文超等(2011)
	广义的价值共创认为价值创造是由消费者主导,顾客才是价值共同创造者	李朝辉(2013)
	消费领域的价值共创主导者是消费者,价值表现为消费者的体验价值	万文海(2013)
价值是共同创造的,企业是价值的共同创造者	在价值共创过程中,不是顾客获得了参与企业价值创造的机会,而是企业获得了参与到顾客价值创造过程的机会,并由此成为价值促进者或者价值共创者	Gronroos(2008)
	企业提供价值共创的机会,顾客只参与到价值创造活动中的一部分	Heinonen 等(2010)

(二) 顾客参与价值共创的内涵

Nambisa[243] 指出顾客不仅能够通过彼此互动满足自身对信息、情感等内容的需求，还能参与到企业的产品创新中实现价值共创。李朝辉等[244] 将虚拟品牌社区顾客参与价值共创的概念界定为顾客与企业、顾客与其他顾客之间就设计、开发、生产或消费等方面的内容进行充分、有效地社会性互动的过程。他将顾客参与价值共创分为顾客参与发起的价值共创和顾客参与自发的价值共创。其中，顾客参与发起的价值共创是指顾客参与企业或社区发起的新产品开发活动方面的互动交流，如参与新产品创意、设计、评测或推广活动。顾客参与自发的价值共创是指顾客自发的与其他顾客就产品使用经验进行的互动交流。Kelley 等[245] 认为顾客可从三方面参与价值共创：一是体力投入，通过为企业提供有形的实物或者无形的体力参与价值共创；二是情感投入，向企业表达自身的情感和态度参与价值共创；三是精神投入，通过体力和情感方面的综合投入参与价值共创。胡银华等[246] 认为消费者积极参与和品牌相关的活动本质上就是一个参与价值共创的过程。Auh 等[247] 提出顾客参与价值共创属于高度的、交互性的积极参与行为，顾客在参与过程中付出了情感、认知、行为、时间、精力等，顾客参与可以同时为顾客和企业提供价值。魏庆刚[248] 认为顾客参与价值共同创造的过程是其创造个性化体验的过程。Payne[249] 提出顾客参与是价值共创中的关键要素，反映了顾客在共同生产中的努力程度，企业鼓励顾客参与生产，既能与顾客建立更加紧密的关系，又可以获取更高的利润，而顾客也能实现自身价值的最大化。

综上所述，消费者价值共创的内涵包含了"消费者是价值共创者"与"顾客参与"的概念，故本研究将消费者价值共创定义为消费者作为价值创造的主体，参与到价值创造的活动中，与企业共同创造价值。

二、消费者价值共创的相关研究

（一）不同研究视角的价值共创理论

目前，学者们分别从消费者体验和服务主导逻辑视角对价值共创展开研究。从消费者体验的视角来看，企业与消费者共同创造价值是企业构建新的战略资本和塑造新的核心能力的全新战略取向。服务主导逻辑认为所有经济交换的根本基础是服务，消费者是价值的共同创造者。

1. 基于消费者体验的价值共创理论

Prahalad 等[229] 深入研究企业与消费者共同创造价值的案例，发现共创价值本质上是共同创造消费者的体验价值。消费体验是一个连续过程，可以出现在产品开发、设计、生产、消费和售后服务等任何价值形成阶段。价值共创贯穿于整个消费体验过程。因此，消费者体验价值的形成过程也是消费者与企业共同创造价值的过程。Prahalad 等[230] 认为共同创造消费体验是消费者与企业共创价值的核心，价值网络成员间的互动是价值共创的基本实现方式。葛丽丽[252] 从社会互动理论和认知评估理论出发，探讨基于顾客体验的价值共创形成机理，研究表明价值共创最主要的表现方式是互动，且不论是消费者与企业的互动还是消费者间的互动都能带给顾客美好的体验价值，这其中包括功能性体验价值、情感性体验价值、认知性体验价值和社会性体验价值。魏庆刚等[248] 在探讨顾客参与价值共创的机理过程中指出，消费者的价值共创行为会产生体验价值，从而提高消费者的忠诚度。此外，顾客参与价值共创对其体验有一定的影响。李朝辉等[244] 认为价值共创是体验的来源，体验是价值共创的结果，顾客参与价值共创能为顾客带来个性化的体验。巫月娥[254] 提出顾客参与价值共创是顾客获得共创体验价值的前提。因此，基于消费者体验的价值共创，共创的本质是共同创造体验价值，产生体验价值的前提是顾客参与或互动（见图5-1）。

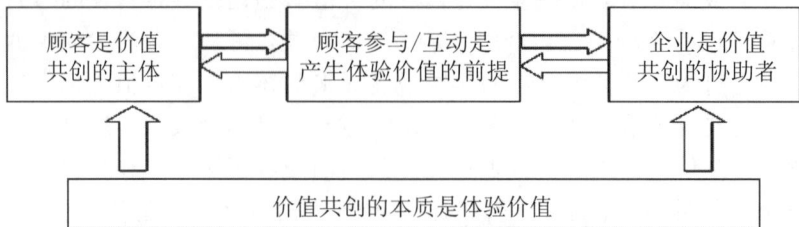

图 5-1　基于消费者体验的价值共创形成过程示意图

2. 基于服务主导逻辑的价值共创理论

服务主导逻辑视角下价值共创理论的核心观点为所有经济交换的根本基础是服务，消费者是价值的共同创造者。Lusch 等[255] 认为价值共创是顾客在产品开发、制造、销售和售后服务中主动参与的过程，顾客不是价值被动的接受者，而是价值的共同创造者，且可以对企业生产、销售作出积极的贡献。"服务"的内涵已经不再是传统意义上生产者为满足消费者需求而采取的行动或提供的物品。Vargo 等[256] 把"服务"重新定义为：实体为了自身或其他实体的利益，通过行动、过程和行为表现等使用专业化能力（知识和技能）的过程。

服务主导逻辑强调操纵性资源在价值创造过程中发挥的决定性作用，他们认为操纵性资源是竞争优势的根本来源。具体而言，知识、技能、经验等无形资源都属于操纵性资源。根据服务主导逻辑，消费者是操纵性资源的拥有者，他们把自己的知识、技能、经验等投入价值创造的过程是价值共创实现的一个重要前提。此外，在服务主导逻辑下共同创造的价值不是"交换价值"，而是消费者在消费过程中实现的"使用价值"。使用价值是消费者在使用产品和消费服务的过程中，通过与生产者的互动共同创造的价值。在价值共创系统中，消费者作为资源整合者，通过整合利用各方资源来共创价值，价值随着消费者的消费和互动活动而持续动态形成。可见，在服务主导逻辑下，价值共创发生在消费者使用、消费产品或服务时所创造出的价值，主要由两部分组成：生产者通过提供产品或服务而产生的价值，消费者通过消费产品或服务共同创造的价值[257]。

（二）消费者价值共创的过程机理

Payne[258] 提出了价值共创过程的概念模型（见图5-2），他认为企业与顾客之间通过参与、互动整合双方的资源，双方分别采取对应的活动共同创造独特性的体验。模型中主要包括三个组成部分，顾客价值创造过程、企业价值创造过程和相遇过程，这三个过程可以帮助企业识别微小的专业能力并找出共同创造的新机会[259]。在参与、互动的过程中，顾客要投入非实体和实体的要素，如智力、情感、认知和具体的行为，顾客的目的是满足自身需求并使需求达到最大化的满足。在企业与顾客互动过程中，双方的信息交流和知识共享将不断激励顾客调整参与形式，从而不断靠近所要达到的目标，并形成对参与价值创造的评价和看法，最终建立参与的关系。在顾客参与价值创造的过程中，企业为了发掘和利用顾客资源，不再遵循传统的以"生产、销售和服务"为主的原则，转而以"计划、倾听和合作创造、执行"来安排企业的活动，以便为顾客提供价值共创服务的保障。从参与的结果来看，顾客与企业进行价值共创是为了创造更加满足对方需求的产品或服务。顾客与企业进行价值共创是一个系统的过程，参与双方通过互动的价值共创行为来创造满足双方需求的价值，实现互利共赢的目标[260]。

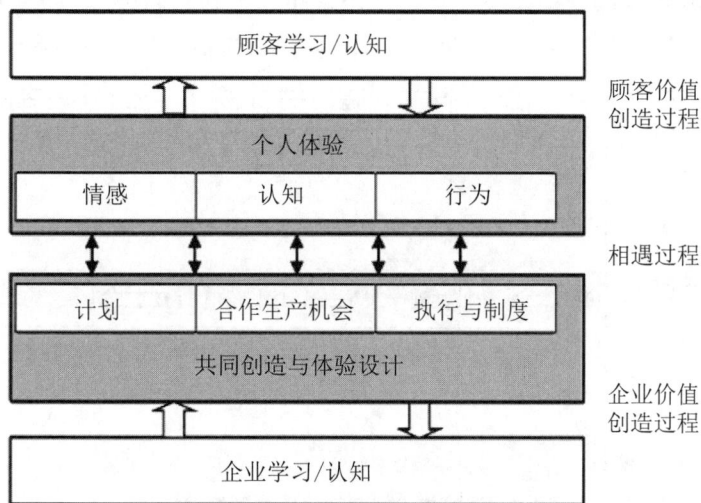

图 5-2　价值共创的过程模型

Gronros[261] 提出价值共创仅仅发生在企业和顾客之间进行互动的时候。互动促进交流，为顾客与企业双方涉入对方价值生产的过程创造机会。Gronros 根据价值生产流程的演进，将价值共创划分为价值促进、价值共创和价值单独创造三个阶段（见图 5-3）。根据他的理论框架，企业的价值促进阶段只能是共同生产，只有顾客参与的价值阶段才是价值共创。因此，顾客才是价值创造的主体。

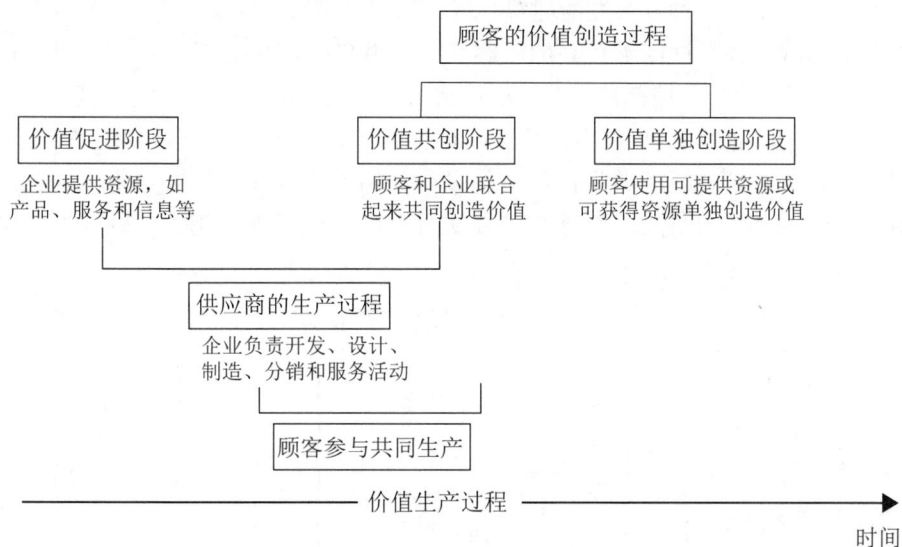

图 5-3 价值创造三阶段模型

（三）顾客参与价值共创的机理

魏庆刚[248]基于顾客体验视角提出了价值共创的机理模型（见图 5-4）。该模型包含前因、过程和结果。前因变量由影响顾客参与价值共创的因素组成。其中，外部因素包括顾客组织社会化及交互公平；内部因素包含顾客独特性需求和顾客感知风险。这些变量都会通过影响顾客价值共创行为来影响体验价值，最后对顾客忠诚产生影响。

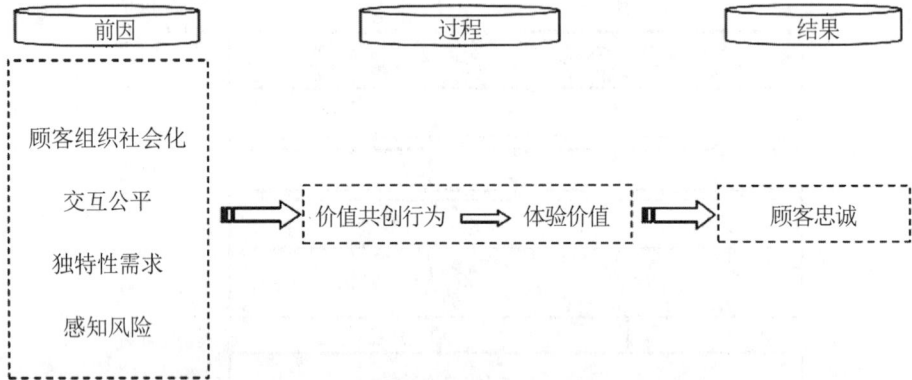

图 5-4　消费体验视角的价值共创机理模型

王汶珂等[262]提出"动机-过程-结果"的顾客参与价值共创的机理模型（见图 5-5）。感知风险是指顾客购买决策中隐含着的对结果的不确定性。价值共创能够实现信息在企业和顾客间的共享，顾客能够及时地向企业表达自身的需求，企业也能够及时地根据顾客需求对产品和服务进行调整。顾客与企业间的交流能够增加其对购买决策的确定性，从一定程度上降低顾客的感知风险。通常情况下，顾客的感知风险越高，其参与价值共创的积极性也越高，这是因为顾客希望通过价值共创降低不确定性及其后果。独特性需求是一种普遍性的消费心理，强调的是唯一性[263]。顾客参与是增强独特性的重要方式，独特性需求较高的顾客在价值共创过程中会投入更多，以保证产品及服务的独一无二[264]。控制欲对消费决策起着至关重要的作用。人们在接受产品或服务的过程中会担心消费过程中的各种不确定性，导致顾客的安全感和消费欲望降低。控制欲越强的人，越希望能够掌控消费的过程和结果。因此，其参与价值共创的欲望也越高。组织支持指的是员工所感知的被认可程度。组织支持越强，顾客参与价值共创行为的积极性就越高。

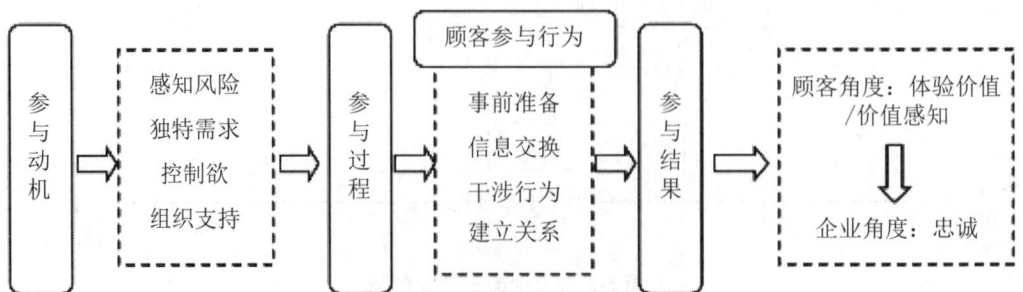

图 5-5　顾客参与价值共创机理模型

模型中关于价值共创的结果从顾客和企业层面进行研究。其中，顾客参与行为能够使双方建立良好的合作关系，也会在一定程度上影响顾客对企业的信任，能够对顾客的态度取向产生积极影响并增强顾客重复购买的欲望。因而顾客参与行为会对顾客忠诚产生影响。此外，价值共创模式下，顾客掌握了更多的主动权，使得顾客在获得更加满足其预期的产品和服务的基础上，收获了独特的消费体验。顾客愉快的消费体验增强了其对企业所提供价值的认可，提升了顾客的感知价值，进而影响顾客忠诚。

李朝辉[265]从顾客参与的视角对虚拟品牌社区价值共创进行研究。他以"动机-行为-结果"为主线，构建顾客参与虚拟品牌社区价值共创机理分析的理论框架（见图5-6）。虚拟品牌社区价值共创的活动有两种类型：发起的价值共创和自发的价值共创。顾客受到动机因素（认知需求动机、个人整合需求动机、社会整合需求动机、享乐需求动机以及经济利益需求动机）的影响，产生参与价值共创的行为。这两种类型的价值共创行为都会对顾客的品牌体验和品牌资产具有正向影响。同时，顾客的品牌体验也会正向影响品牌资产。因此，顾客参与虚拟品牌社区的价值共创还会通过提高顾客的品牌体验从而提升企业的品牌资产。综上：顾客参与虚拟品牌社区价值共创为顾客和企业都带来了价值，从顾客方面来看，价值存在于这种共同创造的独特体验之中（品牌体验价值）；从企业方面来看，顾客参与虚拟品牌社区价值共创给企业带来了品牌价值的提升，该品牌价值可用品牌资产来衡量。

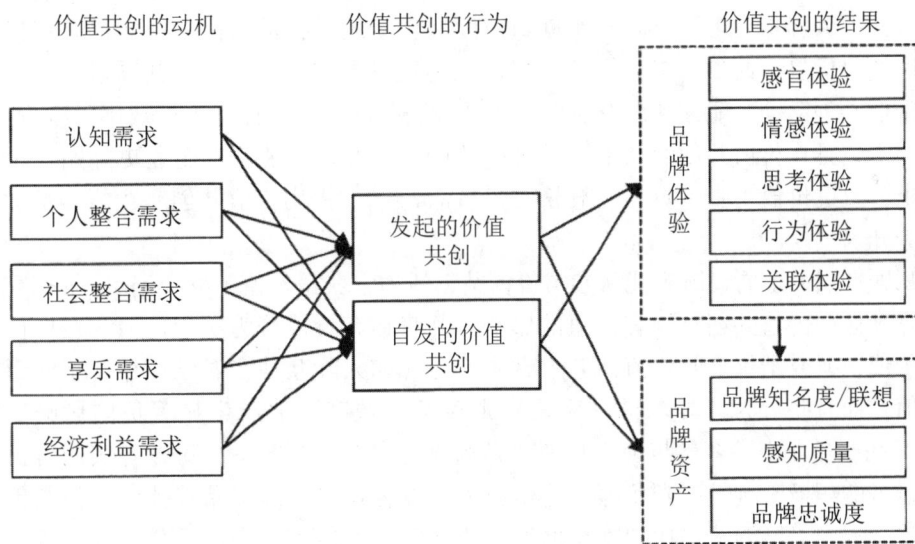

图 5-6　虚拟品牌社区顾客参与价值共创的机理模型

综上所述，顾客参与价值共创的过程机理符合"动机-过程-结果"的模式，其中，顾客参与价值共创的动机依据研究领域的不同而不同，动机会对顾客参与价值共创的过程（顾客参与行为或顾客价值共创行为）产生影响。体验价值可作为顾客参与价值共创的过程变量，也可作为结果变量，但其始终是由价值共创而产生的。顾客忠诚和品牌忠诚则为顾客参与价值创造的直接结果变量（见图5-7）。

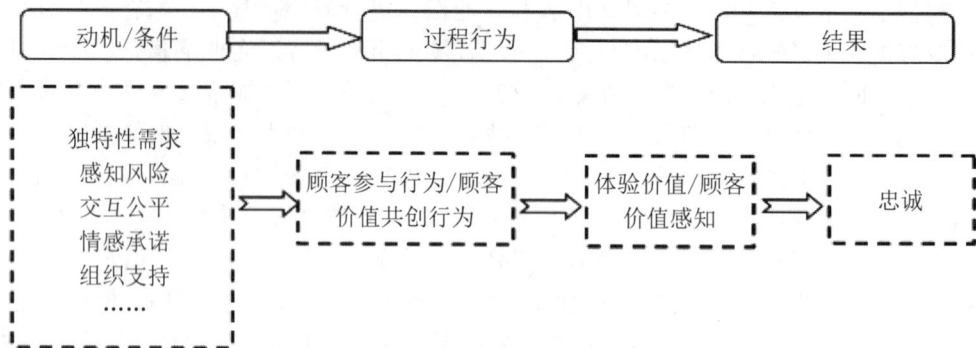

图 5-7　顾客参与价值共创影响机理模型

（四）消费者价值共创的影响

国内外关于消费者价值共创的影响主要集中在顾客参与价值共创对顾客心理、行为、价值以及对企业绩效的影响。从企业层面上看，顾客参与价值共创对企业的影响主要表现在对市场绩效和研发绩效的影响两个方面[266]。Chuang 等[267] 指出通过顾客参与创新活动，企业可以开发出更加符合顾客期望的新产品，为自身带来卓越的市场绩效，使企业运营走向正轨。Carbonell 等[268] 从操作性维度和市场维度两个方面研究顾客参与对企业的影响，提出顾客参与可积极影响创新绩效，并通过创新绩效影响市场绩效，即顾客参与可以提高企业创新速度和创新质量，进而促进企业提升销售绩效并获取竞争优势。此外，李太儒[269] 提出顾客通过参与共同生产、共同设计、共同创新等价值共创活动，能够帮助企业提高产品或服务的质量、提高生产效率、减少风险、降低成本，且在价值共创活动中与顾客持续的交流互动，能帮助企业更加贴切了解顾客需求，改进价值主张，更好地服务顾客。Wang[270] 提出价值共创实践能够增加企业的品牌知名度。

从顾客层面上看，顾客能从参与价值共创活动中获得价值。卜庆娟[271] 等探究了虚拟品牌社区中价值共创对顾客价值的影响，并将顾客价值分为实用价值、娱乐价值和社会价值，研究结果表明价值共创中有些行为（如人际互动、倡导）显著正向影响顾客价值，而有些行为（如求助、反馈）则对某一顾客价值产生显著负向影响。贾薇等[272] 在服务业中顾客参与价值共创的影响研究中发现顾客参与对顾客实用价值感知具有显著的积极影响。申光龙等[273] 研究表明顾客在参与虚拟品牌社区价值共创活动的互动过程中，能够获得功能体验价值、情感体验价值和社会体验价值。此外，价值共创和顾客满意度之间还存在正相关关系，即顾客参与到价值共创过程中能增强他们的满意度[274]。即使在服务失败的情形下，顾客参与补救的过程依旧可以提高顾客满意度，并鼓励重复购买[275]。Chen[276] 提出消费者通过参与共同创造，共创的感知价值与系统满意度正相关，从而提升企业满意度和客户忠诚度。Laroche 等[277] 证明基于社交媒体的品牌社区的价值共创实践能够促使顾客品牌忠诚的形成，且品牌信任在影响过程中起到中介效应。Cossío-Silva 等[278] 证实了顾客的共创行为与他们对服务提供商的态度忠诚、行为忠诚正相关。Hsieh 等[279] 研究表明顾客参与价值共创下正向影响顾客购买意图、帮助意图和反馈意图。在社会化商务中，价值共创能够产生营销推广效应，激发顾客的购买意愿。

三、顾客参与行为的内涵及维度

（一）顾客参与行为的内涵

现有关于消费者价值共创行为的研究可归结为两大类：顾客参与行为和顾客公民行为。学者们对顾客参与行为的内涵界定如图 5-5 所示。唐兵指出顾客参与行为是消费者行为理论研究的范围，也是心理学研究的范围。随着经济的发展和互联网的发展，消费者行为所考量的范围逐步扩大。戴德宝等[280] 依据不同研究领域，给出了两种顾客参与行为的定义：①在传统的消费行为领域，消费者参与行为是指消费者实际参与到产品或服务的形成过程中帮助创造产品价值的特定行为[281]；②在虚拟社区中，用户参与行为是一种活跃行为，主要表现为评论、转发、留言等互动行为和内容创造行为。但两者都是强调消费者/用户在参与过程中的主动性，而不是仅作为接受者；强调参与行为的结果是消费者/用户在这一过程中起到了价值创造的作用[282]。万文海等[236] 认为顾客参与共创价值的行为主要表现为员工与顾客的互动，这种互动可以增进员工和顾客对彼此的了解，提升对彼此的情感依赖。Groth[283] 强调顾客参与行为是顾客在服务生产和传递过程中必须采取的行为，也称顾客合作生产行为。Bove[284] 提出顾客参与行为是一种必要性的消费者价值共创行为，并且这种行为是企业所期望的。基于以上分析，本研究将顾客参与行为的内涵界定为在产品或服务的生产、传递过程中，为成功实现价值创造，消费者必须做出的行为。

学者们对顾客公民行为的说法各不相同，包括顾客自愿行为、顾客角色外行为、顾客自发行为等。但总体来看顾客公民行为是指顾客与企业价值共创时非必需采取的行为，此类行为也能为企业和顾客创造额外的价值[285]。刘洪深等[286] 认为顾客参与行为在服务生产过程中可转化为公民行为。李太儒提出顾客体验价值和关系质量是顾客参与行为转化为顾客公民行为的中间因素（见图 5-8）。由此可见，该路径与本研究中顾客价值共创的影响机理（顾客价值共创行为→体验价值）相悖。此外，顾客公民行为内涵中包含了顾客自愿的概念，即该行为存在着不确定性；再加上顾客公民行为是消费者价值共创中的非必要行为，故本研究只选取顾客参与行为作为变量。

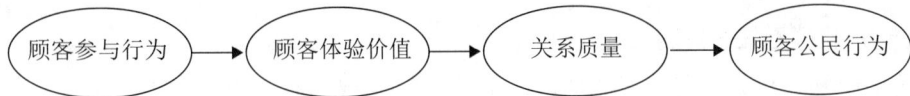

$$顾客参与行为 \longrightarrow 顾客体验价值 \longrightarrow 关系质量 \longrightarrow 顾客公民行为$$

图 5-8　顾客参与行为到顾客公民行为的转化路径

（二）顾客参与行为的维度

学者们已对消费者参与行为的构成维度进行了研究（见表 5-3）。Bove 指出消费者参与本质上是消费者参与创造价值的行为和过程，一般包含信息分享、责任行为和人际互动三个维度。其中，信息分享主要指消费者将信息传递和反馈给服务提供者，从而更好地实现自身需要。责任行为是指消费者为获得高质量服务，配合服务提供者而进行的合作生产行为。人际互动指的是消费者在日常人际交往中的态度和行为表现，如响应、信任、支持、承诺等。Yi 等[393] 在此基础上将信息共享行为进一步分为信息搜寻行为和信息分享行为，由此划分出构成消费者参与行为的四个维度：信息搜寻、信息分享、责任行为和人际互动。卜庆娟等[271] 将虚拟社区的顾客参与行为划分为求助、人际互动、反馈和倡导。武文珍等[287] 认为在价值共创模式下，顾客的参与行为可划分为信息分享、合作和共同决策三个维度，这是顾客参与程度的不同表现及对参与过程的描述。彭君艳[288] 认为顾客参与行为包括事前准备、信息分享、合作行为和人际互动四项。曹花蕊等[289] 指出消费者参与行为包括投入、合作生产、信息分享、提供建议、人际交互、准备行为及忠诚行为。

消费者价值共创行为中的参与行为关注的是消费者与企业之间的互动行为。因此，本研究选取责任行为和人际互动作为顾客参与行为的维度。此外，消费者参与价值共创的意愿是参与行为发生的前提条件，受到品牌向消费者提供的信息的影响，故本研究将信息搜寻和信息分享也作为顾客参与行为的维度。

表 5-3　顾客参与行为的构成维度

学者	年份	维度
Ennew 等	1999	信息分享、责任行为、人际互动
Bove	2009	信息分享、责任行为、人际互动
彭君艳	2010	事前准备、信息分享、合作行为和人际互动
曹花蕊	2013	投入、合作生产、信息分享、提供建议、人际交互、准备行为、忠诚行为
Yi 等	2013	信息搜寻、信息分享、责任行为和人际互动
卜庆娟等	2016	求助、人际互动、反馈和倡导
武文珍等	2017	信息分享、合作和共同决策

第三节　体验价值感知理论

一、价值感知理论

(一) 价值感知的内涵

价值感知的相关研究一直都是营销学的热门领域，而营销的真正意义就是价值实现，其过程正是价值实现的过程。国内外学者从不同角度界定了消费者价值感知的内涵。Zeithaml[290] 把消费者价值感知定义为顾客在消费服务和产品的过程中对所感知利得和利失的评价，且评价结果会影响消费者的购买意愿。此定义受到了学者们普遍的认同。Dodds[203] 认为消费者价值感知是感知利得与利失之比，其实质上是对产品质量或利得的感知与为获得产品而支付价格所产生利失的感知之间的一种权衡。董大海[291] 认为消费者价值感知是消费者在整个购买并使用特定产品过程中对所感知的效用与付出的成本进行比较。范秀成等[292] 将消费者价值感知定义为消费者主观上对销售商所提供的产品或服务给其带来具体价值的认知。余勇[293] 在研究游客场所依赖与游后行为倾向中将价值感知定义为游客对其所能感知到的利益与其在获取产品或服务时所付出的成本进行权衡后，对产品或服务效用作出的总体评价，是对产品或服务所具有价值的主观认知。李志兰等[294] 指出在文化消费领域，价值感知是人们对文化消费体验过程的结果性感知，它侧重于对消费价值或使用价值的感知，而非对购买或交易价值的认知。因此，本研究将价值感知界定为消费者基于感知对价值的主观性评估。

（二）价值感知的相关研究

1. 价值感知的要素与维度

Chen 等[295] 认为消费者价值感知主要受到四个方面因素的影响，分别是感知风险、体验价值、产品质量及产品价格。王春霞等[296] 认为影响网络消费者价值感知有众多因素，如个人因素，包括心理和生理因素、生活方式以及经济状况等。夏天添[297] 研究了价值感知与品质、购买意愿的关系，他提出消费者对产品的品质感知越高，其对产品的价值感知越高，而高价值感知亦会提高消费者对产品或服务的购买意愿。由此可见，品质为价值感知的要素之一。杨晓燕[298] 的研究结果显示在顾客价值结构中，绿色价值对顾客价值感知的贡献最大，这表明顾客在购买绿色产品时，希望获得的价值更多来自该产品对生态环境的利益，因此绿色是价值感知的主要要素之一。除了产品、品牌、品质及绿色之外，体验是也是价值感知的来源。罗海青[299] 从顾客角度提出九个价值感知要素，包括服务和品质两个基础性要素，体验、品牌、时尚、绿色四个竞争性要素，信息和价格两个支持性要素，归属附加性要素。

价值感知是预测用户满意度及其行为的重要因素。在价值感知的相关研究中，国内外学者分别从不同的角度研究了用户的价值感知。Poyry[300] 等人从效用角度认为价值包括实用价值和享乐价值。Turel 等[301] 认为价值可以依据动机分为功能价值和非功能价值。李泽昀[302] 提出的奢侈品价值感知的维度有功能价值、财务价值、个人价值、社会价值及品牌关系价值。刘季红[303] 提出虚拟品牌社区中的价值感知包括财物价值、社交价值、信息价值、形象价值和娱乐价值。

综上所述，不同领域价值感知的要素对应于不同的价值感知维度，如在社交网络中价值感知的要素为体验，所形成的体验价值感知对应的维度为功能性体验价值感知、情感性体验价值感知和社会性体验价值感知[304]。

2. 价值感知的应用研究

价值感知广泛应用于顾客满意、品牌忠诚、购买意愿等研究中。邵景波[305] 在研究奢侈品母品牌价值感知对延伸品购买意愿的影响过程中构建了"母品牌价值感知→母品牌顾客满意→母品牌品牌信任→延伸品购买意愿"的研究模型，研究结果显示，奢侈品母品牌价值感知对延伸品购买意愿具有显著的正向影响，且顾客满意和品牌信任的链式中介作用显著。张扬[306] 在研究虚拟品牌社区价值感知与品牌忠诚的关系时构建了"虚拟品牌社区价值感知→信任→品牌忠诚"的研究模型，通过实证分析，得出以下两个研究结论：①虚拟品牌社区成员价值感知对品牌信任存在直接影响，且价值感知越大，社区成员对品牌越信任；②品牌信任在价值感知与品牌忠诚间起部分中介作用，即成员在虚拟品牌社区的价值感知（功能价值感知和情感价值感知）可直接影响品牌忠诚，也可通过品牌信任间接影响品牌忠诚。此外，价值感知也作为中介变量来研究某行为/某物对品牌忠诚的影响。如在品牌社群中，价值感知与品牌社区承诺作为链式中介在品牌社群社会资本与品牌忠诚间起完全中介作用[307]。陈容容[308] 构建了"顾客互动→价值感知→品牌忠诚"的研究模型并进行了验证。综上可知，价值感知在顾客满意、购买意愿与品牌忠诚的研究中既能作为自变量，也能作为中介变量。

二、体验价值感知的内涵及维度

（一）体验价值感知的内涵

体验价值感知是由顾客消费行为、体验价值理论与顾客感知价值理论相碰撞而产生的一个新概念。Babin[309] 认为顾客体验价值源于顾客在消费过程中得到的愉快与乐趣。Woodruff[310-311] 认为顾客体验价值是消费者在一定的使用环境中对产品性能、属性及使用效果的感知偏好和评价。Pine 等[312] 认为体验价值感知是企业为顾客提供娱乐、逃避现实及视觉享受等活动中所包含利益的总和。黄杰等[313] 将旅游体验价值感知界定为旅游者在消费旅游产品、体验旅游服务、参与旅游活动的过程中对众多交互旅游要素所产生的整体性感觉与总体性评价。综上，本研究提出体验价值感知是消费者在参与价值共创或其他活动过程中，对众多体验要素所产生的综合感觉与评价。

（二）体验价值感知的维度

不同研究领域的学者对体验价值感知维度的划分各不相同。黄杰等[313] 指出旅游者的体验价值感知主要包括 4 个维度：知觉性体验价值感知、情感性体验价值感知、社会性体验价值感知及精神性体验价值感知。其中：知觉性体验价值感知是指旅游者通过身体器官与外界接触，对外界所闻的一种直接性反应。情感性体验价值感知是指旅游者基于自身经历与经验，通过联想等思维活动对感知到的信息进行加工分析，以外在情感表达的一种体验形式。社会性体验价值感知是指游客因部分地区的社会文化发展变迁而产生的多种复杂而矛盾的心理，与社会文化有密切的联系。精神性体验价值感知是指旅游者在旅游过程中，从美好的景色当中收获轻松与愉悦，继而通过思维与丰富的联想，催生物我交融、由内而外的畅快感受。Kim[314] 指出在社交网络中，体验价值感知对应的维度为功能性体验价值感知、情感性体验价值感知和社会性体验价值感知；在针对移动数据服务时，Kim 将体验价值感知分为实用性体验价值感知和享乐性体验价值感知。在移动短视频社交领域，顾客的体验价值感知包含功能性体验价值感知和情感性体验价值感知。其中，功能性价值感知源于用户在娱乐、信息、学习及社交等功能模块中的使用体验；情感性价值的感知是用户在移动短视频应用中获得的一种情感体验[280]。肖怀云[315] 提出体验价值是顾客从产品的物理属性、功能及实用性，从特定情境或环境的体验，从与社会群体的互动联结中获得的社会、情感、功能、知识等的感知效用。因此，感知体验价值应该从社会性、情感性、功能性和知识性四个方面展开研究。李建州等[316] 将体验价值感知划分为功能性、情感性和社会性。

综上可知，体验价值感知的维度主要包含情感性体验价值感知、功能性体验价值感知、知识性体验价值感知、享乐性体验价值感知、实用性体验价值感知、社会性体验价值感知和象征性体验价值感知。本书研究重点为情感性、功能性和社会性体验价值感知。其中，功能性体验价值是体验价值最基本的价值测度，是顾客进行产品或服务体验过程中体会到的最基础的价值形式。它包含感觉和实用性这两个子维度，通常体现产品或服务的基本属性，以彰显消费的基础功能[252]。功能性价值主要体现在产品的功能性利益或物理属性方面，如手表的计时准确、防水保温杯的保温、钢笔的书写流畅、洗衣粉的去污、香皂的除菌等，是一种外在的、自我导向的价值。情感性体验价值是指消费者对自身心境感觉和情感变化的主观感知。它受顾客家庭背景、个性喜好等因素的影响较大，故其价值表现形态和变化规律较为复杂。社会性体验价值感知是从顾客的高层级需求（归属感、受尊重和自我实现的需求）出发，在某种程度上帮助顾客界定自身的身份特征和社会地位[317]。

　　本书将情感性体验价值感知界定为消费者基于自身经历与经验，通过联想等思维活动对感知到的信息进行加工分析，并以外在情感表达的一种体验形式。具体来说，是指在此过程中所得到的"有趣""快乐""喜欢"等内心感受的价值评估。功能性体验价值感知是指消费者对于功能效用的感知，这些效用是由品牌的内在属性和基本性能展现出来的。社会性体验价值感知是指顾客在体验过程中对品牌形象价值或象征价值的感知，如品牌的社会地位、社会声誉等内容。

第四节　服装品牌形象价值创造与品牌忠诚的理论模型构建

一、服装品牌形象价值创造与品牌忠诚的关系假设

　　高价值的品牌形象能为品牌带来更高的消费者忠诚和品牌溢价，也能带来更强的竞争优势[318]。徐颖等[319]认为以顾客为核心、以价值为导向的品牌形象价值创造成功打造了品牌知名度、美誉度及忠诚度。吴小英[259]提出品牌价值创造会通过价值共创的方式影响消费者对品牌的认知、信任和忠诚。Joshi等[320]认为基于消费者参与的品牌价值创造会直接影响顾客对产品的重复购买行为。邓植谊[321]提出"淘品牌"（淘宝平台正式推出的网络原创品牌）价值创造能够让其吸引更多的顾客群体并获得较高的品牌忠诚。杨依依[36]提出品牌形象的价值创造是品牌价值创造的一种形式，能给企业带来积极的收益，如价格溢价、顾客满意和品牌忠诚。综上，我们认为品牌形象价值创造对品牌忠诚具有积极影响，据此，提出假设H1：

　　H1：服装品牌形象价值创造对品牌忠诚具有显著正向影响。

二、服装品牌形象价值创造与顾客参与行为的关系假设

　　服装品牌形象价值创造是服装品牌或企业在品牌形象各方面的创新创造活动，旨在满足顾客对品牌形象的目标价值追求，并使品牌形象的价值达到最大化[322]。顾客参与行为是消费者在价值共创中必须采取的行为，并且这种行为是企业所期望的。企业希望通过价值创造提升自身价值，这期间离不开消费者的参与[250]。王汝珂[262]认为消

费者已经成为价值创造的主角；企业开展价值创造活动的目的是希望消费者能够产生参与行为，并形成品牌忠诚，最终实现品牌价值的提升。朱讷言[323] 提出在价值创造过程中，企业会向消费者传递包括企业价值观、企业文化内涵等的资源信息，这会对顾客参与产品研发和升级等产生影响。李朝辉等[244] 从顾客主导逻辑的价值创造视角提出消费者借助互联网开始积极参与企业产品或服务等的研发、设计和生产过程中，并在消费领域贡献自己的知识、技能和经验，以期为自身创造更好的消费体验。Prahalad[324] 提出价值共创成为一种新的价值创造方式，正在向顾客参与层面转移，以便更好地实现消费者和企业共同创造价值。

价值共创模式下，消费者与企业共创的价值以多种形式存在于价值创造的各个环节。武文珍等[251] 认为消费者扮演价值创造者的角色，与品牌进行价值共创离不开品牌的提供物。品牌要素的设计生产活动及其他方面的内容会影响消费者的参与行为。因此，在服装品牌形象价值创造过程中，服装品牌形象价值创造的实现方式会增加品牌形象在消费者头脑中的印象，增强消费者对品牌形象的感知，从而影响消费者参与价值共创的行为。如差异化营销可以满足顾客的独特性需求。顾客的独特性需求是参与价值共创的重要动机，对顾客参与价值共创行为有显著的正向影响[248]。吴菊华等[325] 认为企业首先需通过价值创造对外展现价值主张，再通过价值传递的方式向大众传达包括社会价值、功能价值等在内的企业价值，并由此吸引拥有知识、经验的消费者积极参与到价值创造的过程中，与企业共同创造价值。

综上，我们认为价值创造会通过价值传递的方式，影响顾客贡献自身知识及经验的参与行为或价值共创行为。这里的价值共创行为包含了顾客参与行为这一必要环节。据此，提出假设 H2：

H2：服装品牌形象价值创造对顾客参与行为具有显著的正向影响。

就服装品牌形象价值创造各维度提出相应假设：

H2a：形象设计对顾客参与行为具有显著的正向影响。

H2b：形象宣传对顾客参与行为具有显著的正向影响。

H2c：品牌美学对顾客参与行为具有显著的正向影响。

H2d：品牌魅力对顾客参与行为具有显著的正向影响。

H2e：品牌功能对顾客参与行为具有显著的正向影响。

三、顾客参与行为与品牌忠诚的关系假设

企业积极鼓励消费者参与价值共创，旨在参与过程中影响消费者的价值感知、满意度和购后行为，从而增强消费者对企业的了解和黏性，进一步培育和提升品牌忠诚度[253]。在探讨消费者参与行为和品牌忠诚的诸多研究中，Hoyer 等[326] 指出参与价值共创活动会给消费者带来新的品牌体验，从而提高其对产品和品牌的忠诚度。Etgar[327] 指出消费者可以通过信息分享和合作行为，将需求和偏好直接输入服务系统，与企业共同创造高水平、个性化的定制服务。在这个过程中，由于消费者享有更多的自主权和控制权，因此他们可以获得更满意的服务质量，进而提升其对品牌的忠诚。戴德宝等[280] 在研究移动短视频社交应用中将消费者参与行为细分为浏览、互动和创造三个维度，并用

实证证实，消费者参与的互动行为和创造行为正向影响消费者忠诚，而浏览行为对忠诚的影响不显著。何海娇[328] 将顾客对品牌忠诚分为行为忠诚和情感忠诚两个维度，研究发现顾客参与对品牌忠诚的影响更多体现在行为忠诚上，而情感忠诚则属于更高层次的忠诚。贾薇等[272] 认为消费者参与价值共创行为，是消费者价值的体现，是消费者忠诚的有力保证。王如意[329] 和康庄等[330] 指出基于体验的消费者价值共创行为是一种高水平的顾客参与模式，不仅可以产生信息共享，为企业提供创新思维并优化工作流程，还可以正向影响消费者忠诚。由此可见，消费者价值共创中的顾客参与行为会促进消费忠诚的形成，并在参与过程中得到不断的强化和巩固。据此，提出假设 H3：

H3：顾客参与行为对品牌忠诚具有显著的正向影响。

四、顾客参与行为对体验价值感知的影响

舒伯阳[331] 认为体验价值在很大程度上是顾客主观感知的价值，且受顾客参与行为的影响。魏庆刚[248] 指出积极的顾客参与行为会对顾客感知的体验价值产生积极的影响。牟明慧[332] 认为顾客在私人定制活动过程中的参与行为能有效提升顾客的情感性、社会性体验价值感知。巫月娥[254] 认为顾客会通过信息交流、干涉行为或其他参与行为影响自身的体验价值感知和忠诚，其中包括经济性体验价值感知、功能性体验价值感知和情感性体验价值感知等。萧琳[333] 提出价值共创模式下顾客掌握了更多的主动权。顾客主动参与的行为能够使其获得独特的消费体验并促进体验价值感知的产生。Payne 等[249] 认为顾客参与行为是价值共创中的关键要素，反映了顾客在共同生产中的努力程度，企业鼓励顾客参与生产，从而使顾客建立更加紧密的关系，又可以获取更高的利润，也能使顾客感知的体验价值达到最大化。顾客在价值共创中的参与行为，能够增强其对企业价值的认同感，从而达到提升体验价值感知的目的[262]。

顾客参与行为所产生的体验价值感知主要包含情感性、社会性和功能性三方面的内容。Vargo[231] 认为体验价值感知可从顾客参与价值共创活动的功能、效能等物理属性表现中获得，也可以通过创建某种感情来获得。李朝辉[334] 认为顾客参与价值共创会对品牌产生更深厚的情感，从而提升情感性体验价值感知。王汶珂[262] 认为顾客参与行为能促进情感性、功能性、社会性体验价值感知的形成。李泽昀[308] 提出在奢侈品营销领域，奢侈品不作为功能性消费商品，因而顾客参与行为对情感性和社会性体验价值感知的影响更显著。基于以上分析，我们认为价值共创模式下顾客参与行为会影响体验价值感知。据此，提出假设 H4：

H4：顾客参与行为对体验价值感知具有显著的正向影响。

就体验价值感知的各维度提出相应的假设：

H4a：顾客参与行为对情感性体验价值感知具有显著的正向影响。

H4b：顾客参与行为对功能性体验价值感知具有显著的正向影响。

H4c：顾客参与行为对社会性体验价值感知具有显著的正向影响。

五、体验价值感知与品牌忠诚的关系假设

品牌忠诚的驱动因素很多，顾客体验价值感知是影响品牌忠诚的因素之一。董雅

丽等[335] 认为消费者容易对体验价值感知高的品牌产生品牌忠诚。黄海洋[336] 认为顾客在消费过程中，对产品和服务的体验价值感知越高，顾客就认为企业提供的价值就越珍贵，就越容易产生忠诚。YU[337] 认为顾客对旅游产品体验价值感知能显著提升顾客的品牌忠诚度。

从顾客参与价值共创的角度上看，体验价值感知受顾客参与行为的影响，最终影响到顾客对品牌的忠诚。蒋倩[338] 提出顾客在参与价值共创的过程中，顾客的情感性体验价值感知、娱乐性体验价值感知等得到加强，自然而然地对产品的感情更加深厚，从而对品牌有着更高的品牌承诺及忠诚，也会主动向他人宣传和推荐品牌和产品。张婧等[339] 认为顾客感知的情感性和功能性体验价值会促进其对品牌产生信任和忠诚。Lemke[340] 认为消费者参与价值创造，其情感性体验价值感知会增加，从而其对品牌的归属感和忠诚度会提高。杨建华[341] 提出社会性体验价值会极大地满足消费者的心理和精神需要，促使消费者对品牌产生强烈的认知、联想及忠诚。李启庚等[342] 认为顾客感知的情感性、社会性体验价值对品牌忠诚具有广泛的影响关系。据此，提出假设 H5：

H5：体验价值感知对品牌忠诚具有显著的正向影响。

就体验价值感知的各维度提出相应的假设：

H5a：情感性体验价值感知对品牌忠诚具有显著的正向影响。

H5b：功能性体验价值感知对品牌忠诚具有显著的正向影响。

H5c：社会性体验价值感知对品牌忠诚具有显著的正向影响。

六、顾客参与行为的中介作用

（一）顾客参与行为在服装品牌形象价值创造与品牌忠诚之间的中介作用

顾客参与行为是为成功实现价值创造，消费者必须做出的一种价值共创行为。顾客参与价值共创过程中，企业或品牌通过消费者参与，充分利用他们特殊的、宝贵的资源，完成价值的创造和传递过程，不仅获得了经济上的回报，还获得了顾客的满意和忠诚，并形成了自己长期发展的核心竞争力[343]。朱丽叶[344] 提出品牌价值创造会通过顾客参与行为影响消费者对品牌的认知与态度，包括顾客满意、信任、关系与忠诚度。刘志芳[225] 证明品牌在开展价值创造活动过程中，会通过顾客的信息交流、信息分享等参与行为引导品牌准确把握消费趋势，这有利于提升顾客的品牌认知度、联想度、满意度及忠诚度。蒋天琳[345] 提出在价值共创行为或参与行为的作用下，企业或品牌价值创造模式发生了转变，主要表现为顾客参与品牌产品的研发、生产、物流与营销，导致价值创造的关注点从使用价值向体验价值转移，进而使顾客形成更高质量的品牌忠诚。Chan[346] 强调品牌价值创造的内容会影响顾客在参与共创时的表现，并最终影响品牌忠诚。Ostrom[347] 研究表明，顾客参与下的服务价值创造会影响顾客的感知质量、满意度、重复购买以及向他人推荐的行为。综上可知，在价值共创行为或顾客参与行为的作用下，品牌的价值创造会影响品牌忠诚。据此，提出假设 H6：

H6：顾客参与行为在服装品牌形象价值创造与品牌忠诚的关系中起中介作用。

（二）顾客参与行为在服装品牌形象价值创造与体验价值感知之间的中介作用

服装品牌形象价值创造通过顾客参与行为对体验价值感知产生影响。随着体验经济时代的到来，价值创造正快速向顾客体验转移，且顾客参与的价值共创行为是顾客产生体验价值感知的前提[318]。黄杰[313] 从旅游管理的角度提出旅游品牌的价值创造会通过游客参与行为影响他们的旅游体验价值感知。缪松林[343] 提出消费者在品牌价值创造中的参与行为能使其获得宝贵的学习和体验经历，从而产生功能性体验价值感知和情感性体验价值感知。吴小英[259] 研究表明顾客参与行为下的品牌价值创造会对体验价值感知产生影响。

于强[348] 从体验营销的角度提出品牌进行价值创造时必须借助一定的物质载体，并会通过顾客的参与行为带给其不同的体验价值感知。他提出的五种物质载体为产品、服务、环境、传播和品牌。通过顾客参与，这五种载体给顾客带来的体验有产品体验、服务体验、环境体验、传播体验和品牌体验。就产品体验而言，顾客参与产品的设计、生产包装等过程，并对产品的体验产生价值感知。此外，产品具有传达消费者社会地位、使消费者表达自我，以及享乐性和纪念意义等的作用，因而会使消费者在体验产品时产生社会性体验价值感知、情感性体验价值感知、享乐性体验价值感知及功能性体验价值感知。服务体验是顾客对服务过程所作出的感觉和评价[349]。顾客会基于这种互动服务体验产生功能性价值感知和情感性价值感知。综上可知，在服装品牌形象价值创造中，其体验价值的载体为形象设计、形象宣传、品牌美学、品牌魅力及品牌功能，它们会通过顾客的参与行为对体验价值感知产生影响。

1. 形象设计通过顾客参与行为影响情感性和功能性体验价值感知

在品牌形象价值创造过程中，顾客参与品牌形象设计，带给消费者的体验是形象设计体验。郝晓凡等[350] 提出在体验经济时代背景下，企业鼓励消费者积极参与品牌形象设计活动，使得企业品牌与消费者达成物质、精神层面上的互动关系，从而影响消费者的功能性和情感性体验价值感知。胡琦[351] 认为顾客参与背景下的品牌形象设计能够产生正向的情感性体验价值感知。王琳[352] 认为顾客参与设计的品牌形象承载了消费者的情感和经验，更能唤起消费者的情感记忆，更易于实现消费者的情感满足。袁洪汉[110] 提出顾客参与品牌形象设计时，品牌形象的功能性直接影响顾客对产品质量与功能的体验价值感知。皮平凡[353] 提出体验价值的驱动因素包括品牌形象、产品和服务等。顾客参与品牌形象设计而产生的体验价值的维度包含功能性体验价值、情感性体验价值和盈溢效用，它们反映了顾客对品牌整体的评价与感知。综上可知，顾客参与品牌形象设计的行为影响其情感性、功能性体验价值感知。

2. 形象宣传通过顾客参与行为影响情感性和社会性体验价值感知

顾客参与形象宣传，带给消费者的体验是形象宣传体验。品牌形象宣传属于大范围、社会性的价值创造活动。因此，在品牌形象宣传中，顾客参与行为会影响顾客的社会性、情感性体验价值感知[354]。消费者体验品牌形象宣传与推广的活动过程中，易产生人际互动、信息共享等参与行为。人际互动与信息共享行为对情感体验价值感知和社会体验价值感知具有正向影响[273]。此外，品牌树立的社会形象及顾客反馈和分享的信息都会影响其他消费者的社会性体验价值感知和消费体验[355]。

3. 品牌美学通过顾客参与行为影响情感性体验价值感知

在体验品牌美学和参与美学设计的过程中，顾客通常会产生愉悦的审美体验。历春雷[356] 从美学价值创造角度提出顾客参与品牌美学设计会影响情感性体验价值感知。Mathwick[357] 认为消费群体在品牌美学创新创造活动中易产生参与行为，如向品牌员工询问信息，与其他顾客交流讨论，进而在体验品牌美学过程中产生一种娱乐感受，即情感性体验价值感知。张凤超等[358] 提出的关联式体验价值结构维度模型中将顾客体验品牌美学的情感性体验价值感知概括为娱乐感受，它反映了顾客对体验情境中美学要素的主观评价。

4. 品牌魅力通过顾客参与行为影响情感性和社会性体验价值感知

在品牌形象价值创造中，品牌魅力带给消费者的体验价值包括情感性体验价值和社会性体验价值。黄曦[359] 提出消费者体验品牌魅力是指消费者与品牌互动过程中所体验到的品牌情感化信息，包括品牌理念、品牌精神、品牌文化等无形因素。许多实证研究表明消费者更忠诚于与自身价值取向契合的品牌。因此，顾客在参与互动过程中所体验到的品牌魅力情感化价值主要表现在消费者与品牌的情感认同上。Jense等[360] 提出社会性体验价值感知与消费类型有关。Weiilings 等[361] 认为顾客会因为品牌能够表现自身的身份地位而参与品牌的体验、推广活动，从中获得归属感及其他感受，即社会性体验价值感知。陈耕[362] 认为顾客在线下购物过程中的参与、互动行为会增强他们对品牌魅力的情感性与社会性体验价值感知。

5. 品牌功能通过顾客参与行为影响功能性、社会性和情感性体验价值感知

品牌形象的功能性会影响顾客对产品质量与功能的体验价值感知。卜庆娟[271] 提出消费者价值共创过程中，顾客通过参与、互动可以获取一些品牌或产品方面的知识或信息（信息搜寻：顾客参与行为的表现），从而满足自身的价值诉求。这类价值对客户而言便是功能性体验价值。此外，品牌的质量承诺与保证功能能够提升消费者对品牌的信任，能够向消费者提供更高的社会价值信息和更优质的品牌体验，进而影响其社会性、情感性价值感知[363]。钱才女[364] 研究发现，老字号品牌的内在属性和外在功能属性对情感性价值感知、社会性价值感知和功能性价值感知均有影响。

综合以上分析，本书认为在顾客参与行为下，服装品牌形象价值创造会影响消费者的体验价值感知，主要包括情感性、功能性和社会性体验价值感知。据此，提出假设 H7：

H7：顾客参与行为在服装品牌形象价值创造与体验价值感知关系中起中介作用。

就体验价值感知的各维度提出相应的假设：

H7a：顾客参与行为在服装品牌形象价值创造与情感性体验价值感知关系中起中介作用。

H7b：顾客参与行为在服装品牌形象价值创造与功能性体验价值感知关系中起中介作用。

H7c：顾客参与行为在服装品牌形象价值创造与社会性体验价值感知关系中起中介作用。

七、体验价值感知的中介作用

体验价值感知是指消费者在参与价值共创或其他活动过程中，对众多体验要素产生的整体性感觉与总体性评价。在旅游体验价值共创的研究中，邱梦瑶[365] 提出了

"游客参与行为-旅游体验价值感知-游客忠诚"的研究模型，并通过实证研究证实旅游体验价值感知在游客参与行为与游客忠诚的关系中具有中介效应。其中体验价值感知在信息交流与人际互动对游客忠诚的影响关系中的中介效应较为显著。Gentile[366]认为在价值共创情境下，用户参与行为能够为顾客（体验价值感知）和品牌（品牌忠诚）双方带来效益，且顾客所感知到的体验价值会影响品牌忠诚。黄天虎[367]基于"认知-情感-行为"理论提出顾客参与到企业所提供的服务中时，会产生积极的顾客体验，进而对品牌形成良好的体验价值感知，最终对品牌产生忠诚感。周名哲[368]提出网络购物环境中顾客参与行为（评论、询问、与其他消费者的人际互动）能够提高顾客的体验价值感知，从而提高其重复购买、推荐等行为。综上，我们认为顾客参与行为对品牌忠诚存在正向影响，且消费者体验价值感知在这个影响关系中起中介作用。据此，提出假设 H8：

H8：体验价值感知在顾客参与行为与品牌忠诚的关系中起中介作用。

就体验价值感知的各维度提出相应的假设：

H8a：情感性体验价值感知在顾客参与行为与品牌忠诚的关系中起中介作用。

H8b：功能性体验价值感知在顾客参与行为与品牌忠诚的关系中起中介作用。

H8c：社会性体验价值感知在顾客参与行为与品牌忠诚的关系中起中介作用。

八、顾客参与意愿的调节作用

顾客参与价值共创的意愿是参与价值共创行为的基础，与消费者对价值创造活动的认知程度有关[253]。Davis[369]等认为消费者参与意愿是影响实际参与行为最直接的动因。陈少霞等[370]将顾客参与情境中的意愿定义为顾客对参与产品创造的态度，并在其研究中发现意愿对参与行为具有显著影响。Claycomb[371]提出参与意愿对参与行为有促进作用。Neghina 等[372]提出顾客通常在企业营造的互动氛围中逐步产生价值共创的意愿，进而产生价值共创行为。牛振邦等[373]提出价值共创活动分为两个阶段：首先是价值共创活动的先导阶段，顾客在此阶段产生价值共创意愿；其次是价值共创活动发生阶段，顾客有意识、主动、持续地深度参与到价值共创活动中，即顾客参与价值共创行为的表现。基于以上分析，我们认为顾客参与价值共创的意愿对顾客参与行为具有促进作用。据此，提出假设 H9：

H9：顾客参与意愿在品牌形象价值创造与顾客参与行为的关系中起调节作用。

九、品牌信任的调节作用

（一）品牌信任调节顾客参与行为对品牌忠诚的影响

品牌信任反映了消费者的信赖程度。卫海英等[374]研究发现顾客参与行为是价值共创的核心内容，顾客的参与会减少消费者的感知风险，增加消费者的感知价值，并提高消费者对品牌的信任。刘敏[253]认为参与行为（价值共创行为）发生之后，消费者会对该品牌产品或服务形成整体的主观判断，如感知价值等，进而影响消费者的满意度、信任度和忠诚度。Şahin[375]认为消费者在品牌社区中的交流、互动等其他参与行为会增加顾客对品牌的信任，进而提升品牌的忠诚。吴思等[376] 进一步研究顾客价值共创行为与品牌信任的关系，发现社区内的互动、参与行为会影响成员对该品牌社区的信赖程度，包括认知和情感两方面的信赖感知。吴小英[259] 提出消费者通过日常生活实践，使用品牌产品，参与品牌活动等行为与品牌建立社会关系，进而对品牌产生信任，而品牌信任是品牌价值资产的重要部分。Gavilan 等[377] 研究发现酒店在线评论的好坏、数量与顾客对该酒店的信任有一定的关系。这种在线评论正是酒店与顾客的网上参与行为。由此可见，消费者通过参与价值共创可以加深对企业的了解，有助于与企业建立情感链接，增强消费者对企业的信任，进而影响消费者的重复购买行为和推荐意愿。综合以上分析可知，品牌信任在顾客参与行为与品牌忠诚的影响关系中有促进作用。据此，提出假设 H10：

H10：品牌信任在顾客参与行为与品牌忠诚的关系中起调节作用。

（二）品牌信任调节体验价值感知对品牌忠诚的影响

消费者体验是一种综合感受的结果，它对消费者认识"顾客-品牌"关系非常重要[378]。在虚拟品牌社区中，社区成员与其他成员进行互动交流，会对参与该品牌社区的体验价值进行感知和认同，并逐渐对品牌社区形成信任。在这个过程中消费者只有加深对品牌产品和服务的理解，才会形成品牌感知和品牌信任，最终形成品牌忠诚[312]。Delgado-Ballester[379] 认为信任的建立与维持受获取利益和价值感知的影响，如果信任方能够从某对象获得比其他对象更多的利益和价值感知，那么他更倾向于信任此对象。魏晓宇[380] 提出顾客价值共创行为产生的体验价值感知会对品牌信任产生正向影响。企业鼓励顾客积极参与旅游虚拟社区中与旅游产品有关的在线活动，促进顾客与企业以及顾客间的互动和沟通，有助于顾客对旅游品牌在情感和信息上的体验，增强顾客的情感性体验价值感知，从而加深顾客对品牌在认知和情感上的信任，最终达到品牌忠诚[381]。消费者价值感知的大小决定信任的水平，进一步决定消费者的品牌忠诚[382]。Park 等[383] 认为体验价值感知是消费者在使用品牌产品或服务的经历中逐渐形成的。这一经验性变量能够不断加深消费者对品牌可靠性和真诚性的认识，影响消费者对品牌的信任水平。另外，消费者对品牌产品或服务的体验价值感知表征了其对品牌资源的认知和识别。这些资源将能够帮助消费者实现与品牌的自我联结，体验到品牌的自我一致性，有利于形成消费者对品牌的依恋感。许正良[384] 的实证研究表明，体验价值感知会通过品牌信任影响品牌忠诚。

在营销信任理论中，信任是忠诚的直接基础。消费者在不确定性环境中做出品牌选择时，品牌信任会以积极的品牌预期和信赖感降低消费者对不确定性的感知，减少消费者的品牌选择风险和成本付出[385]。品牌形象认同、品牌情感、品牌信任、转换成本等要素构成了品牌忠诚的分析模型，其中品牌信任作为直接影响因素，是形成品牌忠诚至关重要的变量[386]。综上，体验价值感知对品牌忠诚的影响关系受品牌信任干扰，并且当消费者形成品牌信任，会更容易产生品牌忠诚。据此，提出假设 H11：

H11：品牌信任在体验价值感知对品牌忠诚的影响过程中起调节作用。

就体验价值感知的各维度提出相应的假设：

H11a：品牌信任在情感性体验价值感知对品牌忠诚的影响过程中起调节作用。

H11b：品牌信任在功能性体验价值感知对品牌忠诚的影响过程中起调节作用。

H11c：品牌信任在社会性体验价值感知对品牌忠诚的影响过程中起调节作用。

本节研究假设汇总如表 5-4 所示。

表 5-4　研究假设汇总

编号	研究假设
H1	服装品牌形象价值创造对品牌忠诚具有显著的正向影响
H2	服装品牌形象价值创造对顾客参与行为具有显著的正向影响
H2a	形象设计对顾客参与行为具有显著的正向影响
H2b	形象宣传对顾客参与行为具有显著的正向影响
H2c	品牌美学对顾客参与行为具有显著的正向影响
H2d	品牌魅力对顾客参与行为具有显著的正向影响
H2e	品牌功能对顾客参与行为具有显著的正向影响
H3	顾客参与行为对品牌忠诚具有显著的正向影响
H4	顾客参与行为对体验价值感知具有显著的正向影响
H4a	顾客参与行为对情感性体验价值感知具有显著的正向影响
H4b	顾客参与行为对功能性体验价值感知具有显著的正向影响
H4c	顾客参与行为对社会性体验价值感知具有显著的正向影响
H5	体验价值感知对品牌忠诚具有显著的正向影响
H5a	情感性体验价值感知对品牌忠诚具有显著的正向影响
H5b	功能性体验价值感知对品牌忠诚具有显著的正向影响
H5c	社会性体验价值感知对品牌忠诚具有显著的正向影响。
H6	顾客参与行为在服装品牌形象价值创造与品牌忠诚的关系中起中介作用
H7	顾客参与行为在服装品牌形象价值创造与体验价值感知的关系中起中介作用
H7a	顾客参与行为在服装品牌形象价值创造与情感性体验价值感知的关系中起中介作用
H7b	顾客参与行为在服装品牌形象价值创造与功能性体验价值感知的关系中起中介作用
H7c	顾客参与行为在服装品牌形象价值创造与社会性体验价值感知的关系中起中介作用
H8	体验价值感知在顾客参与行为与品牌忠诚的关系中起中介作用
H8a	情感性体验价值感知在顾客参与行为与品牌忠诚的关系中起中介作用
H8b	功能性体验价值感知在顾客参与行为与品牌忠诚的关系中起中介作用
H8c	社会性体验价值感知在顾客参与行为与品牌忠诚的关系中起中介作用
H9	顾客参与意愿在品牌形象价值创造与顾客参与行为的关系中起调节作用
H10	品牌信任在顾客参与行为与品牌忠诚的关系中起调节作用
H11	品牌信任在体验价值感知与品牌忠诚的关系中起调节作用
H11a	品牌信任在情感性体验价值感知与品牌忠诚的关系中起调节作用
H11b	品牌信任在功能性体验价值感知与品牌忠诚的关系中起调节作用
H11c	品牌信任在社会性体验价值感知与品牌忠诚的关系中起调节作用。

十、理论模型的构建

本书基于消费者价值共创理论和价值感知理论，从品牌价值创造这一关键点出发，将服装品牌形象价值创造作为前因变量，研究其在顾客参与行为和体验价值感知的作用下对品牌忠诚的影响，并以顾客参与意愿和品牌信任为调节变量构建理论模型，如图 5-9 所示。

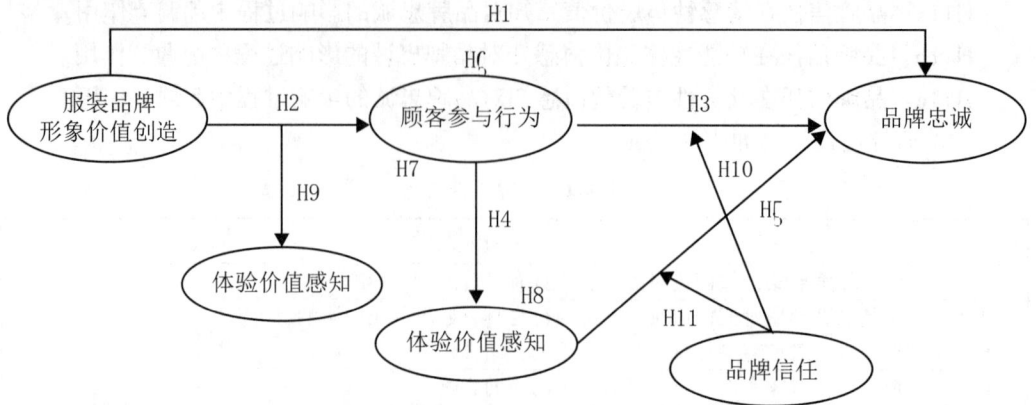

图 5-9　服装品牌形象价值创造与品牌忠诚理论模型

第五节　服装品牌形象价值创造与品牌忠诚关系的实证检验

一、数据收集

本研究采用问卷调查收集数据（问卷详见附录 G）。调研形式分为线上调研和线下调研。调研对象为有服装消费经验的人群。调研途径以通过"问卷星"软件发放问卷为主，以在上海静安区久光百货商业广场发放纸质问卷为辅。为方便消费者对课题的理解，在正式调研之前，先向消费者阐明服装品牌形象价值创造及其各维度的内涵，并进行举例分析。

本研究的调研问卷主要有三部分：①调查顾客对服装品牌形象价值创造各指标的感知状况（采用李克特七点量表）；②调查顾客对其他变量的感知状况，包括顾客参与行为、情感性体验价值感知、功能性体验价值感知、社会性体验价值感知、顾客参与意愿、服装品牌信任及品牌忠诚（采用李克特七点量表）；③调研问卷填写者的基本信息，包含性别、年龄、职业、教育背景、月收入及所在城市六方面内容（单项选择）。

二、变量测量

本文的测量量表主要是借鉴相关成熟的量表，加以筛选和修改而形成的。其中：顾客参与行为主要是借鉴 Yi 等[387] 和李太儒[388] 的量表；服装品牌体验价值感知主要是借鉴申光龙[389] 和 Hennigs[390] 的量表；品牌忠诚主要是借鉴李朝辉[391] 和 Birgit[392] 的测量量表；顾客参与意愿主要是借鉴刘柳[393] 和 Yang[394] 的量表；品牌信任主要是借鉴 Delgado-Ballester[379] 和魏晓宇[395] 的量表。

三、信度与效度检验

（1）问卷的信度检验

问卷信度检验的具体分析结果如表 5-5 所示。

表 5-5　测量量表信度分析结果

维度		测量项	CITC	删除项后的 Cronbach's α 系数	Cronbach's α 系数
服装品牌形象价值创造		ID	0.730	0.864	0.888
		IP	0.727	0.863	
		BA	0.716	0.866	
		BC	0.768	0.854	
		BF	0.700	0.870	
顾客参与行为		CPB1	0.745	0.913	0.922
		CPB2	0.813	0.903	
		CPB3	0.815	0.903	
		CPB4	0.771	0.909	
		CPB5	0.760	0.910	
		CPB6	0.757	0.911	
服装品牌体验价值感知	情感性体验价值感知	AEVP1	0.694	0.871	0.875
		AEVP2	0.840	0.750	
		AEVP3	0.752	0.832	
	功能性体验价值感知	FEVP1	0.802	0.846	0.892
		FEVP2	0.748	0.866	
		FEVP3	0.802	0.844	
		FEVP4	0.697	0.883	
	社会性体验价值感知	SEVP1	0.686	0.863	0.873
		SEVP2	0.834	0.749	
		SEVP3	0.755	0.823	
品牌忠诚		BL1	0.695	0.861	0.882
		BL2	0.697	0.861	
		BL3	0.765	0.844	
		BL4	0.774	0.843	
		BL5	0.652	0.871	
顾客参与意愿		CPI1	0.780	0.903	0.910
		CPI2	0.838	0.852	
		CPI3	0.837	0.853	
服装品牌信任		BT1	0.799	0.850	0.894
		BT2	0.730	0.875	
		BT3	0.829	0.837	
		BT4	0.703	0.886	

由表 5-5 可知，CITC 值在 0.652~0.840，符合大于 0.5 的判断标准，初步判断认为各题项设计合理，均可保留，并可得出量表信度可靠的结论。此外，问卷各变量的 Cronbach's α 系数依次为 0.888、0.922、0.875、0.892、0.873、0.882、0.910 和 0.894，问卷整体的的 Cronbach's α 系数为 0.954，均符合大于 0.7 的要求。比较删除项

后的 Cronbach's α 系数和各维度的 Cronbach's α 系数的数据可知，当量表中的任一题项被删除都会产生该题项所属维度下的 Cronbach's α 系数变小的结果。综上可知，问卷的各题项均可以保留，即问卷整体信度良好。

（2）问卷的效度检验

问卷效度是指问卷检验的最终结果与预期结果的一致性程度。先进行探索性因子分析，以验证问卷的内容效度。结果如表 5-6、表 5-7、表 5-8 所示。

从表 5-6 中可以看出，整体上 KMO 值为 0.927，sig 值为 0.000；各变量的 KMO 值分别为 0.888、0.851、0.694、0.805、0.695、0.814、0.747、0.813，sig 值 0.000，均在 KMO 值大于 0.7、sig 值小于 0.05 的参考范围内。由此可得出问卷内容效度良好的结论。

表 5-6　KMO 值及 Bartlett's 球形检验结果

	KMO 值	Bartlett's 球形检验		
		近似卡方	自由度	显著性
整体	0.927	10153.84	378	0.000
服装品牌形象价值创造	0.888	1274.11	10	0.000
顾客参与行为	0.851	2291.85	15	0.000
服装品牌体验价值感知　情感性体验价值感知	0.694	831.85	3	0.000
服装品牌体验价值感知　功能性体验价值感知	0.805	1193.63	6	0.000
服装品牌体验价值感知　社会性体验价值感知	0.695	820.47	3	0.000
品牌忠诚	0.814	1394.81	10	0.000
顾客参与意愿	0.747	1081.33	3	0.000
服装品牌信任	0.813	1210.69	6	0.000

从表 5-7 和表 5-8 可以看出，变量累积解释总方差为 74.7781%>60%，可提取出 8 个特征值大于 1 的因子，将其分别命名为顾客参与行为、服装品牌体验价值感知（情感性体验价值感知、功能性体验价值感知、社会性体验价值感知）、品牌忠诚、顾客参与意愿、品牌信任、服装品牌形象价值创造。此外，各成分的划分与问卷量表各题项所属的变量维度划分一致，且各项因子载荷在 0.604~0.884，均大于参考值 0.5。因此可以得出问卷各题项之间存在差异性，量表的区别效度良好，维度划分合理的结论。

表 5-7　累积解释总方差

成分	初始特征值			提取载荷平方和		
	总计	方差百分比	累积方差贡献率/%	总计	方差百分比	累积方差贡献率/%
1	13.640	41.335	41.335	13.640	41.335	41.335
2	3.198	9.691	51.026	3.198	9.691	51.026
3	1.645	4.984	56.010	1.645	4.984	56.010
4	1.440	4.364	60.374	1.440	4.364	60.374
5	1.341	4.064	64.438	1.341	4.064	64.438
6	1.288	3.904	68.342	1.288	3.904	68.342
7	1.118	3.388	71.730	1.118	3.388	71.730
8	1.007	3.051	74.781	1.007	3.051	74.781

表 5-8　各成分因子载荷

维度		测量项	成分							
			1	2	3	4	5	6	7	8
顾客参与行为		CPB1	0.703	0.175	0.215	0.098	−0.039	0.146	0.176	0.234
		CPB2	0.797	0.182	0.230	0.081	−0.031	0.107	0.146	0.134
		CPB3	0.780	0.281	0.132	0.154	−0.012	0.135	0.148	0.127
		CPB4	0.732	0.243	0.153	0.222	−0.022	0.174	0.134	0.094
		CPB5	0.753	0.108	0.221	0.152	−0.020	0.124	0.120	0.162
		CPB6	0.716	0.173	0.222	0.225	0.053	0.150	0.096	0.170
服装品牌体验价值感知	情感性体验价值感知	AEVP1	0.273	0.155	0.179	0.177	0.011	0.123	0.210	0.719
		AEVP2	0.252	0.233	0.190	0.131	0.003	0.069	0.133	0.826
		AEVP3	0.228	0.208	0.196	0.233	−0.008	0.173	0.125	0.745
	功能性体验价值感知	FEVP1	0.226	0.220	0.215	0.733	0.148	0.174	0.202	0.148
		FEVP2	0.172	0.192	0.128	0.742	0.198	0.134	0.158	0.213
		FEVP3	0.246	0.252	0.179	0.754	0.237	0.126	0.168	0.123
		FEVP4	0.227	0.190	0.195	0.687	0.171	0.215	0.108	0.139
	社会性体验价值感知	SEVP1	0.225	0.142	0.188	0.230	−0.037	0.202	0.704	0.166
		SEVP2	0.205	0.174	0.190	0.141	0.034	0.134	0.843	0.156
		SEVP3	0.214	0.194	0.231	0.161	0.055	0.140	0.771	0.130
品牌忠诚		BL1	0.242	0.660	0.214	0.156	−0.001	0.140	0.143	0.205
		BL2	0.240	0.666	0.213	0.160	0.008	0.155	0.095	0.201
		BL3	0.141	0.810	0.192	0.123	−0.023	0.124	0.109	0.139
		BL4	0.215	0.763	0.170	0.170	−0.047	0.195	0.145	0.091
		BL5	0.246	0.628	0.191	0.229	−0.031	0.194	0.116	0.067
顾客参与意愿		CPI1	0.236	0.219	0.193	0.182	0.012	0.761	0.167	0.135
		CPI2	0.216	0.234	0.180	0.182	0.032	0.814	0.164	0.088
		CPI3	0.217	0.263	0.208	0.185	−0.003	0.790	0.150	0.139
服装品牌信任		BT1	0.015	−0.031	−0.055	0.126	0.800	−0.034	0.036	−0.074
		BT2	−0.009	−0.063	−0.012	0.127	0.790	0.020	0.031	0.081
		BT3	−0.023	0.015	0.048	0.135	0.884	−0.039	0.000	−0.006
		BT4	−0.037	0.013	−0.046	0.030	0.805	0.075	−0.029	0.003
服装品牌形象价值创造		ID	0.210	0.145	0.695	0.225	−0.004	0.201	0.116	0.203
		IP	0.213	0.139	0.740	0.142	−0.008	0.266	0.140	0.170
		BA	0.233	0.189	0.812	0.151	−0.033	0.093	0.112	0.138
		BC	0.239	0.304	0.754	0.101	−0.022	0.082	0.189	0.074
		BF	0.264	0.307	0.604	0.111	−0.050	0.072	0.218	0.100

表 5-9 为问卷的收敛效度检验结果。一阶验证性因子分析结果表明，各测量变量的每项测量指标均达到了判断标准（AVE>0.5，EFA 因子载荷>0.5，CR 值>0.7，AVE 值>0.5），故可得出各因子均能较好地收敛于所属变量的结论，即问卷的收敛效度良好。

表 5-9　收敛效度检验结果

维度		测量项	EFA 因子载荷	CR	AVE
服装品牌形象价值创造		ID	0.775	0.899	0.642
		IP	0.811		
		BA	0.859		
		BC	0.832		
		BF	0.723		
顾客参与行为		CPB1	0.794	0.923	0.666
		CPB2	0.852		
		CPB3	0.865		
		CPB4	0.818		
		CPB5	0.777		
		CPB6	0.785		
服装品牌体验价值感知	情感性体验价值感知	AEVP1	0.767	0.883	0.716
		AEVP2	0.916		
		AEVP3	0.849		
	功能性体验价值感知	FEVP1	0.851	0.904	0.701
		FEVP2	0.801		
		FEVP3	0.901		
		FEVP4	0.792		
	社会性体验价值感知	SEVP1	0.758	0.881	0.713
		SEVP2	0.913		
		SEVP3	0.854		
品牌忠诚		BL1	0.756	0.884	0.604
		BL2	0.753		
		BL3	0.808		
		BL4	0.828		
		BL5	0.736		
顾客参与意愿		CPI1	0.829	0.911	0.774
		CPI2	0.899		
		CPI3	0.909		
服装品牌信任		BT1	0.731	0.850	0.588
		BT2	0.712		
		BT3	0.893		
		BT4	0.716		

形象设计、形象宣传、品牌美学、品牌魅力、品牌功能的 EFA 因子载荷分别为 0.775、0.811、0.859、0.832、0.723 中，由此可以得出消费者对服装品牌形象价值创造各维度的感知效果存在差异的结论，其中感知程度排序为品牌美学>品牌魅力>形象宣传>形象设计>品牌功能。调研数据结果表明消费者对品牌美学的感知程度最高，这是由于品牌美学中的品牌色彩、图案、符号等特征属于品牌视觉形象系统，是消费者最能直接感知到的信息。此外，品牌美学具有互动性[5]，当美的理念传递给消费者时，消费者会反馈自己的情感，品牌正是在这种审美互动中不断增强消费者对品牌美学的感知。消费者对品牌魅力的感知程度次之。这是由于目前消费者越来越注重精神性消费，她们更关注服装品牌声誉、品牌附加值、品牌个性及价值取向等信息，因此品牌魅力也是消费者感知服装品牌形象价值创造的关键维度。当服装品牌开展价值创造活动时，品牌理念、品牌精神及品牌文化等要素虽然难以被消费者直接感知，但消费者能从其他 4 项指标中间接感知服装品牌的文化、精神等内涵。形象宣传层面上，互联网的发展使消费者参与形象宣传的途径、渠道越来越多，以至于他们了解到的品牌形象价值创造的信息越多，感知程度也就越大。因而形象宣传也成为了消费者感知效果较高的维度。消费者对形象设计的感知程度较低，这可能是由于当前消费者还未能直接参与品牌设计、生产、销售、物流等全过程，只能以一个接收者的身份参与品牌的价值共创。品牌功能维度中，除了质量承诺与保证功能能够被消费者直接感知，其他维度均需要品牌借助其他手段才能更好地发挥出来，让消费者有所感知，因此，消费者对品牌功能的感知相比其他维度较低。

区分效度检验的结果如表 5-10 所示。Mcguire[238] 指出当两个变量的相关系数都小于 0.5，且小于 AVE 的平方根时，表明这两个变量间的区分效度良好。从表 5-10 可以看出，服装品牌形象价值创造、顾客参与行为、情感性、功能性、社会性体验价值感知及品牌忠诚各变量间的相关性系数在 0.059~0.083，均小于 0.5，也小于 AVE 值得平方根 （0.777~0.844），表明问卷的各题项间存在差异，能够较为准确地体现潜在变量的特质。

表 5-10　问卷区分效度检验结果

	CBIVC	CPB	AEVP	FEVP	SEVP	BL
CBIVC	0.642					
CPB	0.074***	0.666				
AEVP	0.079***	0.079***	0.716			
FEVP	0.066***	0.081***	0.072***	0.701		
SEVP	0.065***	0.080***	0.070***	0.075***	0.713	
BL	0.059***	0.083***	0.690***	0.073***	0.070***	0.604
AVE 平方根	0.801	0.816	0.846	0.837	0.844	0.777

注：CBIVC 服装品牌形象价值创造；CPB 顾客参与行为；AEVP 情感性体验价值感知；FEVP 功能性体验价值感知；SEVP 社会性体验价值感知；BL 品牌忠诚。

四、模型拟合和假设检验

运用 AMOS 22.0 软件及极大似然估计模型进行理论假设检验。检验的步骤为先进行各测量模型的估计参数分析,再进行结构模型检验,并依据检验结果进行模型修正与进一步检验,最后检验中介效应与调节效应。为简化模型,本研究对体验价值感知和服装品牌形象价值创造两个变量进行总分赋值,以此作为结构方程模型里的观测变量。

(1)估计参数分析

模型自由度 df>0 时,测量模型才能被识别,从而能够进行下一步的参数估计分析和模型饱和检验。从表 5-11 可以看出,服装品牌形象价值创造、顾客参与行为、品牌忠诚、服装品牌体验价值感知、顾客参与意愿及服装品牌信任的自由度均达到 df>0 的参考标准,说明各测量维度模型均可进行拟合度饱和检验。

表 5-11　各测量模型的自由度

测量模型	df	测量模型	df
服装品牌形象价值创造	33	品牌忠诚	23
顾客参与行为	6	顾客参与意愿	2
服装品牌体验价值感知	30	服装品牌信任	16

吴明隆[239]提出了结构模型检验指标判断标准,即当卡方与自由度之比(x^2/d_f)小于 3,GFI 及 AGFI 大于 0.8,其他测量指标大于 0.9,路径系数大于 0.4 时,模型的拟合结果理想。表 5-12 显示,服装品牌形象价值创造、顾客参与行为、服装品牌体验价值感知、品牌忠诚、顾客参与意愿及服装品牌信任的 x^2/d_f 分别为 2.170、2.988、2.544、2.408、2.637、1.951,均达到小于 3 的参考标准,顾客参与意愿的 AGFI 值为 0.859>0.8,其他变量的各项测量值均大于 0.9 的参考标准,由此可得出各测量模型的拟合结果较为理想的结论。

表 5-12　各测量模型拟合度

拟合度指标	服装品牌形象价值创造	顾客参与行为	服装品牌体验价值感知	品牌忠诚	顾客参与意愿	服装品牌信任
CMIN	71.613	17.928	76.321	55.384	5.274	31.216
x^2/d_f	2.170	2.988	2.544	2.408	2.637	1.951
RMR	0.020	0.029	0.033	0.012	0.039	0.026
RMSEA	0.049	0.063	0.056	0.053	0.033	0.044
GFI	0.939	0.988	0.972	0.945	0.918	0.944
AGFI	0.911	0.958	0.948	0.927	0.859	0.908
NFI	0.953	0.992	0.977	0.946	0.942	0.913
IFI	0.956	0.995	0.966	0.948	0.945	0.937
CFI	0.956	0.995	0.966	0.948	0.945	0.937

（2）结构模型检验

表 5-13 为拟合度检验结果。由表 5-13 可以看出，模型的 NFI、CFI、TLI、IFI 都大于 0.90 的判断标准，且 RMR = 0.049<0.05，RMSEA = 0.072<0.1。GFI = 0.899>0.8、AGFI = 0.868>0.8。由此可见，上述指标均达到判断标准，但由于 x^2/d_f = 3.352，略大于 3 的标准值，说明初始理论模型的拟合优度较不佳，需要进行修正以达到判定标准。

表 5-13　模型拟合度检验结果

指标	卡方检验		NFI	CFI	TLI	IFI	GFI	AGFI	RMR	RMSEA
数值	CMIN	x^2/d_f	0.928	0.947	0.937	0.947	0.899	0.868	0.049	0.072
	514.971	3.352								

由上述数据分析可知，服装品牌形象价值创造与品牌忠诚初始模型的卡方与自由度之比（x^2/d_f）不符合拟合参数标准，因此需参考拟合结果对模型进行修正。修正标准主要是根据假设模型修正参数（Modification Indices）的大小判断。在遵循原本假设模型构建原理的基础上，若修正参数数值较大，则可通过增加新路径的方式来使模型的拟合度达到理想值。修正模型得到如表 5-14 所示的修正拟合结果及如图 5-10 所示的修正模型。由其可知，修正后模型各项拟合参数均符合标准。

表 5-14　修正后模型的拟合度检验结果

指标	卡方检验		GFI	NFI	CFI	TLI	IFI	AGFI	RMR	RMSEA
数值	CMIN	x^2/d_f	0.922	0.943	0.962	0.955	0.962	0.897	0.037	0.061
	408.375	2.836								

从结构模型回归方程（见表 5-15）及修正后的模型关系图 5-10 中可以看出，自变量与因变量以及中介变量之间的路径系数分别为 0.602、0.863、0.500、0.876、0.481，均符合路径系数需大于等于 0.4 的判断标准。说明模型中所建立的各变量间的影响关系显著，且均为正向影响，由此初步认定这 5 个主路径假设合理。

表 5-15　结构模型回归方程

中介效应
顾客参与行为 = 0.863 服装品牌形象价值创造
服装品牌体验价值感知 = 0.863×0.876 顾客参与行为 = 0.756 顾客参与行为
总效应
品牌忠诚 = 0.602 服装品牌形象价值创造+0.500 顾客参与行为+0.481 服装品牌体验价值感知
品牌忠诚 = 0.602 服装品牌形象价值创造+0.500×0.863 服装品牌形象价值创造+0.481×0.756 顾客参与行为 = 0.602 服装品牌形象价值创造+0.432 服装品牌形象价值创造+0.364 顾客参与行为 = 1.034 服装品牌形象价值创造+0.364 顾客参与行为

理论模型检验结果见表 5-16。由表 5-16 可知：H1 路径系数为 0.602，T 值为 6.324，达到显著标准，说明服装品牌形象价值创造对品牌忠诚具有正向影响，且较为显著，因此假设 H1 成立。H2 路径系数为 0.863，T 值为 16.182，达到显著标准，说明服装品牌形象价值创造对顾客参与行为具有正向影响，且较为显著，故假设 H2 成立，

相应的假设 H2a、H2b、H2c、H2d、H2e 均成立。H3 的径系数为 0.500，T 值为 4.475，达到了显著标准，表明顾客参与行为对品牌忠诚具有正向影响，且较为显著，假设 H3 成立。H4 路径系数为 0.876，T 值为 18.436，达到显著标准，表明顾客参与行为对服装品牌体验价值感知具有正向影响，且较为显著，假设 H4 成立，相应的假设 H4a、H4b、H4c 成立。H5 路径系数为 0.481，略小于 0.5 的参考值，T 值为 4.287，达到显著标准。研究表明[239]，在社会科学性研究中，由于存在没有固定的样本量，样本数据与调研对象也存在不确定性，因此当路径系数≥0.4 时，认为该模型符合显著性标准。综合以上分析可知，服装品牌体验价值感知对品牌忠诚具有正向的影响，且较为显著，故假设 H5 成立，相应的假设 H5a、H5b、H5c 成立。

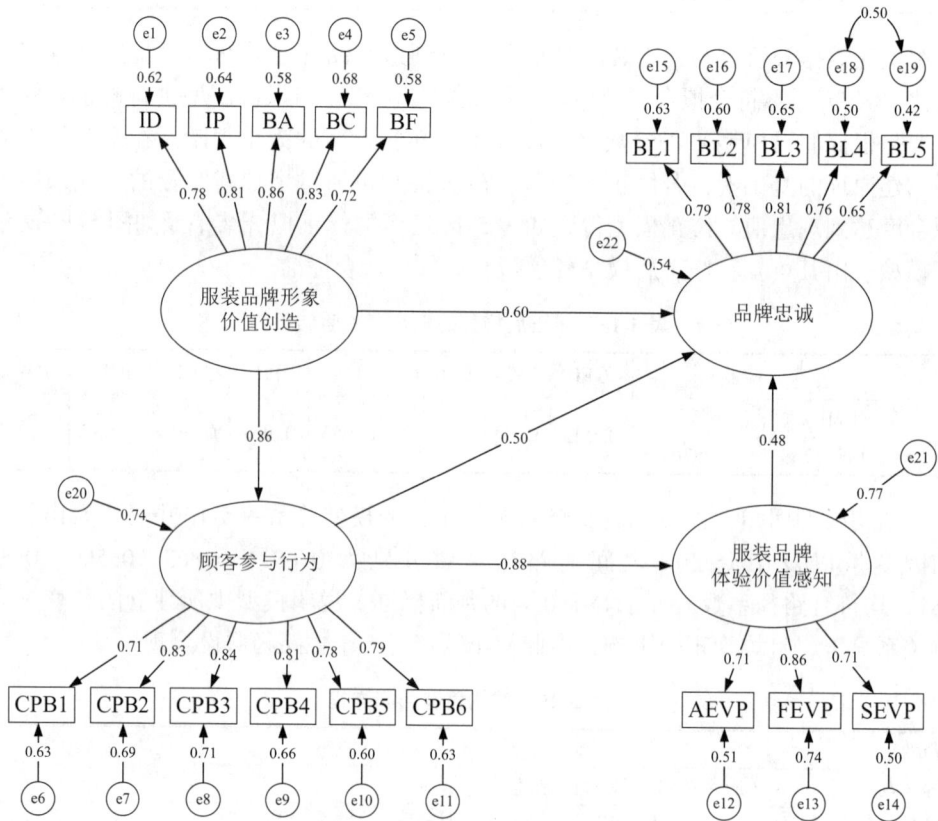

图 5-10　修正后模型

表 5-16　假设模型检验结果

假设	路径系数	估计标准误差 S.E.	T 值	p 值	结论
H1	0.602	0.107	6.324	＊＊＊	支持
H2	0.863	0.067	16.182	＊＊＊	支持
H3	0.500	0.116	4.475	＊＊＊	支持
H4	0.876	0.039	18.436	＊＊＊	支持
H5	0.481	0.123	4.287	＊＊＊	支持

综合以上理论模型和实证检验的研究结果可知，本书阐释的服装品牌形象价值创造对品牌忠诚的影响机制如下：

①服装品牌形象价值创造直接影响品牌忠诚。这是由于服装企业开展品牌形象方面的价值创造活动，在一定程度上能够提升服装品牌价值。而品牌忠诚是品牌价值的必要内容之一，故服装品牌形象价值创造能够提升品牌忠诚。与此同时，当服装企业开展价值创造活动时，能够提高消费者对服装品牌形象各要素的感知程度，进而提升品牌忠诚。

②服装品牌形象价值创造通过消费者价值共创影响品牌忠诚。这是由于在价值创造过程中，服装企业与消费者之间会产生参与、互动，双方通过这种参与互动的价值共创行为创造满足双方需求的价值，实现互利共赢的目标。例如消费者提供自身的知识、经验和技能帮助企业生产更符合消费者需求的品牌价值（服装企业价值创造的目标），而消费者是为了得到更好的产品或服务。模型中，顾客参与行为作为消费者价值共创中的必要环节，能够通过引领顾客与品牌之间的价值观来形成良好的合作关系，也会在一定程度上使消费者信赖服装品牌，进而增加采购行为。对企业而言这有助于让服装品牌在赢得信誉的同时收获更高水平的品牌忠诚。

③服装品牌形象价值创造通过顾客参与行为和服装品牌体验价值感知的共同作用影响品牌忠诚。这是由于顾客参与服装品牌价值共创时，能够给消费者带来独特的消费体验。而消费者会对这种体验产生一种正向的感知结果，对品牌的感情更加深厚，从而对品牌有着更高的承诺及忠诚，也会主动向他人宣传和推荐品牌和产品。此外，本研究还对服装品牌形象价值创造对服装品牌体验价值感知的影响做了模型检验，但结果显示其路径系数为 0.135，且不显著（$p = 0.226$，>0.001），该结论佐证了在价值创造环境中，顾客产生的服装品牌体验价值感知需以消费者参与价值共创（本课题中的顾客参与行为）为前提这一说法。

五、中介效应检验

采用 Bootstrap 方法对假设 H6 顾客参与行为的中介效应以及假设 H7 顾客参与行为对体验价值感知的链式中介效应进行检验。基于消费者价值共创理论及体验价值感知理论构建的中介模型为：服装品牌形象价值创造→顾客参与行为→品牌忠诚；服装品牌形象价值创造→顾客参与行为→服装品牌体验价值感知→品牌忠诚。

在检验顾客参与行为中介效应时运用简单中介模型（Model 4）。在控制调研对象基本信息的情况下，对顾客参与行为在服装品牌形象价值创造和品牌忠诚影响关系中的中介效应进行检验。当 T 值大于 1.96，$p = 0.000 < 0.01$ 时，表明变量间作用效果显著。检验结果见表 5-17。由其可以看出，自变量与因变量间的 T 值为 23.096，$p = 0.000 < 0.01$，说明服装品牌形象价值创造对品牌忠诚的直接影响显著。加入中介变量顾客参与行为后，自变量与因变量间的 T 值为 12.857，$p = 0.000 < 0.01$，说明服装品牌形象价值创造对品牌忠诚直接作用效果依然显著。此外，自变量与中介变量间的 T 值为 24.823，$p = 0.000 < 0.01$；中介变量与因变量间的 T 值为 3.592，$p = 0.000 < 0.01$，这说明服装品牌形象对顾客参与行为的正向作用效果显著，且顾客参与行为对品牌忠诚

的正向作用效果显著。以上数据分析结果表明，顾客参与行为在该影响关系中具有一定的中介效应。

表5-17 中介效应模型检验结果

变量		拟合指标			系数显著性	
结果变量	预测变量	R	R^2	F 值	T 值	p 值
		0.733	0.537	70.746		
品牌忠诚	性别				−1.567	0.118
	年龄				1.757	0.080
	职业				0.905	0.366
	学历				−0.558	0.577
	月收入				0.975	0.330
	居住地				−0.141	0.888
	服装品牌形象价值创造				12.857	0.000
	顾客参与行为				3.592	0.000
		0.725	0.526	77.128		
品牌忠诚	性别				−1.274	0.291
	年龄				1.824	0.069
	职业				0.867	0.386
	学历				−0.666	0.506
	月收入				0.763	0.446
	居住地				−0.479	0.632
	服装品牌形象价值创造				23.096	0.000
		0.750	0.563	89.598		
顾客参与行为	性别				1.743	0.082
	年龄				0.546	0.586
	职业				−0.170	0.865
	学历				−0.708	0.479
	月收入				−1.258	0.210
	居住地				−2.111	0.035
	服装品牌形象价值创造				24.823	0.000

表5-18显示，95%置信水平下的直接效应Boot CI置信区间为［0.750 6，0.899 3］。由此可知，其下限与上限之间不经过0，且直接效应值为0.451，占总效应的58.34%，表明服装品牌形象价值创造对品牌影响具有显著性直接影响。同时，95%置信水平下的间接效应BootCI置信区间为［0.561 0，0.763 3］。由此可知，其下限与上限之间也不经过0，且间接效应作用值为0.322，占总效应值得41.66%，表明服装品牌形象价值创造能够通过顾客参与行为得中介作用对品牌忠诚产生显著性间接影响。基于以上实证分析结果可知，顾客参与行为在服装品牌形象价值创造对品牌忠诚的影响关系中具有显

著的中介效应（部分中介）。由此假设 H6 得到验证。

表 5-18 顾客参与行为中介效应分析结果

路径	效应值	Boot 标准误差	BootCI 置信区间		效应占比/%
			下限	上限	
总效应	0.773	0.0455	0.7506	0.8993	
直接效应	0.451	0.0515	0.5610	0.7633	58.34
间接效应（服装品牌形象价值创造→顾客参与行为→品牌忠诚）	0.322	0.0393	0.0593	0.2163	41.66

对顾客参与行为与服装品牌体验价值感知的链式中介效应进行检验。本研究中，采用 Bootstrap 法及 Model 6 模型来分析链式中介效应。其中，自变量 X 为服装品牌形象价值创造，因变量 Y 为品牌忠诚；另外，将第一中介变量和第二中介变量设定为 M1、M2，分别为顾客参与行为和服装品牌体验价值感知。结果如表 5-19 所示。由其可以看出，95% 置信水平下的总效应 BootCI 置信区间为 [0.7323，0.8684]，不经过 0，且总效应值为 0.801，说明自变量对因变量的总效应显著。95% 置信水平下的直接效应置信区间为 [0.3523，0.6130]，不经过 0，且直接效应值为 0.463，说明自变量对因变量具有显著性影响。同样，在间接效应中：当只经过第一中介变量 M1 时，置信区间为 [0.0928，0.2638]；当即经过第一中介变量 M1，又经过第二中介变量 M2 时，置信区间为 [0.019 5，0.171 5]。由此可见均不经过 0，且效应值分别为 0.180、0.158，表明顾客参与行为作为唯一中介变量时在自变量与因变量的影响关系中具有中介效应，且当加入服装品牌体验价值感知与顾客参与行为共同作用时，其在自变量与因变量的影响关系中具有链式中介效应。综上所述，顾客参与行为和服装品牌体验价值感知在服装品牌形象价值创造对品牌忠诚的影响中起链式中介作用（部分中介），假设 H7 得到验证。

表 5-19 链式中介效应分析结果

路径	效应值	Boot 标准误差	BootCI 置信区间	
			下限	上限
总效应	0.801	0.0347	0.7323	0.8684
直接效应	0.463	0.0455	0.3523	0.6130
间接效应（服装品牌形象价值创造→顾客参与行为→品牌忠诚）	0.180	0.0434	0.0928	0.2638
间接效应（服装品牌形象价值创造→顾客参与行为→服装品牌体验价值感知→品牌忠诚）	0.158	0.0391	0.0195	0.1715

六、调节效应检验

本研究中，检验顾客参与意愿及服装品牌信任调节效应时，采用层级回归模型。在控制调研对象的基本信息条件下，先将顾客参与行为作为因变量，引入服装品牌形象价值创造与顾客参与意愿的交叉乘积进行回归分析，具体结果如表 5-20 所示。由表 5-20 及其分析结果可知，随着"服装品牌形象价值创造×顾客参与意愿"交互项的引入，调整 R^2 由 0.557 增大到 0.597，表明模型拟合较好。另外，由标准化系数 = 1.320，T 值 = 7.034，$p<0.001$ 可知，该交互项对顾客参与行为的影响显著，表明顾客参与意愿在服装品牌形象价值创造对顾客参与行为的影响关系中存在调节作用，且较为显著结论。故假设 H8 得到验证。

表 5-20　顾客参与意愿调节效应的检验结果

变量	顾客参与行为		顾客参与行为		顾客参与行为	
	标准化系数	T 值	标准化系数	T 值	标准化系数	T 值
性别	0.071	1.556	0.052	1.717	0.060	2.098
年龄	0.023	0.499	0.018	0.583	−0.013	−0.430
职业	−0.037	−0.818	−0.005	−0.156	0.003	0.103
学历	0.003	0.060	−0.022	−0.719	−0.014	−0.484
月收入	−0.036	−0.768	−0.040	−1.295	−0.046	−1.560
居住地	−0.044	−0.983	−0.064	−2.118	−0.055	−1.908
服装品牌形象价值创造			0.789 ***	16.840	1.201 ***	16.368
顾客参与意愿			0.175 ***	4.131	1.038 ***	6.442
服装品牌形象价值创造 ×顾客参与意愿					1.320 ***	7.034
调整 R^2	−0.002		0.557		0.597	
F 值	0.811		78.665		82.524	

注：＊＊＊表示 p 在 0.001 水平上显著，＊＊表示 p 在 0.01 水平上显著，＊表示 p 在 0.05 水平上显著。

其次，在同样的控制条件下，将品牌忠诚作为因变量，分别引入顾客参与行为与服装品牌信任交叉乘积、服装品牌体验价值感知与服装品牌信任交叉乘积进行回归分析，具体结果如表 5-21 和表 5-22 所示。

表 5-21　品牌信任调节效应检验结果 1

变量	品牌忠诚		品牌忠诚		品牌忠诚	
	标准化系数	T 值	标准化系数	T 值	标准化系数	T 值
性别	−0.023	−0.498	−0.066	−1.816	−0.065	−1.797
年龄	0.064	1.393	0.050	1.351	0.050	1.365
职业	−0.004	−0.081	0.019	0.536	0.018	0.510
学历	0.002	0.053	0.001	0.019	0.000	0.002
月收入	0.028	0.594	0.050	1.353	0.050	1.351
居住地	0.003	0.077	0.031	0.864	0.031	0.868
顾客参与行为			0.615 ***	17.150	0.561 **	2.939
服装品牌信任			−0.174 ***	−5.013	0.983 ***	5.721
顾客参与行为 ×服装品牌信任					1.321 ***	5.903
调整 R^2	−0.006		0.369		0.378	
F 值	0.517		37.398		33.189	

注：＊＊＊表示 p 在 0.001 水平上显著，＊＊表示 p 在 0.01 水平上显著，＊表示 p 在 0.05 水平上显著。

表 5-22　品牌信任调节效应检验结果 2

变量	品牌忠诚		品牌忠诚		品牌忠诚	
	标准化系数	T 值	标准化系数	T 值	标准化系数	T 值
性别	−0.023	−0.498	−0.026	0.787	−0.026	−0.786
年龄	0.064	1.393	0.104	3.073	0.104	3.059
职业	−0.004	−0.081	0.007	0.196	0.007	0.219
学历	0.002	0.053	−0.009	−0.277	−0.008	−0.251
月收入	0.028	0.594	0.026	0.761	0.026	0.757
居住地	0.003	0.077	−0.016	0.479	0.016	−0.472
服装品牌体验价值感知			0.687***	20.872	0.745***	4.234
服装品牌信任			0.112**	2.5093	0.140**	3.142
服装品牌体验价值感知×服装品牌信任					1.472***	5.923
调整 R^2	−0.006		0.466		0.477	
F 值	0.517		55.206		48.994	

注:＊＊＊表示 p 在 0.001 水平上显著,＊＊表示 p 在 0.01 水平上显著,＊表示 p 在 0.05 水平上显著。

由表 5-21 及其分析结果可知,随着"顾客参与行为×服装品牌信任"交互项的引入,调整 R^2 由 0.369 增大为 0.378,表明模型拟合较好。另外,由标准化系数 = 1.321, T 值 = 5.903, $p<0.001$ 可知,该交互项对品牌忠诚的影响显著。从而可以得出服装品牌信任在顾客参与行为对品牌忠诚的影响关系中存在显著调节作用的结论。故假设 H9 得到验证。由表 5-22 及其分析结果可知,随着"服装品牌体验价值感知×服装品牌信任"交互项的引入,调整 R^2 由 0.466 增大到 0.477,这表明模型拟合较好。标准化系数 = 1.472, T 值 = 5.923, $p<0.001$,可以看出该交互项对品牌忠诚的影响显著。以上实证数据显示,服装品牌信任在服装品牌体验价值感知对品牌忠诚的影响关系中存在显著的调节作用。故假设 H10 得到验证,从而假设 H10a、H10b、H10c 也得到相应的验证。

第六章　服装品牌形象创新对消费者购买意愿的影响机理

在新的竞争环境和消费升级的背景下，企业的服装品牌创新意识不断增强，并积极开展创新活动。服装品牌形象创新若能被消费者所感知，会显著影响消费者的购买意愿。服装品牌形象创新是企业围绕服装品牌形象进行的各项创新活动，消费者通过感知这些创新活动可以积累品牌知识。品牌知识是消费者对品牌的心理表征，是认知、情感、关系及社会意义的综合，可以分为整体水平和属性水平两个层次的知识结构。整体水平的品牌知识表现为品牌原型，在品牌知识结构中具有关键作用，它体现了消费者对品牌的总体评价；属性水平的品牌知识表现为品牌产品知识、品牌情感知识及品牌社会知识。其中：品牌产品知识是从产品层面进行研究的；品牌社会知识象征着品牌的社会意义；品牌情感知识是消费者对品牌有了一定接触后所产生的情绪反应，主要表现为乐趣、愉快和轻松。消费者通过形成品牌原型将某品牌归为某一类别，并对其属性进行评价，即通过品牌原型能唤醒消费者的品牌情感，从而影响消费者的购买意愿。因此，本节从服装品牌知识积累的角度出发，引入品牌原型和品牌情感，并采用问卷调研法进行实证检验，旨在揭示服装品牌形象创新对消费者购买意愿的影响机理。

第一节　服装品牌形象创新的相关研究

一、品牌创新的相关研究

（一）品牌创新的概念

从企业角度定义品牌创新，赵锁学[396] 提出品牌创新包含两方面内容：一方面，企业根据市场变化，延伸品牌、创造新品牌、引进或转让资产来管理品牌；另一方面，通过发展竞争者所不具备的技术和手段，给市场提供更好的产品或服务。余明阳[397]提出品牌创新的概念有广义和狭义之分：狭义的品牌创新是指品牌从不同角度进行创新活动，包括对品牌视觉系统、品牌名称、品牌形象的创新行为；广义的品牌创新指品牌采用新的产品或服务，开拓新市场，延伸新品牌，更新品牌理念，重新精准定位市场，以增加核心竞争力的创新行为。

从消费者角度定义品牌创新。Chen 等[398] 提出品牌能够通过产品和流程创新等方法满足消费者需求。也就是说，品牌需要结合消费者的特性和喜好进行创新，以达到满足消费者需求的最终目的。Boisvert 等[399] 提出店铺色彩、企业产品、创新声誉及品牌传承对消费者感知品牌创新都会产生影响。沈于蓝[400] 提出品牌创新是品牌根据需要，开辟市场，整合资源，挖掘品牌独有价值，以满足消费者需求的过程。靳少罕[401] 从品牌特性出发提出品牌创新具有可区别性、专属性、附加价值属性和与消费者的联系性。胡旺盛等[402] 提出品牌创新是指随着消费者需求和营销环境的变化，品牌内涵和表现形式也不断变化调整，以适应社会市场的发展过程。Fazal 等[403] 提出消费者对品牌创新的感知取决于消费者的情感、态度和行为。这些概念从消费者角度出发，提出品牌创新是可以被消费者感知的，并且品牌创新需要遵循消费者原则。

综上所述，品牌创新要依据消费者需求进行，企业从各个不同角度制定创新策略，品牌创新具有很多不同的表现形式。本书认为品牌创新是指企业对品牌的各个要素进行重新组合，以满足消费者新需求的一种创造性活动。

（二）品牌创新的构成

品牌创新是赋予品牌各个要素一种创造价值的能力，但品牌在某个维度进行要素的组合创新时，也要兼顾其他维度的要素[56]。品牌想要通过有效的组合创新要素，实现品牌价值增值，就一定要了解品牌创新的各个构成要素。

学者们对品牌创新构成要素已有相当多的研究，相关学者对品牌创新的构成要素如表 6-1 所示。张岩松[404] 提出品牌创新是一个系统性工程，基础是产品创新，支撑是技术创新，手段是形象创新，保证是管理创新。赵利国[405] 认为品牌识别要素都可以作为品牌创新要素，主要包括品牌名称和标识，产品质量和包装，生产技术，提供的服务及品牌的营销传播组合等。刘宝玲[406] 认为可从品牌形象、品牌产品、延伸策略和品牌推广四个方面发展品牌创新。刘新[407] 认为品牌创新是企业竞争的关键，主要包括战略创新、营销创新、技术创新、广告创新、形象创新和产品创新六个方面。张芝兰[408] 认为品牌创新包括形象创新、产品创新、品牌延伸、品牌推广、商标管理等。董秀春[409] 提出品牌应该从定位、文化、名称、标志、包装、战略、传播、形象、服务等方面进行创新。郑玉香[410] 认为品牌创新可以从产品创新、品牌战略创新和品牌渠道创新三方面入手。马娟玲[411] 认为品牌创新主要包括产品、技术、传播、价值、营销和市场等方面。张瑾[412] 认为品牌创新包含产品、技术、组织结构、品牌传播、市场营销、管理、市场定位的创新。沈于蓝[400] 认为品牌的每一个要素都可以作为创新的突破点，主要包括品牌名称、标识、服务理念、生产技术、宣传策略以及陈列展示等。周芳[413] 将品牌要素概括为品牌视觉系统、品牌形象、品牌理念、品牌延伸、品牌战略与策略，其对应的品牌创新要素可以分为技术创新、质量创新、管理创新、商业模式创新和企业文化创新。刘敏[414] 提出从战略创新、技术服务创新、制度创新和文化创新等四个方面来发展品牌创新。

表 6-1 品牌创新的构成要素

年份	作者	构成要素
2005	张岩松	产品、技术、形象、管理
2007	赵利国	名称和标识、产品质量和包装、生产技术、服务、营销传播
2008	余明阳	视觉系统、名称、品牌延伸、品牌理念、品牌形象、品牌战略
2008	刘宝玲	品牌形象、产品、延伸策略、品牌推广
2008	刘新	战略、营销、技术、广告、形象、产品
2008	张芝兰	形象、产品、品牌延伸、品牌推广、商标管理
2008	董秀春	定位、文化、名称、标志、包装、战略、传播、形象、服务
2015	郑玉香	产品创新、品牌战略创新、品牌渠道创新
2015	马娟玲	产品、技术、传播、价值、营销、市场
2015	张瑾	产品、技术、组织结构、传播、营销、管理、市场定位
2015	沈于蓝	名称、标识、服务理念、生产技术、宣传策略、陈列展示
2016	周芳	技术、质量、管理、商业模式、企业文化
2017	刘敏	战略、技术、制度、文化

二、服装品牌创新的概念与构成

学者们有关服装品牌创新的研究主要集中在服装品牌的产品设计、品牌形象、营销策略及管理模式等。吴锦峰[415] 提出消费者通过服装品牌联想、服装品牌感知质量评价服装品牌的创新行为。桑盼盼[416] 提出服装品牌通过创新品牌战略、实施创新手段、推广品牌特质来实现创新，进而占领消费者市场。Eisingerich[417] 将品牌创新定义为品牌能够提供消费者满足他们需求的、新颖的、有用的解决方案。因此，本研究提出服装品牌创新是指服装品牌能够针对消费者服装方面的需求，对品牌内部各种要素进行重新组合，从而提供新颖的、有用的解决方案。

品牌创新维度对服装品牌创新来说具有一定的借鉴意义，但又不完全等同。服装品牌创新的维度还需结合服装产品及服装品牌本身的特点进行分析。学者们关于服装品牌创新的构成要素，如表 6-2 所示。姚立丹[418] 提出服装品牌创新包含产品创新、市场定位创新、销售模式创新、品牌传播创新、管理平台创新和服务创新六个方面。范铁明[419] 通过分析皮草服装品牌的发展提出服装品牌创新包括战略创新、形象创新、定位创新、材料创新、工艺创新和设计创新。王雪燕[420] 从服装设计视角下提出服装品牌主要从品牌形象创新、产品设计创新、跨界设计创新和品牌延伸创新四方面实现创新。祖聪聪[421] 从品牌继承与创新角度提出服装品牌创新包括思路创新、科技创新和文化创新。Pei-Yuh[422] 通过分析优衣库发展模式提出服装品牌创新可以从创新品牌形象、创新产品、创新商业模式展开。张瑾[412] 从老字号服装品牌创新的角度提出服装品牌创新主要包括市场定位、产品技术、品牌传播、品牌延伸和商业模式五个方面的创新。卢婷苑[423] 提出服装品牌创新必须做到定位创新、科技创新和服务创新。沈雷[424] 提出服装品牌创新包括品牌延伸、运营模式创新、科技创新、文化内涵创新与品牌形象创新等。张圆圆[425] 基于互联网时代背景提出服装品牌创新分为品牌文化创新、品牌定位创新、推广方式创新和营销模式创新。崔业松[426] 提出服装品牌要从生产组织创新、商业营销创新、科学技术创新和品牌文化创新四个角度实现创新。李丹[427] 基于大数据背景提出服装品牌创新主要包括营销模式创新、运营模式创新和品牌形象创新。桑盼盼[416] 认为服装品牌应该从生产方式和组织管理形式、商业模式和营销方式、科技、品牌文化、产品 5 个方面进行品牌差异化创新。

表 6-2　服装品牌创新的构成要素

年份	作者	构成因素
2007	姚立丹	产品、定位、模式、传播、管理、服务
2013	范铁明等	战略、形象、定位、材料、工艺、设计
2014	王雪燕	形象、产品、设计、跨界设计、品牌延伸
2014	祖聪聪等	思路、科技、文化
2014	Pei-Yuh	形象、产品、商业模式
2015	张瑾	定位、产品、传播、品牌延伸、模式
2016	沈雷等	品牌延伸、模式、科技、文化、形象
2017	卢婷苑	科技、定位、服务
2018	张圆圆	文化、定位、推广、营销
2018	崔业松等	生产组织、营销、科技、文化
2018	李丹	营销、运营、形象
2018	桑盼盼等	管理、模式、营销、科技、文化、产品

第二节　品牌原型的相关研究

一、品牌原型概念界定

品牌原型（Brand prototype）是原型理论在品牌营销领域的应用，原型有两种含义，一是 Jung（1954）提出的原型（Archetype），他认为原型是一种集体无意识；二是 Rosch（1978）提出的原型（Prototype），他认为原型是一组具有相似性的事物所拥有的基本特征。Sujan[428]（1985）将品牌原型界定为消费者对产品的一般性稳定知识结构，他认为品牌原型是消费者进行产品类别化时运用的一组相关的产品特征或属性。Ward[429]（1986）认为品牌原型与产品原型为同一概念，是消费者基于产品层面的知识结构。Sujan（1985）和 Ward（1986）均是从产品视角来定义品牌原型。随着研究的不断深入，学者们开始从品牌视角来界定品牌原型的内涵。我国学者蒋廉雄[430]（2010）将品牌原型界定为消费者对品牌的基本期望和知识结构。曹佛宝[431]（2017）指出品牌原型是超越品牌某种具体构成属性的整体性知识结构。刘英为[432]（2018）认为品牌原型是消费者对品牌进行认知过程中所应用到的一般性、稳定性、整合性的知识框架。张克一等[433]（2018）也认为品牌原型是消费者对品牌的一般性稳定的知识结构。汪涛[434]（2020）在其研究中发现，品牌原型是消费者结合自身的经验和文化对品牌形成的相对稳定的知识结构。综上，基于文献整理和归纳发现，学者们大多依据 Rosch（1978）提出的原型概念来定义品牌原型的内涵。本书也以 Rosch（1978）提出的原型理论为基础来界定品牌原型：品牌原型是消费者在品牌认知过程中形成的知识结构，这种知识结构与文化属性、消费者属性相关。

二、品牌原型研究现状

1. 品牌原型与消费者认知、偏好和态度的关系

在类别化认知过程中，消费者通过形成原型知识简化其认知过程、提高其认知效率，故消费者对具有原型特征的产品认知比对不具有原型特征的产品认知更准确和迅速[428]。蒋廉雄[435]通过研究消费者的创新反应发现，品牌原型能够促进消费者品牌偏好的形成。Nedungadi[436]（1985）表明品牌原型与消费者态度也存在较高的相关性。品牌的原型程度越高，越有可能成为消费者进行品牌评价的标准。因此，品牌可以借助原型对产品进行设计，并引导消费者依据此原型进行认知，进而提高品牌在消费者心中被接受的程度，这为品牌想要通过原型化来成为国际品牌提供了建议和方法。

2. 品牌原型的测量

基于文献归纳和梳理，发现国内外学者们对品牌原型的测量主要可以分为三种，即典型性水平测量、蒋廉雄提出的测量维度和唐小飞提出的测量维度。采用典型性水平测量品牌原型。这种测量方法参考了 Rosch（1978）对自然概念典型性的测量。其测量步骤是：首先，从上位水平（品牌所处的产品类别）、基本水平（品牌所处的子类别）或下位水平（品牌）确定测量的抽象水平；其次，测量抽象水平。访谈被测试者觉得某品牌在多大程度上可以作为测试类别的范例，被测试者在 0~10 的水平上对被试产品进行打分；最后，用所有被测试者的打分平均值来衡量品牌的典型性水平。最终得分越高，代表其典型性水平越高，即品牌原型越高[436]。蒋廉雄[438]通过深度访谈的方式将品牌原型划分为品牌的营销地位（Marketing Status）、社会声名（Social Reputation）和表现能力（Performance Ability）三个维度。唐小飞[439]从社会认知理论着手，在蒋廉雄提出的测量维度基础上，将品牌原型划分为品牌地位（Brand Status）和品牌品性（Brand Character）两个维度。我们发现，采用典型性水平测量品牌原型虽然可以衡量某品牌对某产品类别的总体代表性，但只从单一产品类别层面测量品牌原型水平，忽视了消费者因素的影响；唐小飞提出的测量维度较为宽泛，而蒋廉雄提出的测量维度更为全面，各维度的划分与归纳较唐小飞的量表更为精准。因此，本研究采用蒋廉雄提出的品牌营销地位、社会声名和表现能力三个维度来测量品牌原型。

第三节　品牌依恋的相关研究

一、品牌依恋的概念界定

品牌依恋（Brand Attachment）是依恋在品牌领域的应用。目前关于品牌依恋的内涵主要依据依恋理论和品牌关系来界定。Schultz[440]（1989）最早提出品牌依恋的概念，他依据依恋理论将品牌依恋定义为消费者对品牌的认知与自我关联的程度。随着依恋理论的不断深入，学者们开始从品牌关系视角对品牌依恋进行概念界定。Trinke[441]（1997）认为品牌依恋是消费者对品牌特殊情感的表现。Thomson[442]（2005）认为品牌依恋是消费者与品牌之间富有情感的纽带。Park[443]（2006）、Thach[444]（2006）将品牌依恋界定为消费者与品牌在认知、情感上的纽带。Lacoeuihe[445]（2007）也认为品牌依恋反应了消费者对品牌的情感态度。我国学者姜岩[446]（2008）将品牌依恋定义为联结消费者与品牌之间的认知、情感、意向的纽带。侯海青[447]（2009）、李欣[448]（2016）、侯清峰[449]（2018）均认为品牌依恋是消费者与品牌之间的情感联系。潘海利[450]（2017）认为品牌依恋表现为消费者与品牌在认知、情感上的纽带关系。祝裕卿[451]（2019）、苏淑芬[452]（2020）将品牌依恋定义为维系消费者与品牌之间的纽带。基于以上文献回顾，本研究采用Park（2006）对品牌依恋的内涵界定：消费者与品牌之间的认知和情感联结。

二、品牌依恋研究现状

1. 品牌依恋的前因

影响品牌依恋的因素可以从消费者视角、品牌视角和品牌与消费者关系视角这三个角度进行分析。

消费者视角。研究消费者个性对品牌依恋的影响。Schultz[441]（1989）研究表明，消费者的经历会影响品牌依恋的形成。张义等[453]（2012）研究证实消费者的怀旧心理对品牌依恋具有显著的正向影响。Bidmon[454]（2017）发现消费者依恋风格对品牌依恋有影响作用。

品牌视角。探究哪种品牌类型可以使消费者产生品牌依恋。Thomson[455]（2006）发现当品牌能够满足消费者自主、关联时，便会产生品牌依恋。Park[443]（2006）研究表明，当品牌向消费者展示其享乐性形象、象征性形象、功能性形象时，可以让消费者丰富、实现自我，促进其品牌依恋的形成。同时国内学者们也研究发现，品牌声誉、口碑、信任、体验等对品牌依恋均具有显著影响[456-457]。

品牌与消费者关系视角。研究消费者的品牌依赖对品牌依恋的影响。Malar[458]（2011）研究表明，消费者的真实自我一致性对品牌依恋的影响比理想自我的影响要强。Japutra[459]（2014）研究证明，消费者自我一致性对品牌依恋的形成有促进作用。国内学者周松[460]（2013）、姜捷萌[461]（2013）、臧志谊等[462]（2014）也证实自我一致性对品牌依恋的显著影响作用。

2. 品牌依恋的测量

基于文献归纳和梳理，我们发现国内外学者们对品牌依恋的测量主要分为两类：单维度测量和多维度测量。单维度测量是仅强调情感这一个维度。多维度测量主要是包括情感、认知、意向等多个维度，如表 6-3 所示。综述发现学者们多采用情感联结和自我关联来表征品牌依恋。故本研究采用 Park（2006）提出的维度来测量品牌依恋，具体包含自我联结、情感联结两个维度。

表 6-3　多维度构成要素

年份	作者	构成要素
1989	Schultz	整合性、个性化、时间取向
2001	Heilbrunn	享乐、认知、人际、怀旧、自我表达、关系持久
2005	Thomson	感情、激情、纽带
2006	Park	认知情感联结、自我联结
2009	姜岩	认知、情感、意向
2011	洪浏妗	寻求亲近、情感安全、避风港行为、分离悲伤
2014	Japutra	自我联结、感情、重要性
2014	潘友仙	信赖、自我关联、情感联结、热情
2018	周飞	情感联结、自我关联、信赖
2019	张江峰	情感联结、自我关联
2020	刘茂红	情感联结、自我关联

第四节　服装品牌形象创新与消费者购买意愿的理论模型构建

一、服装品牌形象创新与消费者购买意愿关系假设

服装品牌形象创新是对其构成要素的革新、重组或拓展，基于服装品牌案例分析和相关文献资料扎根分析，提出了产品形象创新、企业形象创新、服务形象创新、识别形象创新、营销形象创新和店铺形象创新 6 个维度[4]。消费者购买意愿指消费者接触到品牌各种知识后产生购买行为的可能性。前期研究发现，服装品牌形象创新会影响消费者购买意愿[4]。王海波等[17] 提出品牌在技术、产品和营销等形象方面进行创新会被消费者所感知，进一步影响其购买意愿。朱东红等[18] 提出品牌应该注重功能创新和产品创新，以赢得消费者更多的购买意愿。Price 等[19] 发现个性化的服务会为消费者留下深刻的印象，对服务形象的创新会影响消费者的购买意愿。据此，提出假设 H1。

H1：服装品牌形象创新对购买意愿有积极的影响。

二、服装品牌形象创新与品牌原型、品牌情感关系假设

消费者在生活中会接触到品牌的市场、营销、企业背景和其他相关知识，并以这些知识为基础构建品牌原型[13]。服装品牌形象创新的构成要素是消费者形成品牌原型所需的知识来源[20]。具体地，产品形象创新体现在对产品各个属性的改进或再设计，成为企业产品知识；企业形象创新体现在企业文化、技术、管理等方面的创新，用以传达企业背景知识；服务形象创新表现为服务理念、员工形象等方面的创新，成为企业市场知识；识别形象创新是服装品牌形象创新的最直接体现，成为企业识别知识；营销形象创新表现为广告、促销活动等方面的创新，传达企业营销知识；店铺形象创新表现为对店铺各个方面的改进或再设计，成为企业市场知识。品牌原型是消费者对品牌的知识结构，反映了消费者对品牌整体知识的积累[14]。根据类别化加工理论，品牌原型在品牌知识结构中起着重要的作用，消费者倾向于以品牌原型为知识感知标准[6]。消费者感知到服装品牌形象的各种创新活动后，通过类别化加工积累品牌知识，形成品牌原型，继而对品牌进行评价[21]。由于消费者年龄、性别、文化程度等个人因素的影响，消费者感知能力存在高低，其建构的品牌原型也存在差异[13]。即消费者对服装品牌形象创新活动感知越高，其积累的品牌原型知识越多。据此，提出假设 H2：

H2：服装品牌形象创新对品牌原型有积极的影响。

品牌知识结构分为整体水平和属性水平[5]。整体水平知识用于衡量品牌总体特征情况，即品牌原型；属性水平知识用于衡量品牌的某一特征情况[20-22]。属性层次知识是情感、关系及社会意义的综合[5]。服装品牌形象创新的目的在于提高消费者对品牌形象的感知，而品牌情感是消费者对品牌的感受和情绪反应[8]，能够表征消费者在属性层次上积累的知识。Sanayei 等[23] 实证发现品牌形象创新能显著影响消费者对品牌的情感。包旦妮等[24] 发现品牌形象创新有利于培养消费者审美品位，进而增强消费者对品牌的情感。李国健[25] 证明品牌形象创新会增加品牌与消费者的情感交流。本文认为消费者通过感知服装品牌形象创新来建立品牌情感，积累其属性水平的知识，故提出假设 H3：

H3：服装品牌形象创新对品牌情感有积极的影响。

三、品牌原型与品牌情感关系假设

类别化加工是消费者面对各种知识优先采用的加工方式。在类别化加工过程中，品牌原型被证实是普遍的类别知识表征形式，消费者通过形成品牌原型将某品牌归为某一类别，并对其属性进行评价，即通过品牌原型能唤醒消费者的品牌情感，从而影响消费者的购买意愿。同时，根据类别化加工理论，消费者可以应用品牌原型对属性层次知识进行评价。品牌原型能唤醒消费者对品牌的情感。张克一等[12] 证实在新经济环境下，品牌原型对品牌情感具有显著积极影响。王海忠等[27] 从品牌原型的不同维度证明品牌原型对品牌情感的积极影响。据此，本书认为消费者建立的品牌原型会进一步对品牌情感的建构产生影响，故提出假设 H4：

H4：品牌原型对品牌情感有积极的影响。

四、品牌原型、品牌情感与购买意愿关系假设

品牌知识可以帮助消费者分析评估品牌进而促进其行为的产生[28]。在品牌类别化过程中，消费者首先形成品牌原型知识对品牌进行评价和判断[15]。Nedungadi 等[13] 证实品牌原型直接影响消费者偏好和选择行为。蒋廉雄等[20] 发现品牌原型对消费者偏好具有正向影响。据此，本书认为消费者基于对服装品牌形象创新的感知形成的品牌原型直接影响其购买意愿，故提出假设 H5：

H5：品牌原型对购买意愿有积极的影响。

类别化加工是消费者普遍采用的加工方式。消费者通过类别化加工除了形成品牌原型知识外，还在属性水平形成品牌情感来传达品牌知识，进而影响消费者购买意愿的产生。相关研究也表明，品牌情感往往成为消费者说服自己的依据，消费者与品牌建立情感关联会促使消费者产生购买意愿[29]。张克一等[12] 证实品牌情感会促进消费者的购买意愿。Frijda[30] 发现积极的品牌情感会促进消费者的购买行为。据此，提出假设 H6：

H6：品牌情感对购买意愿有积极的影响。

刘英为等[31] 认为消费者对创新性品牌形象感知程度越高，其购买品牌产品的意愿越强。蒋廉雄等[20] 也发现当消费者对品牌知识的积累程度越高，品牌在进行创新时更容易被接受。品牌情感是消费者与品牌之间关系的核心，若对品牌形象进行创新使得消费者获得独特的感受，那么消费者将与品牌形成强烈的情感联系，并更关注品牌呈现的积极信息，从而产生购买意愿。故提出假设 H7、H8、H9：

H7：品牌原型在服装品牌形象创新对购买意愿的影响过程中起中介作用。

H8：品牌情感在服装品牌形象创新对购买意愿的影响过程中起中介作用。

H9：品牌原型与品牌情感在服装品牌形象创新对购买意愿的影响过程中起链式中介作用。

研究假设汇总如表 6-4 所示。

表 6-4　研究假设汇总

编号	研究假设
H1	服装品牌形象创新对购买意愿有积极的影响
H2	服装品牌形象创新对品牌原型有积极的影响
H3	服装品牌形象创新对品牌情感有积极的影响
H4	品牌原型对品牌情感有积极的影响
H5	品牌原型对购买意愿有积极的影响
H6	品牌情感对购买意愿有积极的影响
H7	品牌原型在服装品牌形象创新对购买意愿的影响过程中起中介作用
H8	品牌情感在服装品牌形象创新对购买意愿的影响过程中起中介作用
H9	品牌原型与品牌情感在服装品牌形象创新对购买意愿的影响过程中起链式中介作用

五、理论模型的建立

本研究基于类别化加工理论，结合品牌原型理论，从消费者感知的角度出发，将服装品牌形象创新作为前因变量，品牌原型和品牌情感作为中介变量，构建服装品牌形象创新与消费者购买意愿关系的理论模型，如图6-1所示。

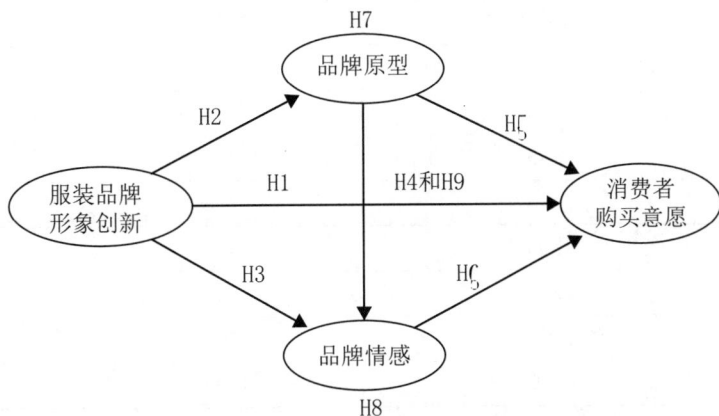

图 6-1　服装品牌形象创新与消费者意愿理论模型

第五节　服装品牌形象创新与消费者购买意愿关系的实证检验

一、数据收集

问卷分为3个部分（详见附录H）。①调查消费者对服装品牌形象创新各个指标的感知情况；②调查品牌原型和品牌情感在服装品牌形象创新对消费者购买意愿影响中的中介作用；③受访者基本资料的填写。首先，通过梳理文献得到初始量表，其次根据服装品牌形象创新的特点修正测量题项，最后，形成适用于本研究的量表题项。问卷采用六级Likert量表对服装品牌形象创新感知及购买意愿进行测量，"1–6"根据程度代表从非常不同意到非常同意。

线上线下共发放问卷335份，收回有效问卷301份，问卷回收有效率89.85%。从样本特征来看，男女比例分别为41%和59%，男女比例基本保持1:1；18~25岁样本量占87%，26~30岁样本量占10%，调研样本所有年龄段均有涉及，整体偏年轻化，考虑到服装品牌形象创新的受众群体也较为年轻，故调研人群的选择较为合理；在学历方面，调研群体主要集中在本科和硕士及以上，占38%和57%；从居住地来看，一、二线城市的样本量居多，占64%和20%，可以看出调研样本的受教育程度普遍偏高，且大部分居住在一、二线城市，消费观念前卫。故本次调查样本的结构分布是合理的，该部分群体属于服装品牌形象创新的普遍受众群体。具体描述性统计如表6-5所示。

表 6-5 样本描述性统计

样本特性		频率/人	占比/%
性别	男	124	41
	女	177	59
年龄/岁	<18	2	1
	18~25	262	87
	26~30	31	10
	31~40	4	1
	>40	2	1
学历	高中及以下	7	2
	专科	10	3
	本科	114	38
	硕士及以上	170	57
居住地	一线城市	192	64
	二线城市	61	20
	三线城市	28	9
	四线城市及以下	20	7

二、变量测量

问卷题项及参考来源如表 6-6 所示。

表 6-6 问卷题项及参考来源

变量	题项
A1(产品形象创新)	品牌持续推出样式新颖的产品
	品牌推出的产品质量比同行业好
	品牌产品使用新型面料
	品牌不断地更新产品生产过程所需的工艺
	品牌的设计理念很新颖
A2(识别形象创新)	品牌的包装不断地更新
	品牌的标识能与时俱进
	品牌不断调整品牌定位
	品牌的服装风格能领导产业的方向
A3(企业形象创新)	企业拥有很强的创新文化
	企业的管理方式符合时代的发展
	企业注重新技术的研发

（续表）

变量	题项
A4（营销形象创新）	品牌的广告很有创意
	品牌的促销活动相当创新
	品牌的营销方式（如体验营销、网络营销）符合时代发展
A5（服务形象创新）	品牌雇佣优秀的员工（如文化素养高、受过专业训练）
	品牌能提供更多个性服务（如定制服务、智能体验）
	品牌的服务态度比同行业好
A6（店铺形象创新）	品牌的店铺氛围与众不同
	品牌有与众不同的店面设计
	品牌的橱窗展示很有创意
B（品牌原型）	B1 我觉得这个品牌的市场占有率高
	B2 我觉得这个品牌的市场覆盖率高
	B3 我觉得这个品牌的产品延伸度强
	B4 我觉得这个品牌的品牌形象好
	B5 我觉得这个品牌的品牌品质好
	B6 我觉得这个品牌的品牌个性强
C（品牌情感）	C1 当我使用这个品牌的产品时，我感觉非常好
	C2 这个品牌给我一种很愉快的感觉
	C3 这个品牌给我带来很多乐趣
	C4 作为这个品牌的顾客是一种很享受的经历
D（消费者购买意愿）	D1 如果有需要，我会考虑购买该品牌的产品
	D2 我购买该品牌的产品可能性很大
	D3 我计划购买该品牌产品
	D4 如果下次购买同类产品时，我会选择该品牌

三、信度与效度检验

利用 SPSS 22.0 软件对问卷数据进行信效度检验，结果如表6-7所示。问卷整体 Cronbach's α 系数是 0.973，大于 0.7，表明问卷具有良好的信度，同时各维度的 Cronbach's α 系数均大于 0.7，说明问卷有较好的内部一致性。再进行 Bartlett 球形度检验和 KMO 值检验，Bartlett's 球形度检验达到 0.000 显著性水平，KMO 值为 0.962，大于 0.7，表明调研收集的数据适合进行因子分析。所有测量变量的标准化因子载荷均大于 0.5 并达显著性水平，各变量平均提取方差（AVE）均大于 0.5，组合信度（CR）均大于 0.7，表明量表的总效度满足要求。上述数据分析结果表明问卷具有良好的信效度。

表 6-7 问卷信效度结果

变量	题项	CR	AVE	因子载荷	Cronbach's α
服装品牌 形象创新	A1	0.916	0.64	0.808	0.932
	A2			0.854	
	A3			0.772	
	A4			0.756	
	A5			0.816	
	A6			0.815	
品牌原型	B1	0.922	0.664	0.852	0.921
	B2			0.850	
	B3			0.922	
	B4			0.850	
	B5			0.664	
	B6			0.758	
品牌情感	C1	0.893	0.676	0.813	0.892
	C2			0.893	
	C3			0.676	
	C4			0.819	
消费者 购买意愿	D1	0.918	736	0.825	0.917
	D2			0.918	
	D3			0.736	
	D4			0.871	
接受值		>0.7	>0.5	>0.5	>0.7

四、模型拟合和假设检验

（一）相关性检验

为研究服装品牌形象创新构成要素对品牌原型和品牌情感的影响程度，并进行定量比较，本文分析了各构成要素与品牌原型和品牌情感之间的相关性，结果如表 6-8 所示。

表 6-8 品牌原型、品牌情感与服装品牌形象创新构成要素的相关性

	产品	企业	服务	识别	营销	店铺
服装品牌形象创新	0.860[**]	0.882[**]	0.862[**]	0.835[**]	0.892[**]	0.866[**]
品牌原型	0.617[**]	0.641[**]	0.652[**]	0.667[**]	0.697[**]	0.711[**]
品牌情感	0.644[**]	0.673[**]	0.682[**]	0.640[**]	0.687[**]	0.730[**]

注：＊＊表示在 0.01 水平（双侧）上显著相关。

服装品牌形象创新构成要素的重要程度排序从大到小依次为营销、企业、店铺、服务、产品、识别。结果表明消费者感知服装品牌形象创新构成要素存在一定差异，其中，营销形象创新更容易为消费者所感知，而对识别形象创新消费者很难产生期待，可能因为识别形象创新中的品牌标识、包装等能激起消费者共鸣。各构成要素与品牌原型均呈显著正相关，其影响程度从大到小依次为店铺、营销、识别、服务、企业、产品。店铺、营销形象创新与消费者具有较高的相关性，因此消费者更多时候是通过对店铺、营销形象创新的感知来积累品牌知识，建立品牌原型。而产品形象创新难以促进消费者积累品牌知识，因为即使不同的服装品牌在产品功能和款式设计上也有相似性。各构成要素与品牌情感也均呈显著正相关，按影响程度从大到小依次为店铺、营销、服务、企业、产品、识别，表明店铺形象创新是吸引更多消费者、留住消费者并使消费者对它产生情感的重要手段，在消费者心中形成差异化的店铺形象，这可以使消费者对店铺的情感发展为对品牌的情感。

（二）主效应模型

利用 AMOS 23.0 软件对理论模型进行拟合度、路径分析，如图 6-2 所示。通过模型的修正与拟合，最终模型拟合指数 x^2/d_f 值 2.214<3，RMSEA 为 0.064<0.1，GFI 为 0.894>0.8，AGFI 为 0.861>0.8，NFI 为 0.936>0.9，CFI 为 0.963>0.9，IFI 为 0.964>0.9，表明模型有较好的拟合度。

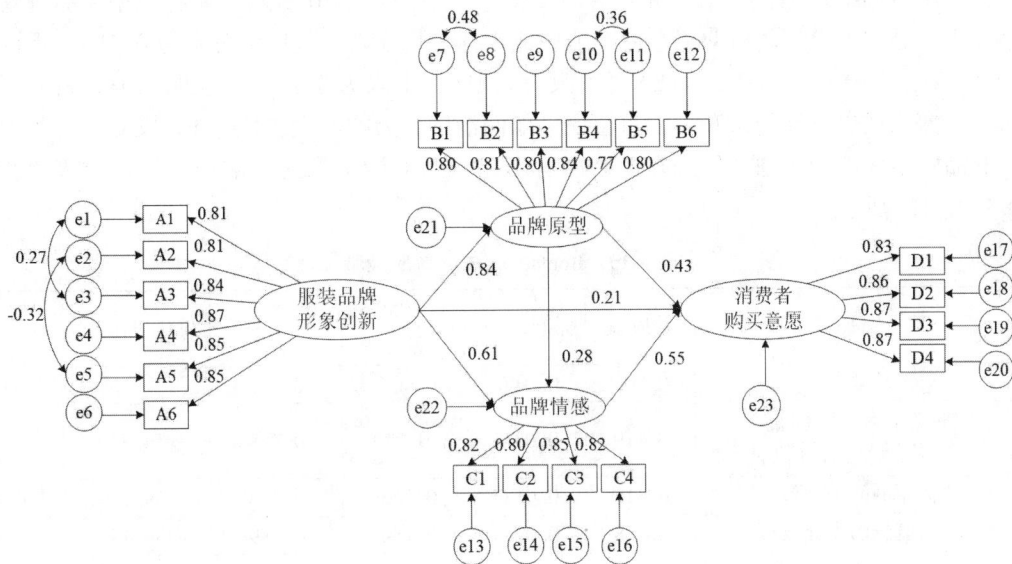

图 6-2　结构方程模型分析

表 6-9 为模型修正后的路径检验。服装品牌形象创新对消费者购买意愿具有显著的积极影响（$\beta = 0.208$，$p<0.001$），H1 成立。服装品牌形象创新对品牌原型具有显著的积极影响（$\beta = 0.843$，p<0.001），可见服装品牌形象创新会影响消费者感知，进而促使品牌原型形成，H2 成立。服装品牌形象创新对品牌情感具有显著的积极影响（$\beta = 0.611$，$p<0.001$），表明消费者感知到的服装品牌形象创新程度越高，其对品牌情感越

深，H3 成立。品牌原型对品牌情感具有显著的积极影响（$\beta = 0.285$，$p < 0.01$），表明消费者建立的品牌原型越高，其品牌情感程度越高，H4 成立。品牌原型对消费者购买意愿具有显著的积极影响（$\beta = 0.427$，$p < 0.001$），说明消费者建立的品牌原型越高，其购买意愿越强，H5 成立。品牌情感对消费者购买意愿具有显著的积极影响（$\beta = 0.551$，$p < 0.001$），可见消费者的品牌情感程度越高，其购买意愿越强，H6 成立。

表 6-9 模型修正后的路径检验

假设	影响变量	被影响变量	标准化估计	p	结论
H1	服装品牌形象创新	消费者购买意愿	0.208	＊＊＊	支持
H2	服装品牌形象创新	品牌原型	0.843	＊＊＊	支持
H3	服装品牌形象创新	品牌情感	0.611	＊＊＊	支持
H4	品牌原型	品牌情感	0.285	＊＊	支持
H5	品牌原型	消费者购买意愿	0.427	＊＊＊	支持
H6	品牌情感	消费者购买意愿	0.551	＊＊＊	支持

注：＊表示 $p < 0.05$；＊＊表示 $p < 0.01$；＊＊＊表示 $p < 0.001$。

五、中介效应检验

采用 Bootstrap 方法进行中介效应的检验，结果如表 6-10 所示。品牌原型、品牌情感在服装品牌形象创新对购买意愿影响中的中介作用显著，效应值分别为 0.315（下限为 0.266，上限为 0.318）、0.258（下限为 0.180，上限为 0.289），说明当消费者对品牌有更深入或更感性的认知时，都会促进他们消费行为的产生，H7、H8 成立。品牌原型和品牌情感的链式中介作用在服装品牌形象创新对购买意愿影响中显著，效应值为 0.109，H9 成立。

表 6-10 Bootstrap 中介效应检验

路径	效应值	标准误差	95%置信区间		效应占比/%	结论
			下限	上限		
总效应	0.802	0.047	0.000	0.710		
服装品牌形象创新-购买意愿的直接效应	0.119	0.071	-0.020	0.258	14.84	
品牌原型的中介效应	0.315	0.013	0.266	0.318	39.28	支持
品牌情感的中介效应	0.258	0.028	0.180	0.289	32.17	
品牌原型-品牌情感的链式中介效应	0.109	0.023	0.053	0.145		

第七章　服装品牌形象的运营模式

品牌形象作为一种营销模式，同时整合了品牌形象的营销与传播，这是品牌形象运营的底层逻辑。品牌形象的运营不仅仅是一种品牌营销方式，也是品牌传播的信息载体，是品牌与消费者建立的纽带联系，不断满足消费者需求的品牌运营模式。当今服装消费掀起了"品牌热"，大众对服装品牌的消费需求不断升级，要求品牌产品系列化、品牌文化有底蕴、品牌情感体验强、品牌附加值高、品牌科技含量高等。因此，企业以服装品牌形象为营销主体，借助广告、公关、新媒体等手段，向消费者传递品牌在产品、文化、技术、店铺、服务等方面的信息，增强消费者对品牌的认知，引领消费者形成与品牌相关的联想与意义。本章针对服装品牌形象营销与传播的具体方式，探讨服装品牌形象营销与传播的通用运营模式，并分别从服装品牌形象营销传播、广告传播、公关传播、新媒体传播四个方面具体分析服装品牌形象的营销与推广模式。

第一节　服装品牌形象的营销传播

一、服装品牌形象营销传播的概念

Philip Kotler 等在《营销管理》书中提出，市场营销沟通（Marketing Communications）是将公司所销售的产品或品牌直接或间接地告知消费者的方法。营销交流在某种意义上代表着品牌的"声音"，是可以与消费者进行对话或建立关系的方法。形象营销是指基于公众评价的市场营销活动，是企业通过与公众群体进行传播与沟通，使其对企业营销形成认知，从而建立企业营销形象的过程。

品牌传播是建立品牌与消费者之间联系的重要中介。品牌传播的意义在于借助广告、人际交往、公共关系、新闻报道等媒介手段，实现对产品或服务的传播，优化品牌的目标，提升品牌在观众心中的认知度、美誉度、和谐度。在此过程中，如何利用这些可控传播资源是品牌传播的关键。品牌传播是品牌所有者通过各种传播手段持续与目标受众交流、优化和增加品牌资产的过程。有效的品牌传播可以将企业、产品和服务与竞争对手区别开来，树立差异化的形象和口碑。品牌传播是基于品牌差别的传播。品牌传播是品牌的所有者找到自己满足消费者差异的价值，找到适当的方式，持续与消费者进行交流，促进消费者的理解和信任，产生重复购买的想法，并不断维护对该品牌的好感的过程。综上，本书认为服装品牌形象营销传播是品牌所有者运用广告、公关、新媒体、人际等各种传播手段，通过品牌形象信息要素形成的品牌形象力来开展的营销活动，最终目的是实现与消费者的持续交流，促进消费者对品牌的信任和认同，从而产生购买意向的过程。

二、服装品牌形象营销传播的内容

（一）产品导向时期的品牌形象营销

品牌以自我为中心，从自身的立场和认识角度，围绕企业、产品、技术、服务、店铺、网络等品牌形象开展形象营销，主要包含三个阶段。

1. 以产品外在形象为中心的阶段

企业只注重产品外在形象的设计和包装成本，希望采用美观的产品吸引顾客。

2. 以产品概念形象为中心的阶段

企业运用大量营销技巧、卖点设计、概念创意等手法，吸引顾客的注意力，推销自己的产品。

3. 以品牌识别形象为中心的阶段

品牌引入形象识别战略，设计和传播理念、行为、视觉三种识别系统，在消费者心中建立独特的品牌形象，加强消费者对品牌的识别和认可程度。

产品导向时期的形象营销主要取决于品牌自身。企业为了实现产品销售目的，塑造品牌的外在形象，以吸引顾客的注意力，加强他们对品牌的识别和记忆，引导顾客产生购买欲望。在这个时期，品牌形象属于从属地位和外部刺激的形象营销，忽视了对消费者的心理关注。

（二）消费者导向时期的品牌形象营销

品牌以消费者为中心，站在消费者的立场上，或从消费者认识和评价角度进行形象营销，主要包含三个阶段。

1. 以服务形象为中心阶段

品牌除了具有高品质的有形产品之外，还有高品质的无形产品。这些无形产品在提高品牌附加价值中发挥着非常重要的作用。由员工仪表、服务质量、便利设施组成的品牌服务正是一种无形产品，直接决定品牌的服务形象。企业通过制定服务标准、培训服务人员等方式提升服务形象，开展品牌形象营销。

2. 以顾客满意为中心的阶段

品牌形象营销的目标是提升顾客感知价值，降低顾客成本，加强顾客对品牌的满意度和忠诚度，建立和维系顾客与品牌之间的情感联系。企业需要不断了解并满足顾客需求，尽可能提供消费决策所需的品牌信息，预测甚至干预顾客对各类品牌信息要素的认知与评价，以促使顾客形成购买意愿或行为，最终实现销售目标。

3. 以品牌整体形象为中心阶段

品牌形象营销面临的内外环境复杂多变，需要面临和处理复杂的公共关系。品牌形象营销是否可以顺利展开，在一定程度上取决于品牌在消费者心中的印象，即消费者心理上对品牌的评价和认可程度。

品牌通过与目标消费者或潜在消费群体建立对话系统，就品牌信息进行传播和沟通，使其对品牌形象形成较高的认知和认同，从而建立品牌形象良好的营销基础，形成品牌营销较为宽松的社会公关环境。

三、服装品牌形象营销传播的方式

Philip Kotler 等在营销传播理论中指出，营销传播组合由广告、销售促进、事件和体验、公共关系与宣传、直接营销、人员推销 6 个主要工具组成。常用的传播方式如表 7-1 所示。企业或品牌的信息传播远远超过了这些特定的传达方式。产品的设计和价格，包装的形状和颜色，销售者的举止和衣着，场所的布局，公司的办公用品等所有这些都会作为某种信息传达给消费者。在这个过程中，消费者与品牌接触形成的印象就会强化或削弱其对企业或品牌的感知与评价。

表 7-1　常用的传播方式

广告	销售促进	事件和体验	公共关系与宣传	直接营销	人员推销
印刷品广告	竞赛、游戏	运动	报刊稿件	推销展示	目录销售
外包装广告	兑奖、彩票	娱乐	演讲	销售会议	邮购服务
包装中插入物	奖励与赠品	节日	研讨会	奖励节目	电话营销
电影画面	样品	艺术	年度报告	样品	电子购物
宣传小册子	展销会	事件	慈善捐款	交易会与展销会	电视购物
招贴和传单	展览会	工厂参观	出版物	展示	传真
工商名录	示范表演	公司展览馆	商务关系		电子信箱
广告复制品	赠券	街区活动	游说		语音信箱
广告牌	回扣		公司杂志		
陈列广告牌	低息融资		媒体		
售点陈列	招待会				
视听资料	折让交易				
标记和标识	连续活动				
录像带	商品搭配				

四、服装品牌形象营销传播的表现形式

服装品牌形象营销传播是为了将服装品牌形象传递给消费者，将品牌的文化内涵通过服装品牌的表现形式传递给消费者，将服装品牌的无形内容通过有形内容进行传播。服装品牌形象营销传播的表现形式包含产品形象营销、品牌标识形象营销、促销宣传形象营销、服务形象营销、店铺形象营销、企业形象营销六种形象营销方式，25个形象塑造与营销要素，如表 7-2 所示。消费者头脑中对这些形象塑造与营销要素进行联想和主观评价，形成对服装品牌的认知、感受及态度。

产品形象营销是以品牌产品设计为核心展开的形象营销，包括服装设计风格、服装质量、服装面料、服装图案以及款式设计等内容。标识形象营销是以品牌标识为核心延伸出来的形象营销，是品牌形象的信息传递者，是品牌传播过程中最核心的元素，也是消费者与服装品牌之间的重要纽带。品牌标识形象营销围绕品牌名称、品牌LOGO、品牌包装、品牌标识性色彩以及品牌标志性图形展开。企业形象营销传播服装品牌形象的表现形式有企业环境、历史积淀和企业声誉。促销宣传形象营销是企业通过促销、宣传手段向消费者传递品牌各方面信息，如通过广告宣传、节日促销、品牌代言人、公益活动及时装发布会传播服装品牌信息。服务形象营销包括品牌产品销售过程中所呈现出的服务质量、员工仪表和便利设施服务等。店铺形象营销主要是向消费者传递品牌店铺方面的信息，包括店铺陈列、卖场氛围、橱窗设计和网店页面设计等内容。

表 7-2　服装品牌形象营销传播的表现形式

类别	要素	类别	要素
产品形象营销	风格	企业形象营销	企业环境
	质量		历史积淀
	图案		企业声誉
	款式	店铺形象营销	店铺陈列
	面料		橱窗设计
标识形象营销	品牌包装		卖场氛围
	品牌 LOGO		网页设计
	标志性图形	促销宣传形象营销	广告宣传
	品牌名称		节日促销
	品牌标识性色彩		品牌代言人
服务形象营销	服务质量		公益活动
	员工仪表		时装发布会
	便利设施		

服装品牌形象通过这些要素的整合营销传播在消费者心中形成综合认知。值得指出的是，这些要素的整合营销传播效果必须与服装品牌的市场定位相一致。企业可根据其品牌定位向目标消费者传递品牌信息，从而形成差异化的品牌形象。例如：以服装种类展开的品牌形象营销传播有运动服装品牌形象、休闲服装品牌形象、商务服装品牌形象、民族服装品牌形象等；以营销渠道开展的品牌形象营销传播有实体店铺形象、网络店铺形象、微信公众号形象等；以服装风格展开的品牌形象营销传播有中国服装品牌形象、日韩服装品牌形象、欧美服装品牌形象等；以产品设计开展的品牌形象营销传播有品牌文化形象、品牌艺术形象、品牌环保形象、品牌独特形象等。

第二节　服装品牌形象的广告传播

广告是培育品牌的重要手段，是树立良好品牌形象、迅速传播给受众群体认知的有效途径。消费者掌握商品信息的重要渠道就是广告。广告的作用主要是传递信息、沟通产业需求、介绍知识、引导消费、唤起需求、增加销售、促进竞争、开拓市场、树立企业形象等。本节将探讨服装品牌形象广告传播的要素、功能、价值、载体和战略实施。

一、服装品牌形象广告传播的要素

服装品牌形象广告传播的要素主要体现在以下几点：

（一）突出鲜明的品牌形象和个性

如今，企业的品牌意识越来越高，但很多企业却忽视了品牌形象的个性经营。这是很大的误区。品牌的灵魂是个性。品牌形象广告的创意应以鲜明地塑造品牌个性为核心。一个形象鲜明，有独特个性的品牌，就不会被淹没在品牌的海洋中，而是能够获得生存和发展的机会；就能在自己领域的市场具有号召力；也可以得到目标消费者较高的认知和认同。美国著名品牌战略专家奥格威说："最终决定品牌市场定位的是产品自身的性格，而不是产品间微不足道的差异"。他说产品本身的性质，是品牌个性，可以使一种没有生命的物体或服务变得人性化。品牌的个性反映了消费者对品牌的感觉。

（二）设计巧妙的品牌形象和立意

立意是指选择品牌形象广告表现时的切入点，即表现的角度是否能打动目标消费者的心。根据詹姆斯·韦伯·杨的说法，"创意想法完全是旧要素的组合"。这意味着旧的要素不是人们所想的，而是创造性思考的高级表现。只有设计巧妙的品牌形象立意，品牌形象广告才能获得意想不到的效果和境界，让消费者容易联想到熟悉的事物，从而能够缩短消费者和产品之间的距离。

（三）强化生动的品牌形象和专业

在品牌形象的电视广告中，强烈的声音、优美的音乐、迷人的色彩、感人的情景、醒目的图案、深刻的寓意等，往往给人以深刻的印象，令人过目不忘。达克宁药膏的广告在传达品牌概念时，创意表现是使用比喻手法，借家喻户晓的古诗"野火烧不尽，春风吹又生"作为认知背景，使创意概念获得形象生动的强化。品牌形象广告片以"斩草除根"的核心画面，结合品牌形象广告语"杀菌治脚气，请用达克宁"，完成整体诉求。把达克宁的品牌核心价值体现得淋漓尽致，成功地塑造了达克宁的专业品牌形象。

（四）打造创意的品牌形象和语言

品牌形象广告传播中，文字的语言艺术是魅力的表现方法，那些刻意讲究的富有个性化的语言能使人清晰明了，印象深刻。如"闲妻良母"（洗衣机品牌形象广告），"不打不相识"（打字机品牌形象广告），"一夫当关"（锁的品牌形象广告），"人头马一，自然好"（人头马酒品牌形象广告）等，这些语言都是具有匠心，让人眼前一亮的感觉。

（五）塑造艺术的品牌形象和意境

意境是中国古典美学中的一个重要范畴。意境可以让读者通过想象和联想，像身临其境一样，在思想和感情上受到感染。优秀的品牌形象广告作品，往往融情与景、景与境，形成鲜明的艺术形象，产生强烈的感染力。意境的感召力在于它在情与直观形象的融合中把情表现为具体的感受，充分发挥感情的力量，达到物不感人而情感人的良好效果。如"万宝路"品牌形象广告中牛仔形象鲜明，栩栩如生，把整个品牌形象广告融入一种情。牛仔形象散发出一种男性的果断力的美，一种豪爽的富于诗意的美。

近年来，广告塑造品牌形象的方式成就了海尔、红河等企业，但毕竟是少数。中国品牌形象广告缺乏创意创新，缺乏主观意识，广告与品牌形象定位不一致等。我们在用广告塑造品牌形象时要在广告创意创新上下功夫，设计符合品牌定位的品牌形象广告，塑造百姓喜爱的品牌形象广告，这样才能成功地树立品牌形象。

二、服装品牌形象广告传播的功能

广告是企业和消费者的桥梁，它在今天社会生活中发挥着各种各样的作用。对社会来说，它加速了生产者和消费者之间的信息交流，刺激了消费，社会生产和消费更有应对性，让产品生产和流通的速度加快，促进整个社会经济的发展。现代社会中广告行业的兴盛是一个国家经济发展水平的标志。对于企业来说，广告的作用是提供双向信息，诱导购买，确立企业形象，改善企业的经营管理，提高企业整体的竞争力。对于媒体，广告给他们带来发展的资金。对于消费者，广告有助于消费者理解商品信息，能够指导消费。

广告在产品的各个时期都有着不同的功能。当产品处于生命周期的导入期，产品正被引入市场，广告有着促进功能，能够加强消费者现有的需求和欲望，使他们感知和了解产品信息。当产品处于生命周期的成长阶段和成熟期阶段，广告具有劝服性功能，增强消费者的感觉和情感，使他们偏好于某一产品。广告也有增强功能，保证消费者的购买决策。广告的提示功能一般用在产品生命周期的成熟阶段和衰退阶段，用来触发消费者的习惯性行为，这类产品往往是消费者常买的产品。

本节将从建立品牌忠诚度、体现品牌内涵认知度、打造品牌知名度和创造品牌联想空间四方面阐释服装品牌形象广告传播的功能。

（一）建立品牌忠诚度

获得成功的品牌形象广告中有三分之二的效果来自提高品牌忠诚度。忠实顾客的特征是经常重复购买，惠顾公司提供的各种产品或服务系列，帮助公司树立名声，对其他竞争者的促销活动有免疫力等。这些行为中的任何一个，不论是直接还是间接，都能提高公司的销售额。可见，顾客的忠诚与公司的营业利益密切相关。品牌忠诚度是品牌资产中最重要的资产。如果没有忠诚的品牌消费者，品牌只是一个没有价值的平面配置符号而已。

关于品牌形象广告对品牌忠诚度的影响，国内外营销学者的研究较多，结果也大致相同。品牌形象广告不仅能产生试用效果，还能强化品牌忠诚度。对于成功的品牌来说，高品牌形象广告能促使销售量增加。其中，只有30%的销售量是新消费者带来的，剩下70%的销售量来自现有消费者。这是由于品牌形象广告提高了消费者对品牌的忠诚度。品牌形象广告存在价值的目标是加强消费者和品牌的联想，并让他们更加忠诚。对于现有品牌来说，大部分品牌形象广告的目的是让现有的消费者更加忠诚，而不是说服消费者从其他品牌转移。

品牌形象广告能够肯定消费者的使用经验，加强消费者的感受，提高消费者对品牌的忠诚度。消费者对品牌形象广告的认知会使其产生试用希望，产生试用行为，试用经验，最终形成决定性态度。品牌形象广告进一步强化这种态度，如果强化的态度始终是肯定的，就会增加重复购买和重复使用的可能性。如果继续加强这一点，重复购买或重复使用会促使消费者形成对品牌的信任和忠诚。

（二）体现品牌内涵认知度

品牌形象广告在消费者对品牌内涵的认知过程中发挥着重要的作用。消费者对品牌内涵的认知一般在完全使用产品后，且侧重于营销环境中的品牌内涵。如海尔品牌内涵是"诚信"，品牌形象的宣传口号是"诚信到永远"，海尔的星级服务、产品开发都是对这一内涵的延伸。品牌形象广告通过增加用户信任、体现品牌内涵差异化、反映产品质量、开拓市场和宣传产品创新等手段体现消费者对品牌内涵的认知度。

1. 增加用户信任

用户普遍对使用过的产品和正在使用的产品的品牌形象广告更加感兴趣。他们会将已有的品牌认知经验和体会与广告中的品牌形象表现进行对比和联系。如果符合，原有的好感就会增加，更加信赖品牌，成为品牌忠诚的拥护者；相反，如果用户认为质量不好，但品牌广告却宣传其质量优秀，那么消费者则认为品牌形象广告是欺骗，加深消费者对其的厌恶感，从而对品牌产生不信任感。

2. 体现品牌内涵差异化

品牌形象广告诉求点通常是品牌内涵上的特征，也是品牌产品提供给消费者的利益点，是消费者最关心、最喜爱的特征，是品牌最具竞争力的特征。品牌内涵在品牌形象广告中与其他品牌内涵不同，才能获得强势的竞争力。

3. 反映产品质量

在新产品推出时，人们对产品的质量一无所知。高质量、准确的品牌形象广告能让消费者对产品产生好感，甚至产生购买行为。在品牌形象广告中，品牌内涵在一定程度上反映了产品的质量。

4. 开拓市场

在产品线延伸时，品牌形象广告帮助消费者将原有的品牌形象转嫁到新产品上，为新产品线打开市场的大门。

5. 宣传产品创新

产品的功能在变化，品牌形象广告在不改变品牌个性的情况下，需要寻找新的利益。品牌的内在形象不是一朝一夕就能塑造的，对品牌内涵的追求是无止境的。品牌管理者对此要有充分的认识，有计划、系统性地塑造品牌形象。如果不通过长期的沟通，不断地引导积累，并极力维持形象的持续性和一贯性，那么原来树立的品牌形象也有可能全部被遗忘。

（三）打造品牌知名度

品牌知名度是消费者对某一品牌核心价值的整体印象，也是品牌形象广告最显著的效果。但是，品牌形象广告的代价是最高的。面对众多其他品牌形象广告的干扰，想要脱颖而出是非常困难的。这对品牌形象广告有更高的要求：独特且易于记忆；选择到达率最佳的媒体，有不断累积的重复等。一般来说，知名度和销售是呈正相关的，但是知名度高并不代表是名牌。爱多 VCD 是中央电视台电子类品牌形象广告的标杆王，在北京地区的知名度达到 91.8%，但其品牌认可度仅为 60.5%，相差 31.3 个百分点。在北京的销售也不及新科和万利达。虽然有知名度，但未能树立鲜明的品牌形象，未能抓住消费者的心。

（四）创造品牌联想空间

品牌形象广告具有诱导消费者产生品牌联想的功能，不仅能够强化品牌在消费者心中的个性化形象，激发消费者与品牌形象产生情感共鸣，培养品牌形象对消费者的感染力，最终说服消费者做出购买决策。

1. 强化品牌个性化形象

品牌形象广告最主要的功能之一是引导消费，使消费者能够立刻产生品牌联想。消费者联想到的特质是该品牌独特的利益点和个性的认知。品牌形象广告利用这种独特的个性，给消费者重新塑造一片联想的空间，使其传播的产品位居第一。

2. 激发消费者情感共鸣

在品牌形象广告的表现方法中，最常采用诉诸情感，利用消费者对事物的自然、美好的情感转移来建立他们对品牌的好感。就像化妆品品牌的形象广告一样，美丽的画面和动听的音乐能让人产生兴趣；汽水等软饮料则利用愉快的场面氛围，诱导消费者的饮用时机。

3. 培养品牌形象感染力

这种感染力能传达非常微妙的感情，它在生活中表现为精神上的共鸣，是一种无形的东西，是一种自信，一种欲望，一种被理解的满足。它诱发欲望，促进行动，提高购买和使用的心理乐趣。

4. 说服消费者购买

消费者对琳琅满目的商品会感到无从下手，当眼睛无法决定购买时，脑海中便快速放映这些品牌形象相关的联想。这些联想的大部分是反映品牌的利益点，这些通常是品牌形象的广告画面和语言的关系。这些利益点能够充分满足消费者的需求，使其明确购买理由。

三、服装品牌形象广告传播媒体

面对竞争日益激烈的服装行业，企业纷纷投入巨资投放服装广告，争取市场份额，推广品牌，扩大企业知名度和品牌美誉度。目前，最常用的服装广告媒体主要有：服装印刷类广告、户外广告、展示广告媒介、影视广告等。

（一）服装印刷类广告媒体

服装印刷类广告载体主要包括商业杂志、报纸、宣传册、海报、邮寄广告等。这类服装广告最显著的特点是记录性，能够记录服饰信息，跨时空传播扩散，从而扩大服饰信息的影响力。相同的服饰信息会对读者产生反复性的刺激和影响，读者能从容地接受服饰信息，有利于加深理解。其不足之处在于，传播不如电视媒体及时和迅速，信息没有电视等媒体的表现生动形象。服装印刷类广告不是多数服装企业最喜欢的媒体，但它是服装广告的最常见形式之一。虽然近几年印刷类广告受到电视媒体不断冲击，但对于传统服装来说，依然是多数企业首选的广告媒体。印刷类广告，特别是杂志广告投入效果显著，且时尚杂志的种类非常多，如《世界时装之苑》（ELLE），《中国服装》《时尚》《瑞丽服饰》《风采》《上海服饰》等。

（二）服装户外广告媒体

户外广告媒体——存在于户外公共场所的各种广告媒体，如大型路牌广告、多种户外海报广告、色彩鲜艳的霓虹灯广告、站台候车室和夜幕下银龙般的道路灯箱广告等。与其他广告相比，户外广告媒体的特点是，画面大、内容广、艺术表现力丰富，具有较高的覆盖率和较强的冲击力。户外广告为了减小环境和各种因素的干扰，用大画面和突出的形象和色彩展示在人们面前。画面形式主要是全开、对开、长三开和特大画面。户外广告一般都在繁华的市中心和人流量较大的地区，按照每天人流量为一万人次计算，半年的覆盖率就能够达到 180 万人次。户外广告日夜不停地向目标人群传达广告信息，往来的消费者在潜移默化中接触了画面信息并形成记忆，头脑中潜意识形成对品牌产品的印象。

（三）服装展示广告媒体

服装展示广告媒体是服装的生产和经营人员，以动态或静态的方式向消费者发布最新的时尚流行趋势，交流服装信息，展示服装魅力，传达服饰文化，且从中获得利益的有计划、有组织的一种活动或行为。服装展示广告作为一种新兴媒体，是现代市场营销的重要手段，逐渐成为服装市场经营活动的基本形式之一。服装展示广告在传达商品信息，宣传产品特色，促进商品销售，塑造企业形象和品牌形象等方面，有着巨大的发展潜力和不可忽视的作用。服装展示广告的传播一般分为静态展示、动态展示和博览会三种。

1. 静态展示

静态展示最具代表性的是橱窗展示，它是服装展示广告中最常见的形式之一，也是目前世界各国品牌销售终端普遍采用的一种立体广告形式。静态展示融合了物质性、立体性和艺术性的特征。橱窗展示通过商品直接起到广告效果，很容易引起顾客的关注。俗话说，百闻不如一见，实际看到的才是真实的。因此，用实物宣传商品，用实物说明商品的特性，比抽象的概念和图形符号更有说服力。

2. 动态表示

动态展示主要指时装表演。时装秀最初的起源是推销商品，其目的是得到更多消费者的认可，促进新商品的销售，或获得制造商和商家的更多订单，提高设计师或企业的声誉和知名度，扩大社会影响，树立设计师或企业的社会形象。服装表演的特性主要是直接性、特异性和传播性。首先，观众可以直接参与，从模特的服装中想象自己穿上这些衣服后的效果，从而引发购买欲。特别是材料的质感和微妙的色彩感是其他媒体所不能给予的。其次，服装表演可以将特定的受众集中到特定的场所，达到针对特定消费者的目的。最后，由于涉及众多新闻媒体，传播范围非常广。

3. 博览会

服装博览会主要通过展示商品和企业形象促进商品的销售。展期一般为 3~8 天，最长不超过 2 周。人们在展示场上可视、可听、可问、可触，全方位地参与其中。对服装企业来说，适当的地点和时间，适当参加博览会，是开拓市场的一种方式，主要体现在三方面：一是可以了解同行的信息，二是可以考察当地的市场需求和潜力，三是通过展出期间和当地的经销商代理的广泛接触，寻觅适当的合作伙伴。

（四）服装电视广告传播媒体

电视是一种集语言、形象、音乐等表现形式于一体的综合艺术媒体。其他媒体都不能像电视一样具有丰富的表现力和强大的吸引力，其丰富多彩的表现和无所不在的宣传内容，都给消费者的视觉和听觉造成很大的冲击力。电视广告的特点主要是：覆盖率高，宣传面广；传播迅速，印象深刻；视听兼备，效果独到；观众对电视广告有很高的认知度。电视能够同时在省和市的地区或全国范围内传播。因此，观众能迅速接收信息。电视广告的时间较长，可以重复播放，因而消费者在无意识中被潜移默化的影响着，在心中留下了深刻的品牌印象。

随着时尚行业的快速发展，电视媒体的广告投放越来越多，呈现出快速增长的趋势。如：七匹狼品牌从 2003 年 8 月开始，在《新闻联播》和《天气预报》中投入广告，效果显著，迅速与竞争对手拉开了距离。数年来，七匹狼在央视的广告传播上占据优势并得到了迅速发展，品牌形象得到了大幅提高，其随后出台的与狼共舞的品牌也成为休闲男装的领先者。

（五）网络服装广告传播媒体

互联网被认为是塑造品牌形象不可或缺的媒体之一。长期以来，广告主要通过电视、报纸等传统主流媒体塑造品牌形象，这是由于电视、杂志等媒体拥有更多的市场份额，能够有力地渗透和影响大众的生活。当前的网络广告从量幅度较窄、信息缺乏的原有形象摇身一变到大版面、形式丰富的立体形象。随着宽带应用的普及，网络广告渐渐达到了电视广告的效果，甚至有着更高的曝光度。互联网广告的形式主要是版面广告、文本链接广告、电子邮件广告、赞助广告、组合广告、弹出广告、广告专门网站。网络媒体具有广覆盖、低成本、高容量、全方位的视听效果，以及迅速的信息传递和准确的广告投放等特点。

四、服装品牌形象广告传播的战略实施

广告作为连接品牌和消费者的中介，贯穿用户消费行为全过程，是构建品牌和消费者、消费者和消费者关系的重要因素。在用户消费行为 SICAS（Sense-Interets & Interactive - Connect & Action- Share）模型中，广告传播机制的多维互动引导了传播策略的持续优化，而传播模式的互动在广告传播过程中的各个阶段保持着紧密的联系。此外，构筑关系是广告传播的根本目标。基于用户消费行为的 SICAS 模型并结合广告传播机制，本研究构建了广告传播策略模型（见图7-1）。

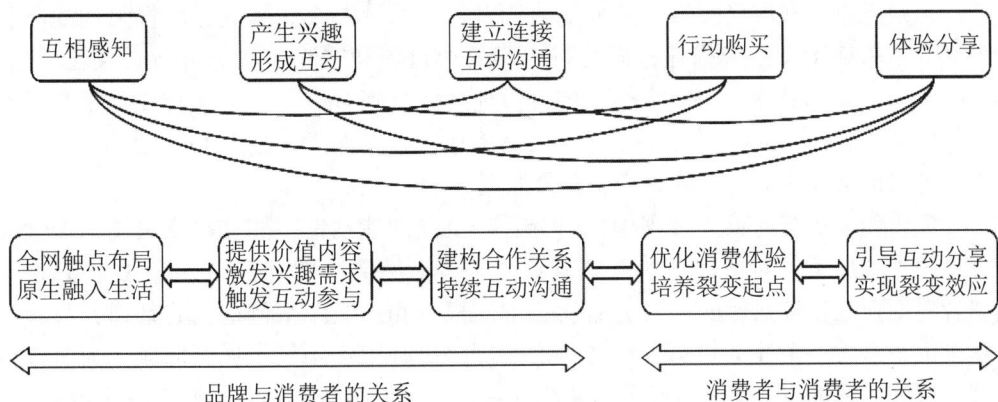

图7-1　广告传播策略模型

从广告传播策略模型可以看出，广告以品牌和消费者、消费者与消费者的关系为出发点，品牌通过广告的全网触点分布融入消费者的生活环境中，高价值内容符合消费者的需求和兴趣，从而触发品牌与消费者的互动，建立以价值共识为基础的合作关系。消费者之间的关系主要通过分享消费体验、参与品牌活动等，实现相互认同和聚合，通过社交媒体的发酵，建立稳定的品牌社群网络。

（一）核心逻辑：以关系的建立为根本出发点

营销3.0模式是品牌和消费者以共同的价值观建立的相互合作关系，同时强调消费者作为生产型消费者，与其他消费者建构以个体为单位的连接。建立关系是将来品牌传播的关键。广告是品牌传播的第一手段，从"广泛告知"到"价值的共鸣，关系的构建"的过程。广告不是单纯的营销工具，而是品牌和消费者，甚至消费者与消费者之间的交流通道。广告传播的目的是成为品牌和消费者、消费者与消费者关系连接的纽带。

关系的建立是广告传播策略整合的结果。持续的广告传播以品牌价值观为指导，关注传播接触点的多维度和阶段性分布，保持一致的品牌整合。微软的 One Note 主题广告以"技术革新、协同合作"人文价值观为导向，以微软的网站为关键交互平台，在 Tumblr，Facebook，Twitter，Youtube 等平台发布品牌信息、博客、软文、微视频等广告，构筑针对目标消费者的"1+n"的传播矩阵。广告将"The Collective Project"的

内容作为切入点，在这个基础上，通过 One Note 革新项目的具体实施融入到消费者的媒介平台，以提供新闻内容，传播明星视频，社交平台的持续互动等方式，与目标消费者进行沟通，建立微软 One Note 消费者之间的合作关系。One Note 的官方账户鼓励基于"The Collective Project"主题的消费者之间的分享互动，以微软的"创新技术、协同合作"价值观为纽带连接与消费者的关系。

（二）广告生产：品牌价值观的形象化融合传递

构筑关系的基础是价值观上的共鸣，是人与人之间意气相投的情感共鸣。广告的线性传播途径中，品牌价值观的内容是原生的生产基础，与媒介形式的简单融合不同，品牌理念和价值观以人文主义的关怀为基础，这是普世价值观的一种，概念比较宏大和广泛，缺乏重点和聚焦效果，很难使消费者达成情感共鸣。因此，广告强调的品牌价值观并不单纯用文字来描述，而是以内容的切入点和交互体验等进行具象化传达。如微软是将"革新技术、协同合作"的价值理念融合到 One Note 进入课堂，来帮助教师的教学工作和孩子的学习，关注并记录贫困地区孩子的学习情况和活动等，通过公益教育意义的活动来展现其品牌理念和价值观。

在广告传播机制的感知过程中，消费者有更强的能动性，并且愿意去主动搜索品牌信息，主动探索，对引起情感共鸣的广告内容感兴趣。此外，广告信息极为敏感，消费者对商业性比较强烈的广告会有所抵触。根据相关实践案例的内容切口，品牌广告基本上都是就一个社会热点，一种生活态度，一种生活场景来展开问题，通过以点带线，以线带面的方式将品牌价值观集中在一点，直中消费者内心，形成情感共鸣。

（三）广告投放：针对消费者行为的阶段化投放

广告的传播以特定的消费群体为目标，贯穿于消费者行为的整个过程。根据 SICAS 模型，消费者的行为习惯是一个多维双向、分阶段的过程，兴趣和需求随着阶段而变化，品牌和消费者的关系也呈现出不同的阶段状态。广告向目标消费者的精准投放并不局限于个别消费者，而是包含着消费者行为习惯的整体动向。保持品牌与消费者的沟通关系，广告的传播不是一蹴而就，而是以消费者的行为习惯和各阶段的特征及品牌与消费者关系的紧密程度为目标进行精准投放的。在每一个阶段，精准匹配需求，确保全网每一个触点的价值得到最大化的体现。

在"The Collective Project"系列活动中，以微软官方网站为中心的互动平台，精准瞄准目标消费者发布广告信息，以引起消费者的关注。当消费者关注微软品牌活动，自主搜索 One Note 产品和"The Collective Project"活动时，微软在 Tumblr 博客网站上发布了详细的活动过程，在 Facebook 和 Twitter 上，为了共享活动而播放信息流广告。在 YouTube 视频网站分享明星互动视频广告，多维度匹配消费者的兴趣需求阶段。之后，通过 APP 推荐下载和推荐进行关注，让消费者亲身体验高品质产品的使用和服务体验，与原创信息广告形成情感共鸣，建立稳固的品牌关系。

目前基于大数据技术的 Cookie 跟踪技术，通过将消费者的页面浏览、检索行为、逗留时间、支付行为等一系列信息进行收集，建构起消费者的信息数据库，可以实现针对消费者行为的实时洞察[463]。经过数据库系统化的整理、分类与分析，可以实现关键词检索、消费者细分、行为阶段分类等功能。在特定关键词对应消费者某一行为阶段的情况下，以广告的触达情况、消费者与品牌互动频率等相关数据为目标群体划分依据，对处于特定行为阶段的消费者进行相应的内容推送。

（四）广告体验：关注互动沟通的便捷与高效

全方位的直线型消费行为 SICAS 的多维模式反映了信息碎片化时代消费者的注意力容易消失。广告传播在保持良好媒体体验的同时，也需要关注基于消费者广告内容的互动体验。良好的互动体验建立在简便与高效的互动机制之上。高效便捷的互动沟通机制体现在两方面，分别是沟通渠道的便捷性和互动反馈的高效率。互动渠道的便利性是品牌在充分理解目标消费者常用媒体平台的前提下，布局与消费者兴趣和需求相匹配的广告，使其成为品牌互动的交点。当消费者的兴趣需求萌发时，通过互动触点，将兴趣需求转化为互动沟通，提高原创广告的效果。在微软 One Note "1+n" 传播矩阵中，在 "The Collective Project" 项目中信息类广告吸引目标消费者的关注和兴趣，同时在社交媒体和视频网站等平台发布同主题的内容，将消费者对品牌活动的兴趣转化成与品牌之间的互动，缩短了互动行为，有效地避免了信息噪音，提高了兴趣需求转化的效率。消费者的评论和反馈也实现实时互动，避免了消费者注意力消散。

（五）裂变效果：充分发挥品牌社群的作用

用户消费行为 SICAS 模型将 "体验和分享" 视为消费者行为的来源，是品牌社区运营的基础。品牌社区以消费者之间的关系为基础。平等协调的关系结构使消费者之间的沟通更加高效和有价值，影响着消费者的品牌态度。消费者的每一条体验分享的都是高价值的原创品牌广告内容，而且会影响整个社区的活跃度，也是潜在目标消费者的重要参考内容，是品牌体验和优化产品生产的重要信息。

信息价值、社会认同和品牌体验一起影响着品牌社群的互动效率。原创广告重视高价值信息的传递，通过人文主义品牌价值观引导品牌消费者和其他消费者之间的社会认同，构筑了品牌社区关系的基础[464]。品牌体验是社区互动效率和活跃性的催化剂，包括品牌活动体验、消费体验、产品和服务体验等多阶段互动过程。世界权威调查研究机构凯度集团的《2015 中国社交媒体影响报告》显示，75% 社交媒体用户表现出对品牌文化内容的娱乐性和情感传达的关心，对社会热点和有趣内容拥有较高的市场占有率和传输热情。在 "The Collective Project" 社交媒体传播过程中，以电影《钢铁侠》主人公罗伯特·唐尼钢铁侠残疾儿童的生活为主题拍摄微电影，之后发起了人工智能技术改变人类生活的话题。微软将创新技术和公益爱心融入到互动情节中，结合明星效应一起激发讨论分享，通过品牌社区活跃而引起整个社交平台的裂变效应，实现了 1000 万的视频播放量，转发了近 20 多万的评论，上涨 10 万品牌的粉丝。可以看出，品牌广告围绕消费者关注的热点，恰当地发起有意义的品牌活动，带来品牌社区的持续运转，促进品牌社区以品牌活动为中心的整个社交媒体的互动共享。

第三节　服装品牌形象的公关传播

一、服装品牌形象公关传播的意义

公共关系传播，是信息交流的过程，也是社会组织开展公共关系工作的重要手段。离开了传播，公众无从了解组织，组织也无从了解公众。如果我们把社会组织看作公共关系工作的主体，把公众看作公共关系工作的客体，传播就是二者之间相互联系的纽带和桥梁。组织与公众的沟通，在很大程度上依靠信息传播，组织与公众之间的误解，也往往是由信息不畅造成的。因此，一个社会组织不但要有明确的目标、符合公众利益的政策和措施，还要充分利用传播手段开展公关活动，赢得公众的好感和舆论的支持，获得良好的经济效益和社会效益。

二、服装品牌形象公关传播的作用

在媒体种类与数量越来越多，消费者产生资讯焦虑的今天，公关成为了企业品牌传播的重要武器，就好像几年前曾经流行的"公关第一，广告第二"所讲的，公关手段在很多企业传播手段中起着越来越重要的作用。从管理职能的角度来看，公关传播就是在企业和公众之间建立一个双向沟通了解的桥梁，它作为一种独特的管理职能，帮助组织部门了解民意，并对他们的反应做出回应，作为社会趋势的监测者，帮助组织保持与社会同步，同时也强调企业为社会利益服务的责任。公共关系传播是组织通过报纸、广播、电视等大众传播媒介，辅之以人际传播的手段，向其内部及外部公众传递有关组织各方面信息的过程。

三、服装品牌形象公关传播的策略

（一）服装品牌内部公关形象营销策略

1. 通过企业内部杂志、内部网构筑交流平台

企业内部杂志、内部网是企业内部媒体，公众是企业内部员工，在某种意义上属于媒体宣传的范畴。它虽然没有新闻公关那样有轰动效应，但企业自主传播平台可以持续、系统、全面地传递企业信息。企业内部员工和外部目标公众的沟通，也为构建企业的经营环境起到了重要的作用。此外，企业内部杂志、内部网不仅可以传达企业管理层的决策，而且通过文字表达基层员工的心声，形成信息的双向沟通。《中国企业家》杂志的编辑说："内报内刊看作企业的脸"，说明企业新闻在塑造和展示企业形象宣传传播中的价值和作用。内部杂志、内部网能够活跃员工的生活，成为员工和管理层相互理解和沟通的平台。

2. 改善员工关系，与员工签订"心理契约"

21世纪，企业与员工之间的关系是以劳动合同和心理合同为双重纽带的战略伙伴关系。为了建立企业与员工之间的"心理契约"，企业需要做到以下几点：

（1）以改变员工的工作环境为前提；

（2）注重科学的人性化的职业生涯管理；

（3）营造以人为本的企业文化氛围；

（4）意识到员工的特定需求和有效激励方式。

（二）服装品牌外部公关形象营销策略

1. 建设企业网站，塑造企业网络形象

企业网站与企业策划息息相关，网站的建立是企业利用互联网塑造企业网络形象，是企业 MI 的一部分，体现了企业的经营思想和企业文化。在建设网站的时候，为了让网站更好地反映企业文化，并通过网站达到真正的宣传目的，一般应包含的公司信息有：

（1）公司 VI 系统资料：logo 和标准颜色等；企业 VI 要素，如标识、字体、标准色等。在互联网中也应该以动态、互动的形式表现互联网的特色，强调网站的外观美。

（2）公司介绍性 MI 资料：公司介绍、形象照片、宗旨、口号等，突出网站的内在美。

（3）公司业务资料：产品的文字资料、产品及图片、包装样品、市场资料等。企业网站的构建中，企业通过网络这个新媒体领域的形象，确立信息传播，让更多的人认识、了解、接受企业。此时，尤其要关注网站访问的便捷性，满足用户的需求，提高企业的整体形象，强调企业的行为美。

（4）公益活动资料：企业职工扶贫爱心活动、文化娱乐活动、职工切身利益声明、文件。这些资料是企业对外的大型公益赞助活动，这些内容也是企业员工关心的问题，因此会受到高度关注。

2. 与媒体网络连接，重建企业形象

与商业、政府、媒体网站联手，通过赞助商业网站、政府公益活动、媒体网站新闻、娱乐栏目，加强与互联网媒体的关系。其中，选择媒体网络有三个原则：

（1）网络媒体的可信度高，如人民网、新华网、央视网等网站的新闻具有很强的说服力。

（2）选择覆盖面广、点击率高、影响力大的网络，如新浪、阿里巴巴。

（3）选择有针对性的分众化媒体网络，如前程无忧、智联招聘、青年日报网等，市场细分明确，具有较强的针对性。

通过这些网络媒体可以宣传企业文化、先进的管理理念、企业产品信息等，重建企业形象。

3. 选择电视媒体，开展形象营销

电视媒体的危机公关形象营销必须坚持以下原则：

（1）沟通与合作。形象营销的双重性是由新闻事业的双重性所决定的。①通过媒体制作公共关系广告，与媒体沟通。②通过公益性的赞助活动，寻求媒体、企业社会价值的重叠，走向合作。③通过权力营销提高媒体宣传的严峻性，提高新闻的可信度。

（2）电视媒体的选择。品牌形象的严肃性决定媒体形象营销的严肃性。电视媒体被选中的原因是它有很大的传达力，同时也有很高的公信力。

（三）服装品牌公关形象再修复营销策略

1. 改善员工关系

具体可以考虑以下事项：

（1）切实改善员工的福利、工作、生活环境，并通过媒体传达；

（2）以科学人性化的职业生涯管理为重点，不断加强员工教育管理；

（3）以企业的网站内报为载体，加强与员工的沟通，加大企业改革方针、政策宣传，改善企业文化氛围，加强员工的凝聚力和向心力；

（4）建立和充实对员工的有效激励。

2. 改善媒体关系

（1）聘请国内外知名媒体报道企业，树立积极向上诚实负责的企业形象。

（2）在宣传活动方面，积极开展座谈会、家庭联谊、企业宣传咨询等与媒体的联谊活动。在活动中，企业通过赠送具有纪念意义的礼品，增进相互了解，增进感情。

3. 改善企业形象

（1）以企业的名义赞助文化、教育、体育、卫生事业等，大力支持社区的福利事业，支持慈善事业，并利用企业的节日和传统节日为公众提供有价值的活动，增加企业与公众的接触和影响力，提高企业形象。

（2）以公益活动为载体，不断加强与媒体的沟通协调，多角度挖掘企业有价值的新闻。如：改善企业职工福利待遇和工作条件的措施；企业对社会的支援和救援募捐。

四、服装品牌形象公关传播的策划活动

（一）企业公关战略

品牌宣传活动是主观能动性的活动，目的是通过塑造良好的服装品牌形象，获得社会的认可。宣传活动的目的取决于宣传主体的行为选择，要引起公众的注意和识别。根据现代公共关系学理论，人的识别可以分为理念识别、行为识别和视觉识别三种类型，其中理念识别是领导者，是贯穿行为和视觉识别过程的灵魂。理念识别是一种较为高级的识别，行为识别和视觉识别是理念识别的具体化，是理念识别的表现形式。企业通过理念识别、行为识别和视觉识别传递着企业文化、企业理念，进而塑造服装品牌形象。

1. 理念识别

理念识别是基于对组织、团体的历史发展和现实背景的发掘，对组织或团体的历史责任感、使命感进行概括并总结而形成的观念识别。理念是形象的核心和灵魂，是影响公众的决定性方面。企业理念识别可以分为企业的社会责任感、管理观念、行为准则和生产领地四个方面。

2. 行为识别

行为识别是理念识别的延伸和具体化。企业宣传的行为是多种多样的，如企业的公益活动，推文广告及各种相关的主题活动。从公关宣传学的角度来说，企业举办的任何形式任何主题的活动，其最根本目的都是塑造企业品牌形象，使品牌形象深入人

心。企业宣传的行为识别是动态识别，在这个动态过程中，任何活动都有可能对品牌形象造成影响，有可能是提升品牌形象也有可能是降低品牌形象在公众心中的好感。只有能够增强品牌形象的活动才是积极的宣传活动，对企业是有利的。在行为识别上，企业根据目标合理安排宣传活动，优化活动内容，打造独特的企业品牌形象。

3. 视觉识别

视觉识别是主体对客观事物的刺激反应，是对事物的特征进行的识别，是人们认识事物最基础的识别方式。实验结果显示，当一个人接收外界信息时，视觉接收的信息占全部信息的83%，其中，11%来自听觉，3.5%来自嗅觉，1.5%来自触觉，1%来自味觉。因此，在视觉识别上，企业应该根据人对客体直观形象符号的刺激感应规律，将自身形象个性化，与其他企业区别开来，突出自身特色。

（二）企业危机公关

企业危机是企业变化和社会上的特殊事件对企业或者品牌引发的负面影响，并且在一段时间内，这种影响对企业和品牌都是一种危机。公关是从发生到去除这种负面影响的阶段。如：建立强有力的危机管理团队，包括监督危机的发生和蔓延；制定相应的方针、政策，分阶段实施危机处理对策；及时制止危机对企业造成的负面影响，迅速恢复企业和品牌形象，自觉恢复消费者、社会、政府对企业和品牌的信赖。通过宣传活动、广告营销、公关活动等形式处理这些问题的过程就是危机公关。

（三）公共关系广告

公共关系广告是品牌通过公共关系人员，利用广告传播品牌形象的过程。通过间接的手段，唤起社会对品牌的注意，并唤起目标消费者的兴趣，获得消费者的信任和好感，得到消费者的理解、支持，取得合作，表达自己对社会的贡献，提升自己的影响力，进而塑造良好的品牌形象。公关广告是一种战略性思想观念，其选择目标要长期、系统。公关广告和商品广告的最大区别是"商品广告是营销商品，公共关系广告是营销公司"。公共关系广告有四种类型：组织广告是传达企业或品牌自身信息的广告；响应广告是企业品牌响应社会或其他企业的号召，支持公益事业的发展，寻求社会各界公众的理解和支持的广告；创意广告是指企业或品牌以自己的名义，开展某种活动或提倡某种意义上的新观念广告；形象广告是以塑造企业或品牌形象、树立某种观念为目的的广告。

第四节　服装品牌形象的新媒体传播

一、新媒体的内涵和特征

（一）新媒体的内涵

从媒体角度看，新媒体是一种新型传播媒体，当前媒体发展经历了许多发展阶段，主要从语言、文字、纸媒、电子媒体和新媒体等媒介发展起来。人类传播的需求刺激和技术发展促进媒体不断发展，而媒体的演化又满足了人类传播需求和社会的进步。

人类传播媒介历史图如图 7-2 所示。新媒体的出现使传播方式更加简单，呈现出数字化的特征。从时空上来说，新媒体的概念主要是针对传统媒体而言的。新媒体是一种新的东西，随着时代的不断发展，在历史的某一时期中，新媒体也会成为未来的传统媒体。可以看出，新媒体是随着社会和时代的发展而不断变化的。

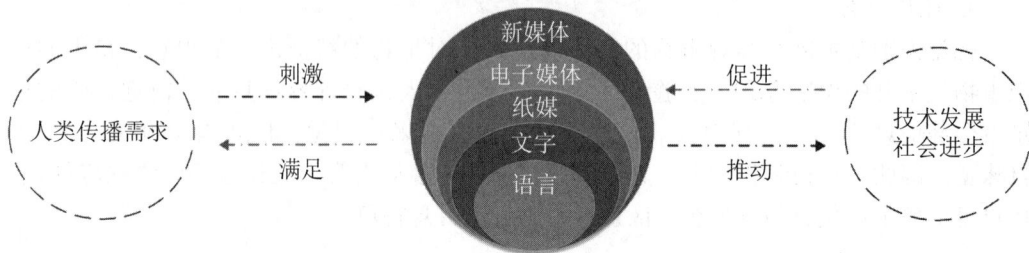

图 7-2　人类传播媒介历史图

（二）新媒体传播的特征

与传统媒体相比，新媒体传播有以下不同之处：

（1）传播者（发布者）不同。新媒体的出现带来了传播的个性化，实现了传播者的大众化，改变了传统传播者的几种形式。传播者由专业机构人员到现在的个体，新媒体的出现打破了传统媒体的传播者群体形态。传播者从说话受到拘束到现在的自由发言，传统渠道下的新闻传播者可以完全自主地说话，而新媒体下的个人具有相对丰富的自主空间。传播者的显性向隐性变化。

（2）信息的受众不同。传统传播中传播者和受众的作用被严格区分，接受媒体监督，但新媒体下传播者和受众的界限模糊，新媒体下，受众之间"一对多"或"多对多"的出现可以推动多元互动，传播者和受众是一体化的。

（3）传播路径、控制路径不同。过去的媒体传输控制主要通过外部制度控制，媒体机构和媒体内部制度传输信息，但在新媒体运用方面，获得了移动终端、网络通信技术和 web 平台的支持。

以下采取"5W"模式将传统媒体与新媒体的传播方式进行比较分析，如表 7-1 所示。

表 7-1　"5W"模式

类别	传统媒体	新媒体
谁 Who	专业化的新闻媒介团体组织	传统媒体、企业、社会组织及个人参与进来，个人有更多的主导性
说了什么 Says what	新闻报道、评论和专题等	新闻信息及娱乐产品较为多样化
通过什么渠道 in which channel	报纸、电视、杂志等大众媒体	互联网及其移动互联网和自媒体
对谁说 to whom	不确定性的大众	包括不确定性的大众及确定性的接受者与传播者
有何效果 with what effect	权威、效果大、速度慢、受面广泛，没有反馈机制	比较开放多元化，受众参与度也较高，个性化，交互性强

基于以上分析，新媒体与传统媒体相比有以下特点：

（1）广播主体的平民化。多数是个体对自己周围发生的新闻的感想。

（2）传达内容的恣意性。这使每个人都能表达自己的声音，改变了过去单一的语言，构筑了多元的舆论环境。

（3）获得信息的主动性。与传统媒体中的"卖方市场"不同，新媒体时代中的信息传递是"买方市场"。

（4）社区耦合性。由于地区限制的打破，拥有相同兴趣和背景的人形成了不同的圈子。

（5）互动参与性。与传统媒体的单方面传播不同，在新媒体的传播下，受众也参与传播，这是一个互动的过程。

（三）服装品牌新媒体传播框架

现代服装品牌为了实现可持续发展，必须追随时代的步伐，采用不断发展的新技术。服装品牌价值实现的有效途径是品牌文化内部的牵引力量和外部媒体的营销传播环境。互联网刷新了人们对世界的认识，移动互联网的崛起颠覆了人们的生活习惯，智能手机用户规模为服装品牌孵化了用户基础。移动互联网背景下服装品牌新媒体传播框架如图7-3所示。在这个框架中，通过服装品牌的新媒体传播普及品牌理念、形象、文化等信息，并从大量的用户中，将一些潜在用户转换为有效的服装品牌消费者；而这些有效用户群体在需求得到满足之后，会主动进行宣传交流、互动分享，从而正向推进新媒体对服装品牌的传播，最终形成正逆循环的时尚与新媒体生态圈。显然，移动互联网的繁荣发展对新媒体和品牌传播的发展有重大的意义。新媒体中巨大的用户群体是时尚品牌的潜在用户，能够促进品牌传播。

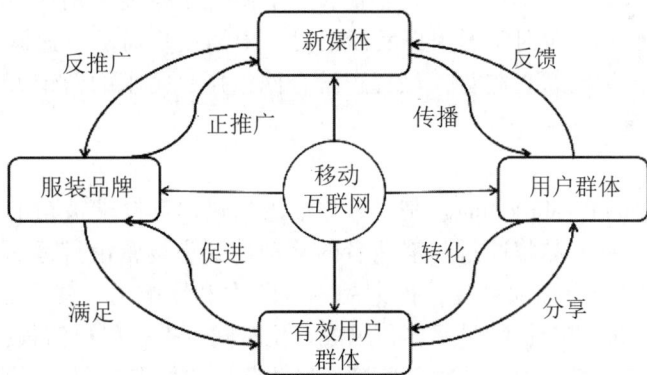

图7-3　服装品牌新媒体传播框架

二、新媒体营销

（一）新媒体营销方式

新媒体营销渠道，即新媒体营销平台，包括但不限于门户网站、搜索引擎、博客、SNS、微信、微博、APP、移动设备、手机等。新媒体营销，并不是单一的通过一种渠道进行营销，而是多种渠道的整合营销。现有的营销模式也可以与传统的营销模式相互组合，形成全面、立体的营销战略。新媒体营销渠道催生出各种各样的新媒体营销方式，如情感营销、病毒营销、互动营销、口碑营销、饥饿营销、知识营销、活动营销、会员营销等。

1. 搜索引擎营销

搜索引擎营销（Search Engine Marketing，SEM）是企业利用用户在搜索引擎平台的使用方式和习惯，尽可能准确地将信息传达给用户的营销方法。简单来说，企业通过搜索引擎让用户发现相关信息，登录公司主页，进一步了解所需信息，实现企业与用户之间的交流，并完成交易。搜索引擎营销是基于搜索引擎平台的网络营销方式，其方法是搜索引擎优化、排名、精准广告收费，其中普及平台包含百度、360、谷歌等。

搜索引擎营销的价值在于给企业网站带来更多的访问和关注、提高企业网站的广度和曝光度、创造商业机会、塑造品牌形象、提高品牌知名度等。搜索引擎营销是网络营销过程中不可缺少的一部分，通过巨大的信息搜索量和迅速的信息传达率，让搜索引擎营销成为新媒体营销的一种重要资源。据中国互联网络信息中心（CNNIC）统计，2016年搜索引擎是仅次于即时聊天工具的第二大互联网应用。

2. 社交网络营销

社交网络营销（Social Networking Marketing）是一种基于社交的营销方法，是通过社交媒体开展的网络营销活动。社交网络营销的核心内容是关系营销，重点是同时巩固现有关系和构建新的关系。社交网络营销渠道主要有 Myspace、Facebook、QQ空间、微博、微信等。社交网络的好处是能够满足不同企业的不同营销策略，如在线活动、活动营销、话题营销、病毒营销等。基于用户参与、互动、共享的社交网络具有价值传播效果，与投入大量传统广告形式相比，有效降低了企业营销成本。直接面向目标用户，实现精准营销。及时掌握用户反馈信息，根据用户需求迅速调整策略。社交网络符合网络营销发展的新兴趋势，是真正符合网络用户需求的营销方式，同时也是新媒体营销的一个重要途径。

3. 移动营销

移动营销（Mobile Marketing）是个人化信息通过移动终端被精准地直接传达给目标消费群体，企业或者品牌通过与消费者的互动达到市场营销目标的行为。移动营销的目的：增加品牌推广和知名度，扩大品牌竞争力和影响力；建立用户资料数据库；促进用户参与活动的机会；满足用户利用零碎化时间；提高用户信赖；提高企业收入；等等。成本低、持续性强烈、随时服务等是移动营销的特点，它对提高企业销售能力，全面展示企业信息，提高品牌实力，增加用户黏度，实现精准化、差别化、个性化营销有着重要的作用。

4. 搜索引擎优化

搜索引擎优化是指为了提高当前网站在搜索引擎内的自然排名，正确利用搜索引擎的搜索规则优化网站的方法。搜索引擎优化是网站结构、内容规划、页面建设和用户相互作用等角度合理计划，遵循网站搜索引擎的牵引原则，以期获得更多的免费流量。

5. 精准广告

在移动互联网领域，精准广告也被称为精准推送，它根据广告主对广告接收对象的需求，及时、准确、有效地呈现在广告对象上，获得预期转化的效果。这种服务模式通过点对点服务，不需要浪费大量广告费用，可以准确、有效地向目标消费者传递信息。

6. 互联网广告联盟

互联网广告联盟，或称联盟营销，是指广告主通过联盟平台进行互联网广告。广告主需要根据网络广告的实际投放效果向联盟平台支付相关费用。通过网络广告联盟发布企业广告可以提高营销质量，节约营销费用。

（二）新媒体营销发展阶段

在互联网文化的引导下，新媒体营销经历了四个发展阶段：

1. 新媒体+社交的 1.0 时代

新媒体与社交媒体的结合被称为新媒体商业模式的 1.0 时代，代表性的模式有微信、QQ 空间、微博、Facebook、Twitter 等。这些新媒体的本质是向用户提供信息和内容，构成社交基础，而社交基础驱动媒体内容的传播和发酵。这是新媒体发展的基础阶段。

2. 新媒体+服务的 2.0 时代

在新媒体和社交结合的 1.0 时代，新媒体社交生态已经形成，可以为社交用户提供商业服务。当信息内容被细分化时，服务也变得多样化，垂直细分化领域产生了众多垂直细分化服务。在垂直化、个性化的内容上，出现了相应的特色服务模式，新媒体与服务相结合的 2.0 时代就此诞生，其代表模式是微信腾讯服务、支付宝服务等。

3. 新媒体+电子商务的 3.0 时代

以微博为代表的社交化电商，以蘑菇街、美丽说为代表的图片媒体电商，以各种视频媒体为代表的视频电商全是新媒体和电子商务交易模式融合的应用，其是新媒体的 3.0 时代。在建立用户社交黏性和服务生态系统后，通过积累的用户关系和特色服务实现品牌商品的推广和营销，经过一系列与新媒体和社交、服务建立关系的演进过程，新媒体和电子商务的结合变得越来越顺利。

4. 新媒体+社群的 4.0 时代

新媒体和社交、服务、电商构成了由内而外的新媒体生态的基本路径，但本质上是以新媒体为生态基础的社群经济。新媒体和社群融合的 4.0 时代，是以意见领袖（Key Opinion Leader，KOL）为起点，在电子商务交易模式中根据其强大的影响力和号召力使信息内容的传播速度加快，最后在社交媒体上创造出独特的品牌和服务。

随着科技进步、互联网高速发展，各种新技术、新产品、新渠道不断涌现。新媒体发展充满无限可能。从最初单一的信息传递媒体，到社交、服务、电商、社群的多元整合，未来新媒体所释放的能量不可估量。

三、新媒体在服装品牌形象传播中的作用

（一）新媒体平台下服装品牌形象传播的优势及模式

1. 新媒体服装品牌形象传播的优势

（1）黏性和交互性。新媒体时代下，品牌传播是由消费者控制的，品牌传播与人

们的生活密切相关，并且是消费者自发参与社会互动的一种品牌传播形式。当今的互联网时代，更加以用户为中心，各个消费者是相对独立的精神个体，有着消费者的独立性和品牌参与中的交互性。

新媒体的出现带来了多样的互动性，改变了传统的大众单向传播模式，使传播过程更加丰富多样。新媒体比传统媒体具有更高的用户号召力。品牌的传统流通渠道是电视、杂志等广告，观众得到的信息很少，并且是单方面的。

（2）更精准的与顾客进行交流。新媒体的发展使品牌更能接近消费者，特别对于中小品牌，能够及时与消费者保持沟通，能够在第一时间实现与消费者之间的品牌互动。特别是现在很多企业品牌开通了微信公众号，通过微信公众平台发布产品的品牌信息，这里品牌不是冷冰冰的符号，而是一个鲜活的个体。

新媒体是建立在人际关系基础上的媒体，可以将具有相同兴趣的人聚集在一起，互相欣赏。新媒体是非常有效的沟通渠道，可以迅速实现其品牌的口碑营销，以参与用户朋友分享等形式迅速传递信息，还可以迅速反映品牌相关的危机事态。

（3）低廉的品牌传播成本。传统媒体是广告费用相对较高的一种品牌传播形式，常见的新闻中出现的央视黄金时间段广告费用不菲。互联网媒体时代中，人们并不需要从单一的媒体了解产品的品牌，所以大众媒体的付费广告不一定会有显著的效果。新媒体传播的门槛低，费用相对较低，可以节省大量的广告成本费用，不仅能与观众互动，还能够尽快让消费者接受。

2. 新媒体服装品牌形象传播的模式

（1）精准营销模式。微信、Facebook 社交平台等新媒体平台在品牌传播中不是依靠粉丝提高曝光度，而是根据用户的选择，提升信息传播的效果，即提高营销传播的精准度。

（2）服务营销模式。企业主要是维护与中间商之间的关系，与消费者直接接触的机会很少。网络新媒体时代，个体之间的消费者关系服务营销成为可能，网络新媒体作为品牌传播的平台更适合。

（3）网络口碑营销模式。新媒体平台除了进行精准营销外，还可以进行有效的口碑传播，通过准确积极地寻找意见领袖进行口碑传播，从而提高品牌知名度。新媒体平台上的品牌传播可以通过音乐、文字、视频等形式进行传播，加深和传播消费者的形象，提高用户的好感，让消费者接受品牌。

（4）情感传达模式。新媒体平台是各种个人、企业机构聚集的平台。新媒体公众平台的品牌传播并不复杂，主要是让品牌成为消费者的朋友。品牌与消费者之间的情感比基于品牌的传播模式更加坚固。消费者是品牌情感的体验者，参与品牌的创造，并确立品牌的忠诚度。

（二）新媒体对服装品牌形象传播的影响

1. 新媒体对服装品牌传播主体的影响

（1）主题关系复杂化。新媒体背景下时尚品牌的传播门槛降低，传播主体增加。传播主体的增加导致传播信息量的增加，进而导致观众注意力的分散，不利于观众有效地接受信息。在新媒体时代下，传统大众媒体的地位开始下降，个性化大众新媒体的地位提高。

（2）传播者的全能化。消费者选择的主导性加强，如何组合各种新媒体，达到更好的品牌传播效果值得思考。各种新兴媒体对服装品牌传播有了新的要求，需要从"单媒体型"向"全媒体"型转变。对于服装品牌传播者来说，他们不仅要了解各种新媒体的实际运营，而且要懂一定的品牌营销知识。

2. 新媒体对服装品牌传播内容的影响

（1）从说教模式到服务模式的转变。新媒体的出现改变了内容的呈现形式和传达方式。新媒体的应用使中国服装企业的品牌传播从说教模式向服务模式转变。随着经济的快速发展和人们物质生活水平的提高，消费者对精神文化水平的需求越来越大。过去，服装只是用来隐藏身体的道具，但现在，赋予更多文化意义的服装已成为一种艺术品。时尚品牌的说教模式已经不能满足观众的精神需求，取而代之的是以消费者需求为核心的服务模式。服装企业可以运用新媒体，将文化内涵和个性特质的品牌信息巧妙传达给不同需求的受众，满足其差异化的消费需求。

（2）内容向深度方向整合。传播内容开始向深度整合的方向过渡。现在各类传统媒体也在积极向新媒体方面转型，即传统媒体的新媒体化生存。这种转型是直接将一种传播内容传递到各个个体平台的过程，通过传播内容引发受众的新需求。在时尚品牌进行品牌传播中，其内容深度整合主要体现在品牌文化、经营方式等方面的品牌信息内容整合。时尚品牌信息不仅包括品牌的名称、LOGO、价位、质量、设计风格，还包括品牌的历史和文化内涵、经营方式和服务理念等。传统的纸煤和电视媒体在传播时尚品牌时，只能传递单一的信息，而且品牌传播成本高，品牌信息缺乏整合性。在新媒体时代，媒体融合可以轻松实现品牌信息的深度集成，以相对较低的成本向目标人群传递品牌信息。

3. 新媒体对服装品牌传播渠道的影响

（1）渠道终端的多功能化。新媒体使得服装品牌传播由单一渠道向终端多功能化的方向发展，如消费者普遍使用的 Iphone 等手机产品，里面有各种手机 APP 可下载，可同时提供多种功能，为时尚品牌的传播提供了平台。

（2）媒体融合。随着数字信息技术的发展，传统媒体与新媒体以及新媒体自身呈现融合趋势。过去那种依靠资金和资源占据渠道的状况被打破，在新媒体下，时尚品牌渠道更加多元化，并具有平等参与的个性化营销局面。

4. 新媒体对服装品牌传播受众的影响

（1）提高互动和参与性。与传统媒体不同的是，新媒体中消费者参与互动的需求提高，消费者更加希望自主参与到新媒体中。同时，新媒体传播受众更多的是追求时尚的年轻人，他们对新媒体的开放互动有着强烈的要求，更加重视新媒体带来的互动参与性。

（2）市场细分化程度提高。新媒体时代时尚品牌传播的受众从"大众"转换为"小众"，传播的受众越来越细分化，特别是不同受众有着不同的喜好，这就导致新媒体背景下受众的市场细分化。在时尚品牌传播中，如何利用新媒体平台满足受众需求是时尚品牌传播面临的重要挑战。

（3）能动选择性增强。在新媒体环境中，受众选择的主动性也逐渐加强，在对媒体内容的选择上呈现出不同的特点，如男性偏爱体育财经类节目，女性偏爱娱乐类节目等。受众群体不同，对新媒体的接受方式也不同，关注的传播内容也不同。

5. 新媒体对服装品牌传播效果的影响

在新媒体背景下，由于各媒体之间的相互渗透和组合，品牌传播效果达到了相互借力、增效的效果，从单元独立效果转变为多元复合效果。一些服装品牌为追求更好的传播效果，将同样的时尚品牌信息通过不同的形式，制作不同类型的媒体的内容，实现不同媒体之间的互动与整合，通过多元联动综合效果的发挥，最大程度地提高品牌的知名度和美誉度。

四、服装品牌形象新媒体传播的营销策略

新媒体背景下，中国的时尚品牌传播面临的挑战和机会并存。新媒体作为一种新事物，在中国时尚品牌传播领域的应用还不成熟，成功的经验还没有广泛普及；新媒体种类繁多，人们对不同的新媒体传播主体的认识、理解和使用的差异性很大，使用新媒体进行品牌传播时，品牌定位和媒体选择的难度也就更大。然而，挑战总是与机遇并存，面对新媒体品牌传播的各种特点和优势，中国时尚品牌传播也面临着非常好的机遇。目标受众可以精准定位，品牌信息可以精准传播；新媒体的互动性能够使品牌传播主体获得目标观众的需求信息。新媒体不仅是品牌传播的载体，还是品牌和市场反馈的信息收集渠道。企业为了更好地应对市场环境的变化，在激烈的市场竞争中将自己企业的品牌信息精准地传达给目标受众群体，并获得品牌知名度、美誉度、忠诚度等良好的传播效果，需要策划有效的新媒体传播品牌战略。中国服装品牌形象的新媒体传播可采用精准化策略、差异化策略、整合化策略和互动性策略。

（一）服装品牌形象传播的精准化营销

精准营销（Precision Marketing）是以精准定位为基础，借助现代信息技术手段，利用各种新媒体渠道，将营销信息传递给目标消费者，建立个性化的沟通服务体系，在节省营销成本的基础上，实现营销效果的最大化。其中，搜索引擎营销是在搜索引擎上开展产品介绍、品牌宣传、咨询服务等一系列的营销活动，是目标比较集中、效果较快且最为可控的精准营销方式之一。

品牌可借助搜索引擎进行服装品牌形象的精准化营销。当前越来越多的消费者习惯使用因特网的搜索功能收集所需要的信息，时尚品牌应该重视精准化的搜索引擎营销渠道，使消费者更快更精准地选取目标，实现消费行为的最大流量转换。

1. 关键词设计的精准化

对于搜索引擎来说，关键词的有效匹配能使目标用户直接点击。企业将根据用户的搜索习惯和消费心理，及时精准发送、投放关键词。关键词越准确，用户的流量转化和消费转化就越明显。

2. 引导页面的精准化

用户通过搜索引擎登录网站的第一页就是网站页面的品牌引导页。因此，引导页

的正确设计对于品牌形象营销起着重要的作用。设计精准明确的引导页能够更好地提高用户对品牌的好感和信赖，同时提高购物欲望。相反，如果不能提供良好购物体验的网页，诱导用户的消费心理和行为，就会导致用户离开网页。设计引导页的目的是让用户能够获取到真实有效的信息，让用户有更好的体验感，提高对品牌的信赖度。

（二）服装品牌形象传播的互动性策略

社交网络的本质是人际关系的网络，拥有互动的特性。社交网络拥有大量高素质、高消费、高需求的用户，各种人性化应用促进了这些用户之间的沟通和交流，从而形成巨大的商业环境和市场空间。利用社交网络的互动营销、病毒营销、活动营销、情感营销等多种营销方法进行品牌推广和宣传，可以扩大品牌的影响力，实现营销目的。

1. 加强消费者体验

体验营销是21世纪营销战中最强有力的秘密武器。对服装品牌来说，商店为消费者提供的更多是一种价值观念和生活方式。在激烈的市场上，单一的产品销售很快会被淘汰，商家需要的是用消费体验刺激消费者，满足他们内心深处潜在的未被刺激的欲望，以增加产品的附加值。

近年来，中国服装企业在体验式营销方面进行了尝试，并取得了良好效果。2009年美特斯邦威和《变形金刚2》合作，获得了巨大反响。公司方面表示，经过这次合作，公司开始重新思考有关消费者的需求，消费者的情感需求有很多，但并没有表露明了。T恤是传达消费者情感诉求、态度、习惯的媒介，这一点在这次合作中得到了证实。通过强化消费体验确立品牌和顾客的认同感，容易得到消费者的认同。

2. 收集消费者的反馈

收集消费者的信息反馈并加以分析，不仅是掌握目标群体，实现精准营销的有效方法，也是服装企业评估品牌传播效果的主要依据。基于消费者信息反馈，企业可以及时调整品牌营销策略，更新库存管理，预测消费者的需求。

（1）构筑信息反馈系统。一个完整的信息反馈系统应当包括消费者信息反馈信道、传播介质、内部调查机制和独立的第三方专门调查机制。来自消费者信息反馈渠道的信息可靠性很高，但是过于零散。广播媒体的内部调查机关专业性很强，但有时也有作假和伪装。独立的第三方专业调查机构更加客观可信。为了建立有效的反馈系统，需要综合三者的优势，收集客观真实的信息。

（2）拓宽信息反馈渠道。服装企业有很多种消费者信息反馈渠道，除信件、问卷调查、座谈会、消费者电话等传统的反馈渠道外，还有电子邮件、手机短信、网上留言、社区论坛等更加快速的反馈渠道。服装企业在传统反馈渠道的基础上，充分利用新兴媒体的特点和优势，积极拓宽信息反馈渠道，激发消费者广泛参与的热情，促进消费者积极反馈信息。

（3）科学地处理反馈信息。通过信息反馈渠道收集的消费者信息在没有经过系统处理之前有很多偏差，不能成为营销策略的依据。只有经过科学系统的处理，这些反馈信息才能成为有用的信息，从而用于指导营销战略的制定。

（三）服装品牌形象传播的差异化策略

服装企业要实施品牌传播差异化策略，需要解决两个方面的问题。首先，企业形成差异化的品牌定位，有效确立本企业品牌与竞争者品牌之间的差异性，在消费者心中形成一个独特的形象。其次，品牌要满足消费者的差异化需求。只有真正了解消费者需求的品牌，才能最终得到消费者的认同。在新媒体背景下，时尚品牌受众越来越细分，只有加强消费者自主选择性、满足不同受众需求的时尚企业才能应对高度细分化的市场。差异化营销的核心是针对目标市场，挖掘消费者的个性化需求，满足市场多样化特征，赋予品牌独特价值。

1. 品牌定位的差异化

品牌定位是指企业在市场定位和产品定位的基础上，针对特定品牌采取文化取向和个性差异的商业策略，是建立与目标市场相关联的品牌形象的过程和结果。良好的品牌定位是品牌经营成功的前提，为企业走向市场、开拓市场起到导航作用。如果品牌没有清晰的定位，没有塑造品牌独特的个性和形象，品牌传播就难免盲从，导致品牌形象一致性不足。对于服装企业来说，品牌差异化定位体现在服务理念、设计风格和目标人群。

（1）服务理念差异化。服务理念体现服装企业的经营价值观，要求产品、服务和服务对象在理念上达成高度一致。服务理念差异化主要是指产品种类和运营模式的不同。产品种类的不同具体表现在绅士装、女装、童装、运动装、休闲装、商务装等服装品类的方面。运营模式的不同包括品牌营销方式与销售渠道的差异，如凡客诚品采用差别化网络营销，融合了线上和线下销售渠道等运营模式。

（2）设计风格差异化。服装设计风格的不同能够体现服装品牌定位的差异性，如哥特式风格、英国伦风格等、欧美风格、韩日风格、中国传统设计风格等。如果服装品牌的设计风格很明显，那么服装品牌的定位差异化也就很明显。

（3）目标群体差异化。目标群体的差异已经从产品种类的不同中体现出来。针对不同需求的目标群体，企业需要生产不同类型的服装。企业不仅要考虑目标消费群体的年龄、性别、职业、地位、消费力等要素，还要考虑地域差异、文化差异等要素。

2. 满足消费者的差异化需求

受众需求是动态变化的，其需求价值也随着环境和条件的变化而不同。受众需求随着经济发展和科技进步而变化。经济发展导致人们的收入增加，为受众需求变化提供了内在动力。科技进步推动新产品、新技术不断涌现，为受众需求变化创造了现实条件。

近年来，为满足不同受众的需求，中国服装企业在数据库营销、关系营销以及服装品牌微内容制作等方面进行了许多探索和尝试。通过整合自身掌握的客户数据，建立数据库，提高对受众需求的准确分析能力。通过开展关系营销，维持企业与客户的良好关系。通过品牌微内容的打造，满足差异化的受众需求。

（1）数据库营销和关系营销相结合。数据库营销是企业对长期收集的消费者信息，运用数据挖掘的方法分析并筛选目标观众，然后以电话、邮寄信件、电子邮件、手机短信等方式进行目标顾客的深度挖掘和关系维护的营销方式。以顾客一对一的交流为目标，依靠庞大的顾客信息数据库的长期促销活动而进行的销售手段，与现有顾客和潜在顾客保持联系，可以随时更新活性数据库管理系统。

（2）制作品牌的微内容。微内容是由个人用户生产的，小规模、低成本或无成本制作的网络媒体内容。它是针对我们在传统媒体中熟知的大制作、重要内容而言的。

网络用户生产的任何数据，都可以称为微型信息，如一个简单的链接，可以是一篇博客、一张照片，以及音频，视频等。这些零散的数据集沙成塔，是网络不可思议力量的真正源泉。品牌通过制作微内容，从源头上增强传播内容的个性，打造差异化的感官体验。对服装企业来说，微内容是其抢占市场份额，实施品牌传播战略的突破口。

（3）把握用户心理，关注用户体验。服装品牌在开发应用程序时，重要的是给用户提供良好的体验。在 APP 的开发设计、界面显示、内容设置、注册程序、购买注册等细节方面，必须时刻关注用户心理。时尚品牌在 APP 营销过程中，只有深入挖掘用户体验，准确把握用户需求，正确引导用户互动，才能实现最大化的差异化营销。

移动互联网时代，企业不能只是单方面向消费者灌输理念，而要实现以用户为中心的双向或交叉的互动，从而开展品牌营销。只有最大限度地利用消费者在日常生活中的碎片化时间，最大可能地实现与用户的交流，才能缩短与消费者的距离。此外，借助 APP 营销多元化的发展趋势，整合多方面的技术和渠道，为消费者带来突破性体验，是实现移动 APP 差异化营销的有效手段。

服装品牌优衣库开发了名为"UNIQLO WAKEUP"的社交软件型闹钟 APP。这款 APP 以"让每天起床更舒适"为理念，根据天气、时间、自动生成音乐闹钟，还可以将闹钟的停止时间、天气、气温等信息作为独特的"起床记录"，应用于 Facebook、Twitter、人人网、微博等社交网站。这些全球用户共享的个性化、差异化的"起床记录"也会显示在"WORLD WAKE UP"的应用程序板上。优衣库致力于从用户体验角度开拓品牌营销战略。这一创新性应用的出现，无疑吸引了一批敢于尝试新鲜事物、共同分享兴趣的年轻群体。

3. 融合品牌要素，深化品牌形象

当今企业以消费者的感情和信任为基础开展品牌营销活动。移动应用程序是服装品牌和消费者之间的桥梁，可以用来传达品牌理念，塑造品牌形象，加深消费者对品牌的印象，提高品牌认知度。服装品牌将新颖的创意与品牌理念相结合，消费者可以在潜移默化中了解品牌。服装品牌耐克为了帮助用户实现体育训练计划，推出了名为耐克训练俱乐部（Nike Training Club）的 APP 应用程序。这款具有综合训练功能的应用程序由专业教练开发，将耐克多年的训练研究转化为可为用户提供个性化健身体验的工具。在这个 APP 中，用户很容易看到学习或训练指导内容，从而获得私人的训练计划，完成的所有健身活动都可以记录，也可以在 nike +社区共享自己的健身生活，并督促自己继续训练。这个 APP 不仅满足用户的需求，赢得消费者对耐克品牌的好感，提高用户黏度，还可加强品牌和用户之间在感情上的联系[585]。

（四）服装品牌形象传播的整合化策略

20 世纪 90 年代初，美国著名市场学教授唐·舒尔茨提出了整合营销传播的概念（Integrated Marketing Communication，IMC）。整合营销传播的核心思想是，将企业内外所有的资源进行整合，再造企业的生产活动与市场行为，多种渠道综合使用，以统一的目标、形象、产品和服务塑造良好的品牌形象，建立品牌与消费者之间长期而稳定的关系，从而有效地推广品牌形象。

中国品牌策划人、营销专家杨龙指出，在互联网时代下，品牌整合营销应将传统的品牌营销战略与电子商务应用和互联网营销战略相结合。服装品牌可以将企业宣传、广告宣传、促销、宣传、品牌包装、产品开发、电子商务、网络营销等各种营销活动合并，让消费者能从不同渠道获得品牌信息。

1. 内容整合

新媒体时代不仅需要新旧媒体间的竞争，还需要合作。媒体之间的竞争不仅是在传播内容的差异性上寻求突破，还是在媒体内容的生产中，对内容进行有效整合，提高受众体验，让消费者的多元化需求得到满足。内容整合是将手机、电视、网络等不同的传播媒介看作组合信息终端，进行传播内容的统一制作。在此过程中，受众既是信息的接收者，又是信息的载体。他们利用各类新兴媒体参与传播内容的制作，为各类媒体提供新鲜的源头素材。此外，在新媒体时代，传统媒体也在加速自身的数字化转型。在模式转换的过程中，传统媒体传播内容生产制作上的优势依然存在，模式转换是否成功的关键是新媒体的传播特性和其生产内容整合是否能够相吻合。

2. 渠道整合

在新媒体环境下，传播主体无限增加，传播内容丰富繁多，极大地分散了消费者的注意力。传播主体数量的迅速增加带来的直接结果便是信息量的增加，但过多的信息会极大地分散受众的注意力，反而不利于受众有效便捷地接收有用信息。据报道，在国内的大中城市，每天有1000多条广告信息。消费者在来自各个渠道的大量广告信息面前，注意力已经难以集中，更不会采取记忆和购买行动。目前，新媒体与传统媒体共存于市场之中，媒体市场细分造成了渠道混乱和资源浪费。各渠道之间可以通过整合来弥补单独媒体存在的缺陷，形成优势互补。

以电视媒体和网络媒体为例，网络媒体有着信息量大，时效性强、不受地区限制、相互性强等优势，但其也有缺乏权威和影响力等缺点。电视媒体有着强大的内容生产能力，但与观众的互动性弱。在整合传播时代，两者只有扬长避短、互鉴融合，实现优势互补，才能满足受众不断变化的多元化需求。渠道融合可以为品牌传播带来更多选择空间和更大灵活性，也为个性化营销带来了便利。媒体整合背景下，服装企业以更低的成本制作个性化内容，有利于塑造品牌形象。

3. 方法融合

在新媒体时代，随着媒体融合现象的普遍化，品牌传播方式逐渐增多。然而，不管采取什么样的品牌宣传方法和渠道，都要以品牌定位为中心，让各渠道的品牌信息相一致，还要保证品牌传播信息的统一性和连续性。在品牌形象传播过程中，要注重细节，不符合服装品牌定位的任何细节都有可能损害品牌形象。只有真正重视细节，有效整合多种品牌传播方式和渠道，才能获得理想的品牌传播效果。

综上所述，整合传播是围绕正确目标，运用明晰策略和灵活战术手段，合理、有效地分配和利用企业资源的过程。整合传播的表现方式是统一的，传播的全过程必须做到目标统一、策略统一、形象统一，企业的资源都指向一个共同的方向。这样可以使资源运用更加合理，资源整合更加富有专业性和效率性，从而使品牌传播具有整体效果。新媒体的应用为服装品牌营销活动和传播渠道打开了更广阔的空间，充分提高了品牌信息传播的效果和效率。

第八章 服装品牌形象的管理系统

品牌形象是品牌资产的重要组成部分，是消费者对品牌的主观评价，来自消费者对品牌形象各个要素的理解和接受程度。品牌形象管理是指企业对品牌形象各个要素及其组合的管理机制，主要包括对品牌识别、品牌定位、品牌特性、品牌传达、品牌行为和品牌文化等内容的管理。品牌形象管理的目标是企业以消费者为中心，把握消费者不断变化的需求，持续维护并升级品牌与消费者的情感联系，让品牌获得消费者的情感依恋。

服装市场需求变化快，产品流行周期短，品牌想要持续地满足消费者需求，并且长期维持良好的品牌形象，就需要对品牌形象进行管理和维护。通过有效合理地管理品牌形象从而找准市场定位，利用好品牌形象的管理要素，才能在消费者心中树立良好的品牌形象。本章从服装品牌形象的市场管理、危机管理、延伸管理和创新管理四个方面具体阐释服装品牌形象的管理内容与管理流程，构建服装品牌形象的管理系统。

第一节 服装品牌形象的市场管理

服装品牌形象的市场管理是指服装品牌根据市场需求的变化，做出品牌形象市场策略调整的管理机制，包括明确服装品牌形象的市场需求，提高服装品牌形象的品质以及扩展服装品牌形象的市场传播。品牌形象价值需要全面认识和高度重视，也是需要管理和运营的。同时，品牌形象也容易固化和老化，不利于品牌升级，所以为了适应新时代新环境要求，有必要对品牌形象优化升级，以适应更多年轻化群体。

（一）服装品牌形象的市场需求

每一个服装品牌都应该具有自己独特的品牌形象，通过品牌形象打造品牌特有、体现品牌差异化风格、区别于其他同类产品的竞争优势。服装品牌形象的市场需求管理可以分两个步骤展开：首先。是进行服装品牌形象的目标市场定位；其次，进行目标市场需求的分析。

由于具有自己特性的服装品牌可以满足的消费群体有限，因此要根据品牌自身的特点，明确品牌形象的市场需求，从市场中细分出最适合自己的目标市场。目标市场定位用以表明该品牌的目标消费群体、接受对象以及品牌扩展的层次范围，也是表现服装品牌特性的关键。服装品牌形象的目标市场定位主要取决于服装品牌的设计理念，生产水平以及销售方式等因素。只有找准了目标市场定位，才能根据目标市场的特点制定合理完善的品牌运营战略和品牌形象规划，进一步确定服装品牌形象的内容。服装品牌形象的市场定位是以服装或品牌的特点为出发点，最终目的是为服装品牌在目标消费群体心中确定一个合适的位置。服装品牌形象的市场定位是在市场细分的基础上完成的。市场细分主要是将市场划分为不同的消费者群体，从中找到适合自己品牌的目标顾客，并由此形成目标市场。不同的市场定位决定了品牌将要塑造和维持怎样的品牌的形象，市场细分可以从以下四个方面来考虑和划分：地理位置、顾客特征、顾客行为和顾客心理。前两个方面关注的是消费者的物理特征，后两个方面更加关注消费者的行为和心理差异。地理位置是指按照服装品牌主营的地理区域来划分市场，主要考虑主营地区的经济水平、消费水平、地区特点等因素；顾客特征是指按照消费者的年龄、性别、收入等特点来划分市场，这也是目前服装品牌最常用的划分市场的方法；顾客行为是指按照消费者的购买行为和购买习惯来划分市场；顾客心理是指根据消费者的兴趣爱好和生活方式等个性差异来划分市场。

明确了市场定位之后，还需要进一步分析目标市场的需求，依据目标消费者的消费心理与消费特征，以视觉形象为主来表述品牌的内涵，主要包括塑造服装形象、LOGO 形象、卖场形象和宣传形象。通过塑造符合市场需求的品牌各个要素形象，来满足目标消费者的需求。服装品牌形象主要通过产品定位和价格定位来塑造：产品定位是指服装的类别，面辅料的材质，服装加工的质量要求、产品标识、包装等因素；价格定位是指结合品牌知名度、时尚流行等因素给予服装品牌附加值定价，同时还要考虑为品牌的发展留有空间，随着品牌的成长可以调整价格策略。

（二）服装品牌形象的品质管理

服装品牌形象的品质管理是指以高品质高要求的标准塑造和维护服装品牌的产品形象、店铺形象和服务形象。在找准市场定位以满足市场需求的基础上，服装品牌形象要通过时尚符号语言、技术手段来实现其对品牌理念的塑造和品牌内涵的表达。高品质的品牌形象设计应该高度凝结企业历史、文化、价值趋向和经营理念，体现品牌的本质和精髓。塑造服装品牌形象，提升品牌形象品质，要从产品形象、店铺形象和服务形象三个方面入手。

服装品牌的产品形象管理。服装就是服装品牌的载体，产品形象是最能直接体现服装品牌形象的，想要提升服装品牌形象的品质，就要注重产品本身的形象，以独特设计形式把品牌形象呈现在消费者面前。产品形象由外在和内在两部分组成，产品形象的外在部分是可见的，是服装品牌对外的展示和表征，如服装的材质、颜色、版型等；内在部分是指服装本身的性能、工艺以及技术，如服装的设计、生产、管理等。产品形象在服装品牌的初创期体现最为明显，由于消费者的品牌形象还没有形成，所以服装的形态、结构、色彩、材料以及细节等要素都可以被消费者感知，并直观地体现出品牌形象，从而使服装产品外在形象与品牌形象融为一体，进而使得消费者产生对服装品牌风格的认同和品牌联想[99]。同时，产品形象的塑造与产品定位也息息相关，只有根据不同的市场定位，对服装进行差异化的设计，才能使服装符合消费者的不断变化的需求。只有设计出符合品牌形象文化和满足市场需求的服装，才能不断地提升产品的附加值，进而提升服装品牌形象的品质。服装品牌"例外（EXCEPTION）""江南布衣"都是通过产品形象来加深品牌形象的塑造的。"例外"的女装以棉、麻、丝为主要材料，塑造一种飘逸、雅致并具东方神韵的品牌形象。"江南布衣"则是基于自然健康的价值理念，打造浪漫、丰富、自然的产品风格，采用沉稳的自然色彩，纯天然材质的面料，刺绣手绘等环保工艺，将花草枝叶等自然图案通过服装呈现出来，加深了它清幽淡雅、意境深远的江南水乡般的品牌形象。

　　服装品牌的店铺形象管理。品牌店铺是品牌新产品、新潮流、新美感的发现地，不仅是销售产品，还是塑造和提升品牌形象品质的地方，它向消费者传达了品牌形象的风格、内涵及其所倡导的生活理念，使消费者在店铺中感受到品牌形象的独特魅力。因此使店铺形象充满品牌独特的文化气息，给人以高品位的享受就显得尤为重要。店铺形象的要素主要包括室内陈列、橱窗设计、室内照明和通道设计，通过将这些店铺形象的元素进行有组织的设计和规划，从而达到促进产品销售、提升形象品质的目的。店铺的室内陈列既要考虑功能性，又要考虑其艺术性。橱窗设计要敢于追求独特大胆的创作，以别出心裁的方式来吸引顾客，也可通过一些生活化场景使顾客感到亲切而产生情感共鸣，总的来说，要通过对橱窗的巧妙设计和展示，给顾客留下深刻的印象。室内照明设计要采用柔和并富有情调的灯光色彩，可以采用下照灯、吊灯等装饰性较强的照明工具以强调服装的风格和特色。通道设计的原则是能够使顾客随意浏览，以便顾客能够看到更多服装，增加更多购买的机会。服装品牌"例外"就是通过店铺形象来体现其所追求的生态平衡和绿色环保价值理念的。它的店铺以环保材质的竹条为装饰材料，以流线型的造型包裹墙体，使用同一姿势的亚洲肤色模特道具，以无假发、无彩妆的原状态来呈现服装。这与它所提倡的知性且向往心灵自由，独立且热爱生活的品牌形象一致，给消费者一种从容面对自己、面对世界，懂得享受生活的理念。

　　服装品牌的产品形象管理。服务形象主要是指销售服务形象，品牌所提供的服务能够在多大程度上满足消费者的消费需求，从而在消费者心中形成固定的服务感知。销售服务形象是服装品牌服务形象最为关键的要素，分为售前服务形象、售中服务形象和售后服务形象。售前服务形象是指销售之前品牌所提供的宣传服务，如宣传新品牌进驻、促销活动的提前告知等服务。售中服务形象是指在引导消费者购买的过程中所提供的服务，主要是销售人员运用具有亲和力的语言，专业知识概括出服装的特征和风格，进而促进消费者购买行为的发生。售后服务形象是指企业销售服装后，继续为消费者所提供的一系列服务，主要包括无条件退换服务，解决顾客投诉服务，以及对老顾客的跟进和回访服务等，这些对消费者购买行为及对品牌形象的品质都会产生影响。服装品牌"Nudie Jeans"的服务形象就塑造得非常成功。目前 Nudie Jeans 在全球开设了超过 20 家门店，大多数提供了免费清洗与修补的服务，品牌规定特定的实体店铺提供免费的服装修复服务，如果消费者不方便亲自前往，品牌也提供网上免费索取带有针线和面料的维修包，在网站上还有 DIY 的教学影片跟指导手册可供下载。此外，Nudie Jeans 还提供回收废旧服装，折扣 20% 的服务。这样的服务提升了品牌环保耐穿的品牌形象品质。

（三）服装品牌形象的传播管理

服装品牌形象的传播是指服装企业运用营销手段将营销要素重新组合，将品牌形象的价值信息传递给消费者，以实现与消费者沟通，进一步塑造品牌形象的目的。服装品牌形象的传播管理就是对这些传播过程中的要素进行合理的组合利用，在向消费者传播的过程中，保持其与品牌形象的一致性。品牌形象的传播是从传播它的各个要素开始的，并将所传达的信息整合起来，让消费者通过建立"认知-联想"关联后固化为消费者心中的品牌形象。服装品牌的风格、文化理念和所体现的生活方式，都需要通过宣传策略和途径进行推广，才能使服装品牌形象在消费者心目中真正树立起来。

服装品牌形象的传播过程包括准备过程、设计过程、营销过程和反馈过程。准备过程包括市场调研、市场分析、品牌定位等；设计过程包括标识设计、包装设计等；营销过程包括投放广告、公共关系、渠道构建等；反馈过程包括信息沟通、数据管理等。

服装品牌形象的传播形式多种多样，主要包括代言传播、公关活动传播、社交媒体传播和广告传播。服装品牌的代言传播对品牌原有形象的加深与新形象的传播都具有重要作用，展示品牌代言人的良好形象既巩固品牌形象，也可以吸引新的顾客流量。明星作为时尚界的风向标一直是大众在社交媒体上关注的焦点，其强大的粉丝效应也吸引服装品牌纷纷与明星合作，借助代言人的流量顺势做品牌推广，进一步传播品牌形象。充分利用代言人的明星效应，在一定程度上可以为品牌粉丝的积累与稳固打下坚实基础。除代言人之外，品牌设计师也是代表一个品牌的重要"代言人"，设计师个人品位与形象在一定程度上代表了服装品牌消费者的追求，代表着品牌的设计风格，消费者对于设计师的拥护也会转化为对品牌的好感。CHANEL 在女性心中的地位是不可取代的，"美丽、优雅、大方、创新，经典"一直都是 CHANEL 的品牌形象，CHANEL 的中国代言人也同样具有这样的特性。周迅是在 2017 年成为 CHANEL 的全球代言人，她作为中国的著名演员，气质出众，干练坚韧，长相极具辨识度。CHANEL 彩妆代言人是刘诗诗，她给人的感觉总是高雅，恬静的，由于 CHANEL 对山茶花很偏爱，而刘诗诗的气质和美丽的山茶花有很多相似之处。这些都体现着 CHANEL 在通过代言人的宣传中想要传达的品牌理念和品牌形象特点。

公关活动传播是最有效的传播方式，主要包括服装品牌专场发布会以及由服装企业冠名主办的服装设计大赛等活动，这些活动能更好地体现品牌形象所涵盖的产品风格、文化品位和经营理念。其中时装秀是最为常见的公关宣传渠道，通过对其品牌形象和产品风格的进一步强调和深化，不仅感染着现场观众和消费者，还为品牌推广提供了依据和素材，为后期制作广告片、录像带、宣传册等后加工产品创造了条件。在公共宣传形象中，要以消费者的情感需求为出发点，通过与消费者有效的信息沟通和交流，树立良好的形象和声誉。Dior 1988 年高订春夏系列已经成为了时装周中经典秀场之一，John Galliano 将其对戏剧的热爱之情，淋漓尽致地展现在了这一季迪奥的系列作品中。在他的 1998 春夏系列时装秀中，以巴黎历史悠久的卡尼尔宫歌剧院的主楼梯为秀场舞台，为观众带来一段充满戏剧性的奇幻旅程。管弦乐队、探戈舞者以及精心装扮成歌剧人物的演员都现身时装秀，每一件服装的设计都以戏剧为主题，将发布会演绎成了一场浪漫的戏剧邂逅，也加深了消费者心中 Dior "神秘莫测、知性优雅"的品牌形象。近年来我国服装太平鸟也频繁地登上国际时装周的舞台，2019 年除了在春节期间登上纽约时装周外，9 月太平鸟还在纽约、巴黎双城时装周亮相。作为一个扎根于中国本土、拥有 25 年发展历史的服装品牌，太平鸟通过国际时装周的舞台融入国际时尚潮流。如今，在国际时装周中的亮相已经成为太平鸟品牌建设的一部分，也是品牌的核心战略之一，通过国际时装周这样的公关渠道，太平鸟将中国文化融入全球时尚，打造国潮范儿的全新品牌形象。

社交媒体传播是目前最受欢迎的传播方式，国内社交媒体的数量众多，新的社交媒体平台也不断更新上线，目前主要包括以下几类：电商类、生活服务类、O2O、音乐类、新闻类、社区论坛、视频或直播平台、通信类平台、交友类、微博和微信等。社交媒体的传播范围广，时效性强，可以提高品牌的传播力和影响力，从而提升品牌的知名度，在传播内容方面，社交媒体具备内容多样化的特点，而且受众范围广、公众参与度高。服装品牌在社交媒体平台中也可以成为自媒体，分享品牌文化、品牌热点活动、品牌新品等，这也是通过社交媒体塑造品牌形象的一种实用战略。更重要的是社交媒体中可以广泛地运用"用户生成内容"的形式进行传播，这是社交媒体上一种常见的传播方式，由网友将自己的想法以图片、文字或视频的方式分享至互联网平台上从而进行传播。在社交媒体平台上，部分用户通过分享内容成为流量带动者，也就是能引起大众或是目标消费者关注的人，服装品牌的社交媒体形象塑造可选择与它们合作，借助流量带动者的平台影响力引导和转化品牌粉丝。Nike 在微博中有属于自己的官方认证账号，品牌通过微博这一社交媒体发布品牌最新的产品线系列相关信息，并结合当下的最为流行的热点话题来塑造品牌紧跟时代的，具有责任感的品牌形象。在社交媒体中还通过与消费者的互动发掘目标消费者的真实需求和情感诉求，为进一步开发新产品提供方向。通过与代言人的互动借助粉丝流量将品牌主打内容进一步传播出去，得到更多的曝光，吸引更多的消费者成为目标顾客。Louis Vuitton 也正在以其大胆创新的举措颠覆着我们对奢侈品牌的刻板印象，Louis Vuitton 在 2019 年先后入驻小红书和毒 APP 等社交媒体平台，吸引了大量年轻人的关注，下半年还宣布与英雄联盟合作，成为首个跨进电竞社交圈的奢侈品品牌，因此 Louis Vuitton 也在 2019 年获得了极佳的业绩，吸引了更多千禧一代的目光。

广告传播最为广泛的传播方式，主要包括印刷广告、视听广告、网络广告、户外广告。广告投放要求具有较高的创意性和吸睛性，因此如何让受众乐于接受需要品牌探究更新颖的投放方式。印刷广告是比较传统的广告传播形式，在优衣库发行的纸质版《LifeWear 服适人生》中，文版品牌册于 2019 年正式在全国门店进行发放，该品牌册从不同角度展示秋冬新品与人们日常生活的融合，传递"LifeWear 服适人生"的品牌理念。广告片的拍摄是最流行的方式，广告片的元素也趋向于多样化，如：Adidas携手电音歌手拍摄系列纪录片，用电音呈现产品设计美学；GUCCI 与腾讯联合打造的广告宣传片《GUCCI 灵感地图》系列，向消费者展示 GUCCI 设计的灵感来源；匡威邀请了模特 Cici、滑手黄燕和安福大厅的 Runq 三位酷女孩拍摄了三支广告短片，分享不同的故事，来诠释其主打的"女孩逆无界"的品牌理念；Levi's 联名 QQ 炫舞发布服装系列，将二次元元素与服装相融合，并且发布了一支由 Levi's 全球成衣设计副总裁讲述首次探索虚拟世界时尚的故事；为庆祝篮球世界杯第一次来中国，Nike 通过篮球纪录广告片《球证》展示各个比赛城市独有的篮球魅力，宣传自己"爱篮球，爱运动"的品牌特征。

第二节　服装品牌形象的危机管理

服装品牌形象的危机管理属于在塑造品牌形象之后进行维护和管理阶段的工作内容。前期设计和塑造品牌形象会投入大量资金和资源，那么如何使品牌形象保持旺盛的生命力，在激烈的市场竞争中稳定地生存和发展，对企业来说又是一个全新的挑战。目前对我国的品牌危机管理来说，企业界对此的重视程度还不够。有些知名企业已经建立了相对完善的品牌危机管理系统，但大多数企业却并没有将品牌危机管理置于重要位置，并且由于我国服装市场的特殊性，很多跨国服装企业来到中国市场后也忽略了品牌危机管理的重要性，导致跨国服装品牌在中国市场的危机管理险情不断。

品牌危机是指由于品牌外部环境的突变和品牌运营管理的失常，而对品牌形象造成不良影响，并在短时间内波及到社会公众，使品牌信誉受损，甚至危及品牌生存的突发性事件[464]。品牌危机事件是对品牌形象造成负面影响，使消费者对品牌的信任降低，进而对品牌造成伤害的事件。品牌危机的实质就是目标消费者的信任危机，是对品牌信任的减退或者断裂，是公众对品牌满意度和忠诚度的改变。品牌危机的产生是对企业公关管理能力的极大考验，原因主要来自两个方面：一是品牌产品出现质量问题或安全问题；二是企业违背社会伦理道德规范，做出缺失社会责任感的行为，对品牌形象造成损害[602]。由于现已进入了新媒体时代，人们交流沟通变得越来越便捷，信息传播越来越迅速，因此品牌形象危机事件一旦出现，就会形成裂变式传播，很快对品牌形象造成不良影响。

品牌危机管理是指在品牌面临危机时，企业采取恰当的管理活动，尽可能避免或降低品牌价值的损失。从品牌过程管理角度来看，品牌危机管理是指企业在品牌经营过程中针对该品牌可能面临或正在面临的危机，采取的一系列维系并提升品牌形象的管理活动总称，包括危机防范、危机处理、危机利用等[465]。简单地说，品牌危机管理是指品牌通过指挥协调，调动各种资源，预防品牌危机的发生和对已经发生的品牌危机进行处理，以达到最小化危害品牌形象目的的管理活动。

一、服装品牌形象危机的特点

服装品牌形象危机是指服在装品牌运营过程中，能够对服装品牌形象产生伤害的，影响服装品牌生存和发展的意外或突发事件。对服装企业而言，服装品牌形象危机短期会迅速降低服装的销量，长期会削弱品牌营销策略的效果，失去顾客的信任，导致流失忠诚顾客。服装品牌危机主要具有以下几个特点：

1. 不可控性

传统媒体的信息传播渠道较为狭窄，并且企业在危机管理中具有一定的主动性，相对比较容易控制舆论。而今，随着互联网的迅速普及，网民对于热点事件的迅速转载和评论会将危机事件快速地呈现在公众的视野中。平台效应会让品牌危机事件迅速发酵，由于社交平台中每个人都可以自由发表言论，品牌将会面临无法控制的危机传播事件。在品牌危机事件发生之后，信息会不受控制地漫天传播扩散，且蔓延速度十分迅速。在此过程中，网民的负面评论、忠诚顾客的消极情绪、相关媒体的负面报道、品牌对于危机的不当处理以及企业消极回避的态度都有可能使品牌陷入困境，难以控制。

2. 大概率性

很多服装企业为了赢得更大的利润，以低价在市场上获得竞争力，因而往往会选择降低产品成本，这很容易导致产品质量出现问题进而引发品牌危机。再加上现如今大众传播、新闻媒体传播和自媒体传播等多种传播方式的兴起，更加加剧了危机事件扩散的概率。一旦出现品牌形象问题，传播将迅速扩散，而大众也不再是一味地被动接收信息，而是具有更多的选择权和自主权，可以自由地表达自己对于品牌产品的使用感受以及观点，在互联网这一平台上容易引起具有相同感受的消费者共鸣，最终演变成一场品牌危机。企业的品牌危机可能来自竞争对手，也可能来自网民的恶意评论，这些动机越来越常见，发生的概率也越来越高，并且都会使品牌形象受到损害，品牌陷入危机。

3. 双面性

在如今的网络化和信息化时代，有关品牌负面新闻的传播空间和时间都很难控制，媒体和网络的舆论导向也很难预判，因此很难说一场品牌危机最终是促进还是抑制企业品牌的发展。面对信息来源的不可控制性，如果品牌管理者在危机发生时做出积极地处理方式，大众对于品牌发生的危机事件态度就会缓和；反之，如果任由网络舆论散播和发酵，将很有可能损害品牌形象。因此如果品牌危机能得到积极的应对和妥善的处理，将会把品牌的正面形象传递给更多的消费者，反而会提升品牌的知名度，但如果处理方式不当，将会使品牌陷入危机甚至推入绝境。

二、服装品牌形象危机的起因

诱发品牌危机的因素具一定的复杂性和不可预料性，因为在信息时代背景下，品牌面临着多重复杂关系，很多情况下，一个致命性的错误或多个威胁性的事件很有可能会引爆品牌形象危机。引发服装品牌形象危机的起因主要有：产品质量问题、品牌商标问题、品牌服务问题、责任缺失问题、传播策略问题、内部管理问题和媒体舆论问题（见表8-1）。其中服装品牌形象危机主要来源是产品质量问题，一旦品牌的服装出现问题将引起消费者的大面积恐慌。消费者对品牌的认同是建立其对品牌忠诚的第一步，是品牌持续发展的保障，而危机事件的出现会加剧消费者失去对品牌的信任，一旦形成大规模的信任丢失，那么之前树立的良好品牌形象会在消费者心中彻底瓦解。

表 8-1　服装品牌形象危机的起因及具体表现

危机事件起因	具体表现
产品质量问题	产品在质量上出现问题,如服装材料未达到穿着安全标准
品牌商标问题	品牌的名称、识别色、标识等问题,如商标所属权不明、存在抄袭
品牌服务问题	企业在提供服务时未能得到顾客的满意,如冷漠待客、歧视顾客
责任缺失问题	企业盲目追求利益最大化忽视了社会责任,如污染环境、拒绝捐助
传播策略问题	品牌传播失误,包括营销要素组合不当和传播工具选择失误等
内部管理问题	企业管理层制定相关制度存在漏洞,如管理决策失误
媒体舆论问题	相关媒体虚假报告,如散布关于品牌的谣言等

三、服装品牌形象危机的危害

品牌形象是消费者所看到的各种因素集合起来所生成的综合表现,对于服装企业而言,一旦发生品牌危机事件,消费者对品牌的情感就会削弱,导致对品牌产生不信任,品牌形象也会荡然无存。服装品牌形象危机对品牌的危害表现在以下几个方面:

1. 品牌形象受损

服装品牌能够长久地在激烈的市场中保持竞争力,离不开前期塑造的良好品牌形象,品牌危机事件的发生首先会对品牌形象造成一定程度上的打击。在网络上引发舆论高潮之后,最终的舆论导向是品牌无法掌控的。如果危机事件不能及时地进行有效处理,那么品牌形象势必会遭遇严重打击。

2. 企业形象受损

品牌危机的发生会冲击企业内部管理体系,打破企业内部管理的稳定状态,降低员工对企业的自信感和荣誉感,造成员工的惶恐,如果高层管理者无法拿出有效的应急方案,就会影响员工对企业的满意度和忠诚度,进而无法更好地服务顾客。面对品牌危机时,企业员工的工作效率、信任感以及归属感都会受到影响,从而降低企业内部的团结性和稳定性。

3. 忠诚顾客受损

社交平台的互动性和开放性会带来信息传播的持续性和舆论方向的不可控性,因此消费者对品牌认知会因舆论而发生改变。尤其是在企业面临品牌危机时,会直接导致品牌忠诚顾客的流失。丧失忠诚顾客的信任与支持将很难恢复,也会很大程度上导致企业销售量下滑,致使品牌面临四面楚歌的局面,最终陷入品牌危机的僵局。

4. 竞争优势受损

成熟品牌形象能够为品牌创造更多的额外价值,是企业重要的无形资产,尤其是在竞争壁垒相对较低的服装行业中。行业内会充满各种同质类的产品,服装品牌都在思考如何将自身产品很好地区别于竞争对手,发挥可识别优势。但如果品牌发生危机,就会直接导致竞争对手乘虚而入,抢占先机。正面的品牌形象会给企业带来忠诚顾客,增加同行业的竞争优势,但品牌危机会直接消弱品牌的竞争实力。如果任其发展,消费者会出现抵触情绪，甚至发起"抵制品牌"的运动，这时品牌将完全失去市场竞争力，最终被市场淘汰。

四、服装品牌形象危机的应对策略

品牌危机管理是指在品牌危机中维系并提升品牌形象的过程，即从品牌危机预警防范到危机后品牌形象重塑的一系列活动。危机处理过程要遵循主动性原则、迅速性原则、诚意性原则、真实性原则、统一性原则、全员性原则和创新原则。主动性原则是指任何危机发生后的当务之急是积极直面危机，阻断和控制其蔓延的速度和范围，只有有效控制局势，才能挽救品牌生命，为度过危机和重塑品牌形象奠定基础。迅速性原则是指对品牌危机的反应必须迅速，不论是对受害者、消费者还是新闻媒体，都要尽可能迅速、快捷地消除公众对品牌的疑虑，一般危机发生的第一个24小时至关重要，如果危机处理失去最佳时机，即使事后再努力，也往往于事无补。诚意性原则是指消费者的权益高于一切，"保护消费者的利益，减少受害者损失"是品牌危机处理的第一要务，因此品牌危机发生后，企业应该及时向消费者、受害者歉意表示诚意，必要时还要通过新闻媒介向社会公众发表致歉公告，主动承担应负的责任，从而赢得消费者、受害者以及社会公众和舆论的广泛理解和同情。真实性原则是指危机爆发后，必须主动向公众讲明事实的全部真相，而不能遮遮掩掩，否则反而会增加公众的好奇、猜测甚至反感，延长危机影响的时间，也不利于控制局面，只有真实反应情况，才能争取主动，把品牌形象的损失降低到最小限度。统一性原则是指品牌危机处理必须冷静有序，不能失控失序，管理指挥协调统一，宣传解释口径统一，行动安排步骤统一。全员性原则是指企业全体员工都是品牌信誉的创建者、保护者、巩固者，当品牌危机来临时，他们不是旁观者，而是参与者，想要提高危机透明度，就要让员工了解品牌危机处理过程并参与品牌危机的处理活动，使公众了解到品牌处理危机事件时付出的全员努力，重新树立对品牌的信心。创新原则是指品牌危机处理既需要充分借鉴其他品牌成功的处理经验，也要根据品牌危机自身的实际情况做出处理安排，尤其要借助新技术、新信息和新思维，进行大胆创新。

成熟品牌形象危机管理系统要在品牌危机前做到预警防范，品牌危机中做到紧急处理，品牌危机后的做到形象重塑。总地来说，品牌危机事件的处理要做到树立品牌危机意识、建立品牌危机预警系统、成立紧急应对小组、积极沟通交流、采取积极的具体措施、做好品牌保护、注重品牌的创新与品牌开发、做好企业内部的恢复和调整、重塑品牌形象。

1. 树立品牌危机意识

危机意识的树立是正确处理品牌危机的前提，品牌危机意识决定企业在经营过程中是否以高度的责任感来处理日常事务，也决定了当品牌危机发生时企业能否从容对待。市场竞争环境越来越激烈，也加剧了服装行业的竞争态势，这就需要企业要时刻保持品牌危机意识，树立"未雨绸缪"的品牌忧患意识。时常学习其他品牌的典型危机案例，使得全体员工将品牌意识铭记于心，将危机隐患消灭于萌芽之中。另外，品牌应该意识到其发展的成熟期也是品牌危机的高发期，而且大多数品牌会忙于追求利益而忽略品牌形象的维护，所以在处于顺境时品牌的管理者需要树立品牌危机意识，对员工进行品牌危机教育。

2. 建立品牌危机预警系统

危机预警系统是指针对品牌危机实时的监测、预测和报警的系统，主要包括信息收集系统、信息加工系统、管理决策系统、预警报警系统和咨询反馈系统等。建立有效的危机预警系统可以将危机意识有效地转化为处理危机的实际行动，对品牌形象的建设、维护、管理过程进行实时监控，迅速解决可能出现的问题。另外品牌企业内部还要积极开展自我检查，在自查和诊断过程中查找问题并分析当前品牌的运营状况。反馈系统的建立也十分重要，产品质量把控的源头往往来自一线工作人员对品质的把控，上级管理应该积极要求与下级保持良好的沟通与信息交流，才能找出最根本的问题所在，此外，品牌也可以向行业领军品牌学习，严格遵守生产标准来把握品控，避免因产品出现问题而导致的品牌危机。

3. 成立紧急应对小组

一旦品牌危机爆发，品牌所能做的最重要的事情是应该冷静地辨别危机的性质，有计划、有组织地应对危机。企业内部应该迅速成立危机处理应对小组，与权威媒体进行及时的沟通交流。紧急应对小组主要包括：调查组、联络组、处理组和报道组等。应对小组的工作主要包括调查与明确突发事件的基本情况、事态现状及具体情况、事态所造成的影响、事态是否已被控制、控制的具体措施、企业与有关人员应负的责任等。在出现同行业竞争对手的蓄意诋毁、相关媒体的恶意报道时，应对小组要迅速整理出应急方案，从而为降低危机给品牌形象造成的危害。

4. 积极沟通交流

在品牌危机发生后，企业应该主动承担品牌危机所带来的后果，因为品牌危机发生后，大众和媒体都会聚焦在企业如何应对危机事件上，此时企业如果采取不恰当的方案（如逃避式的"冷处理"方法或是推卸责任的做法），势必会引起消费者的不满和媒体的大肆宣传，那么品牌的形象很有可能会一蹶不振，企业的信誉损失也将很难挽回。只有企业主动承认错误、主动弥补损失或对相关利益者进行合理地补偿才能获得消费者的支持与信任，最终使得品牌危机能够平稳地度过。而且品牌管理需要与媒体公关共同发力，企业内部需要责任发言人来保证企业对外形象的一致性，最好由专业的关公责任人员与媒体进行沟通与协调，面对消费者的各种质疑，品牌也需要及时在公众平台上给出口径一致的回复。现如今媒体与企业的关系越来越密切，企业一定要联合相关权威媒体共同发力，才能控制网络舆论的负面导向。

5. 采取积极的具体措施

品牌危机发生后，企业应该迅速采取积极的处理措施，将举措落到实处，而不是空喊口号。由于产品质量问题所造成的危机是最常见的危机，一旦出现这类危机，企业要迅速启动产品召回制度，不顾一切代价收回所有在市场上的不合格产品，并利用大众媒体告知社会公众如何退回这些产品的方法。启动产品召回制度，回收不合格产品表现了企业对消费者负责的态度，也表明了企业始终是以消费者利益为第一位的，表现出为此可以承担任何损失的负责形象，这可以从心理上打动消费者。但如果放任这些不合格产品继续流通，就有可能使危机涉及的范围进一步扩大，引起公众和媒体的群起而攻之，最终造成不可收拾的局面。

6. 做好品牌保护

在面对竞争对手的蓄意诋毁和媒体的恶意造谣时，企业应该采取一些保护措施来保护品牌形象。一是法律保护。如商标及时注册、及时延续注册、异国注册、全方位注册等。二是生产保护。如出具产品的质量证明、采用防伪的标识包装等，优质的产品质量是使消费者产生信任并保持产品长盛不衰的关键，质量问题可能会被细心的消费者发现，或是被对手利用，从而引起危机。产品保护就是生产过程中对品质的严格把关，包装保护可以使用防伪标志。三是设计保护。有些服装品牌就是靠技术的独特且创新而保持常盛不衰的，技术保护对于许多著名的服装品牌都非常重要，企业可以通过申请专利来保护自己品牌的设计知识产权。

7. 注重品牌的创新与品牌开发

当品牌缺乏创新而逐步老化时，企业也会因不能满足消费者变化的需求而引发品牌危机。当企业本身对自己的品牌不再创新、缺乏创意时，消费者就会对品牌失去兴趣，从而品牌会陷入危机之中，尤其是在服装行业，时尚潮流瞬息万变，当品牌失去活力，也就毫无魅力可言了。但品牌的生命可以通过不断创新加以延长，也就是说，企业可以通过不断创新延长品牌的寿命，重振品牌，使品牌价值得到保值升值增值，更好地回避品牌老化所带来的品牌危机。

8. 企业内部的恢复和调整

企业在平息品牌危机事件后，品牌管理者就需要着手进行品牌的恢复与重振工作，主要包括对内和对外两个部分。对内要教育员工，并修正、补充危机管理的内容，危机中暴露出来的企业管理问题、员工素质问题、公共状态问题等方面不能忽视，企业应以此为戒，将此树立为典型、生动的反面教材，深入地对员工进行公共关系的培训教育，使每一个员工都能从中找到自身存在的问题，自觉将自己的行为、态度与品牌的形象、命运联系在一起。对外要吸取教训，制定有效的危机管理计划，危机的发生是任何企业都不愿遭遇的，因为无论是处理危机还是重获公众好感，都需要投入大量时间和精力，花费巨大，所以企业必须吸取教训，危机过后应立即着手制定企业危机管理计划，必要时应该聘请专业人士进行指导和帮助，这样才不至于再犯同样的错误。

9. 重塑品牌形象

企业在经历过品牌危机之后，对品牌形象或多或少都会造成一定的影响。许多成功的品牌危机案例中，品牌形象非但没有受到影响还得到了一定程度的提升。所以在危机过后，企业更需要需要加大力度对品牌形象进行宣传，更加关注消费者以及利益相关者的需求[466]，使得品牌形象得到更好地重塑，更进一步去发挥品牌的作用。重塑品牌形象之后还要进行更深一步的调研分析，找出品牌危机爆发的内部原因和外部原因，并找出其根源并做好经验总结，只有强化总结经验的工作才能避免企业再次陷入类似的品牌危机中。

第三节　服装品牌形象的延伸管理

随着服装行业市场竞争的日益激烈以及市场细分地不断加深，越来越多的服装品牌开始对其产品进行横向或纵向的延伸，以扩大市场份额、减少品牌运营的风险，这也就形成了品牌延伸的策略。服装品牌基于不同原因也有在尝试进行品牌延伸，既有品牌内部管理的原因，也有品牌外部环境的原因，总地来说都是为了扩大目标消费群体而追求更大的利润空间，但许多服装企业的品牌延伸策略并没有获得预期的效果，有的甚至走入误区，付出了惨重的代价。因此，服装品牌如何基于产品和行业特点，正确通过开展品牌延伸拓展市场，是一个值得深度思考的问题。

事实上，服装品牌延伸是指通过对服装品牌的核心价值进行一定程度的拓展，从而形成新的品牌线或产品线。一般来说，服装品牌延伸策略必须与其营销策略配套使用才能具有较好的效果，只有当原品牌的核心价值能够包容延伸产品时，才可以进行品牌的延伸。有影响力的品牌形象不仅是表现产品的形象，它所表达的文化价值理念是与主流社会文化和消费者价值趋向联系在一起的，因此，有效的服装品牌形象延伸策略，要在原有品牌内涵的基础上，通过品牌形象优势分析，提出品牌延伸的关键问题，明确品牌形象的延伸形式，确定品牌形象延伸的对策。

一、服装品牌形象延伸的优势

品牌延伸策略可以拓展品牌的经营范围、调整品牌服装的定位、节约推出新品牌的费用，使新品牌的服装借助原品牌的声誉，迅速得到消费者的认可从而降低经营风险，因此被很多服装企业采用。总地来说，服装企业进行品牌延伸主要有以下几个优势：

1. 降低新产品的市场风险

想要将新的服装产品推向市场，一般需要企业投入巨额的费用和较长的时间。采用品牌延伸策略可以使新的服装产品快速形成品牌形象定位，获得原有品牌消费者的关注，以较低的成本和较短的周期获得市场的关注，从而使产品收益最大化，同时强化新品牌的效应，无形之中也实现了原服装品牌的价值增值。服装企业通过品牌形象延伸可以将新产品快速打入市场，提高消费者对新产品的认知，为新产品占领市场赢得了时间，同时还可以节省新产品推出所需的费用，提升服装企业的市场占有率和市场知名度，是一种多赢的策略。

2. 继承品牌的竞争优势

服装企业实施品牌延伸策略，能够有效地消除消费者对新产品的防御心理，缩短新产品与消费者的心理距离，使新产品更容易被消费者所认同和接纳，从而使原有品牌形象的竞争优势得以继承。如做运动鞋起家的品牌 Nike 在国际上极具知名度，现在也涉足羽绒服、运动服、背包、袜子、帽子等运动产品，耐克品牌延伸的成功是因为充分利用了自身品牌优势，使得延伸产品在竞争中获得更多优势地位。

3. 占领更多的细分市场

随着社会的发展，人们对服装的需求呈现出多样化、个性化的态势，不同消费者对服装的需求都有或多或少的差异，任何服装企业都不可能以一种或少数几种服装类别或款式满足所有消费者的不同需求，因此开发新产品，进行品牌延伸，就可以在更大程度上满足消费者的需求，从而占领更多的细分市场。如国际名牌 POLO 就延伸到了男套装、女时装、内衣、泳装、运动装、童装等服装品类，在很大程度上满足了消费者的需求，也抢占了更多的市场份额。

4. 满足消费者多样化的需求

当今的服装市场是以消费者为主体的，服装企业应该以迎合消费者需求为目的，因此消费者的需求决定了服装市场的发展方向。而消费者的需求又是多种多样的，如果企业在品牌运营中采用服装品牌延伸策略，将单一的服装品牌形象扩展化，将服装产品的风格多样化，才能够最大限度地满足消费者的需求。

5. 扩大品牌声誉和影响力

新的服装延伸品牌在销售时会接触到新的消费者，新品牌的良好体验和印象也会增加新的消费者对原有品牌的认同感，从而不断提高原有服装品牌的声誉和影响力。因此对于服装企业来说，服装品牌延伸策略能够有效地扩大原有服装品牌的声誉和影响力，是服装品牌延长生命周期，实现品牌资产增值的重要手段。

二、服装品牌的延伸问题

对于服装企业，只有合理地进行品牌延伸，才能降低品牌延伸的风险，保证母品牌的形象不被破坏，保证企业的健康持续发展。成功的服装品牌延伸能够实现企业利益的最大化，但品牌延伸不当引起的内在风险也不可忽视。服装企业在品牌延伸的过程中，主要存在以下一些问题：

1. 延伸品牌定位不清晰

每个成功的服装品牌在市场中都有一个非常清晰的定位，并且受众对其具有较高的品牌忠诚度。但是这种顾客忠诚度较高的品牌进行延伸之后，如果延伸产品被认为是与母品牌产品不同的类别，而且延伸产品传达的信息与母品牌的形象不一致时，消费者心目中的品牌形象也就变得模糊，使得品牌在消费者心目中的定位被扰乱，特别是高档品牌延伸到低档产品时，这种情况更为明显。如提到劲霸、七匹狼等服装品牌时，人们都会想到它们代表着男性的品质和成功，显然，这些品牌就不适宜去涉足女装市场或者儿童服装领域。

2. 对延伸品类调研不足

目前在服装行业，许多企业不进行充分的市场调研，不顾自身实力，盲目进入陌生的市场进行品牌延伸，最终难免以失败告终。如金利来品牌定位是"男人的世界"，这句广告词在消费者心目中根深蒂固。之后金利来公司决定向女装领域延伸，并推出了服装、皮具等一系列女士用品，这些产品虽然质量过关但依然得不到女性消费者的认可。因为女性消费者认为"金利来"是男士独有的消费品牌，穿戴在自己身上体现不出女性特有的窈窕、柔美，所以"金利来"在女装领域的延伸遭到失败。

3. 品牌延伸与品牌核心价值抵触

要实现服装品牌的跨档次延伸，无论是向上延伸还是向下延伸，如果产品属性和品牌形象相冲突就会出现问题，特别是以档次、身份、地位及文化象征为主要卖点的服装品牌，一般很难兼容中低档次产品。因为人们在购买高档次服装时，所追求的不是该服装的物理属性，而是这个服装品牌带来的身份和地位的象征。如果品牌的个性与消费者对新产品的心理感受不一致，消费者心理也会产生冲突。

4. 对品牌的认识不足

从跨性别延伸的策略上来看，目前国内很多服装企业并没有对自己服装品牌的性别有一个明确的定位，虽然企业知道自己经营的服装品牌有性别之分，但仍然以为能轻易地做到跨性别延伸，使有性别的品牌转化为无性别的品牌，但事实往往不是如此。如罗蒙宣扬"罗蒙从不重男轻女"，有意将罗蒙品牌向女装方向延伸。但是长期以来，罗蒙在消费者心中是一个男装品牌，只要提到"罗蒙"两个字，人们就会想到罗蒙的男西装，想到罗蒙的形象代言人都是"好男人"的形象，很难把罗蒙这一品牌与女装联系在一起，这就是品牌对自己的认识不足而导致的延伸决策错误。

5. 对原有服装品牌形象造成不良影响

服装品牌延伸策略一旦实施，延伸品牌与原有服装品牌的概念及形象也就绑定到了一起。品牌形象是品牌延伸的根基，如果延伸品牌与原有服装品牌在产品质量、产品档次上相差较大，或是二者之间的经营种类相差较远，就会对原有品牌形象造成不良影响。

6. 淡化原服装品牌定位

一般来说，成功的服装品牌在市场营销过程中都有其明确的形象定位，消费者在接触到品牌时首先联想到能够代表其形象定位的产品类别。比如人们看到国人这个品牌会联想到西服，看到波司登会想到羽绒服，看到巴拉巴拉会想到童装，看到探路者会想到户外装。但是如果延伸品牌的产品定位与原有品牌差距较远，那么两个品牌的形象定位都会被消费者混淆模糊，从而导致原服装品牌鲜明的形象定位被淡化。

三、服装品牌形象延伸的形式

由于单一品牌只能满足部分消费者的需要，为了扩大产品市场占有率，品牌管理者可以通过多元化的品牌延伸策略来扩大产品范围，满足市场的消费需求[613]。品牌延伸可以将单一的品牌发展为相互有联系的品牌体系。通常，每个企业的品牌线只是该行业的一部分，如果企业超过现有的范围来增加其品牌线的长度，即成为品牌延伸，包括向上延伸、向下延伸和双向延伸。服装品牌形象延伸的主要形式有跨性别延伸、跨年龄延伸、跨档次延伸、跨品类延伸和跨行业延伸。

1. 跨性别延伸

服装品牌和人一样，都具有一定的"性别"特征，并且很多都得到了消费者的认可。但有一些品牌在初创时期并没有非常明显的性别区分，如国内的著名运动服装品牌"李宁"、法国的"梦特娇"和"皮尔·卡丹"等同时在市场上销售男装和女装，这类品牌通常称为无性别品牌。品牌的跨性别延伸包括两种情况：男装品牌向女装品牌延伸和女装品牌向男装品牌延伸。其中主要是男装品牌向女装品牌延伸最为成功，如红豆、衫衫、庄吉等男装早已开始进入女装市场，波士登也以单品羽绒服的身份延伸到女装领域，这主要是由于我国女装市场是一个需求庞大的市场，我国女性高级白领人士对品牌消费欲望一直在不断增强。服装品牌要想实现跨性别延伸，首先要确立该品牌在消费者心中的性别，在延伸时才能避免模糊的品牌形象，真正做到有针对性地面向目标市场。

2. 跨年龄延伸

每个人在选择和穿着服装时往往都会与自己的年龄联系起来，因为不同款式、不同色彩的服装往往适合不同年龄段的消费群体，不同年龄段的消费群体对服装也有自己不同的选择标准，因此服装作为生活方式的一种表达、一种文化消费现象，必然会受到年龄的影响。一般情况下，服装品牌要准确地定位市场，就需要明确受众年龄范围，也有服装品牌进行跨年龄的延伸。如品牌"红豆"，它的品牌名称来自王维的诗句"红豆生南国"，表达了一种美好而真切的相思之情，红豆品牌以其丰富的文化内涵，特有的情感魅力吸引着各个年龄段的消费者。老年人把"红豆"视为吉祥物，中年人以"红豆"寄托对家人的思念，青年人则把赠送"红豆"衣作为一种时尚。正因为"红豆"塑造了其独特的品牌文化和品牌精神，才能被不同年龄层的消费者所接受，因此品牌延伸取得成功。但目前国内绝大多数品牌都不具有如此大的跨年龄品牌认知性，往往一类消费者表示认同，而另外一类消费者表示不认同。

3. 跨档次延伸

一般来说，服装品牌形象通常分为三个档次，最高档次的品牌是设计师品牌，其次是一线品牌，再次是二线品牌。跨档次延伸主要包括两种情况：高档服饰品牌向中低档品牌层次的延伸和中低档服饰品牌向高档品牌层次的延伸，其中以高档服饰品牌向中低档品牌层次的延伸为主。国际上最著名的品牌几乎都是设计师品牌，当然设计师服装品牌大多为少数富有阶层服务，因此它们的市场非常有限，不可能发展为一个具有很大规模的企业或品牌，所以通常的做法是进行品牌延伸。如 Armani 是全球最顶尖的男装品牌之一，在 Armani 品牌系列中，从 20 万或 30 万人民币一套的顶级时装，到 3 万人民币一套的高档时装，再到数千元的中低档服装，产品档次由高到低存在十几个价位。正是由于高档产品的消费群体注定是极少数的，这些知名设计师品牌为了拓宽消费群体、追求高额利润，往往会选择向中低档次产品延伸，让该品牌的产品可供更多人挑选，同时使品牌看起来更具有亲和力。

4. 跨品类延伸

跨品类延伸是指服装品牌为了提高经济效益，增加品牌知名度，向其他品类延伸的发展战略。服装品牌形象的跨品类延伸，是企业通常普遍采用的，也是最容易成功的策略。如全球最大的成衣上市公司美国威富公司，其年净收入达 500 多亿美元。威富公司一直坚持服装专业化，它的品牌延伸严格遵守相关性的原则。在经历了 40 多年的不间断并购美国和欧洲的著名服装企业之后，完成了从一个手套制造商到国际顶尖品牌的转变。现在主要经营牛仔，户外运动，职业服装，时尚服装等品类，旗下包括 Lee、Wrangler、Riders 在内的 50 多个国际知名品牌。此外 Prada 的品牌发展过程中也一直进行着跨类别的品牌延伸，最早 Prada 是经营皮箱、皮包、皮夹及其他饰品的，到现在已有男女服装、内衣、鞋子、配件等多种品类，而且延伸得非常成功。它所推出的品牌延伸产品都注入了其前卫独特的元素，融合了传统与时尚，被广大消费者所接受和喜爱。

5. 跨行业延伸

我国服装业的跨行业延伸在大中型服装企业中比较常见，很多服装企业特别是大中型服装企进行产品结构调整，以保证企业的发展壮大，都会进行跨行业的品牌延伸，因此进入新的领域也就成为许多服装企业可考虑的选择。如服装品牌杉杉，上市后立即投资锂电池、金融、高科技等多元化产业。"雅戈尔""报喜鸟""七匹狼"等一批知名服装企业也不约而同地投资房地产行业，"庄吉""法派"等原本做男装的品牌向皮鞋行业进军。

四、服装品牌延伸的对策

服装品牌形象延伸的目的是通过品牌延伸构成品牌链条，从而提高品牌竞争力，最大限度地利用自身品牌的价值。但服装企业在进行品牌延伸时，如果不遵循相关性原则，则会大幅度增加服装品牌延伸的风险，造成一些不必要的损失。因此服装品牌形象延伸的具体策略包括：明确产品定位、全面认识品牌特点、限制延伸范围、开发副品牌策略、改变品牌刻板印象以及借鉴成功经验。

1. 明确产品定位

服装品牌延伸的关键是服装品牌的定位问题，服装品牌的定位应充分考虑企业多元化经营的需求，这样既给品牌延伸发展留下足够的空间，还能充分发挥品牌优势。服装企业在进行品牌延伸之前，应该事先判断品牌在消费者心目中的定位。如果品牌核心价值能包容延伸产品及延伸品牌，且延伸产品属性与母品牌产品属性不冲突，延伸品牌就能够得到消费者的认可。如汽车品牌宝马计划延伸到服装行业，产品分为男女正装、运动休闲与配饰系列。宝马服装品牌对成功人士而言象征着崇尚健康、热爱运动的生活与理念。宝马品牌在服装领域能获得成功，正是因为宝马不仅象征着非凡的制车技术与工艺，还引领着"潇洒、优雅、时尚、悠闲"的生活方式，因此，无论是汽车还是服装都可以诠释宝马品牌的核心价值观。

2. 全面认识品牌特点

服装企业在进行品牌延伸前需要对现有的服装品牌进行全面地认识，只有充分了解现有品牌的实力，做好品牌实力评估，才能进一步进行服装品牌的延伸。对品牌实力进行评估之后，企业应该根据自身实际以及市场状况合理选择适应企业发展的品牌延伸策略，以求更全面地发展。

3. 限制延伸范围

不论是横向延伸还是纵向延伸，都必须符合品牌自身的情况。服装企业在进行品牌延伸之前，应该充分分析企业的营销管理能力、各部门协调配合能力、企业内外信息沟通能力等，根据自身的实际情况，限制品牌的延伸范围，切不可盲目延伸扩展。如国际品牌"梦特娇就成功地将男装延伸到女装领域，因为"梦特娇"在消费者看来象征着"尊贵、优雅、时尚"的品牌形象，这对女性消费者极具诱惑，所以她们愿意购买梦特娇品牌的产品。同时，梦特娇公司始终坚持以质取胜的准则，这也是它在服装领域获得成功的重要原因。

4. 开展副品牌策略

副品牌策略可以利用原来主品牌的品牌资产，无须投入大笔广告费用重新建立一个品牌。副品牌的推出，还可以丰富主品牌的内容，提高品牌的知名度。副品牌战略的优势在于降低经营风险，一旦品牌延伸失败，比起直接用主品牌来延伸产品，副品牌策略也可以起到一定的缓冲作用，减轻品牌延伸的风险。

5. 改变品牌的刻板印象

一般情况下，一家生产较低档次服装的企业很难向较高档次延伸，因为消费者具有思维定式，他们无法相信品牌服装价值的升高。企业要想通过眼神来提升品牌档次，还需要通过各种媒介和手段，改变消费者的固有观念，改变该服装品牌在人们心中的固有定位和刻板形象，当然这也不是一朝一夕就能解决的问题，还需要服装企业进行长期的努力。由较高档向较低档延伸时，要注意的是不能因延伸而毁了品牌原有的价值，也要先改变消费者对品牌原有的刻板印象。

6. 借鉴成功经验

服装企业在实施品牌延伸策略时，应端正态度，采取积极面对风险的态度，从企业长远发展的角度出发，全面认识品牌延伸，分析品牌延伸的可行性，对可能出现的风险进行预判并提出规避方案。企业管理者也应该积极地向成功进行延伸的品牌学习，认识风险，找出防范风险的因素，并通过科学有效的措施对风险进行控制，使风险产生的负面影响降到最低。借鉴成功品牌延伸的经验来实施服装品牌延伸策略对于服装企业来说无疑是一条捷径，服装企业应该在学习成功案例的基础上，探索出适合于自己的品牌延伸策略。

第四节　服装品牌形象的创新管理

依据熊彼特的创新理论，"创新"包括五种情况：采用一种新产品；使用一种新的生产方法；开辟一个新的市场；利用新的资源；实现一种新的组织形式。也就是对应产品创新、技术创新、市场创新、资源配置创新、组织创新等5种创新形式。品牌创新是将创新的理论应用于品牌，是指企业对品牌的各个要素进行重新组合。品牌识别要素主要包括品牌名称、标识、产品、传播等多个维度，企业在进行某一维度的品牌创新时，要相应进行其他维度的创新。一方面，根据市场变化，创造新的品牌、延伸品牌新的应用或引进或转让资产来管理品牌；另一方面，通过发展竞争者所不具备的技术和手段，给市场提供更好的产品或服务[404]。品牌创新需要遵循消费者原则、及时性原则、持续性原则、全面性原则和成本性原则。

随着社会的进步，消费者的观念也在不断更新，品牌形象所传达的品牌文化当然也要不断地用新的元素、符号和表达方式去演绎，企业要不断地给品牌形象注入鲜明的时代气息，让品牌始终充满活力，永远保持旺盛的生命力。服装品牌形象的创新是指服装企业根据目标顾客的消费需求，对服装的产品、服务、价格和形象等进行适当的设计与组合，以具有特色的服装产品来吸引和稳定目标消费顾客，并根据品牌发展不同阶段对外部形象的不同要求，有所侧重地调整品牌形象定位。一个强势的品牌总能充分运用它自身的资源，并使品牌的本质与内涵在各种营销活动中在不同的市场以及在不同的时间里得到一致的体现。但一致性不等于僵化、不求变通，而是在品牌的核心识别、个性等保持不变的原则下，视传播对象的不同，做出相应的变通与创新。

一、服装品牌形象创新的现状

当今企业面临的是一个剧烈变动的环境，消费者的偏好和需求瞬息万变，消费文化和观念也在不断升级，科学技术每时每刻都在发生着剧烈的变化。所以服装品牌形象总的趋势是向着"变革图新"的方向发展，我国服装品牌形象创新目前还处于初级阶段，服装品牌形象总体创新水平较低，主要表现在缺乏品牌形象创新意识、品牌形象不佳、品牌形象过时、价值观念不平衡、品牌形象缺乏内涵。

1. 缺乏品牌形象创新意识

虽然目前我国服装企业面临着品牌老化而导致的生存发展困境，但是很多企业进行品牌创新的意识依然淡薄。服装企业只注重传承品牌的历史价值，秉承着传统保守"不知变通"的观念，缺乏培养创新精神，树立创新意识，坚持与时俱进，不具备进行品牌形象创新的意识。

2. 品牌形象不佳

品牌形象不佳会使得品牌产品销售额减少和市场占有率的下降，企业很容易就会陷入不利局面。目前很多企业并没有寻找新的广告诉求，也就是说，无法找到能有效植入消费者心智的形象变数，使得品牌形象还停留在一成不变的刻板印象中。

3. 品牌形象过时

面对一个科学技术飞速发展、消费者偏好不断变化、竞争者不断拥入的市场，保持一个良好而有效的品牌形象是十分必要的。而如今的服装品牌形象也许是良好和有效的，但随着时间的推移，它也许会变得过时，这时它就会成为品牌的"累赘"，而不再是财富。尤其是一些"老字号"品牌，对于"90后""00后"的年轻消费者，大部分"老字号"塑造的品牌形象远离了他们的成长环境。

4. 价值观念不平衡

价值观的不平衡已成为很多服装品牌发展中的重要壁垒之一，品牌形象的体系来自受众对该品牌的整体印象，这种不平衡的关键点主要体现在品牌价值与顾客价值的分歧上。造成这种不平衡的原因主要是现在的消费者更喜欢个性化，在选择商品时更注重自我感受，而品牌体验不够。设计师的价值观与品牌价值、顾客价值的不统一是另一个价值上的分歧，他们的关注点与企业、消费者有着一定的差距，容易因设计而设计，忽略其他群体的感受，造成不符合品牌本身的价值联想，并与顾客的审美能力产生差距。

5. 品牌形象缺乏内涵

一个优秀的品牌形象，不论是在品牌标识还是品牌内容上，都拥有非常丰富的内涵[421]。如 "just do it" 就为耐克带来了具有正能量的品牌形象，吸引了很多喜好运动的年轻人。但是国内很多服装品牌形象的内涵并未真正为消费者所了解，使得消费者很难对品牌产生忠诚度。现在市场上很多服装企业都在盲目追赶潮流，忽视了创造自己的品牌性格，这也导致很多品牌的服装风格都非常相似，很难在市场上形成独特持久的核心竞争力。

二、服装品牌形象创新的意义

从品牌的角度出发，创新是市场竞争力和企业利润的决定性因素，具有创新能力的品牌，能够更好地满足消费者对该品牌的功能需求和情感需求。公司致胜的策略就是新颖、多样的产品，持续与客户和设计师的沟通以及全心全意满足客户的需要，品牌形象创新让企业表现得更加与众不同，摆脱同质化竞争客户对品牌创新的看法可以提高品牌绩效。品牌创新促进企业生产要素的流动，协调产品、技术、专利、商标等要素想品牌聚集，而品牌形象的创新是一个企业设计能力、生产能力、核心技术、营销和管理的综合体现。可以为企业增加市场竞争力，同时增加竞争对手进入市场的障碍。最重要的一点是在品牌运作的过程中，品牌形象创新可以有效避免品牌老化，与时俱进，给品牌注入新鲜的活力。

从消费者的角度出发，消费者也非常重视创新，品牌创新有助于促进购买行为，对消费的购买意愿也会产生重大的影响。品牌形象创新不仅可以被消费者感知，而且能提高消费者的品牌满意度，进而影响其到对品牌的忠诚。充分了解消费者的心理需求，就可以更好地引导消费者，进而获得更好的收益，品牌通过形象创新能够满足消费者需求，获得区别于其他品牌的竞争优势。

从整个服装行业的角度出发，现如今的企业之间的竞争异常激烈，品牌形象创新能够顺应品牌在消费市场中的优势，不断适应潮流和消费者需求的变化。现如今的社会发展中，品牌形象创新是一种潮流，是一种社会风尚，也是品牌文化焕发新生机并广泛传播的必经之路。因此，服装品牌形象创新是我国服装品牌想要打入国际市场的关键。

三、服装品牌形象创新的动因

品牌形象创新是企业实施的一系列具有创造性的活动。企业的规模和企业间的合作、政府管制、市场要求和社会期望等制度因素都会对企业的创新行为产生重要影响。从企业的角度来看，创新动因主要有两个方面，一是来自企业内部的主动因素，二是来自企业外部的被动因素[56]。主动因素可视为内因，是企业追求经济利益而主动实施创新的行为，企业主动创新的动因来源于企业追求全新的价值观念和管理制度，也是消费者创新的内在要求[133]。内因包括品牌自身特征和企业经营状况，如创新人才、创新投入、技术资源和内部管理。被动因素可被视为外因，是企业迫于社会和环境的压力而产生的。外因主要是指企业面临的外部环境，包括市场需求、竞争环境和国家政策等因素。服装品牌形象创新的动因包括融入品牌研究开发、生产过程和市场营销三个阶段中的人才因素、资金因素、技术因素、市场因素、管理因素、竞争因素、政策因素等七个方面。

1. 创新人才

服装品牌想要实现品牌形象持续创新，必不可缺的是创新型人才。创新往往是灵机一动的想法，在服装品牌形象中，最直接地体现在设计方面。培养具有专业素养的设计人才是服装品牌形象创新的关键一步。服装设计师的灵感与创意是服装品牌形象创新的来源，造型构思设计、色彩设计、面料设计等多方面的设计都是消费者最为关注的品牌创新点。营销创新人才能够促进优质的服装产品更好地接触到消费者，使服装品牌形象能够更好地展现和传递给消费者，从而产生更大的经济效益。

2. 资金投入

服装品牌的创新成果很大程度上取决于企业对于创新的资金投入，支撑服装品牌持续创新的重要动力是确保创新资金供给。具有持续创新资金投入的品牌会有更高的创新绩效，这也是品牌创新的重要动因之一。

3. 科学技术

随着技术革新的不断加快，新产品、新工艺不断涌现，再加上服装产品本身就属于周期性较短的产品，在服装企业创新的发展过程中，离不开技术创新的支撑，对于服装品牌来说，版型技术、生产技术、信息化技术等科学技术都融入到品牌创新之中，为创新助力。

4. 品牌管理

在新经济时代，建立高效的品牌管理机制是探索品牌创新的本质所在。服装品牌的创新需要清晰的管理思维，缜密的管理逻辑，高效的管理系统和明确的管理内容。品牌的创新离不开对品牌中各个要素协调性的管理，规划创新性的品牌识别系统，优化品牌战略和框架，进行理性的品牌延伸和扩展都是品牌的管理的创新体现。

5. 消费者需求

品牌创新的方向不是盲目的，而是根据受众消费者的需求来决定的，消费者需求是品牌创新的重要动因之一。不同的消费者人群对品牌的需求也各不相同，服装品牌需求通过精准定位来抓住消费者特点，了解消费者需求，才能更好地通过品牌创新来满足消费者，进一步提升消费者的品牌满意度，形成品牌忠诚。

6. 竞争环境

现如今经济发展迅速，服装品牌层出不穷，导致商品种类和数量迅速增长，进一步加剧了市场竞争，这也意味着旧的产品很快会被市场淘汰。如果品牌不进行自身的创新，将很快老化，失去消费者的青睐，进而被市场中其他的竞争者所取代，因此激烈的竞争环境也是导致品牌不断创新的原动力所在。

7. 政策环境

政策的鼓励和支持对于品牌创新也是十分重要的，企业都生存在社会的大环境中，都受到政府的监管和政策的影响。国家政策对于创新的支持和奖励，有利于唤醒品牌的创新意识，促进品牌的创新行为。企业通过品牌创新获得国家政府的认可，也有利于创新的可持续发展。

综上所述，从品牌和企业自身角度出发，内部因素主要包括人才、资金、技术和管理四个动因；从消费者和服装市场角度出发，外部因素主要包括需求、竞争和政策三个动因。

四、服装品牌形象创新的方法

品牌形象的创新事实上是一个品牌形象的重新定位，由于品牌形象在消费者心目中具有重要地位，因此企业在实施品牌形象创新策略时，必须注意新旧形象定位的衔接和传承，也就是说，新的品牌形象应当将原有品牌形象的核心特性继承下来，而不是将其全部抛弃。品牌形象的创新不是一蹴而就的活动，因为品牌形象已经在消费者心中扎下深根，难以改变[408]。但是，品牌形象必须跟随时代的发展，有必要对老化的形象进行必要创新。对于传统的品牌想想，要在继承核心品牌形象基因的基础上，将新的时代元素和特性创新融入到品牌形象当中去。一般来说，品牌形象创新策略可分为两类：

一是对品牌形象外在表现要素的创新，二是品牌形象内在表现要素的扩展。对品牌形象外在表现要素的创新主要从品牌标识、品牌名称、产品、包装、科技和服务几个方面展开。

（一）品牌外在表现要素的创新

（1）品牌标识创新。品牌标识作为一种特定的视觉符号，是企业形象、特征、信誉、文化的综合与浓缩，它的作用是将企业的经营理念、经营内容、企业文化等要素传递给社会大众，以达成社会对企业及产品的认知与识别[410]。品牌革新的最简捷途径是对品牌标志进行革新。很多服装品牌经常将品牌标识与时事热点结合起来，品牌标志创新首先是标志要简洁、易识别、易理解。其次是做到内涵和形式的统一。标志要反映企业精神的文化追求，使得标志的理念得到升华，从而使消费者在欣赏外在美的同时，感受到企业的内在美，最终在公众心目中树立良好形象。再是要做到属性与个性的统一，在众多标志中要区别他人，突显自我，展现企业个性。最后要符合时代发展，满足人的需求。

（2）品牌名称创新。品牌名称对品牌在消费者心目中的印象影响很大。因此，在品牌设计中要求品牌名称要简洁、上口、易记、符合风俗习惯等。但是，如果在最初的品牌设计中考虑不周，没能兼顾设计品名的各有关影响因素，致使品牌名称不利于品牌传播，那就应该更换新名。更换品牌名称不仅包括品牌名称字符本身的变更，也包括品牌名称字符不变而更新品牌名称的形象。

（3）产品创新。品牌形象的实质性变革应当是产品的更新，通过不断地将新产品推向市场，来反映品牌对市场的自动适应能力和不断进步的形象。

（4）包装更新。品牌包装包括品牌的商标、吉祥物、标准的中英文字形、代表色、辅助色、基本包装个性、产品展示、识别等一切可感的外在特征。品牌包装及时更新在品牌运营实践中于提高竞争力方面富有成效。品牌包装设计的形式和产品要吻合，形式与内容要表里如一，具体鲜明，一看包装即可知晓商品本身。还要充分展示商品，用形象逼真的彩色照片表现，真实地再现服装的细节和效果。最后要强调产品的形象色，快速地凭色彩确知包装物的内涵。

（5）科技创新。提高品牌影响力的关键就是注重产品的质量，产品的质量决定了品牌的价值。想要提升产品质量、增加产品的品牌竞争力就必须进行科技创新，加大科技投入，引入优秀的设计师，开发自己独特的设计风格，形成独一无二的品牌个性。不以低价吸引消费者，而是以优秀的产品质量和丰富的品牌内涵引起消费者的关注，提升品牌的竞争力。

（6）服务创新。很多企业虽然投入了很多的成本拓展品牌知名度，但是却因为服务质量较差从而无法获得消费者的喜爱。因此服装企业应该提升服务质量，在实体店内为消费者营造良好的购物环境。实行会员制度，定期开办会员活动，创办企业微信公众号和微博账号，定期与会员分享企业最新的服装信息和活动信息，增加和消费者之间的互动性，扩大企业的网络影响力。

（二）品牌形象内在表现要素的扩展

对品牌形象内在表现要素的扩展，是在保持品牌原来的特性的基础上，为品牌形象注入新的特性[420]，主要表现在优化定位、强化品牌使用者形象、延伸产品线、增加新的特征、个性化品牌等方面。

（1）优化定位。品牌定位决定着品牌的发展方向，想要利用品牌效应带动营销，促进企业的发展，就需要进行准确地品牌定位。首先，对目标客户群进行定位，只有确定了目标客户群才能够进行品牌风格的定位和消费市场的定位。要尽量将目标客户群细化，例如：定位18~24岁的年轻人群，品牌风格就应该追求个性时尚；定位高端商务人群，就需要追求质感，彰显品位。为了拓宽市场，也可以同时定位多个目标客户群，例如，现在一些原本针对年轻人的品牌也开设了针对商务人士精品服装区域。也有些品牌是通过在旗下建立多个不同的品牌，以满足不同消费者的消费需求。

（2）强化品牌使用者形象。有的品牌的消费者人群是非常狭窄的，典型的如"海澜之家""七匹狼"等，它们的形象已固定在男装，要想延伸品牌形象是比较困难的。但是，在企业原来市场日渐狭窄的情况下，为了提高市场占有率，企业又必须开拓新的市场。可以通过扩展使用者形象来创新品牌形象，如扩展使用者的年龄段，扩展使用者的使用场合等。利用品牌定位复合化的方式，扩大目标客户群，实现市场份额的拓展。

（3）产品线延伸。在保持品牌核心特性的基础上进行产品线的延伸是扩展品牌形象的一个极为有效的途径。在企业经营实践中，这种产品线的延伸通常与子品牌的推出相互呼应，以使消费者对延伸的产品产生全新的感觉。

（4）增加新的特性。为品牌形象增加全新的特征，可以完善原有的品牌形象。不同时代对于品牌特性的要求是不同的。以服装为例，在改革开放之初，消费者对产品特性的关注集中在产品的质量特性上，也就是产品具备的特性首先应该是耐穿，同时要注意花色的变化。到了20世纪80年代以后，人们虽然十分关注品牌的质量特性，但重点已经从内在质量（如耐穿）向外在质量（如款式）过渡。自 20 世纪 90 年代起，品牌形象塑造的重点完全由产品转向情感诉求，而不是片面强调产品的质量、款式和价格。

（5）个性化品牌。服装的文化特征要在差异性中表现出来，个性化是服装品牌形象宣传的重点，也是引起消费者情感的共鸣之处，只有个性鲜明的品牌形象才能成为注目的焦点，才能让人记住，引发共鸣和崇拜，进而建立彼此间的长久关系。

第九章 服装品牌形象的行动实践

品牌形象不是一个单层概念，而是一个内容丰富的多层次的立体概念，品牌形象的构成包括核心层的品牌形象内涵，中间层的品牌形象载体和外围层的品牌形象符号系统。一个品牌能够用品牌系统思维，通过载体和符号将品牌信息传递给消费者，让消费者感知到一致的品牌形象，会是未来最有竞争力的。本章将品牌形象理念渗透到企业的设计、生产、产品、营销、管理等流程中，重点探讨服装品牌形象微观的塑造机制，包括服装品牌形象的塑造路径、营销战略、传播策略。

第一节 服装品牌形象的塑造路径

一、服装品牌形象塑造的原则

（一）系统性原则

品牌形象的塑造是一项系统工程，涉及多方面因素。这就要求企业强化品牌意识，注重品牌战略，周密规划，科学组织，上下协作，各方面协调，不断加强和完善品牌管理，合理利用企业的人、财、物、时间、信息、荣誉等各种资源，并对各种资源进行优化组合，使其发挥最大作用，产生最佳效益。同时，品牌形象的塑造也是一项复杂的社会系统工程，它并非只在企业内部完成，还要借助外部的公众力量一起完成。品牌形象需要面向社会，与社会合作，动员社会中的生命力，利用社会中的积极因素，最终在公众的脑海中扎根。

（二）全员化原则

让所有的员工理解品牌的意义，并且能够了解、理解、表达品牌形象，对实施品牌战略的企业，特别是实施品牌国际化的企业来说，是非常重要的问题。只有众多员工达成共识，才能将不同领域的角色统一起来，将不同部门的成员统一起来。全员化原则除了让企业内部的全体员工参与到品牌形象的塑造中，还要动员社会人士的力量。企业的营销、服务、宣传和广告要能够吸引公众，让公众为之动容，让公众关心品牌形象，认真参与塑造品牌形象，最终让品牌形象深深印在公众心中。

（三）特色性原则

品牌特色性表现为质量特色、服务特色、技术特色、文化特色或经营特色等。品牌形象要有个性和特色，才能吸引人，才能在众多品牌中脱颖而出。模仿的品牌形象既没有效果，也没有魅力。需要强调的是，特色性原则还包括品牌形象的民族化。民族的东西总是有特色的。抓住"只有民族的，才是世界的"民族特色，赋予品牌形象一定意义，往往会带来意想不到的效果。

（四）情感化原则

品牌形象塑造过程主要是感情要素的融入，让品牌拥有感情的魅力，缩小与大众之间的距离，实现与大众良好的交流。许多世界著名品牌超越单纯的产品关系，将品牌和长远持久的情感联系在一起，形成了情感品牌。情感品牌使人们认识到产品的部分价值不是物质的而是情感的，从而开辟了产品和服务的平台。

二、服装品牌形象塑造过程

品牌形象的要点是以品牌给消费者带来的利益为基础，将品牌的精髓——每一个价值、文化、个性传达给消费者。服装品牌形象的塑造包含以下六个方面：消费者需求研究、品牌形象价值内化、品牌形象载体选择、品牌形象符号设计、品牌形象整合传播和品牌形象创新发展。服装品牌形象塑造与传播的过程如图 9-1 所示。

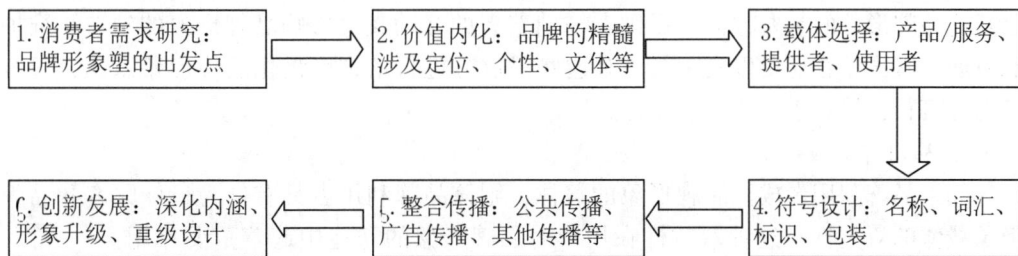

图 9-1　服装品牌形象塑造与传播过程

（一）消费者需求研究

消费者需求研究是品牌形象塑造的出发点。服装品牌形象的目标是该品牌所指向的目标消费者。以顾客为导向的现代营销理论要求企业在进行任何决策时，都离不开顾客的需求，塑造服装品牌形象的决策也不例外。品牌形象会对消费者的心理和行为产生一定的影响。因此，企业需要持续研究消费者对品牌的理解、联想和期望，这有助于塑造品牌形象及其品牌的长远发展。

（二）品牌形象价值内化

服装品牌形象是一个综合性的概念，如果只是将服装品牌形象等同于品牌 LOGO、品牌名称等表面现象，就会忽略品牌形象更深层次的要点，也就是品牌形象的内涵。塑造服装品牌形象的第一步是打好品牌形象的坚实基础，将品牌精髓内化于品牌形象，保证品牌形象的生命力。品牌最持久的意义在于它的价值、文化和个性，它们奠定了品牌的基础，决定了品牌形象的内涵。更具体地说，品牌形象的含义来源于对品牌定位的把握和对品牌个性的解释。

品牌形象价值内化构筑了品牌形象核心层的内涵。在这个过程，企业会考虑消费者的需求，把握品牌价值和文化，传达品牌定位和个性，更重要的是强调了品牌的核心和消费者利益的联系。品牌形象的内在价值是目标消费者的需求与品牌核心的有效联系形成功能或者感情的利益点，这些利益点沉淀成品牌形象的内涵，为塑造品牌形象符号奠定了坚实的基础[627]。

（三）品牌形象载体选择

1. 产品和服务的选择

以品牌形象内涵为基础，在企业的所有产品和服务中，找到最能体现这些内涵和品牌核心价值的产品和服务。作为品牌形象载体的产品和服务，应该是既能满足消费者的需求，又能传达品牌的整体性和个性。以这些产品和服务为载体，向消费者传递服装品牌形象。同时，在开发新产品和服务时，要考虑新产品和服务作为品牌形象载体的特性，结合服装品牌形象持续发展，有目的性地对产品线进行补充和扩展。

2. 提供者

作为品牌形象载体微观层面的提供方，即企业内外所有与消费者接触的销售人员、经销商、零售商等，他们是直接提供企业产品或服务的个体。首先，企业要意识到这些提供方是企业品牌形象的载体，对这些直接提供方的对外言行和表现进行规范管理是塑造品牌形象的重要方面。提供者与消费者的互动直接影响品牌形象的塑造、维护和发展。其次，企业要以实际行动对这些提供方进行培训，强化品牌形象意识，规范其对外言行，提高素质和业务能力。

3. 利用者

如果品牌利用者成为品牌形象的载体，则该品牌利用者具有作为目标顾客和品牌形象载体的双重性。这种双重性在用户对品牌形象的塑造中起着重要作用：一方面，品牌形象吸引目标客户使用其品牌；另一方面，通过这些用户，更多的目标消费者使用品牌强化消费者的品牌认知，吸引更多的目标客户购买。在这样的良性循环中，品牌形象会随着使用范围的扩大而变得鲜明。"小葵花肺热咳喘口服液"的广告中塑造的"小葵花妈妈"形象就是直接向消费者传达这样的信息：该品牌产品的使用者都是"小葵花"妈妈，即孩子母亲的形象。消费者的反应也很直接，如果孩子有咳嗽肺热的症状，那么母亲就会选择"小葵花肺热咳喘口服液"。在众多母亲选择"小葵花肺热咳喘口服液"后，加深了这个品牌的形象，会使更多母亲去选择这个品牌。

（四）品牌符号设计

品牌符号是品牌深层价值体系的表意工具，其传播包含着品牌的编码和消费者的解码两个过程。编码是品牌方通过品牌名称、标识、理念、包装等品牌符号，将品牌深层的意识形态进行编码，传播品牌符号的过程就是传播品牌意识形态的过程。解码是消费者接收品牌符号后，根据自身经验、理解对品牌符号进行解释，获取品牌意识形态的过程。解码是品牌符号意义生成中的重要环节，只有受众接收品牌符号，并解码品牌符号背后的含义时，品牌符号的传播过程才得以完成。因此，品牌符号是指消费者对一个品牌价值的认知，包括消费者感知到的品牌形象和内容，品牌背后延伸的精神，以及顾客自我形象的表达。服装品牌符号是服装品牌围绕自身形象和文化内涵所构建的，传播品牌差异化信息和特定意义的载体，它既包含品牌标志、产品、包装等有形元素，也包含情感、体验、象征意义等隐形元素。构建服装品牌符号是品牌为了获取差异性和记忆点，在服装的设计、宣传、销售中融入品牌内涵，让消费者快速识记品牌的手段。

（五）服装品牌形象整合传播

整合传播是服装品牌形象塑造过程中的重要环节，是在消费者与品牌形象之间建立关系。服装品牌形象的核心价值传达到消费者，才能在消费者的头脑中形成鲜明的品牌形象。

1. 公共宣传

阿尔·里斯和劳拉·里斯提倡建立品牌的公关法则：他们认为品牌的出现不是通过广告实现的，而是通过公关宣传实现的。品牌的塑造依赖公关，而品牌的维护和维持则依赖于广告。这一公关法则同样适用于品牌形象的形成。纵观世界大企业成功塑造品牌形象的过程，其最初的品牌形象塑造基于媒体对自身品牌形象有利的宣传报道。这个法则在高科技领域的效果十分显著，比如微软、戴尔、思科等，这些高科技领域的企业最初是从《财富》《华尔街口报》《商业周刊》等媒体上的宣传起步的。

公关宣传和广告宣传不同的是，公关宣传是通过诉诸他人之口进行宣传的，宣传效果比"王婆卖瓜"的广告更好。公关宣传的目的是获得品牌形象的亲和力，品牌形象会给消费者带来先入为主的印象。利用公关宣传传播服装品牌形象的关键在于制造与品牌形象关系密切，具有媒体价值的事件。公关宣传的不同，消费者对于品牌形象的感知就不同。例如：企业赞助体育活动的报道，有可能消费者感知到的是企业爱国、活力、有朝气的品牌形象；对于环保事业感知到的可能是有责任感、环保、人性化的品牌形象。

2. 广告传播

广告是塑造和传播品牌形象的重要工具，品牌形象的概念从一开始就来自广告界。一旦树立了品牌形象，广告就需要保持其生命力，保持健康和活力。典型的广告决策模式是：任务（Mission）——广告的目的是什么？资金（Money）——要多少钱？消息（Message）——传达什么？媒体（Media）——使用什么媒体？衡量（Measure）——如何评价结果？利用广告传播服装品牌形象的关键在于将广告创意和服装品牌形象的内涵相结合，广告所传达的信息重点强调服装品牌的核心价值。

3. 综合传播

除公关和广告传播以外，与品牌信息相关的元素都担负着传播的作用，这些元素构成了与消费者的接触点，如内部职员、代理商、经销商、产品、服务、品牌标识及品牌的传播企划活动。将所有这些元素组合起来，其中传播方向一致、步调一致的品牌形象被称为综合传播。综合传播是通过各种渠道，利用各种手段和方法传播品牌形象的方式。在整合品牌形象的过程中，企业应不断创新传播途径和传播手段。在渠道创新方面，如在互联网上开展品牌形象传播；在方法创新方面，如有些公司利用招聘活动塑造品牌形象。

（六）服装品牌形象创新发展

市场在变，消费者在变，品牌形象也要与时俱进。服装品牌形象的动态发展是指，企业根据市场和消费者的变化，调整自己的品牌形象或内容，或者深化品牌内涵，或者塑造全新的品牌形象走入消费者内心。

1. 深化品牌内涵

品牌内涵的深化并不是否定旧品牌形象，而是为了适应文化的变化，摒弃旧的品牌形象，其目的是挖掘品牌核心价值创新的要素，保持品牌的价值和活力，提高消费者对品牌的忠诚度。

2. 更改品牌标识

若长期没有带给消费者新鲜感的品牌形象，会被认为是老化的品牌。品牌符号的变更是满足消费者求新心理的有效途径。但是，品牌符号尤其是品牌名称和标识是消费者认同的部分，伴随着消费者对品牌的情感效应，因此，更改品牌符号要注意传承旧品牌形象的符号。

3. 升级品牌形象

一旦塑造了品牌形象，就会与消费者产生认知、心理、情感等方面的关联。如果有必要重新设计品牌形象，需要考虑消费者的感受，慎重升级品牌形象。

三、服装品牌形象塑造路径

服装品牌形象塑造是服装企业构建核心竞争力的重要途径，但企业如果忽略自身的发展阶段、品牌定位、产品自身特点等，盲目地追求品牌战略，反而会造成相反的结果。从国内服装品牌的形成和发展概况来看，中国服装品牌形象塑造的发展阶段包括品牌建设初期、品牌形象塑造初期、品牌形象营销和传播、品牌形象创新四个阶段。

（一）服装品牌形象 1.0：品牌建设初期

服装品牌创建初期，在产品开发、生产制造、市场开拓等各环节需要投入大量人力、物力和财力，因此，很多服装企业在发展初期会选择低廉价格而不是选择品牌战略赢得市场占有率来巩固自己的地位。中国主要消费群体仍是广大工薪阶层，在发展初期，采取非品牌战略，以低价商品赢得主流消费者的青睐，能够使服装企业获得较高收益。但是，非品牌战略是暂时的过渡阶段，并非让企业摒弃品牌自身，也不是否定品牌，而是先以此为目标，不断积累实现目标的力量。

贴牌战略是指一家企业根据其他企业的要求生产产品。中国在 20 世纪 80 年代就引进了贴牌战略，广东、福建一些有一定基础的中小企业通过贴牌战略使产品打入国际市场，走出了一条跨国经营的成功之路。对于部分中小企业的服装企业来说，贴牌战略是实用的战略方式。在最初的发展阶段，借用企业的市场开拓能力扩大生产力，降低产品的固定成本，从而降低风险来慢慢扩大品牌的影响力。同时，向优秀企业品牌学习先进技术和管理经验，通过积累这些知识，提高自身设计水平和综合能力，形成核心竞争力，迅速完成资本积累。

自主品牌战略。贴牌加工的企业会面临原材料价格上涨、同类企业竞争激烈、产品利润空间小等问题。在行业竞争中，加工板块不能作为品牌的最终出路，必须在积累一定资本后，逐步开发自主品牌，这也是企业长期发展的基础。品牌意味着财富，象征着品质，蕴藏着文化，在中国这个巨大的市场中，品牌是企业商战的无形资产。正如海尔集团 CEO 张瑞敏所说："如果没有自主品牌，就很容易陷入产业链的底层。"在市场进入品牌竞争阶段，拥有自主品牌意味着高利润和高市场占有率。

（二）服装品牌形象 2.0：品牌形象塑造初期

服装品牌形象塑造离不开服装品牌形象的准确定位。服装品牌的形象定位，前提条件是要有设计理念。感性消费已经是国内服装市场的发展趋势，消费者对服装品牌形象的认识和理解越来越深刻，具有较高的品牌意识，特别是一些高端消费者，他们对塑造服装品牌形象有着更急切的需求。服装企业为了抓住市场，对自己的品牌形象进行定位，能够最大程度地抓住消费者的心理需求，获得消费者对服装品牌形象价值的认可。这样品牌才能够在市场上确立自身的地位，让消费者更好地理解品牌形象。服装品牌形象定位能够进行品牌识别，精准定位目标消费者，这种品牌的定位功能具有一定的系统性和深度。如服装品牌"范思哲"的目标消费者是高端人群，设计风格独特鲜明，是时尚圈的代表。消费者一般看到这种风格，就能联想到这是"范思哲"的服装。服装品牌形象的定位可以说是对目标消费群体的认可和人文关怀。

服装品牌形象定位具有积极传播品牌形象、创造差异化的作用。服装品牌形象定位为品牌的市场化传播提供了可靠的指导性原则，能更准确、更适当、更积极地传播服装品牌形象。这也说明目前市场上没有能够满足所有消费者需求的服装品牌。服装品牌一定会出现各自独特的文化特质和差异的品牌个性。例如，当人们提到 Valentino 品牌，就会联想到它的优雅。消费者只要了解了该品牌，就能立刻识别出该品牌的内涵精神。此外，服装品牌形象塑造还需要服装品牌的人格化。设计师在设计服装时，根据不同的服装需求塑造或者定位服装品牌形象，这样才能反映品牌的目标消费群体，还能够深入发展服装品牌形象，体现服装品牌形象的差异化。

（三）服装品牌形象 3.0：品牌形象营销与传播

塑造服装品牌形象，除了对服装品牌形象进行定位，还需要推广服装品牌形象，才能够让消费者更好地认可品牌。任意一个品牌都包含了有形内容和无形内容，如品牌名称、标志性图形、广告、风格等都是品牌形象塑造时要考虑的因素。服装品牌形象塑造是要将服装的文化内涵通过品牌形象构成要素呈现出来，同时要运用多种手段对其进行营销与传播。

为了服装品牌形象的发展，企业需要积极地延伸服装品牌形象，通过举办品牌文化活动延伸与完善服装品牌形象。如服装品牌 ESPRIT 提出"对社会和时尚负责"的口号，这说明一个成功的品牌延伸不仅仅是获得市场利益，还要有文化象征性。服装品牌还要对品牌形象进行更新调整，如知名牛仔裤品牌 LEECOOPER，它在百年发展中对服装风格、面料、色彩等不断进行创新，以迎合不断变化的消费需求，这种品牌形象的推广才有利于品牌发展。

在发展服装品牌形象的前提下，服装企业需要运用一定措施营销与传播品牌形象。具体来说，服装企业可以从实体店推广品牌文化，主要是通过设施和装饰推广品牌文化，让消费者在店中获得强烈的视觉感受，从而提升服装品牌形象的号召力。同时，服装企业可以对服装设计理念进行推广，主要是推广品牌个性特色，提高品牌知名度。此外，服装品牌还可以通过一系列的产品策略、包装策略、广告策略和终端销售策略传播服装品牌形象。

（四）服装品牌形象 4.0：品牌形象创新

随着时代的发展，消费者对服装的需求也在不断变化。服装企业为了紧跟时代潮流，掌握消费者心理需求，应对消费者的需求变化，需要不断开展品牌创新活动。服装品牌形象创新活动要从品牌内涵、定位、文化和外延（品牌名称、标志性图形和包装）等方面进行，以获得消费者对品牌的认同及忠诚度。服装是品牌文化的载体，是艺术和智慧。服装品牌不仅是服装个性的精神内涵，是服装特质的概括，也是人与服装直接对话的载体。服装品牌形象是服装品牌对消费者最直接的影响部分，是对消费者视觉冲击最大的部分，也是消费者选择消费的重要决定因素。因此，服装品牌形象需要不断进行创新，以提升品牌新颖性、时尚性、和生命力，更好地维护与消费者之间的情感联系。

第二节　服装品牌形象的营销战略

一、服装品牌产品形象营销战略

产品形象是打造服装品牌形象的基石。服装消费者对产品形象的衡量不仅在于与质量有关的功能效用和实际价格，更在于与审美价值相关的视觉要素。企业在保证服装质量等基本功能效用的前提下，还应充分考虑产品档次定位和风格特点，以款式设计和图案设计作为呼应，打造风格鲜明且富有吸引力的产品形象。将产品的定位与消费者需求相对应，为建立良好的品牌形象奠定基础。

（一）服装风格

"无印良品"以朴素的产品风格，表达尊重自然、敬畏自然的心情，反对过度消费，引导消费者欣赏物品的原始状态。通过包装设计传递品牌风格，它的包装设计极简，清除多余的设计，只剩下简单的材料和基础的功能，不张扬，不浮夸，这些都在向顾客表达一种极简又环保的生活理念，以较为放松的姿态取得消费者的青睐。"江南布衣"以物化的方式通过服装风格传递简约自然的生活方式。

（二）服装质量

产品自身的质量属性直接决定品牌的声誉，也是品牌长期发展的基石。在竞争激烈的市场环境下，消费者对产品外在属性的要求超过了对产品的质量要求。许多企业将重点放在扩大产品宣传，忽视了产品本身属性的开发，间接导致服装产品市场同质化，产品品质参次不齐。如果品质不能满足消费者的心理需求，消费者对品牌的忠诚度自然会降低甚至消失。企业要想塑造良好的品牌形象，将服装品牌做大，就需要做好产品的质量和服务，不能一味追求利益，要构建良好的服装产品形象，加大服装质量的开发力度，优化产品设计，了解消费者意愿和满足消费者需求，既要对产品进行创新设计也要抓住产品质量，为服装品牌的长期发展打下良好的基础。

（三）服装图案

服装品牌也会在产品设计的核心图案上做文章，如 KENZO 最先让人想起的是它的虎头和邪恶的眼睛。KENZO 结合拉丁民族的热情活泼和东方文化的沉稳意境，以跳脱的创意方式与各色花朵融合，创造出活泼明快、优雅独特的作品。围绕这一理念，设计师将寺庙的象征"眼"图案作为 2013 年秋冬女装的主印，灵感来自印度、尼泊尔、中国一带的寺庙。"眼睛"的装饰图案大胆张扬，在皮包、围巾、手套或者是一些当季的货品上都展示的是一只精灵的眼睛，可爱又具有惊悚的感觉，能够轻松引起时尚追随者的注意。

图 9-2　KENZO 服装图案

（四）服装设计

服装的款式设计、面料设计、工艺设计等都与品牌价值观相融合，呈现一致的品牌形象，而不是表现在服装的表面。服装设计理念和品牌形象形成有机统一，深入挖掘品牌内涵，融入服装产品设计，使品牌能够具有独特的产品形象，从而形成差异化竞争优势。"江南布衣"崇尚尊重自然、健康的生活方式。基于这一设计理念的服装产品营造出浪漫、丰富、自然的风格；色彩沉稳，采用高雅的色调；天然质地，富有肌理的面料，如棉、麻、丝、毛等；图案和装饰采用手绣、机绣、手绘等特殊手法，常用的图案有枝叶花草。将自然、健康、本真的价值理念融入产品设计中，让消费者深刻理解"江南布衣"的品牌理念[99]。

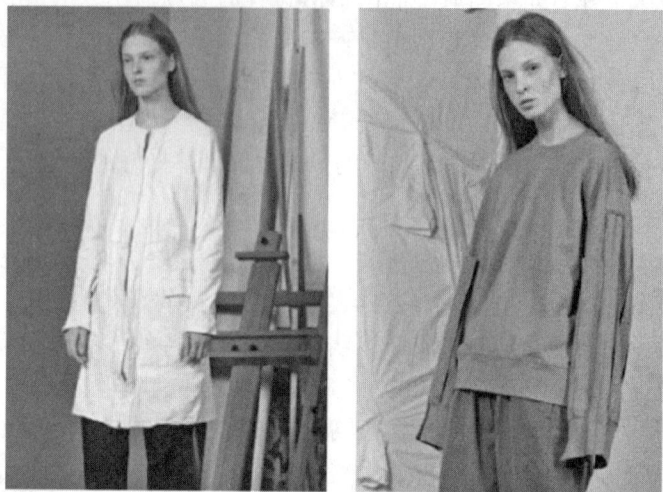

图 9-3　"JNBY 江南布衣" 服装

二、服装品牌标识形象营销战略

品牌标识形象是品牌形象的浓缩，通过易于记忆和辨识的符号元素将品牌文化内涵及精神进行简化传递。在该形象的建立过程中，标识元素的选择尤为重要。为符合消费者认知特点，标识元素应满足 4 个基本特征：便于记忆、辨识度高、具有深刻含义和可转换性强。首先，应选择易于记忆且能够表达品牌深层次内涵的名称，不仅便于传播，使消费者快速在记忆中留下品牌初步印象，还有利于加强品牌记忆深度，产生深层次的品牌联想。其次，应设计与品牌形象和品牌定位相关的标识性商标。以符号的象征性效用将品牌内涵外化呈现，引发消费者适当的思考。此外，具有鲜明的服饰风格和独特标识色彩的品牌，也有益于消费者的记忆。最后，消费过程中不论是整体环境还是具体细节，消费者均在持续观察和接触中体验着品牌的影响力，因此品牌产品包装作为品牌信息传递的载体也不容忽视。

（一）品牌名称与 LOGO

品牌名称与 LOGO 是塑造服装品牌标识形象的基础，是展示服装品牌形象的一个环节，它能够对服装品牌营销产生正面影响。好的品牌名称和 LOGO 向消费者传达服装品牌价值观和文化，同时能吸引消费者形成情感共鸣，最终提高消费者对品牌的喜好和忠诚。对于品牌名称的命名：首先，要注意尊重国家间的文化差异，避免发生歧义，符合全世界的发展需求，并契合品牌内涵。如爱慕内衣将"爱""精制""生命力"定位为品牌价值，在品牌名称的设定上充分考虑了国际国内文化，音译为 Aimer。其次，表现丰富的情感，与消费者产生共鸣，唤起消费者积极的品牌联想，向消费者展示服装品牌的文化内涵和价值观，抓住消费者的心理需求，刺激消费者的购买欲望。

（二）品牌包装

服装品牌的包装主要由购物袋、礼盒、时尚贴纸、卡片等构成，其包装的皮标由牛仔皮标、工艺皮标、服装辅助材料皮标、布标、工艺皮标等材料组成。服装品牌的LOGO通常会显示在包装上。内外颜色相互统一，可突出服装品牌标识的内涵。采用特殊质感的包装纸，会使包装具备较好的视觉效果。服装品牌包装的设计、制作、印刷都要符合品牌核心价值，可作为服装品牌的小型平面宣传广告。

（三）品牌标识性色彩

品牌标识性色彩对品牌形象的影响较大，企业在打造符合品牌内涵的标识形象时应着重关注品牌的标识性色彩，也能够更好地传达品牌文化。"JNBY 江南布衣"的设计上选取的色彩都是明度较低的色彩，更显沉稳雅致，通过色彩向消费者传递了一种自然健康的生活方式。无印良品的标志"MUJI"采用了深红色，色彩简约大方，凸显了产品的品质，同时深红色又具有跳跃性，让消费者一下就能注意到。服装品牌通过标识性色彩引起消费者的关注，运用色彩传达品牌的文化内涵，塑造让消费者印象深刻的品牌形象。

（四）品牌标志性图形

品牌的标志性图形能够体现服装品牌的差异化，让该品牌与其他品牌区别出来，突出自己的品牌个性。服装企业可以通过运用品牌标志性图形向消费者传递品牌个性和内在特质。如三宅一生将"一生褶"的图形进行人格化，传递了日式自然温和的哲学。Paul Frank 的大嘴猴标志图形已经深入人心，一提到 Paul Frank，消费者就能够想到大嘴猴，该品牌将大嘴猴打造成 IP，运用 IP 营销表达卡通潮流与流行文化的新风格，从而起到传播品牌形象的效果。

三、服装品牌广告形象营销战略

服装品牌是产品和服务在消费者心中留下的"烙印"。服装品牌建设的重要任务包含品牌传播，这是连接品牌与目标消费者之间的桥梁，对于塑造和维护服装品牌具有重大意义。如今，高科技发展迅速，在服装品牌的传播过程中，要合理利用新技术、新手段来提高服装品牌传播工具的使用能力，把握服装品牌传播工具的特点、适用范围等。

（一）广告宣传

广告是传播品牌形象最直接、最有效的方法。广告在传达服装产品信息的同时也传达着品牌文化、价值观念和生活方式，这些都影响着人们的消费观念和方式，也影响着人们的社会观、价值观和生活观等。为了在时尚界站稳脚跟，服装品牌采用很多方法宣传自己的风格和理念。服装品牌广告的目的是向消费者推销产品，同时也传达其品牌理念。

服装广告的形象宣传也应该具有独特的文化创意。创意是广告传达的灵魂，创意使平凡的产品具有魅力，成为消费者瞬间关注的焦点。服装广告创意是指围绕服装产品销售信息，将凭借敏锐直觉和卓越技能获得的各种创造要素进行整合、转换、升级，最终将其视觉呈现的过程。服装广告创意越新颖，越受消费者欢迎，广告的感染力越强，传播效果越显著。优秀创意源于设计师对服饰产品内容的深刻理解，根据服饰产品的主题，将广告创意浓缩为精华，有效传达服装品牌形象。

（二）节日促销

节日促销已经成为品牌推广营销的重要手段。但是，这也是一把双刃剑，弄不好会伤害到自身。在创建品牌时，需要使用一些促销手段，有时会考虑一些对品牌形象有损害的促销方法。例如，现在很多品牌经常采用的"大甩卖"促销方法是有损服装品牌形象的销售方法，因为"大甩卖"等于把品牌扔进垃圾箱。采用适当且恰当的节日促销有利于提高品牌知名度，获得市场份额，能够更好地塑造服装品牌形象[90]。

（三）品牌代言人

服装企业通过选择形象代言人，可以获得巨大的名人效应。服装品牌形象代言人穿着某一品牌的服装，在广告或各种公开场所露面或进行宣传，可以将服装品牌信息准确地传达给消费者。通过影视作品中的角色、日常生活中的个人形象、生活方式、社交活动等形式，代言人向消费者传达服装的品牌形象。这种方式与单调的文字信息相比，更加丰富、直观、有效。同时，服装品牌代言人以其独特的自身魅力赋予了品牌独特的附加价值和亲和力。对于时尚品牌来说，选择知名代言人似乎已经成为服装品牌成长的必要手段了。作为提升服装品牌形象的有效手段，要真正实现品牌代言人与服装品牌的有效互动，实现品牌代言人形象、气质、个性与服装品牌精神之间的完美融合。

（四）公益活动

品牌在进行赞助活动及公益事业时，首先根据服装品牌个性定位品牌传播的方向，深耕服装品牌的核心内容，找到与品牌之间最坚固的结合点。通过一些组织策划活动并且利用有价值的名人效应或体育比赛等事件吸引媒体和受众的关注，从而使消费者更加深入地了解品牌文化，对品牌价值观念有更深入的认知。服装企业可以根据需要开展各种形式的慈善事业，并通过顾客捐赠给需要帮助的人。开展的慈善和赞助活动需要与服装品牌形象相匹配，且能够有效地接触目标客户，引起他们的关注。

体育品牌 Vans 曾经把赞助音乐节作为品牌文化营销的手段，赞助的是美国最大、历史最久的巡回音乐节 Warped Tour。在这种力量下，销量得到很大增加，拥有了一批忠诚粉丝。Vans 总裁认为品牌的秘诀是："年轻的消费者喜欢通过 instagram 分享他们在生活中遇到的美丽的东西，音乐和艺术是他们心爱的东西，音乐节提供了一个平台，使其与品牌紧密相连。"国内品牌李宁借助 2008 年奥运会点火炬事件进行营销，使品牌一夜成名，让全世界认识李宁品牌，对于品牌文化营销来说是一大创新。

（五）展会及时装发布会

展会是承载了很多功能的一种优质平台，包括贸易洽谈，开拓销售渠道，整合资源，扩大国际合作和市场检验，发布流行趋势、跨界合作、资本的对接等功能。国内的展会，如中国国际服装博览会（CHIC），上海国际流行纱线展览会等都是非常优质的展会。时装发布会可以传递服装品牌的设计风格，传递服装品牌形象和文化，让更多的消费者了解自己的品牌形象。

从文化营销的视角出发，将服装品牌形象的文化元素融入到展会或者时装发布会的 T 台布局和展台设计中，通过这种形式将品牌美学、品牌文化、品牌故事等精神内容传递给消费者，唤起消费者的归属意识。消费者视觉个性化和审美多样化都会对服装品牌形象有影响，如对服装设计创新有更高的要求，而且希望时装发布会的展示形式也能得到创新，从更广更高的角度诠释服装品牌形象和品牌文化内涵。对于秀场的布局，希望装置艺术能够表达设计理念，用秀场的氛围表明品牌的设计倾向。

图 9-4　CHANEL 时装发布会设计

灵感不断的时尚大帝卡尔·拉格菲尔德建造的宇宙火箭基地，显现大牌 CHAEL 的野心，灵感来源于 CHAEL 女士对星座的痴迷。征服数据时代，延续 CHAEL 的时尚神话。新时代女性道路努力展示卡尔提倡的新时代女性的独立美学。超级市场重新定义时尚，从"艺术""生活"的变化，设计的作品充满了生活的情趣等。CHAEL 每一季的时装表演会都与一个崭新的创意主题相呼应。秀场的布置能够让观众对品牌的时装发布有更多的感知，对品牌价值、品牌文化有更深的情感共鸣。

四、服装品牌服务形象营销战略

服务形象塑造应从售前服务、售后服务和服务人员形象三个方面着手。在消费过程中服务人员与顾客直接接触，承载着传递品牌对顾客态度和品牌理念的重要责任。因此，服务人员形象应与品牌整体形象相契合。在售前服务方面应创立完善的服务培训机制及人员管理机制，树立服务意识，通过语言规范和提升事件处理效率等手段进行形象优化。在售后方面应提供详细的售后咨询方式和退换货渠道。在产品的设计水平、技术水平和生产水平基本一致的情况下，企业更要提高服务水平，构建良好的购物环境，设计合适且创新的营销策略。

（一）服务质量

1. 售前服务

在每次促销活动之前，对于目标消费者，服装企业都要做好充分的通知准备。在新产品上架前可以向目标顾客邮寄宣传册，可以通过电话、互联网等多种方式告知目标顾客。在官方微博下开通评论功能，让爱好时尚的公众能够交流互动。

2. 售中服务

销售中的服务是购买过程中的服务工作，导购面对消费者在服务态度上要自信而不自大，坦率而不轻率，灵活而不轻浮，专业而不卖弄。具体而言，在服务语言上，导购可以用礼貌、亲切、专业、精确的语言阐述品牌产品的特点和风格，激起消费者的购买欲望。在服务行为上，导购的行为要自然大方，语言和行为还要协调一致，互相应和，制造出一种轻快愉悦的气氛。在服务仪表上，导购最好穿着印有服装 LOGO 的服装，以高雅的姿态向顾客展示服装品牌的优秀形象和文化内涵。消费者在购买过程中体验品牌服务，而不是品牌向消费者推销服务。

3. 售后服务

企业开设服装售后服务部门，专门接待消费者。服装本身不好保养，有些服装带有很多装饰物，洗涤后会有损耗，开展售后服务确保消费者着装时的良好状态，从而在潜移默化中影响品牌在消费者心中的印象。服务呼叫和网站信息服务。消费者有任何疑问，如服装搭配、服装洗涤、款式修改、服装破损等，都可以通过这些渠道与品牌取得联系。邀请喜欢时尚的 VIP 客户定期举办时装秀，并进行问卷调查，收集消费者的反馈信息。

图 9-5　"Nike" 售后服务平台

从文化营销的角度来看，售后服务不只是单纯的退货服务、电子邮件服务和优惠推送方面，更重要的是服装品牌的理念传达和获得消费者的认同。在消费者购买产品后，Nike 让品牌成为消费者生活的一部分。以为例，开发了软件服务 Nike+平台——数字化社区。耐克的主要消费者中很多是在数字化社区游玩的青少年。通过社交网络的互动和经营，让消费者主动参与到品牌中。Nike+平台在全球吸引了 2000 多万人注册账户，借助 Nike+的产品，通过运动指导、训练和音乐宣传运动的乐趣，同时追踪用户的实时数据包括运动时间、运动量、路线等内容，然后将数据上传到 Nike+社区，Nike +平台根据这些数据，可以给出针对性的运动建议。基于目标消费者对运动的喜好，耐克公司创造了数字化社区，形成"圈子文化"，给消费者提供了一个与众不同的售后服务。

（二）员工仪表

销售人员的服务形象是消费者接触的最直观的形象，包括着装仪表、文明用语、沟通方式等，以此来传递服装品牌内涵，提高消费者的消费体验，塑造良好的服务形象。终端人员服务要最大限度地为消费者提供全面的服务，满足消费者的消费个性和需求。同时，终端服务人员要具有亲和力，能够体谅顾客，站在顾客的立场上处理事情。以歌力思服装品牌为例，一直主打用心去打动消费者的策略。在具体服务过程中始终考虑服装的舒适度，能否体现顾客的气质等。发自内心的服务能够引起情感共鸣，获得消费者对品牌的亲近和支持。

（三）便利设施

1. 休闲设施

运用文化营销策略在休闲设施中诠释品牌核心价值，体现品牌文化。运用时尚营销、情感营销、审美营销等文化营销的方法让消费者在购物中体验服装品牌的文化意义和价值观。当下，艺术文化系统正在不断改善，运用文学、书画、音乐、电影等素材，改善休闲设施，不仅给消费者提供产品服务也让消费者享受艺术熏陶。例如，"例外"生态店中除了展示服饰品之外，还提供给消费者一些书籍、唱片和咖啡服务，消费者可以感受生活的乐趣，在体验参与下把握品牌信息。

2. 更衣室设施

针对更衣室设施，在细节上体现时尚品牌的用心。这是一个情感经济的时代，情感创造品牌、财富甚至更多，感情是人类创造的最具有文化意义，能够持久地起到与世界沟通的作用，情感能够作为人与人之间的纽带。情感文化营销方法能打动消费者，强化品牌核心文化，运用直击内心的内容，引起情感共鸣。例如，T100作为亲子时尚的领先者，被中华服饰文化研究会授予"中国首个时尚亲子时尚品牌"。它的更衣室设计从情感出发，设置了亲子试衣间，比其他试衣间大两倍，可以容纳家人，在孩子换衣服时父母可以有足够的空间照顾。最让人感动的是亲子试衣间的地毯式消毒，孩子们可以光着脚换衣服。

五、服装品牌店铺形象营销战略

店铺是消费者接触产品的媒介，也是认知品牌的重要情境。企业可通过橱窗陈列、店铺氛围、服装陈列效果，利用视觉、听觉、嗅觉、触觉刺激有效地传达品牌风格、精神内涵、形象特征，使消费者在店铺内就可切实感受品牌魅力。同时，店铺所在商场整体形象也会影响店铺形象，选择与店铺风格、品牌档次相似的商场，使消费者获得一致的认知效果，有助于加深对品牌的记忆、优化品牌形象传递效果。

优秀的店铺视觉形象不仅要给消费者带来愉悦的感觉，还要形成强大的号召力。消费者可以亲自进入这种氛围，亲身体验品牌的魅力。品牌可以迅速有效地将服装信息包括品牌风格，品牌定位，文化理念和品牌个性等传达给消费者，店铺形象视觉设计包括店铺设计、橱窗设计、服装陈列、模型选择、工具、pop 广告、产品宣传册、品牌商标设计等，这些要与企业的品牌诉求吻合，更有利于消费者对品牌的喜爱和认可。

（一）店铺陈列

1. 货架摆设应具有便利性

陈列柜的布置，不仅要考虑到与整个店铺的风格相协调，还方便顾客的移动。

2. 模特选择要体现品牌个性

选择模特对演绎品牌个性风格至关重要，选择合适的模特可以有效诠释品牌个性。模特的背景与模特的个性也要相互衬托。服装搭配要考虑色彩的搭配，着重强调出服装品牌个性，传达品牌理念。

3. 服装陈列是一个视觉集合体

视觉效果和空间艺术的结合构成服装陈列，其陈列范围大大超过了传统的陈列范围，包括：店铺设计、店铺装饰、橱窗设计、服装陈列、立模、灯光、pop 广告、产品说明书、商标吊牌等服装零售终端的视觉要素。终端陈列包括店铺规划、店铺货架、服装陈列、色彩、人员陈列、陈列柜布置等。颇具美感的陈列空间和服装产品都能吸引消费者的视线。服装企业将精心选定的主题作为视觉形象设计的指导纲领，让每个服装元素和细节都结合起来，形成符合品牌定位的品牌形象视觉设计和展示空间设计。例如，"平价、舒适、百搭"是优衣库的品牌定位，优衣库的店面设计也秉承着这一品牌定位，打造了"服装仓库型的超级卖场"的店面形象，商品陈列及布局设计都采用仓储密集的货架和悬挂折叠的方式，按照色彩和排列进行分类，向消费者传达出一种平价、大众的服装品牌形象（见图9-6）。

图9-6 "优衣库"服装陈列

（二）橱窗设计

橱窗设计可以说是用最精炼的语言展现品牌的个性特点，可采用主题式、场景式、系列式、综合式等方法进行设计。一个成功的橱窗设计要展示品牌的主要商品、季节的流行趋势、品牌的气质和性格，更要像故事一样讲出趣味性和生活气息。服装品牌Maxmara 一贯注重品牌价值观念本身，Maxmara 的品牌理念是"让顾客认识到产品本身的价值"。基于这样的文化理念，它的橱窗设计就像一位贤淑的女士，安逸，温柔，伫立在那里，散发着大方优雅的气质，体现了 Maxmara 低调但又精致的生活方式和态度。如图 9-7 所示，Maxmara 的橱窗设计以金属风为主，强调空间与光线的相互融合，以钢铸件的线条交错错落，呈现出文化、艺术、建筑、时尚相融合的跨界设计。

图 9-7 "Maxmara" 橱窗设计

（三）卖场氛围

1. 店铺装修不可缺少色彩的运用

如果色彩用得好，能够营造店铺里的室内氛围，使之和店铺里的服装相协调。店铺的装修风格每年也不要有太大的变化。

2. 照明设计光线必须充足

尽可能地融入自然光线，这比较符合人对自然光的需求，充足的光线不仅使眼睛感到舒服，而且能很好地判断镜子中的形象。灯光在店铺装修中占有重要的位置，恰当的光线可以为店铺营造出特别的气氛，并且会让货架或服装，甚至宣传册子都变得更加有吸引力。

图 9-8 "例外" 卖场氛围

"例外" 追求的价值理念和文化内涵是生态环境保护和绿色理念的结合，艺术哲学和生活美学的结合。"例外" 认为女性只有特点没有缺点，消费者的品位素养和情感意识可以通过服装传达。"例外" 品牌的文化内涵是：向往知性和心灵的自由；独立且热爱生活；对艺术、文学、思潮保持开放的胸襟；从容地面对世界，面对自己，懂得享受生活。将这样的文化理念渗透到店铺形象卖场氛围的营建中，从店面材质采用环保竹条，以流线型造型包墙；模特采用基本姿势的亚洲肤色模型，没有假发也没有化妆，表现纯粹的颜色。所有的细节都在引导消费者形成东方哲学价值观。

（四）网页设计

网络服装店面是无形的，它通过平面主页展示产品。网络店面中的界面设计是否优良，是否能正确传达品牌价值观会影响消费者的购买力。因此，如何通过界面设计更好地展示服装品牌内涵、产品特点是塑造店面形象的重要环节。网页设计利用有限的二维展示界面，结合品牌文化、品牌特征，挖掘消费者意图，吸引眼球。通过店铺首页和详细页的视觉设计保证店铺形象和服装品牌的内涵相符合，高品质的界面设计和广告界面设计才能在消费者的心里留下深刻的印象。公司要深刻理解服装品牌内涵，这样才能更好地进行网站设计。通过品牌故事、品牌活动等内容设计，在网络中传播服装品牌形象。品牌是部分相对独立、独家策划、效果出众的网站的核心部分，对于网站能起到更加显著的效果。服装品牌 FOREVER 的理念是"每天穿新衣服"，每个季节都致力于将最时尚的产品以最具竞争力的价格展现给顾客。在其店面首页的设计中尽可能全面地展现服装种类，同时配合快时尚消费的特点单独列出人气精选和专区，迎合目标消费者的消费需求。海报采用主题设计、节日设计等富有魅力的模块，设计风格简单轻便，色彩明快，富有年轻人的朝气。

图 9-9 "FOREVER"网页设计

六、服装品牌企业形象营销战略

企业形象是社会公众通过企业所表现出的综合特征而建立的对企业总体的印象。社会形象是企业进行形象塑造的要点之一，它反映了社会公众对企业的期望。通过公益活动、绿色营销等方式履行企业社会责任，有助于赢得消费者的信赖及关注，对品牌建立正向认知。在消费者个性彰显诉求日益强烈的时代环境下，创新能力和产品上新速度综合反映着企业实力，直观影响消费者对企业形象的认知。因此，服装企业应注重自主创新设计能力的培养和提升、建立完善生产管理制度优化供应效率。此外，服装企业传承的历史文化和独特的风格理念，是品牌精神内涵的直观反映，是消费者进行品牌形象与自我概念一致程度判定的重要依据。服装企业应注重文化的输出，将风格理念与品牌文化进行整合，结合产品设计、广告宣传、社会活动等手段，将文化植入于品牌形象传递的各个渠道中。

文化是抽象的，要想应用文化营销来塑造服装品牌形象，就需要将抽象的文化以具体化的形式展现在顾客面前，让消费者能感知到并形成对文化的认可。文化体验战略设计师对品牌文化形象形成有特殊的效用。他们进行文化主题的探索，突出产品的文化，构建独特的品牌文化气质形象，制造消费者在消费过程中的文化氛围，让消费者能感知设计师品牌文化，提高产品的附加价值。服装品牌 ESPRIT 是在 1960 年代成立的著名时尚品牌，该服装品牌积极鼓励消费者展现自己的风格，它的宣传口号是："服装行业要对社会和生活负责"。ESPRIT 对于宣传地球日和保护活动非常积极参与，从而引起消费者保护生态环境的意识。同时，ESPRIT 将保护生态环境这一意识融入在店铺陈列装饰、店铺海报设计中，店内人工的植物盆栽中，印有绿色环保口号的 T 恤衫。在促销活动中，将货架涂成白色，给顾客留下沙漠绿洲的印象。这些文化形象的发展使 ESPRIT 的品牌形象更为亲切，赢得了消费者的支持和许多市场份额。

（一）企业文化

企业文化是一种无形资源，是一种将企业战略、企业核心竞争力和企业制度看作一个系统有机体的文化。建设企业文化的目的是希望能够通过企业本身的故事、企业制度、及企业人文使企业员工能够拥有共同的信念，明确的方向。企业文化是在员工管理过程中传递的，它是被员工共同认同的企业理念、行为方式、价值方向等文化范畴的统一共同体。人力资源是企业发展战略的重要支撑点，关注的是人的问题。人力资源的核心是围绕以人为本的原则，认识人性，尊重人性，突出人文关怀，提高企业凝聚力，从而提高企业效率。

（二）品牌理念

品牌理念是一个品牌的核心，是品牌标识体系的精神内涵和活动指导，是品牌价值的重要组成部分。当前，服装企业塑造品牌形象最重要的是明确品牌定位，从多方面界定品牌价值观和品牌内涵，提炼品牌理念，彰显品牌个性形象。品牌理念要与企业本身的文化内涵相一致，才能准确塑造品牌形象。

当产品自身的属性与品牌名称或品牌 LOGO 的外在形象相关时，此时只能体现出服装品牌的最低价值，在服装品牌的外在形象上再赋予产品的精神理念和文化内涵，才能构成一个完整的服装品牌形象。不少服装品牌对实体质量更为重视，对品牌情感附加开发欠缺，这不符合市场需求。在当今物质丰富的环境下，消费者更注重舒适度、体验、个性等精神层面，而不是基础的功能价值。服装品牌企业要根据买方市场环境，结合自己的品牌理念，塑造适当的品牌形象，满足消费者追求个性和差异的需求。

（三）个性定位

品牌个性定位具有积极传播品牌形象，提高品牌核心竞争力的作用。品牌形象传播也受品牌个性定位的指导。对消费者来说，有了品牌形象定位的引导，就能更准确、恰当、积极地理解品牌形象。服装品牌具有独特的文化特征，以体现差异性。个性化、差异化也是当今时尚品牌宣传的重点，也是消费者向往的。服装 Dior 为成熟女性带来浪漫富有魅力的品牌风格，CHNAEL 为高雅女性带来优雅的品牌特征。时尚品牌独特的文化特征带给消费者具体的联想和深切的感受，使服装品牌形象更加深入人心。

（四）文化传统

服装品牌的意义是企业在历史发展中积累的文化，文化是企业的精神血液。当今时代服装品牌的竞争越来越激烈，服装企业都追求在服装中彰显自身独特的民族文化和民族特色。世界著名的服装品牌都拥有积淀下来的深厚文化底蕴。我国有着 1000 多年的服装文化史，内容非常丰富，是一个无尽的宝藏和服装设计创新灵感的来源。中华民族特色文化正在影响着世界潮流的发展，应该对传统文化重视起来。通过深入了解中国传统元素，塑造服装品牌的个性和独特性，提高品牌的竞争力和影响力，创造出富有中国传统文化特色的世界著名服装品牌。

目前，中国传统文化元素出现在各大时装周的秀场上。服装品牌 Dior 的设计师约翰加利亚诺（John Galliano）采用带有龙型图案的织锦面料。KENZO 在礼服的设计上使用了中国大红色，还搭配了牡丹花的图案。FENDI 将改良过的红色中国结作为手袋包的装饰品。Prada 在手提包上设计了中国风的盘扣。Roberto Cavalli 是在秋冬时装周上运用中国青花瓷的图案。国际上很多著名的服装品牌设计师都选择运用中国传统文化元素，这既体现了中华民族的深厚文化精神，也反映了中国文化元素在世界潮流舞台上的流行。我国服装品牌应该要充分使用传统文化元素，将中华民族的文化融入到服装中，反映出我国传统文化的内涵和韵味，从而使我们的服装品牌在世界舞台上更加出彩。

中国服装品牌想要在世界上具有持续的影响力，需要以民族特色的品牌文化作为品牌建设的基础。打造既有民族性，又有时尚性的服装品牌。最近几年，中国也涌现出一些具有民族特色的服装品牌。服装品牌"天意"就不仅具有非常鲜明的中国民族文化，还带有时尚感。这个品牌的设计师秉承着"天人合一"的服装设计理念，通过简朴的材料，低调的颜色，简约的形式及精巧的细节来反映这一设计理念，同时传达中国传统文化。这种具有浓厚的中华民族文化的服装设计非常受到国人的喜爱，同时在西方也是非常受欢迎的。具有本国民族文化特色同时兼具现代时尚潮流元素的服装设计是非常有前景的，两者之间的融合和创新，能够形成具有民族特色的服装品牌形象，最终创造出具有中华民族精神的世界著名时尚品牌。

第三节　服装品牌形象的传播策略

品牌传播，是指企业以品牌的核心价值为原则，在品牌识别的基础上，以广告传播、公关传播、人际传播和销售传播等方式推广服装品牌，塑造服装品牌形象，促进市场销售。服装品牌定位、服装品牌战略决策、服装品牌营销推广、服装品牌管理、服装品牌延伸和维护等都属于服装品牌传播的内容。目前对服装品牌传播的研究主要是从管理、设计、营销等多个角度出发的，有利于整合服装品牌系统，加深对服装品牌的理解。

一、服装品牌形象传播的特点

（一）品牌与消费者之间的个性化交流

个性化交流是指服装品牌能够根据目标受众的独特个性、需求进行交流。服装品牌的传播特别重视品牌与消费者之间的个性交流。根据服装本身的特性，服装无论是面料、款式还是风格都是很容易被人模仿的，相对于技术含量高的产品，服装的生产制作还是比较简单的。服装本身并没有多大的差异，目前市场上每一种品类的服装都有很多的品牌。比如运动装，我们能想到的就有很多著名的运动品牌，但是细想一下这些品牌的款式颜色差别并不大。根据美国的里斯和特劳特的定位理论，一般一个品类能在消费者头脑中联想到的品牌只有 10 个左右。从消费者的视角来看，一些品牌服装能够满足消费者的多种需求。目前消费者对于服装的需求已经从基本的功能需求转变成情感需求。很多消费者购买服装不仅仅因为服装本身漂亮好看，更多的是因为服装品牌能够了解消费者的情感需求，能够懂得消费者的感受和心理，能够通过服装展现出个人的品味和地位。

服装品牌要突出品牌个性，引起消费者的情感共鸣，走进消费者心理，就必须要重视品牌与消费者的个性化交流，将服装品牌个性融入到服装设计、服装品牌策划活动、传播媒介以及销售推广等每一个环节中。李维斯牛仔品牌独特的销售理念是"最贴身的牛仔"，成功捕捉了很多女性的消费需求，因而使李维斯牛仔品牌名声大振，脱颖而出，被美国女性称为"最懂女人"的牛仔品牌。国内休闲品牌美特斯邦威也通过一系列形象、广告、公益活动或赞助活动，确立了自己的品牌个性，吸引了青少年消费者的眼球。在传播手段方面，诸如服装发布会、销售终端发布等易于满足消费者个性化需求的传播方式备受青睐。

（二）品牌传播的时尚创新

每一季的服装都会更新，其服装品牌的包装设计也随之更新，服装品牌的传播方式和传播媒介的选择也要追求时尚流行。对服装品牌来说，传播方式的不断革新、与时代共同进步是非常重要的。服装具有时代性特征，容易被流行和时尚文化所影响。服装的这种特殊性使企业在对服装品牌进行传播时特别注意时尚流行的命脉。在服装行业有很多服装品牌都有过这样的情况：服装企业在服装设计和营销推广中投入了大量资金，理论上能够在服装销售上获得利润，却没想到服装上架后并不受消费者欢迎。究其原因可能是革新产品和品牌设计理念无法追上时尚流行，传达给消费者的服装品牌信息不够时尚。

服装品牌传播的流行性和时尚性不仅体现在服装设计上，还体现在品牌形象、传播媒介和传播方式等方面。自改革开放以来，我国很多服装企业为了提高国际竞争力，实现品牌国际化，对自有品牌的包装设计进行时尚化创新，更改品牌名称的命名方式等。这在一定程度上能够满足我国消费者对时尚的需求。然而，一般情况下，服装品牌形象的时尚化并不会轻易改变品牌的价值和精神内涵，除非是当以前的品牌面临危机时需要重新塑造品牌形象的情况出现。服装品牌形象的时尚化一般表现在服装的时尚面貌和品牌风格相互融合、包装设计的创新、店铺风格的装修、服装色彩和图案的流行化、媒介选择、语言文字设计上采用流行语汇等方面。

服装品牌的媒体策略需要随着媒体地位的不断转换而进行调整。20世纪八九十年代《上海服饰》应该算得上时尚的先驱，CCTV也是唯一受关注的媒介品牌的阵地，现在像《瑞丽》《时尚》《世界时装之苑》等受欢迎的时尚杂志媒体已有几十种，电视台的状况也从央视一家独尊到现在的湖南卫视、凤凰卫视、东方卫视等百花齐放的局面，还有一些网络、售点等新兴服装品牌传媒的加盟。服装企业要多注意媒体的变换，选择消费者更喜欢适合自身的时尚媒体。此外，服装品牌宣传方式的创新也不可忽视，当体育和街头风格流行时，一些服装品牌趁机选择适合自己的品牌传播手段宣传品牌，举办街头舞蹈的培训课程、赞助体育大赛等。

（三）品牌传播无限纵深的可能性

品牌传播强调的是品牌与消费者之间的充分交流。充分交流能够让品牌信息发挥最大的作用，增加品牌传播的深入可能性。充分交流表现在很多方面，如充分了解消费者的需求、利用丰富的品牌符号以及广泛的媒体选择、多种多样的沟通工具、整合的品牌信息等。此外，在互联网时代，信息的力量比过去更加强大，舆论的作用显得更加重要。信息受众在信息传播过程中的参与互动、自我表达的内容重组再传播，能够使信息高效整合。很多无名品牌或者产品借助网络舆论的力量，可以实现更广泛更有效地传播。

服装和消费者之间的交流有着无限的延伸接触空间。服装本身有着艺术的审美性，以及很强的表现力。自己和他人的着装都可能影响消费者对服装品牌的感知。因此，服装本身也能作为品牌传播的重要工具，是品牌形象的有形载体。这也使得服装品牌相对于其他类型的品牌能够传播更丰富的元素，和消费者的交流也拥有了更广泛的空间。服装会有更丰富的符号元素，去和消费者进行交流，这是由服装持续创新的特点决定的。

二、服装品牌形象的传播策略

（一）选择个性化的传播手段

个性化传播手段是指能够满足消费者的独特个性和需求的传播手段。这些传播手段包括广告、公关、信息、人际关系以及其他各种媒体资源等。

1. 丰富的服装品牌传播符号

服装品牌通过丰富的服装品牌符号传达服装品牌形象。一般来说，提到某一个服装品牌，我们都会对这个品牌进行一些联想，可能是联想到它的服务，可能是它的包装和设计，也可能是服装的品质，或者是穿着时带来的情感感受。如果没有试穿或购买，可能联想到的是这个品牌的广告、代言人或者是 LOGO，也有可能是从别的途径了解到的品牌风格和品牌设计。服装品牌符号正是促使消费者产生联想的来源。

服装品牌符号包括品牌名称、品牌标识性色彩、服装图案等。每一个服装品牌在发展中都会包含很多创新的元素，有一些元素的特征与服装品牌的个性非常相符，在发展的过程中会沉淀为该品牌的标志性符号。这些符号组成了品牌的识别系统。品牌的识别系统不仅能够帮助消费者识别销售的产品或服务，区别于竞争对手，还能展现服装品牌的文化内涵与精神面貌，让消费者对服装品牌产生信任和偏爱。

CHANEL 的品牌符号组成了一个鲜明的品牌识别系统。

（1）品牌标志性图形——双 C。双 C 取自 CHANEL 品牌的创始人 Coco Chanel 名字的缩写，将两个首字母 C 左右对称交叠而设计出来的标志，看上去简约独特又大方。CHANEL 的标志被广泛应用在品牌的服装、配件挂饰及其他产品品类中。

（2）菱形格纹。在 CHANEL 第一代皮饰装饰品受到欢迎之后，立体的菱形车辆的格纹也成为 CHANEL 的标志之一，陆续被用在 CHANEL 的新款服装和饰品上。后来被应用到手表和鞋子的设计中，特别是运用在 "MATELASSEE" 系列中，K 金或者不锈钢的金属表带，形成了立体的菱形格纹。菱形格纹受欢迎的主要原因是它中性的特色。菱形一般是应用在男装中，菱形的棱角特征和中规中矩通常都是用来体现男性特征的。传统的女性形象一般都采用曲线和各种形式的表现。CHANEL 追求的是中性美，因而菱形格纹这种标志性图形能恰好的表现服装品牌个性。

（3）山茶花。山茶花在 CHANEL 品牌中占据了重要的地位。因为 CHANEL 对山茶花的偏爱，使山茶花成为了 CHANEL 品牌的 "国花"。山茶花的形状暗示了一种带有女性的中性特征。这些特质都体现了品牌的个性和独特之处。和菱形格纹一样，山茶花常被用在服装或者一些饰品上，两者都是 CHANEL 的标志性图形。

（4）珍珠项链。跟菱形格纹和山茶花一样，珍珠项链也是 CHANEL 品牌的标志性符号之一。珍珠给人的感受是优雅大方，天然简约。CHANEL 将珍珠和服装搭配，赋予珍珠其他的特质，把女人独特、灵动的一面展现出来。

（5）品牌名称。CHANEL 是以创始人的名字进行品牌命名的。法国时装行业是拥有深厚历史底蕴的行业，设计师和创始人的名字代表着一种地位和权威，担负历史传承的责任。法国的很多高级时装品牌都是以设计师和创始人的名字命名的，并且设计师将品牌个性在服装中予以表达，消费者穿上后自然会形成一种风格。众所周知，Coco Chanel 女士自己也是高雅品味、个性独特的典范，CHANEL 本身的名字也就能代表服装品牌的个性。CHANEL 的中文译名（香奈儿）读起来也是朗朗上口，让消费者感受到品牌的浪漫与韵味，引起消费者无限联想。

从 CHANEL 的案例可以看出，CHANEL 的品牌符号能够准确抓住受众的个性化需求，从而可以成为 CHANEL 的标志性图形。所谓的个性化需求是目标受众特有的需求。首先，CHANEL 针对的女性群体是一群追求个性解放和思想独立的人群，Coco Chanel 本人也是这样的形象代表，所以这些消费者希望自己也能够成为具有这种独特个性的自由女性。其次，品牌核心识别指的是服装品牌的精髓和永恒的本质，也是品牌的使命和价值主张。品牌价值主张代表的是品牌精神、品牌信仰、品牌价值观，与竞争品牌的差异优势。CHANEL 的核心标识非常鲜明地呈现在我们眼前，正如 Coco Chanel 女士本人优雅、大方、浪漫的性格一样，CHANEL 的品牌符号都很好地表现出这些独特品牌特质。此外，品牌为了传递信息，其自身的符号形式是多种多样的，如文字语言符号（名称）、视觉语言符号（图案、颜色）、实物符号（饰品、布料）等。运用这些不同形式的符号传播服装品牌信息的目的是一致的，是为了识别品牌的核心。正是这种目的的一致性，使 CHANEL 的服装品牌符号具有一致的特质，使服装品牌形象更加深入人心。

成功的品牌非常重视用符号与消费者进行交流，正如 CHANEL 将双 C 的图案运用在服装或者饰品上，能够给消费者带来视觉冲击，加深消费者对品牌的认知。不仅是 CHANEL 品牌，还有 DIOR 的金属 CD 标志和 LOUIS VUITTON 的 LV 标志。值得一提的是，服装品牌符号要在时尚的引领下不断创新。服装行业是一个充满朝气的行业，紧跟时尚潮流，创新是必须的。很多高级时装品牌都会定期举办服装发布会，展示最新的服装作品，将品牌文化和精神内涵传递给消费者。品牌设计师们在每季秀场上都会有所创新，没有哪个品牌能够用一成不变的元素经久不衰，创新势在必行。

2. 打动人心的品牌传播方式

品牌传播深入人心、打动消费者是其传播运营的目标。服装品牌的推广模式通常是用服装卖点感染消费者，并刺激消费者的购买欲望。当消费者受到品牌感染进而引发购买欲望时，就很容易促进销售，达成即时购买。服装品牌多采用现场形式的传播方式，如时装发布会、模特走秀表演、终端销售和推广等活动。服装品牌采用现场营销推广的方式能给消费者带来直观感受，能刺激消费者，促进购买。这也是很多服装品牌选择现场推广和运用销售终端传播服装品牌的原因。

服装品牌传播方式比较注重创新，时装类品牌尤其强调时尚化创新。创新的目的是吸引目标受众的眼球。近两年，运动、街头风格以及新人选秀活动非常流行，各个服装品牌都借机积极地选择适合自己的品牌传播方式，如耐克开展街舞课程，真维斯赞助全能新秀选拔，李宁赞助运动会等。此外，能够与目标消费者进行私人交流的方式越来越受到重视，这可能是由于这种方式能够使品牌更加深入人心，抓住消费者的喜好。为了拉近和消费者之间的距离，服装品牌通过推出一些贵宾卡等别出心裁的服务方式，巩固服装品牌在消费者心中的地位。

广告传播、公关传播、终端销售、人际传播等各种传播方式，相互配合，统一发挥作用，从各个方面向消费者传达品牌信息，相辅相成。广告能快速又简明扼要地将服装品牌信息传递给消费者，塑造服装品牌形象，提高品牌知名度。公共关系与广告不同的是服装品牌的宣传主动权不在品牌经营者，而是由媒体主导。销售终端传播采用一些现场促销活动的目的是促成购买。人际传播是提高服装品牌美誉度的主要方式，也是比较容易被消费者接受的一种品牌传播方式。所有服装品牌传播方式的目的都是保证信息传递的一致性，塑造统一的服装品牌形象，让品牌个性深入人心。

3. 灵活丰富的品牌传播媒介

媒体是服装品牌信息的传播媒介，媒体不会对信息内容本身产生影响，但没有媒体，信息便没有依赖的媒介，是不能进行传播的。时尚品牌媒体成功的最大特点是其灵活性和创新性。服装品牌传播不拘束于媒体种类的选择，而是从细节处进行品牌传播，这不但可以节省传播成本，还可以在更大范围内产生传播效果。如 Calvin Klein 就对品牌的传播媒介进行深入挖掘，不仅在剧院装爆玉米花的包装袋上、信封和入场券上，还在读物封面和书包上都印上 Calvin Klein 的品牌商标。

媒体运作的灵活性和创新性除了体现在媒体的选择上，还体现在与媒体的合作、整合和运用双方资源上。电视媒体是综合视觉和听觉的媒体，现场感强，易吸引消费者引起共鸣。电视媒体具有不受消费者文化层次的限制，与受众接触时间长、传播速度快、覆盖面广、可以重复等优点，其缺点在于消费者选择性较小、重复使用率较低、投资成本比较高、很容易引起消费者反感等。对于服装品牌来说，电视媒体是一个很好的展示平台。服饰品的立体视觉效果最好。服装是可移动的建筑，消费者穿着服装能够将静态的服装展现出各种各样动态的美。电视媒体的动态连续性，鲜艳的颜色也都很适合服装品牌的宣传。

服装品牌传播除了整合媒体资源、利用媒体优势外，还应最大程度上弥补各种媒体的不足。如针对电视媒体选择性小，难以重复的问题，采用店内设置影像装置，反复广播节目的现场影像赞助，可以取得很好的传播效果。很多消费者看到央视模特大赛却没有注意到赞助品牌，当消费者再次看到大赛时，就会被重新唤起记忆。这可以弥补传播媒体本身的不足，加强传播力的作用，体现服装品牌传播媒体的灵活性。

综上，我们可以看出选择服装品牌传播媒体最重要的是灵活，这种灵活性表现在：服装品牌传播媒体的选择比较多样化、创新化，只要是消费者视线所能达到的都可以作为传播媒介；传统服装媒体和新兴传播媒体可以整合创新一起发挥作用；品牌传播媒体要选择当下最有传播效力的媒体，与时俱进；运用一些辅助的媒体方式弥补主要媒体的不足，如终端媒体可以与消费者直接互动接触，能够更好地了解消费者的感受。此外，服装品牌的媒体选择具有时间上的规律性，这与服装产品的生命周期有关。在服装的导入期，宣传方式主要以杂志等形式预热市场，到服装成长期，进行较大规模的广告宣传，到服装成熟期时，开展促销活动等使销售量到达高峰。

（二）与消费者进行统一的对话

服装品牌形象不是由单方面作用形成的，而是企业和消费者共同作用的结果，并且与消费者记忆和联想有着密切联系。因此，在品牌形象塑造过程中企业方应清晰认知自身文化优势和品牌、产品特色，全面梳理、整合所需传递的品牌信息，根据品牌的核心定位找准其与其他品牌的差异点，以品牌独特性为指导宗旨进行品牌形象塑造，使消费者在品牌形象认知过程中留下深刻记忆点，在消费过程中能够快速回顾和检索品牌形象信息，进而引发一系列积极的品牌联想。另外，应该重视服装品牌形象各维度的整合塑造，呈现具有一致性的品牌形象。统一的品牌形象信息有助于消费者清晰、完整的理解和认知服装品牌形象。通过不同维度和传播渠道传递同样的品牌核心信息，才能帮助消费者在信息繁杂、选择众多的竞争性市场环境中唤起有关品牌记忆。一致的品牌形象信息经过时间和多维度渠道的叠加，能够获得比单一维度更强的认知效果和持久性，从而提升消费者对品牌的感知质量，进一步促进购买意愿的产生。

1. 了解消费者需求

服装品牌拥有者要制定适销对路的传播战略，就必须先深入了解消费者内心的真正需求。只有把握了消费者内心的情感需求，才能抓准消费者心理，让消费者认可品牌，诱发其购买行为。在美国牛仔市场上排名第一的 Levis 品牌以男性消费者为目标。诞生 100 多年来，牛仔服作为男人的服装而广为人知，女性市场被忽视了。晚了将近 40 年的 Lee's 品牌牛仔裤快速成长为第二品牌，主要是因为抓住了女性消费者的需求，抓住了被忽视的女性市场。对 25~44 岁这一阶段的目标群体进行调研分析，她们认为牛仔是青春的标志，她们对牛仔的要求是合身且容易活动。Lee's 则抓住这一需求，对品牌精准定位。在产品设计上改变了传统的直线剪裁，强调女性体型和线条，具有曲线的牛仔抓住了女性的审美，为女性增加了魅力。Lee's 品牌的独特理念是"最贴身的牛仔"，获得了女性消费者的喜爱，可提高消费者对品牌的好感和忠诚度。

2. 坚持传播的纵横向一致

在横、纵方向整合品牌资源是整合营销传播理论的核心内容。横向整合是指整合媒体信息、整合营销工具、接触管理等。纵向整合是指品牌传播信息的时间一致性，包括营销活动过程中的整合、与消费者关系发展过程中的整合。整合品牌资源，坚持横纵向的传播一致，可以有效实现企业传播目标，在消费者心中塑造一个个性独特的服装品牌形象。美国男士内衣品牌乔·波克斯在传播方面一直都是坚持横纵向一致。从商品种类上看，乔·波克斯虽然销售内衣、睡衣等家庭服装，但实际上销售的是一种娱乐的生活方式。乔·波克斯的品牌理念是幽默、情趣，它将其理念融合到服装的设计、营销、服务、推广等环节中来保持服装品牌传播的一致。幽默是乔·波克斯成功的关键，为了让消费者能够认同品牌的这种幽默，品牌通过任何一个能够与消费者接触的点来传播服装品牌形象。另外，虽然乔·波克斯的服装是一直在创新升级的，但乔·波克斯品牌塑造的这种基于文字的品牌形象，设计上简约干练，便于推广。乔·波克斯品牌的连贯性和统一性使品牌更加稳定，让消费者感到比较舒服。品牌宣传的目的就是使信息传递一致。

3. 强调交流

沟通交流的意义在于消费者和品牌之间信息的双向沟通，而不是单纯地将信息从服装品牌流向消费者。服装消费者要求服装品牌具有个性化，品牌也提供了充分的空间让消费者去感知品牌。从品牌的角度来说，消费者的反馈信息对品牌非常重要，可以检验传播效果，适时调整经营战略，促进品牌向较好的方向发展。同时，持续的交流也会让消费者和品牌建立牢固的友谊，让消费者感受到品牌对消费者的尊重，并且更加忠实于品牌。耐克品牌在与消费者的交流方面做得非常好。不管是广告宣传、公关活动还是卖场销售和网站销售，耐克品牌重视的并不是通过这些传播手段宣传品牌，而是实现品牌和消费者之间的互动交流。耐克在短短数十年里成长，在消费者心中有着很高的地位，比起阿迪达斯这样的具有悠久历史的老品牌毫不逊色。在美国，每当阿迪达斯推出新的广告战略时，年轻消费者就会说："阿迪达斯还用创意赚我们的钱。"看到耐克广告的他们表示："你看，耐克的家伙都在撒钱，真不明白他们为什么会这么想。"消费者对两个品牌是完全不同的态度，这表明耐克品牌更加了解消费者的心理。

（三）高效累积品牌资产

品牌资产的有效积累，就是要在品牌传播过程的各个环节提高效率，如在品牌战略、媒体组合、广告宣传、促销人员和卖场陈列等方面都能体现传播效率的作用。如提高企业的宏观指挥，品牌传播战略的合理组合，及时的广告宣传，优秀的促销人员，合适的终端陈列等都是提高效率的方式。通过打造商务休闲男装概念，利郎男装市场开拓了新领域。同时，选择陈道明作为服装品牌形象代言人提升了服装品牌形象。利郎和央视的合作也节约了品牌传播资源，这种合作不仅考虑到服装产品的季节（如冬季到来时利郎保温风衣的广播广告），也考虑到整合品牌和媒体的资源，互相促进、和谐发展。利郎的很多措施实现了品牌资产的高效积累，使利郎快速崛起，占领市场份额。

第十章　服装品牌形象研究的应用

　　品牌形象不等于品牌，品牌形象取决于消费者。未来品牌的竞争能力，是品牌形象一致性的塑造能力，消费者品牌信息感知的预测能力及大量品牌信息的综合运用能力。任何一个品牌，一旦某种品牌形象形成大幅提高其影响力的新指标，这个品牌的核心竞争力就会变化。用品牌形象打造品牌影响力，用品牌影响力完成品牌营销。

　　在实际的营销活动中，有针对性地传递品牌信息，使消费者获得更精准的品牌形象感知效果，进一步促进购买意愿和行为的产生，以达到盈利目的。本章重点剖析服装品牌文化形象、绿色环保形象、艺术形象、独特形象及微信公众号服装品牌形象的内容构成，并用相关实际案例分析企业如何将服装品牌形象运用到营销实践活动中，为企业的营销战略服务。

第一节　服装品牌的文化形象

一、服装品牌文化形象的概念与内涵

　　文化是品牌的核心价值，是品牌发展中看不见的竞争力。品牌文化代表着一种价值观、一种品位、一种格调、一种时尚、一种生活方式。品牌文化的定义有狭义和广义之分。狭义的品牌文化是指品牌赋予的文化内容。广义的品牌文化是指由企业形成的被消费者认可的一系列品牌理念文化、行为文化和物质文化，是融合在品牌中的经营观、价值观等观念及行为的总和。

　　品牌文化是品牌在经营中逐渐形成的文化积淀，是指文化基因，如经营观、价值观、审美观等观念在品牌中的沉淀和品牌经营活动中的一切文化现象，以及他们所代表的利益认知、情感属性、文化传统和个性形象等价值观的综合。品牌文化不等于企业文化，但它属于企业的范畴，它是企业文化在营销过程中的集中表现，决定品牌构造的价值取向、心理结构、行为模式和符号表征，是品牌构造的价值内核。品牌文化是由企业、主流文化、影响势力和消费者这四类创作者共同传达的。

　　品牌拥有丰富的文化内涵，但品牌无法脱离文化而存在。品牌文化内涵是品牌所凝炼的价值观念、生活态度、审美情趣、个性修养、时尚品位、情感诉求等精神象征。

我们认为服装品牌文化形象是服装品牌在发展过程中对品牌文化内涵的传达，是对品牌形象的塑造和展现，不仅是服装品牌单方面进行的形象传播，还是服装品牌与消费者共同打造的，既是品牌内涵的表达，也是消费者对品牌的感知和认可。服装品牌文化形象的内涵一方面是通过品牌产品、品牌名称、品牌标志、品牌包装等展示出来的直观文化，另一方面是企业形象、服务理念、营销理念等间接文化的总和。

二、服装品牌文化形象的核心价值

服装对于消费者而言，早已不再是局限于满足人们基本的生理需求，更是消费者内心、情感上诉求的表达。他们对自己所购买的产品及品牌所传达的文化形象、价值观念、时尚品味等产生了更高的要求。当今市场，服装品牌之间的竞争已由单纯的产品深入到文化层面上，服装品牌文化形象越来越显示出其重要地位，越来越多的服装企业也开始认识到品牌文化形象塑造的重要性。服装品牌通过赋予品牌独特的、具有代表意义的文化形象，形成鲜明的品牌定位，并通过各类营销手段宣传这一文化形象，这是很有意义的，它能够在消费者心中形成一种品牌信仰。

"产品是暂时的，文化是永恒的，只有拥有文化才是经典的"这一观念已经使服装企业更加深刻地意识到文化对品牌经营的重要性。服装品牌文化形象是服装品牌竞争的核心，是服装品牌形象塑造过程中的灵魂。白领服饰的总裁苗鸿冰先生在 2012 年度中国服装大会上提到："当品牌文化感动了企业家自己时，它将影响你和你的团队；当品牌文化感动了消费者时，它将影响消费者的审美与生活态度；当品牌文化感动了世界时，它将影响并决定世界时尚和艺术的走向。"由此可见，文化是服装企业发展的灵魂，文化可以推动品牌的进化，只有被赋予深刻而又丰富的文化内涵，品牌才能保持强劲而持久的生命力。

服装品牌文化形象的塑造是产品的物质效用与品牌精神的高度统一，能够带给消费者更多更高层次的满足、心灵的慰藉和精神的寄托，在消费者心灵深处形成潜在的文化认同和情感眷恋。消费者对品牌的选择和忠诚不是建立在直接的产品利益上，而是建立在品牌深刻的文化内涵和精神内涵上，维系他们与品牌长期联系的是独特的品牌文化形象。在服装品牌形象的塑造过程中，文化基因的输入能够使品牌更具有文化内涵，从而提高品牌的知名度和美誉度，使品牌在激烈的市场竞争中拥有竞争优势，从而提高品牌的市场占有率。

三、服装品牌文化形象构成要素

服装品牌文化形象的塑造可以是企业故事的讲述，展现其历史、文化等方面的积淀；可以是产品元素、工艺、设计等的诠释，赋予产品一定的文化内涵和文化价值；可以是店铺整体文化气息的传达，让建筑的空间语言成为品牌文化的代言；可以是服务文化理念的呈现，赋予品牌文化的生命力；也可以是宣传方面的表现，通过宣传推广品牌蕴含的文化理念；还可以是外在识别元素的表达，体现文化特质在品牌中的精髓。

　　服装品牌文化形象包括企业文化形象、产品文化形象、店铺文化形象、服务文化形象、宣传文化形象和识别文化形象。服装品牌文化形象的构成要素如表 10-1 所示。企业文化形象是服装品牌文化底蕴的体现，企业历史积淀、企业故事、企业传达的精神及其社会形象均是服装品牌企业文化的表现形式。产品文化形象是服装品牌文化形象的外在表现，通过各种表现形式体现文化内涵，如中国元素、图案的运用、款式结构、传统的制作工艺、设计理念文化等[467]。店铺文化形象是服装品牌文化直观的体现，店铺空间设计、橱窗展示、卖场氛围等多种表现形式能传达服装品牌店铺文化形象。服务文化形象是服装品牌文化的灵魂，能够增加品牌的美誉和价值。作为一种文化理念，全方位服务体现在售前、售中、售后，包括员工的文明用语、文明行为以及提供的休息区等表现形式。宣传文化形象是服装品牌发展成功与否非常重要的点，宣传的方式、渠道以及各种文化宣传活动等多种表现形式都能体现服装品牌宣传的文化形象。识别文化形象是服装品牌文化沉默的推销员，主要通过品牌标识、品牌色彩、设计风格以及品牌吉祥物等多种表现形式展示服装品牌识别文化形象。

表 10-1　服装品牌文化形象构成要素

维度	指标	维度	指标
企业文化形象	文化积淀	服务文化形象	服务理念
	社会形象		员工风貌
	品牌价值观		休息区设置
	精神文化	宣传文化形象	品牌代言人
产品文化形象	工艺文化		广告设计
	元素文化		文化形象推广
	设计理念		网页设计
店铺文化形象	卖场氛围文化	识别文化形象	标识文化
	空间设计文化		色彩文化
	橱窗文化		包装文化

四、服装品牌文化形象案例分析

　　在进行案例分析时,选择 NE·TIGER(东北虎)、江南布衣、例外、ZUCZUG(素然)、CHANEL(香奈尔)、VERSACE(范思哲)、三宅一生、红豆、ROCOCO(洛可可)、Paul Frank(大嘴猴)、Superdry(极度干燥)、Champion(冠军)、李宁、EP 雅莹、Levi's、ESPRIT、优衣库、路上海、柒牌男装、喜得宝这 20 个品牌作为案例分析的对象。在选择的 20 个服装品牌中,一部分是具有悠久历史的服装品牌,这类品牌在其发展历程中,积淀了一定的文化底蕴,而另一部分是具有独特文化内涵以及精神诉求的潮牌,这类品牌具有明确的品牌形象和文化形象,对特定的消费群体具有较高的吸引力。

表 10-2　品牌文化形象案例分析

品牌名称	品牌文化形象表达方式
CHANEL	品牌名取自创始人,"双 C"Logo,取自创始人 Coco Chanel 的姓名,艳丽的色彩但又不会过分柔美,诠释出 CHANEL 由内而外的双向美,给顾客提供休息的地方,可以看看杂志、了解品牌历史,设置沙龙式空间、走廊文化走秀,以时装展、博览会、发布会等方式进行宣传
VERSACE	品牌名取自创始人,品牌标志的女妖标志来自希腊神话,因为服务对象是王室和明星,融合了古典贵族风格的艳丽与华丽,门店设置有休息区,提供杂志,便于顾客了解品牌历史,举办主题晚会、文化走秀、时装展、发布会以宣传推广
NE．TIGER	将传统的手工艺融入制作技艺,本着"贯通古今 融汇中西"的理念,推出华夏礼服系列
三宅一生	"一生褶""三宅褶皱"传达回归本源的思想
李宁	品牌名取自创始人,制作中融入剪纸手法,在设计中传达出让潮流文化真正成为"零门槛"这一理念,并与各类品牌进行文化联名活动,在卖场播放宣传广告,地板运用跑道元素营造运动氛围
EP 雅莹	设计立足东方文化,从本土文化中获取共鸣,将传统文化融入品牌精神,是对中国传统制作方法、服饰的不断创新与呈现,并在传统的设计中融合当代审美
Levi's	李维斯是美国精神的一个典型象征,带有明晰、独特的象征意义
红豆	立足于传统文化,用王维的《相思》,以"此物最相思"的红豆作为品牌名,举行电台话题讨论、主题晚会等活动,通过文化广告、节目、宣传片,举办与传统文化相关的活动进行宣传
ROCOCO	设立品牌吉祥物"可可兔",举行互动活动进行品牌宣传
ESPRIT	门店中摆放很多人工植物塑造其绿色环保形象,不同促销活动选择不同色彩的货架
优衣库	"快时尚"是所传达的理念,举行品牌文化联名活动,大卖场、仓储型店铺
Champion	旨在让潮流文化真正成为"零门槛"
Superdry	设计中融入东方文化风格的日本手绘图案,品牌名称"超级拽"的错误翻译体现出品牌的灵感来源和文化诉求
Paul Frank	品牌吉祥物大嘴猴"Julius"的运用
例外	秉承"贯通古今 融汇中西"的理念,通过文化走秀、时装展、博览会、发布会进行宣传,使用能呈现品牌原生态形象的不加修饰的亚洲肤色模特
喜得宝	通过对出土文物的参考,在复原的基础上,设计了传统的宫廷服装
素然	设计中将传统文化与现代潮流的结合,与不同领域的艺术家跨界合作举办各类活动,举办"照相馆活动"来寻找微笑模特,不选用明星而选用素人作为模特宣传品牌平等放松形象
路上海	设计中采用传统十二生肖图案
江南布衣	结绳、刺绣等特殊手法的运用,通过文化走秀、时装展、博览会、发布会进行宣传
柒牌男装	传统文化与现代潮流结合,举行地球宣传活动、万人太极拳表演活动宣传中华武术

"东北虎"（NE·TIGER）品牌作为中国服饰文化的守护者和传承者,融入剪纸手法,始终秉承"贯通古今 融汇中西"的设计理念,将中国传统十二生肖作为设计的基础元素,以"礼"为魂,以"锦"为材,以"绣"为工,以"国色"为体,以"华服"为标志,凝汇数千年华夏礼服的文明。

　　"江南布衣"（JNBY）品牌推崇"自然、健康、完美"的生活方式，"Just Natural Be Yourself"这四个单词很好地诠释了江南布衣的品牌理念。基于此品牌理念，其服装产品设计风格浪漫、丰富；自然色系，其色彩沉稳，雅致；材质多采用不同肌理、风格的纯天然面料。装饰细节上多运用手工刺绣、机绣、手绘、胶印等特殊手法；枝叶花草成为标志性的装饰纹样；款式设计注重全情演绎与自然相融的理念。

　　"例外"品牌设计的核心思想是创造和传播基于东方哲学的当代生活艺术的经营理念，通过举办文化走秀来传承发扬东方文化和原创精神。其追求的价值理念是生态平衡和绿色环保，将生活美学与艺术哲学相结合；其店面的视觉形象设计，采用环保材质的竹条，以流线型的造型包裹墙体；使用同一姿势的亚洲肤色人体模特，且无假发、无彩妆，原生态地呈现。所有细节使消费者感受到本真、质朴、天人合一的价值观念。

　　"素然"（ZUCZUG）品牌的基本理念是生活和想象力，与不同领域的艺术家跨界合作举办"Monkey Boy Club"展览，通过中国传统十二生肖元素，展现独特幽默的品牌价值理念。在广告形象中，以真实的素人呈现品牌平等放松的形象，通过举办"照相馆"活动，寻找热爱生活、敢于展现真实自我的大众作为微笑模特，以此来宣传独特、追求新生活方式的品牌内涵。

　　"范思哲"（VERSACE）品牌的女妖标志来源希腊神话，因为服务对象是皇室和明星，拮取了古典贵族风格的豪华、奢丽的风格，门店设置有休息区，提供杂志，便于顾客了解品牌历史，举办主题晚会、文化走秀、时装展、博览会、发布会以宣传推广品牌文化。

　　"三宅一生"品牌通过"一生褶""三宅褶皱"传达回归本源的思想，具有东方神秘主义色彩，创造性地运用了油布、聚脂纤维的针织面料以及独特的裁剪方式。"红豆"品牌立足传统文化，用王维的《相思》，以"此物最相思"的红豆作为品牌名。"洛可可"（ROCOCO）品牌坚持"风格化、快时尚"的定位，"可可兔"是其品牌吉祥物。"大嘴猴"（Paul Frank）品牌采用大嘴猴作为品牌吉祥物。"极度干燥"（Superdry）品牌设计中融入东方文化风格的日本手绘图案，品牌名称"超级拽"的错误翻译体现出品牌的灵感来源和文化诉求。"冠军"（Champion）品牌旨在让潮流文化真正成为"零门槛"。

　　从这些案例可以看出，对于服装品牌，采用设计理念传达服装品牌文化形象是现今较为常见的方式，但这种表达方式的劣势在于其所表达的品牌文化形象并不是直观的，需要消费者对品牌理念具有一定的了解之后才能对这一品牌形象进行认知和反馈。但是当一个品牌长久以来坚持自己所独有的风格，并以此作为传达自身品牌文化的方式，同样会在消费者内心留下较强烈的印象，同时也提升了品牌整体文化内涵和形象。文化形象在表达过程中并不是品牌文化元素的堆砌和品牌要点的大量使用，而是一种由内而外的文化内涵、品牌精神的传递，只有这样的设计表达，才能真正与消费者的内在诉求产生共鸣，对消费者的品牌认知产生影响进而产生选择。采用品牌吉祥物作为品牌文化形象展现的方式较为少见，而且很多时候很难将品牌与品牌吉祥物联系起来。合适的品牌吉祥物的设计和使用可以强化品牌的文化特点和个性形象，当品牌吉祥物在消费者心中留下深刻的印象地同时，消费者可能会对品牌本身形成一定的偏好。

　　服装品牌文化形象应该建立在品牌对自身已有的文化内涵的提炼而不是空泛的讲

故事，明确地传递出品牌的文化底蕴，能有效地使消费者产生认同和偏好。采用设计理念传达服装品牌文化形象的方式是现今较为常见的方式，文化基因在设计中的表达是一种由内而外的文化内涵、品牌精神的传递。如今中国传统文化元素开始在产品的设计、品牌的宣传活动中占据越来越重要的地位，越来越多的年轻消费者对于"国货"及"国牌"等具有一定传统文化底蕴的服装品牌产生了较高的关注度。

第二节　服装品牌的环保形象

一、服装品牌环保形象的概念与内涵

近年来，随着经济的发展，生态环境问题日益突出，给人们的生活环境质量带来了极大的威胁。党的十八大报告提出，实施节能减排、绿色低碳经济是建设美丽中国的必然要求。党的十九大报告更是坚定了"绿水青山就是金山银山"的绿色发展理念。在这样的政策背景下，消费者的消费观念也开始转变，越来越多的人开始关注环境问题，接受绿色产品，倾向绿色消费。在这个全世界都在呼吁保护环境的时候，绿色环保已经成为了企业长期稳定发展的前提。对于面临巨大挑战的服装行业来说，抓住机遇，塑造服装品牌环保形象是服装企业转型和发展的良好契机。

品牌环保形象即绿色品牌形象，是消费者心目中一系列与环境相关的品牌认知[548]。它是消费者对企业表现出的绿色属性和绿色信息的感知情况。当企业实施绿色营销战略并使消费者得以感知，且形成绿色品牌联想的时候，企业就拥有了绿色环保品牌形象[655]。绿色营销战略强调企业产品设计、选材、生产、包装、废弃物处理到产品宣传、销售、服务甚至报废处理的全过程都必须符合环境保护的标准，注意对环境的影响。因此，塑造品牌绿色环保形象，企业应该以环保作为经营理念，树立绿色价值观和绿色文化，引导绿色消费，提供对环境友好的产品和服务，从而形成自己的生态优势，与注重环境保护的消费者形成共鸣，吸引更多消费者的注意力。

二、服装品牌环保形象的核心价值

服装品牌绿色环保形象是企业在可持续发展社会经济条件下的通行证，是现代企业的无形资产，是企业迎接绿色挑战与机遇的必然选择。他反映了企业的环保价值观念，体现了潜在的资产增值能力，对市场和消费者都有强大的吸引力。服装品牌绿色环保形象顺应消费者回归环保的潮流。随着经济的发展，人们的生活质量不断提高，对自身健康更为关注，而日益恶劣的生态环境让大众感受到了担忧，于是人们的环保意识不断加强，对人类健康和环境无害的绿色产品需求量不断上升，绿色产品逐渐受到人们的青睐。企业绿色环保形象的塑造使消费者感知到企业对环境、社会以及消费者的责任意识，从而产生信任，更愿意购买这样的企业提供的产品或服务。

服装品牌绿色环保形象的塑造有利于企业获得政府的支持。目前，我国已形成了以《中华人民共和国环境保护法》为基本的环境法律体系，并且在加强环境立法的同时也非常重视环境执法。在此形势下，树立绿色企业形象不仅使企业远离法律惩罚，

而且会得到政府的资金支持、税收减免、资源设备支持等一系列扶持，使企业获得更好的发展机会。此外，服装品牌绿色环保形象的塑造有利于提高企业竞争力。当前企业要想在竞争中取胜，树立绿色企业形象至关重要。企业面临的外部绿色压力，是社会绿色需求的体现，绿色价值恰好可以满足社会绿色需求，显现出战略竞争优势，包括绿色品牌优势、绿色产品优势、绿色技术优势和绿色成本优势，使企业获得他人无法轻易模仿和超越的竞争力。

服装品牌绿色环保形象的塑造有利于企业更好地进行国际贸易。在高新技术迅速发展的今天，传统的关税贸易壁垒已经被以技术作为依托的非关税贸易壁垒所代替。由于各国对环保的不断重视，非关税壁垒中绿色贸易壁垒开始凸显。绿色贸易壁垒指的是以保护自然环境、人类健康为名，通过制定一系列复杂的环境保护制度，对来自其他国家和地区的产品及服务设置障碍，限制进口。据统计，我国每年有价值70亿美元的出口商品因绿色贸易壁垒而受阻。2001年我国有30万夹克因拉链中的金属含量超过欧洲标准而被退回。我国出口商品因不符合有关国家环保标准，每年的外贸损失都在200亿美元以上。因此，企业塑造绿色环保形象，生产绿色产品，才能在国际贸易中冲破绿色贸易壁垒的限制，从而顺利打入国际市场。

三、服装品牌环保形象的构成要素

服装品牌环保形象包含绿色产品形象、绿色店面形象、绿色服务形象、绿色宣传形象、绿色企业形象、绿色品牌标识形象和绿色生产形象七个维度。绿色材料、绿色设计、绿色认证属于绿色产品形象指标，店铺环保风格、轻装修、环保装修材料属于绿色店面形象指标，回收服务、修补服务、二手交易服务属于绿色服务形象指标，绿色广告、环保活动、绿色平台属于绿色宣传形象指标，环保行为、环保理念、绿色管理属于绿色企业形象指标，环保包装、绿色品牌标识属于绿色标识形象指标，节能技术、绿色工艺、再生技术属于绿色生产形象指标。各指标内涵如表10-3所示。

（1）绿色产品形象。绿色产品形象是服装品牌环保形象的根本和基础保障，主要传达了产品本身符合绿色产品的标准，包括产品材料服用性能好、再生利用率高、无毒无害无污染、有利于人类身体健康；在产品款式、色彩、图案设计上符合可持续发展的要求；产品获得第三方绿色认证；选用符合标准的可回收、可降解的环保包装材料等一切与产品相关的要素。绿色产品形象使消费者在与产品直接接触的过程中感受到产品的环境友好性及安全性，从而增加消费者的信任度，提升消费者的购买意愿。

（2）绿色店面形象。绿色店面形象旨在为消费者创造一个有环保意识的商店环境，强化消费者对品牌绿色环保理念的感知。绿色店面形象的塑造主要从装修和装饰两方面入手。装修是从商店硬件上体现环保，如使用环保的装修材料、轻装修的装修方式，既能节约资源，又可以减少有害物质的排放，使店面环境更加健康。装饰是利用各种方式对商店进行绿色设计，如增加店内的绿色植物、绿色装饰，或是店面整体风格使用环保主题，营造绿色氛围，使消费者的购物过程感觉更加健康、舒适，从而得到放松，提高消费者对商店的好感度和忠诚度。

表 10-3　服装品牌环保形象构成要素

维度	指标	解释
绿色产品	绿色材料	有机材料/可回收材料/功能性材料
	绿色设计	包括色彩图案、简约款式造型
	绿色认证	产品或材料申请绿色认证
绿色店面	店铺环保风格	装修风格环保自然/环保主题快闪店
	轻装修	避免装修过度/避免堆砌装修材料
	环保装修材料	多使用原木等环保装修材料,减少甲醛等有害物质
绿色服务	回收服务	品牌提供旧衣回收渠道
	修补服务	品牌提供服装修补服务,以延长服装的使用寿命
	二手交易服务	品牌提供二手交易平台,促进二手服装流通
绿色宣传	绿色广告	环保宣传片/环保主题形象大片
	环保活动	环保艺术展/演唱会/公益/环保大赛/秀场设计
	绿色平台	设立绿色环保数字化平台以及网站
绿色企业	环保行为	环保监控/环保机构/环保承诺
	环保理念	品牌理念加入绿色环保的想法
	绿色管理	将绿色生活融进企业日常工作管理中
绿色标识	环保包装	可降解塑料/不使用塑料袋
	绿色品牌标识	品牌 LOGO 呼吁环保
绿色生产	节能技术	节约用水/减少材料耗损
	绿色工艺	印染、裁剪等工艺方面的环保
	再生技术	对二手服装、废弃产品进行二次加工

（3）绿色服务形象。服务是品牌形象在产品生产后的延伸，是产品重要的附加利益，也是消费者考虑购买产品的重要因素之一。服务的过程是企业与消费者接触最紧密的时候，也是宣传企业绿色产品以及绿色理念的最佳时机，良好的绿色服务形象是塑造品牌环保形象必不可少的一环。在商品销售过程中，服务人员可以趁机对消费者进行绿色产品的介绍，为消费者答疑解惑，引导消费者的绿色消费。在售后服务上，回收服务、修补服务、二手交易服务可以实现绿色产品价值再造，延长产品的生命周期，为消费者提供便利的同时，实现了绿色产品的价值最大化。

（4）绿色公关形象。公关活动是品牌环保形象推广的重要部分。利用公关活动进行绿色环保理念的宣传，积极倡导节约资源保护环境的观念，向消费者传递绿色环保信息，引导消费者的绿色需求，刺激绿色消费，有利于品牌绿色声誉资本的积累，赢得社会公众的认可和信赖。绿色公关的手段有很多，制定广告策略宣传绿色产品、绿色理念以及企业在生产经营中的绿色行为；积极举办或者参与公益活动，吸引公众注意力，增加企业曝光度等。除此以外，利用绿色标识、绿色网络平台等手段对企业环保理念进行宣传可以让消费者更直观更高效地了解企业的环保理念。

（5）绿色企业形象。为了维护企业的绿色品牌形象，企业应将绿色发展理念贯穿于企业经营管理的各个方面，将绿色文化作为企业的指导思想，塑造绿色企业形象。

一方面，企业对外做出环保承诺，并在制定发展战略时实现承诺，重视环保，在产品、生产、服务、公关等外部活动中注意对健康的关注和环境的保护，树立企业具有良好社会责任感的形象，使消费者能从各个方面感知企业的绿色发展理念，增强消费者对品牌的认同感。另一方面，企业以身作则，对内部系统进行绿色管理，将绿色发展理念落实到人事制度、人才观念、员工道德规范等日常管理体制的各个方面，推动企业健康发展，使企业的环保形象更为立体，更有说服力，由内而外履行自己的环保承诺，深化消费者心中的品牌环保形象。

（6）绿色生产形象。绿色生产是企业绿色形象塑造的关键环节。通过绿色生产，节约资源、减少有害物质的排放，企业不仅可以实现资源配置最优化，节约成本，还可以获得政府和媒体的正面宣传，增加曝光度，从而提升消费者对企业的好感及信任度。同时，采用绿色生产工艺，实现产品差异化，生产出更高质量的绿色产品，将提高行业门槛，使企业获得其他竞争对手难以模仿的绿色技术，形成基于环保的领导声誉，成为行业的佼佼者，提高企业知名度，进而获得更多消费者的关注及青睐，使企业环保形象深入人心。

四、服装品牌环保形象案例分析

为了进一步识别现有服装品牌绿色环保形象及其塑造方式，选取国内外知名的环保品牌、原创品牌、童装品牌、运动品牌等（见表10-4），还包括长期被诟病不环保的一些快时尚品牌和奢侈品品牌展开案例分析，分析结果如表10-5所示。目前常用的品牌环保形象塑造方式有：绿色产品、绿色服务、绿色生产、绿色宣传、绿色企业形象、绿色品牌标识和绿色店面。其中：绿色产品的展现方式包括环保材料、简约性设计、色彩图案、绿色认证；绿色店面展现方式包括环保店铺风格、轻装修、环保装修材料等；绿色服务展现方式包括旧衣回收、修补服务、二手交易平台等；绿色宣传的展现方式包括绿色广告、环保活动、绿色平台等；绿色生产的展现形式包括节能技术、绿色工艺、循环生产等；绿色企业形象的展现形式包括环保行为、环保理念、绿色管理；绿色品牌标识的展现形式包括环保包装、绿色品牌标识。案例分析还表明，目前有很多服装品牌虽然重视品牌环保形象塑造，但环保行动的角度不够全面，运用绿色宣传和绿色产品树立品牌环保形象的案例比较多，其他的方式比较少。

表10-4　案例分析的品牌

品牌类型	品牌名称
环保品牌	再造衣银行，earth music & ecology，ICICLE之禾，REVERB
原创品牌	达衣岩，Levi's，Stella McCartney，Abasi Rosborough，FAKE NATOO
休闲品牌	茵曼，Nudie Jeans，Converse
童装品牌	mini rodini
运动品牌	PATAGONIA，Adidas，Timberland，Adidas
快时尚品牌	H&M，优衣库
奢侈品品牌	Burberry，Gucci，KENZO，Chloé，Prada，Louis Vuitton，Christian Louboutin

表 10-5　服装品牌环保形象案例分析

表现形式	展现方式	品牌环保形象举措
绿色产品	环保材料	• Louis Vuitton 采用了经过认证的无污染物质手工制成蕾丝 • KENZO 选用 100% 有机纯净的材质作为礼服面料 • Abasi Rosborough 用的都是天然物料，也刻意挑选了环保织物 • H&M 推出采用环保棉等"绿色面料"的 Conscious 环保自觉行动系列 • mini rodini 在面料上使用经过认证的有机棉，无毒水性印花 • REVERB 使用由日本产的 100% 有机棉细府绸面料制成内外两用衬衫 • Christian Louboutin 用环保材质融入高跟鞋设计中，如 2018 秋冬系列巧用 PVC 及牛皮纸等环保元素 • ICICLE 之禾运用天然纤维制作服装，成为中国具有代表性的高端环保品牌 • Stella McCartney 以再生羊绒制作服装；靴子使用创新材料，这种材料不含石化材料，与天然橡胶使用相同的认证 • Gucci 以热塑性聚氨酯材料生产鞋底，大部分为生物可降解塑料 • 茵曼使用棉麻等天然面料，也注重运用如莫代尔、莱卡等高科技面料 • Prada 加入无毛皮的环保大军 • Burberry 从 2019 春夏系列开始不再使用天然皮草，该系列中的皮草全部为人造皮草，并逐步淘汰现有皮草产品 • Chloé 杜绝使用动物皮革、毛料成了 McCartney 作品的一大亮点，并推出人造皮革包款 Falabella • 达衣岩用椰子壳、贝壳、牛角、果实扣等环保纽扣，以及可降解环保胶带，色彩、面料质地和设计细节
	色彩图案	• Converse：RENEW 系列用苔藓绿等小清新色调的颜色表达符合环保概念 • Lacoste 打造了「Save Our Species」系列限量 Polo 衫 • KENZO 推出一系列带有 "No Fish No Nothing" 标语的中性卫衣与 T 恤
	简约性设计	• 再造衣银行通过回收被丢弃的旧衣，将其拆分、重组、再造衣
	绿色认证	• 优衣库争取为所有生产羽绒制品的合作工厂申靖 RDS（Responsible Down Standard）认证 • For Days 采用的面料均经过 GOTS 认证
绿色生产	绿色工艺	• REVERB 将分类回收的塑料瓶作为原料，经过再生织造的高超工艺，化身为轻重量的防风夹克 • Abasi Rosborough 从回收塑料瓶和渔网中提取纤维再织成 RPET 面料 • H&M：Conscious Exclusive 系列。每一件裙子的面料都是由海岸上冲刷上来的 88 个塑料瓶制成美丽的透薄面料制成 • Timberland 从海地和洪都拉斯的街道上回收塑料瓶，再以塑料瓶为材料制作一系列鞋和包袋 • Nike 推出了 Fly knit 编织技术，产生更少的废料 • Adidas 邀请 Alexander Taylor 收集马尔代夫沿海和西非海岸的海洋垃圾，以 2015 年联合国会议题"海洋"为灵感创作，用其打造了一款环保概念鞋 • CONVERSE 做出一款"垃圾"变成的 CHUCK Renew 系列，通过创造性的方式让旧物新生，再造 CONVERSE 的经典产品 • PATAGONIA 早在 1993 年，就推出用回收塑料瓶制成的 Synchilla 面料，呼吁环保，并开始使用高含量的有机棉 • Levi's 全新功能冰酷系列采用 Coolmax®EcoMade 可循环再造的环保合成面料 TransDRY®（不仅是全棉透气快干纤维，更融入了凉爽亚麻纤维） • 达衣岩尝试对棉麻面料采用植物染色，并将在 2020 年推出全面的"植物染色体验空间计划" • Levi's 推出 Project F.L.X. 计划，为了降低生产过程造成的污染，减少了牛仔的制作时间和化学药剂的使用

（续表）

表现形式	展现方式	品牌环保形象举措
	节能技术	• 之禾选用未经染色的羊毛，从一些自然植物中取色，省去染色加工环节，简化加工工序，节约水电燃料 • REVERB 使用 100% 尼龙透明塔夫绸面料制成的半身裙相比同类的尼龙产品，在生产过程中更加节能省水 • Levi's：2011 年起就推出了 Water＜Less™ 系列，制造方式能够节省整体生产中高达 96% 的用水 • 优衣库成立致力于牛仔创新技术的研发中心"Jeans Innovation Center"，研发出了更节能的生态水洗材料和激光褪色技术
	循环生产	• Abasi Rosborough 找寻不同的 Deadstock（剩料）制作衣服，设计师在废料仓库寻找高天然纤维含量的旧布，为客人制作衣服 • mini rodini 从 2013 年推出了环保系列后，每年品牌都使用以前产品系列中的材料来生产全新的产品，还在本地采购过剩织物 • Burberry 自 9 月 6 日起以回收利用、修理、捐赠等手段代替原先销毁剩余库存的处理方法 • 再造衣银行以"重生"为主题，发布的首场服装系列，该系列所有制衣面料都来自人们捐出的旧衣和其他时尚品牌的库存
绿色店面	环保店铺风格	• KENZO 开设了保护海洋环保主题的互动快闪店
	环保装修材料	• Chloé 在店铺内使用可循环木质地板，减少对木材资源的浪费
	轻装修	• 达衣岩：每一家门店基本做到了轻装修，重装饰。倡导时装×家具集合店，陈列家居全部是原木制品，绿色又环保
绿色服务	旧衣回收	• PATAGONIA 举办衣物回收活动，然后将消费者提供的废旧的 Capilene 基础层内衣、抓绒衣生产新服装 • FAKE NATOO，2011 年开始尝试再造衣项目 • 再造衣银行：回收人们捐出的旧衣，然后用来做出"重生"系列服装
	二手交易平台	• H&M 提供服装修补、定制刺绣和衣物洗涤等服务 • Nudie Jeans 实体店提供免费修补服务，网店赠送免费维修包
	二手交易平台	• 茵曼联合中国再生资源回收利用协会、环保公益闲置处理平台飞蚂蚁、百世公益，对回收的闲置衣物，通过专业环保再生处理 • H&M 将在瑞典推出二手服装线上平台 Sellpy，还与天猫旗舰店和二手平台闲鱼达成合作，首次在中国尝试线上旧衣回收项目，同时还会将旧衣分类再制 • Burberry 所有的衣架，护罩和塑料袋都开始用环保材料，并推出了衣架回收计划，将它们回收再利用
绿色宣传	绿色广告	• 再造衣银行：在 2019 春夏系列中，使用可持续面料 PVC，它们像存在于城市各个角落的垃圾一样铺满秀台，还上演了一场"回收再利用"的行为艺术 • Prada 与《国家地理》合作制作"What We Carry"的系列短视频，生动地展现了再生尼龙背后的环保技术 • Stella McCartney 在 2017 秋冬广告大片中传达出品牌对于"浪费和资源过度消耗"问题的重视和所秉持的积极态度
	绿色平台	• Patagonia 推出了数字平台—Patagonia Action Works，联合环保人士与环保志愿者一起为环境保护作贡献 • Gucci 推出门户网站"Gucci Equilibrium"（意为"平衡"），向全社会阐述并解释 Gucci 在环保方面做出的努力

（续表）

表现形式	展现方式	品牌环保形象举措
绿色品牌标识	环保活动	• 茵曼在世界地球日，同飞蚂蚁、何香凝设计学院等合作，举办了第三届"衣起重生"环保艺术展，展览为期 1 个月，向公众免费开放 • earth music & ecology 发起 Love Music,Love Earth 全球性音乐会，邀请各大明星阵容，期望通过音乐的正能量，向歌迷粉丝传达环保理念 • earth music & ecology：One Tree 公益 CSR 活动——2009 年开始启动了"one tree"Project，顾客在该品牌门店每购买一件纪念产品，品牌将在沙漠种下一棵树，迄今为止已在内蒙古沙漠地区植树 8 万棵之多 • 茵曼：2018 和 2019「衣起重生」环保设计大赛，通过大赛以及展览，传递"用艺术成就环保，用设计创造未来"的理念，为环保平台召集更多环保机构和设计力量 • Abasi Rosborough 与 CLO Virtual Fashion 软件合作，2020 春季制作了一个可以遥距订制西装的系列
	环保行为	• Lacoste 和国际自然保护联盟合作 • KENZO 与蓝色海洋基金会形成了高度紧密的合作伙伴关系，抵制海洋污染、过度捕捞及破坏海洋生物，并将相关系列销售所得全部捐于基金会 • Gucci 承诺使用符合道德标准的黄金并使用包括钯在内的回收金属，并承诺弃用一切毛皮材料 • PATAGONIA 与蓝标标准合作，评估审查生产供应链的原料，是否符合环保标准，并减少资源消耗 • PATAGONIA 大力支持草根活动者如鲑鳟类保护协会 Trout Unlimited • PATAGONIA 创立了"1% 的地球税公益基金"，每年营业额的 1% 都用于环保事业 • ZARA、Benetton、C&A、Levi's、Burberry、PUMA、Adidas 等品牌都做出无毒承诺，积极解决排污除毒等问题 • ZARA：清晰的"2020 去毒计划"，囊括了一个"洁净工厂"的解决方案以保证逐步淘汰众多危险物质的详细"清单"等措施
	环保理念	• REVERB：品牌定位出发点是提倡可循环时尚"Circular Fashion"的品牌哲学，秉持"Athleisure，无性别，再生和灵动的设计理念 • ICICLE 之禾：基于"天人合一"的古老东方哲学，品牌以对环境负责任的态度再加以改造，展现人与自然和谐共生的生活理念 • Stella McCartney 自品牌诞生之日起的品牌理念就是坚决不用动物皮草，一直致力于科学的创新和原材料种植的环保性 • 再造衣银行：除了环保时装概念，设计师也希望旧衣身上所带的情感与故事，可以得到延续 • PATAGONIA 品牌理念：设计优质的商品，减少不必要的环境伤害
	绿色管理	• 达衣岩将绿色生活融进企业日常工作管理中。例如，不允许使用一次性餐具、提倡健康饮食，减少外卖、鼓励少乘电梯、办公室内设置健身房，鼓励多运动等
绿色品牌标识	环保包装	• Burberry 签署《新塑料经济全球承诺书》，表示将积极采取措施，停止使用不必要的塑料包装 • Adidas 从 2015 年起在 2000 多家店铺中逐步停止使用塑料包装袋 • 达衣岩：包装袋里添加降解树脂控制塑料制品的降解时间
	绿色品牌标识	• Lacoste 通过用濒危动物取代高识别度的鳄鱼作为品牌标识，呼吁保护濒危动物
	绿色设计风格	• Abasi Rosborough：2018 年的系列，从环保主题再到人类未来的构想与伸延，说到了全球暖化是不可逆转，人们面对不同生态灾难的可能性

Patagonia 几十年来始终坚持"用商业拯救我们的地球家园"，引领着环保运动。在环保事业上的不懈努力使其成为行业内的标杆，被《财富》杂志评为"地球上最酷的公司"。Patagonia 从创立开始就坚持做一个有社会责任感的企业，甚至冒着降低利润的风险守护自己的定位和远见。

坚定环保的脚步首先从公司内部开始，在 1980 年代，Patagonia 成为了全美第一家使用再生纸制作产品样册的公司，总部所有的电力均来自室外太阳能电池板，并且停止使用塑料袋来装垃圾以及在员工餐厅供应纸杯。同时 Patagonia 的员工都有对户外运动的热爱和对环境恶化的真实体悟，认同公司的价值观，希望为环保做些什么。

在产品开放上，为了减少农业污染，Patagonia 全面使用成本贵两倍的有机棉花，使旗下所有的棉质衣物都成为有机棉生产。新材料有机棉在种植过程中绝对不使用农药和化工废料，避免对地球的破坏。有机棉产品相较于传统织物，抗菌性强，不易引发皮肤过敏，更适合贴身穿着。Patagonia 还率先使用回收饮料瓶开发再生聚酯材料，用来制作自己的专利产品 Synchilla Ⓒ 抓绒夹克，用 25 个回收得来的塑料瓶就能制造出一件抓绒外衣。新材料的出现不仅更环保，也解决了传统抓绒外套排汗性较差的不足，完美解决了登山者的保暖需求。从 1993 年到 2003 年，Patagonia 因此"消化"了 8600 万个塑料瓶，节省了大量燃油并且减少了大量有毒气体排放。

Patagonia 还将自己积极投身于保护环境的公益活动中。1986 年起，品牌承诺每年向环保团体捐出 10% 的公司利润，并发起了"为这颗星球捐出 1%"的计划，号召超过 1300 家企业加入此列，这一承诺更被写入了公司的注册信息和规章之中，至今已向 1000 余个非营利组织捐出了 2500 万美元。除此之外，Patagonia 进一步增加了对于农业、政治、自然保护区的关注力度。为推广再生型农业方式，与印度农场主合作，帮助他们种植和出售有机棉花，并给予种植者 10% 的额外补贴作为对于利用农作物吸收碳排放的支持；与智利、阿根廷政府协作，参与新建多个当地的自然保护区，守卫不被工业污染的净土；甚至不惜重金为当时的环保组织提供支持，发起了多个反河流开发的环保运动。

除了以身作则之外，Patagonia 还积极引导消费者的绿色消费。2011 年，Patagonia 在纽约时报上刊登了"不要购买这件夹克"为题的广告，详细列举了生产一件夹克衫所支付的环境代价，并提倡消费者在购买其他产品时也要深思熟虑，不要购买自己不需要的东西。Patagonia 还在旗下开设了 Worn Wear 修补项目和 eBay 二手店，鼓励人们寄回自己的旧衣物换得购物基金，也可以在全球门店甚至是官方流动点修补自己的衣物。这些做法所传达的环保价值观潜移默化地吸引了一批消费者，给 Patagonia 带来了更大的经济收益和社会影响力。

Patagonia 还善于利用视频影像为自己倡导的理念发声。拍摄的宣传片与传统广告片不同，多采用主人公自我叙事为主线，传达出对户外的热爱和对目标的追求的精神，给观众更纯粹的感动和激励，即使从头到尾都没有提及产品和品牌，却透露出品牌最核心的价值观。同时，Patagonia 还以公益环保为主题拍摄了 6 支电影，试图唤醒消费者的环保意识同时传递品牌坚定的环保理念。

Patagonia 所做的所有努力都基于一个理念——保护地球，让户外运动可以长久发展下去。这样的品牌理念与许多户外运动爱好者产生共鸣，因此 Patagonia 所有的环保活动都受到了大量粉丝的支持，它也因此成为户外运动生活方式的标志性品牌。其卓越的品质和终身修补的承诺对消费者是一种保障，而品牌的环保精神更是物价的附加值，就这样凭借质量过硬的产品以及以身作则的环保习惯影响着消费者，也同时影响着世界。在 Patagonia 的所有决策中，都以"地球第一，利润第二"作为标准，并且希望通过产品之间的良性关系影响更多的人，Patagonia 相信只要我们持续制造使更多人对于购买衣服更有责任心的商品，并且去影响那些还没有意识到这种重要性的消费者，使更多的消费者认可 Patagonia 所倡导的消费模式，就有可能为全球化消费的经济体系带来有效改变，自然而然也就有利可图了。在变化的时代里保持不变的自我，Patagonia 就这样通过环保精神带来的创造力、根植于心的责任感以及时间积累的底蕴获得了消费者的认可，突破了市场的边界，在人人呼吁环保的今天取得了先锋地位，站稳了脚跟。

第三节　服装品牌的艺术形象

一、服装品牌艺术形象的概念与内涵

从 20 世纪开始，时尚产业发展的步伐进一步加快，时尚开始真正地全球化。市场对流行、时尚和艺术的感知力也与日俱增，越来越多的服装企业开始塑造与传播服装品牌艺术形象。符号论美学的创始人苏珊·朗格将艺术作为人类情感的符号形式的创造来看待。艺术形象的构建和品牌的情感营销、文化营销紧密相连。

早期艺术对服装的影响，主要表现在其去除了时尚的功利性，同时成为视觉文化的重要组成部分。18 世纪中晚期女性偏爱的服装，轮廓更饱满，喜欢较小的腰围。一战期间女性主义涌动，香奈儿设计了简洁便利的女士夹克和裤装，一洗战前奢华但空洞的时装风格。十八世纪新航路开通后，由于传教士的缘故，东西方文化能够加以融合，欧洲出现了一系列具有中国艺术风格的纺织品。欧洲的艺术家以青花瓷图案、中国园林艺术、中国古典图腾纹样为灵感，设计出风格独特的服饰，形成了一阵"中国热"，被称为"Chinoiserie"风格。

随着历史的不断发展，消费者的审美能力不断提升，对于服装的多元化需求愈发强烈，消费者对服装的期待也促使服装企业需要创新来满足市场需求，由此产生服装品牌形象与艺术设计的跨界合作潮流。20 世纪中期，Andy Warhol 运用木料拓印、影片底片等技法在服装上进行自己的艺术表达，还曾在明星的服装上进行泼墨创作行为艺术。20 世纪 60 年代，伊夫·圣·洛朗运用色块分割原理结合现代艺术的裁剪方式，推出了直筒无袖连衣裙。而后他还将梵高的《向日葵》、毕加索的《和平鸽》与服装艺术融合，深受消费者喜爱，时尚评论家称其为"第一个将艺术融于时装的设计师"。

艺术最早主要应用在服装设计中，如款式设计、图案设计等。随着 20 世纪 60 年代大卫·奥格威提出了品牌形象的概念，艺术逐渐渗透到服装品牌形象的各个部分。设

计师将他们的灵感和创作与服装品牌形象融合，将设计师本人或者该品牌的意识形态以及文化内涵抽象地表达出来，使所有感官相互渗透结合，给消费者带来强烈的冲击力。艺术与服装品牌形象结合后所产生的便是服装品牌艺术形象，它由服装和品牌两方面形象构成，既有具体的服装产品的表现美感与内在精神性；也包括品牌对自身产品以及品牌的宣传和塑造。

服装品牌艺术形象可以体现出设计师融入作品的艺术理念，同时也可以展现出设计师独特的艺术风格。对于消费者而言，他们大多希望服装可以作为展示自我、标新立异的媒介，在服装市场中，以此表现出的艺术风格和品牌的文化内涵也可以起到主导作用，引起消费者的共鸣，实现消费者与设计师审美的合二为一，升华整个服装品牌。

二、服装品牌艺术形象的核心价值

品牌的塑造与传播是长期的过程，消费者对于品牌的认知则是其中的一个初级阶段。在这个阶段，服装企业需要通过对品牌形象各构成要素进行艺术加工，传播想要表达的艺术创意，以此使消费者对品牌产生初步印象。通过对各种艺术风格的运用，如涂鸦、波普、极简等，能够使品牌所要传达的理念变得更加生动，这些理念贯穿在以品牌符号为核心的各种视觉效果中，有助于吸引认同品牌理念的消费者。在消费者购买产品时，产品中的艺术元素可以激发消费者的好奇心，增加消费者对品牌的热情，最终与品牌产生共鸣。

企业在塑造服装品牌艺术形象时，要注意避免品牌艺术形象与品牌理念冲突。如果不注意它们间的和谐与匹配，那么为品牌带来的终究是没有创造性的拼凑物，更不可能为消费者带来新奇的感官体验。如果设计师盲从所谓的潮流热度，为了"艺术"而"艺术"，那么只能设计出没有竞争力的产品。只有服装企业和设计师了解、学习、吸收各个艺术领域的知识与内涵，突破原本服装品牌形象塑造的束缚与规则，才能将本身的创意通过艺术手法完整地表现出来。最终，随着服装品牌艺术形象的确立，服装企业吸引了潜在的消费者，也将品牌的内涵与艺术的审美合二为一，既促进了消费者与品牌的沟通交流，也让消费者获得审美上的愉悦，认为自己的服装搭配具有独特性，对品牌的忠诚度也会逐渐增加。

三、服装品牌艺术形象的构成要素

服装品牌艺术形象的构成要素包含表观艺术形象、内涵艺术形象、宣传艺术形象、企业艺术形象四个维度，如表10-6所示。

1. 表观艺术形象

表观艺术形象包括二维的图案设计和色彩搭配，三维的材质和造型。表观艺术形象是服饰的第一直觉印象，也是最基本的形象设计。表观艺术形象涉及色彩、图案、材质和造型四个方面。

表 10-6 服装品牌艺术形象构成要素

维度	指标
表观艺术形象	色彩组合形象 图案艺术搭配 材质艺术设计 造型艺术形象
内涵艺术形象	艺术灵感来源 艺术文化象征
宣传艺术形象	陈列艺术形象 商标艺术形象 媒体艺术形象
企业艺术形象	文化延续 社会活动

色彩能唤起人的感性认知，往往是在人接触服装时第一印象中最重要的部分，可以决定一件时装能否在众多选择中脱颖而出。服装的冷暖、情绪等都是以色彩为主体传达给受众。有些品牌对色彩选择有明确的倾向性。例如 GOLF WANG 由美国说唱歌手 Tyler 和 Vans 合作的品牌，风格叛逆，爱用极其鲜艳的色彩及其撞色效果，甚至大胆使用配色禁忌的作品，强化自身的叛逆性和时尚感。与之相反的是日本知名设计师品牌 Issey Miyake，色调多是中间色、冷色调，体现阴郁的感觉。还有一些服装品牌并不表现出对某种色彩特殊的偏爱，而是根据每个系列的具体需求综合地应用各种色彩。例如，Louis Vuitton 在其 2019 年发布的早春度假系列中就黄、黑两种主要色调凸显出工业感。

图案的艺术搭配是观众的第二个关注点，不同图案元素的搭配可以彰显主题，以 Louis Vuitton 2019 年发布的早春度假系列为例，尖锐的几何图形在黄黑色调营造的工业风上呈现出现代感和科幻感。以 H&M Studio 2018 春夏系列为例，其灵感取自卢多棋盘和文字，把它们抽象表现为印花，笔触微妙、精致、灵动有诗意。再以 Maison Margiela 2019 春夏时装秀为例，设计师采用解构主义的手法，在图案上将错综复杂的线条与整体色块结合，表达强烈的反叛情绪。

新奇的服装材质可以产生鲜明的视觉效果，将材质选择作为设计的中心点可以达到某些特殊效果。以 Issey Miyake 为例，日式纹染、起绉织物和无纺布达到了设计师希望达到的淳朴效果和日式风情；造型上，层叠、褶皱、包缠的手法制造了纤细和破碎的感觉，营造了"物哀"的审美氛围。CHANEL 在 2008 春季秀上采用编织和羽毛的元素，兼顾简洁感和精致感。

服装的造型影响着消费者对服装的整体印象，也最能发挥设计师的创意。一般用字母代表服装的廓形，有 O、H、V、A、Y、X、T 等廓形，可以表达优雅、时髦、干练、幽默感等不同个性。例如，素有"朋克之母"称号的 Vivienne Westwood 擅于使用"朋克之母"荒诞古怪的设计构思，其膨胀如鼓的陀螺形裤子，有意撕成洞眼或做撕成破条的"跳伞服装"，和运用开缝、撕裂处理的高级成衣，都在这样夸张的造型中爆发出张力和生命力。

2. 内涵艺术形象

通过直观、本能地观看，受众获得了关于服装的初步视觉印象，而受众进一步地观察和思考，领悟到设计师想要传达地超脱于生活的审美体验，由此形成了服装的内涵艺术形象，涉及文化象征和灵感来源两方面。

服装的灵感来源非常广泛。如 2012 年 Peter Pilotto 在秋冬高级成衣发布会上，图案是将中国戏曲脸谱与波普艺术相糅合，收获了一种花团锦簇的视觉效果。亚历山大·麦昆曾在 1999 年春夏秀场上以"偶发性"作为灵感来源，两个机器人往旋转中的模特裙子上喷涂黄、黑色的漆，得到偶然的纹路和美感。

文化象征是指服装背后所代表的文化、价值观和生活方式。如 Supreme 以纽约兴起的滑板运动为主轴，大量应用了字母、数字等符号，和高饱和度的色彩传递街头文化的时尚和明快感。在款式设计上偏向于休闲和宽松，吸引了不少滑板爱好者和街头艺术家，使得该品牌渐渐成为代表纽约街头文化，特别是滑板文化的街头潮流品牌。品牌通过建立起自由、热情的形象，象征一种热爱运动、积极向上、阳光健康的生活方式，成功地吸引了希望表达个性的青少年群体，达到了自己的营销目标。Tout a coup 则以法式优雅为自己的文化象征，以简单明快的风格重新定义。该品牌源自日本却采用法文作为名称，以一直备受推崇的法式生活态度及对美的独特触觉作设计蓝本，注入富有东洋味道的特别剪裁。设计方向以年轻少女时装潮流为主导，透过充满层次感的配衬，随意率性。

3. 宣传艺术形象

企业要将服装品牌艺术形象准确传递给消费者，调动消费者的情感，一方面需要宣传产品，另一方面也需要宣传品牌自身。通常企业可以采取的艺术形象宣传手段有艺术陈列、商标设计和媒体宣传。

（1）艺术陈列。对于店铺、橱窗、秀场的时装陈列方式会直接影响消费者的体验。上海时装周经常采用室内设计师 Thomas Dariel 和其自创品牌 Maison Dada 的方案进行布展，诸如台灯造型的吊灯、外观上是桌子和抽屉随意堆砌而成的抽屉柜、大红色缠满绷带的古典雕塑装饰品等反常规的设计，将活力四射的色彩和新奇俏皮的造型相碰撞。

（2）商标设计。商标主要有汉字型、字母型、数字型以及混合型，其中以字母型的运用最为常见。一般来说，一个好的名称，要满足独特性、简洁性、便利性、营销性、愉悦性等几大特性。例如：CHANEL 的"双 C"商标，掌握了平衡的法则与曲线的优雅感，有着对称之美；安踏等作为运动服装品牌，商标设计强调动感，采用上扬的趋势，同时又保持整体的均衡美；Nike 以希腊传说中的胜利女神为名，身负双翼，手携橄榄枝。其 Swoosh 商标正象征着胜利女神的翅膀，简洁大气，消费者可以体会其背后的艺术人文美。Dior、Givenchy 等很多著名时尚品牌会直接以其英文文字作为商标，简单、典雅，没有任何修饰，以 LOGO 的简约反衬其品牌的奢华和时尚，凭借细节之美赢得消费者青睐。以 Dior 为例，当中 D 与 O 的搭配是一个半圆与椭圆的呼应，构成了完美的弧线。这些商标的设计，都易于辨认、传播，配合了品牌本身的特质。

（3）媒体宣传。媒体宣传策略对于品牌来说是整合、重塑、传递的过程。媒体宣传，尤其是高端服装品牌的宣传，常常是占比重最大的成本投入。大部分高端服装品牌会使用形象代言人助力自己的媒体艺术形象。服装的艺术形象不仅在于衣服，人本身的特质也可以诠释服装的艺术形象。这样艺术才能变得立体，触手可及。CHANEL前形象代言人玛丽莲·梦露以她的高雅、迷惘、野性气质诠释香奈儿的风格，造就史上最经典的代言。相对于传统广告文，故事更有戏剧性和感染力，故事的形式更容易让观众淡忘"广告"的概念。在达芙妮与刘若英合作的广告中就运用了这种手法。故事将女孩-鞋子-女人做为一条线，将三个概念糅合在一起，用温情的音乐、富有磁性的嗓音、温和的背景颜色，娓娓道来。配合"我不卖鞋，我参与一场华丽的戏"品牌宣言给观众传达的是一种"朝圣"般的追求，取得了良好的效果。

4. 企业艺术形象

企业艺术形象是在其产品、展览、宣传各方面给消费者留下的综合印象，它对消费者的购买意愿的影响力最大。企业形象是指消费者对企业整体的印象和评价。对消费者而言，服装企业形象是由企业的历史、规模实力、营销意识、目标客户群体和给消费者所带来的信任感而组成，分为文化延续和社会活动两部分。

文化延续指企业通过种种途径保留企业文化，制造出历史感和传承感。例如，传统媒体时代，CHANEL拍摄或赞助拍摄了大量关于其创始人 Coco Chanel 的纪录片，意图通过其创始人的叛逆不羁、独立自主的传奇一生强化消费者心目中香奈儿优雅随性、简约时尚的品牌形象。在新媒体时代，它又在社交媒体上反复提及传奇设计师卡尔拉菲格，时时刻刻营造自己的企业形象，传承自己的企业文化。

社会活动是企业资助或参与的一系列与艺术有关联的社会活动。在时装界，时装秀可以说是最刺激该品牌消费效应的企业活动。CHANEL 的时装秀采用了冰山、风力发电站、赌场等出人意料的场景，力图给人留下充满创意的印象。与艺术院校的合作也是服装品牌常用的艺术形象建设策略，即使短期内不能引起消费者的注意，但能帮助企业挖掘艺术人才，也能拓展企业在艺术界的地位。

四、服装品牌艺术形象案例分析

优衣库与国内潮玩先驱泡泡玛特合作推出联名限量 UT，这次合作以知名艺术家龙家升先生创作的"he Monsters 精灵天团"为主要灵感，以充满勇敢与冒险精神的"LABUBU"精灵为主角，向世界消费者展现中国潮玩的文化创造力。优衣库 UT 系列始终致力于构建全球文化艺术作品沟通的桥梁。在这次的多方合作中，优衣库作为构建全球文化艺术作品沟通的桥梁，通过童趣、活泼的"LABUBU"精灵形象设计向消费者展现艺术文化的力量，鼓励消费者勇敢表达自我，传达着优衣库对世界流行文化与艺术的尊重，也让"LifeWear 服适人生"的品牌理念增添了更多的艺术内涵。

Supreme 作为近年来的新兴潮牌，一个与艺术和文化高度融合的品牌。多年来，在服装的艺术设计上对恶搞知名艺术作品、反讽社会实事、致敬经典的方式，让品牌的艺术形象不断提升。品牌桀骜不驯、"反商业"的设计思想，宣告着它对主流文化的不屑，也传达着现代年轻人的特立独行与离经叛道，重构着消费社会下的时代精神。正是由于 Supreme "非主流"的艺术加工方法，品牌文化内涵不断加深，不仅让世界年轻人狂热追捧这个"高高在上"的品牌，其经典标志红底白字的品牌 logo 也一度成为

"反叛"精神的代名词。

路易威登自 2019 年起开启 Artycapucines 艺术合作系列，先后三次与各知名艺术家合作推出系列产品。2021 年该系列与曾梵志、黄宇兴、Gregor Hildebrandt、Donna Huanca、Vik Muniz 和 Paola Pivi 六位国际知名艺术家合作共创，以品牌标志性的 Rue Neuve-des-Capucines 手袋作为创作画布，将 LV 娴熟工匠的独创性和精湛工艺与艺术家的艺术创造力相融合，用色彩与刺绣等技法变幻将手袋变为了极具视觉冲击和文化内涵的艺术品。

KENZO 擅使用花朵元素，大胆创新地使用具有民族特色的深葡萄酒红、艳紫、暗茄子色、卡基和油蓝等色彩来展现花朵，在设计中融合艺术创新手法，让东方的沉稳意境与拉丁民族的热情活泼并存，展现品牌的自由精神与艺术魅力。

Marni 在上海的首家概念旗舰店通过双层建筑、恢宏幕墙、340m2 大空间传达出 Marni 独树一帜的先锋概念，用跳跃的色彩和极致的光影对比打破传统空间局限，让感官互动互通。同时在旗舰店中开辟出了一个"METEOR"空间，用以与本土艺术家合作，不定期呈现艺术作品。该艺术空间的初次亮相是与艺术家 Nathan Zhou 合作共同打造的，以全新媒材与旧物再造，代表新旧交替的再生力量，以此承载爱与希望。Marni 旗舰店改变了实体店铺的商业价值，将其转化为融合时尚与创意的文化空间，用缤纷与创意为消费者打开一扇与艺术和想象对话的窗口。

爱马仕携手中国艺术家徐震以《新人》为题打造 2021 年爱马仕夏季橱窗与同名艺术展。本次合作以希腊神话与人类文明史为灵感，橱窗中希腊神话中人与神的形体既像是漂浮于城市高楼之上，也像是沉潜于海底的珊瑚之中，爱马仕臻品点缀其中，时间与空间的纠缠联结了神话与现实。不同时期的文化符号在空间中交错，用奇幻的视觉效果让体验者与爱马仕一起进入"和马史诗"的文明漫旅。

Chanel 举办的《走进 Chanel》艺术展复刻了香奈儿女士一生中最具标志性的场景，如康朋街 31 号、格拉斯花田、芳登广场 18 号等，让参观者穿越时空隧道，感受香奈儿女士一生的历程。整个展览用三个主题场景带观众们沉浸在香奈儿的创作世界，手稿、成衣、珠宝、香氛通过多种呈现方式，打造品牌专属的艺术空间，让观众们感受 Chanel 的艺术氛围。

欧洲著名快时尚品牌 ZARA 则十分注重将艺术与店面形象融合。在 2011 年秋冬新款推出时，ZARA 通过更改框架结构、精心设计不同面拉帘的高度，塑造出一个通透的空间，橱窗模特穿着新款时装，搭配层次分明的灯光色彩艺术给消费者展示出奇幻的视觉感受。ZARA 通过店面形象的艺术塑造，不同灯光的搭配、展示区域具有空间感的搭配，为消费者展示出快节奏生活中的都市丽人形象。

时装品牌范思哲由乔瓦尼·詹尼·范思哲创立，他最初求学的方向是建筑设计而不是服装设计，他在设计服装的时候常常融入建筑思维，把建筑的艺术风格与时装相融合。他也会把家乡意大利特有的建筑美融入到服装中，他设计的服装总是会有意大利特有的风情和建筑的韵味。由他设计的戴安娜王妃晚装使他跻身于世界顶级设计师行列，这件时装融合了简约的线条、金属质感等设计语言，把巴洛克建筑风格与服装细节杂糅在一起，使其充满了贵族的高贵而又不失艺术感。凭借将建筑艺术与服装的完美结合，范思哲在人才辈出的时装界脱颖而出，成为难以模仿的经典。

第四节 服装品牌的独特形象

许多服装品牌的市场定位和受众人群相似，品牌同质化现象十分严重。要在相互模仿的同质化现象中脱颖而出，服装品牌需要另辟蹊径，打造独特的品牌形象，增强品牌在消费者心中的辨识度，才能更多地赢得消费者的青睐。服装品牌独特形象是指某一品牌在市场上、在公众心中所表现出的区别于其他品牌的个性特征，主要体现在长久以来消费者对品牌所形成的独特认知和评价上。品牌通过树立独特形象，可以使品牌具有独一无二的品牌个性，进而提升消费者的忠诚度。不同的品牌可以从品牌的属性、利益、价值、文化、个性和使用者这六个方面去赋予品牌独具一格的内容和个性化的特征，使消费者在购买有形产品的同时，也能获得精神和情感的满足。

服装品牌独特形象体现在品牌的外在和内在两方面。外在形象是直接形象，包括品牌的视觉形象、听觉形象、触觉形象等；内在形象是间接形象，包括品牌的产品价值形象、服务体验形象、企业团队形象、终端零售形象、社会公关形象、用户群体形象、信息感知形象等。在现如今的服装市场中，很多服装品牌都已经形成了属于自己的独特品牌形象，拥有属于自己的忠实消费者。以 ZARA、Nike、CHANEL、Kenzo、Dickies、Uniqlo、Victoria's Secret 和 Paul Frank 为品牌案例，具体阐述服装品牌的独特形象。

(一) ZARA "平民时尚" 品牌形象

ZARA 以其 "平民时尚" 的独特形象被越来越多的消费者所接受并喜爱。ZARA "平民时尚" 这一品牌形象是基于大众需求而塑造的，主要包括两方面的内涵：一是紧扣时尚动态，把握时尚潮流，以较短的更新速度满足消费者时尚需求；二是扎根于大众市场，结合服装时效性的特点，以相对较低的价格获得消费者的追捧。"平民时尚" 的形象让消费者对 ZARA 形成特定的品牌联想，区别于其他品牌的同时，也增进了消费者对 ZARA 品牌的认知。ZARA "平民时尚" 品牌形象通过迎合大众价值观，营造舒适的购物环境，提供良好的店员服务来满足消费者主观价值需求；通过打造贴近大众的品牌广告，传播独特的平民定位和企业文化来塑造传播价值；通过提供完善的产品售后，融合时尚潮流的设计风格，以及赋予产品较短的更新周期来塑造产品形象。ZARA 扎根于大众，服务于大众，成为了距离平民最近的时尚品牌，并通过建立 "平民时尚" 的品牌形象，赢得了越来越多消费者的喜爱和追捧。如今消费者提到 ZARA 品牌，就会形成价格亲民、时尚感强、更新速度快的品牌联想，进而推动其 "平民时尚" 品牌形象的树立与传播。

(二) Nike "科技创新" 品牌形象

Nike 以其标志性的 LOGO 全球知名，该品牌已经和体育运动捆绑在一起，作为科技领域的创新者越发受到追捧。Nike 通过 "科技创新" 的品牌形象与其他同类品牌产生区分，在运动服装领域成为最受欢迎的品牌。在众多的产品中，最受消费者喜爱的

Nike 球鞋，除了因为他是很多球星的签名鞋之外，还因为这是象征着全球最高科技水平的球鞋。对于很多实战运动员来说，Nike 拥有在运动产品中最出色的科技，而科技创新可以帮助运动员更好地完成比赛。Nike 开发了许多出色的缓震材料，远远超过了传统跑鞋的缓震回馈率，还通过不断地研究和实验研制了革命性的缓震科技，将缓震中的轻便、软弹、耐久三种特性集于一身。Nike 的营销理念也十分突出"科技创新"，根据"突破记录 2 小时内完成一场马拉松"的极限计划，不断在服饰装备上进行科技改良。Jordan 系列球鞋在销量与市场需求方面都遥遥领先于其他产品，每年为整个行业树立起更好的设计、更新的创意和更高的科技的标杆。Nike 把握了只有运用创新技术才能生产出最好产品的道理，投入了大量的人力、物力、财力用于新产品的开发和研制，树立起"科技创新"的独特品牌形象，为运动服装界带来了一场科技创新的革命。

（三）CHANEL "中性优雅" 品牌形象

CHANEL 的服装简单而优雅，秉持着"少就是多"的原则，以简约和纯粹获得高雅的艺术效果；在造型上，CHANEL 完全抛弃夸张的装饰，认为直线与合体才是最重要的；在色彩上，CHANEL 偏爱中性色彩，单纯素雅的颜色使其设计更显深沉而具有格调；材质上 CHANEL 常采用法兰绒或羊毛针织布料，从而创造出一种低调、极简的优雅。CHANEL 坚信服装不应该有严格的性别区分，将男士服装的设计灵感融入到女装设计中，为女性设计了休闲西装外套、宽大的睡衣、双排扣短夹克、配有袖扣的开领衫以及套头衫等，其简洁高雅的外观奠定了职业女性装的基础，也为品牌贴上了"中性优雅"的标签，这也成为了现如今 CHANEL 独特的品牌形象。其中，两个经典的 CHANEL 产品最能体现其"中性优雅"的独特品牌形象，一个是经典"CHANEL 套装"，具有男性西服和军装的影子，追求直线美的外套也是一种有棱有角的无领箱式造型，凸显中性风格；另一个是经典的 CHANEL 5 号香水，通过提炼 130 多种香精而制成的香水，香气持久而清新，让人享受无语伦比的美妙，时过近百年 CHANEL 的优雅香氛依旧风靡世界。CHANEL "中性优雅"的独特品牌形象在其品牌的产品包装、历史沿革和理念声誉中均能体现出来，已经成为了消费者心中不可磨灭的独特品牌形象。

（四）Kenzo "东方意境" 品牌形象

Kenzo 总是让人联想到宛若置身大自然的自在感觉，取撷于空气、水、天地的生命喜悦，这些元素都来源于东方意境独有的美。除了服饰、皮包、饰品、手表、眼镜各种配件外，家饰品、香水也是他挥洒创意的领域，近年来连高尔夫球用具都成为 Kenzo 实践生活品味的印证。品牌创始人高田贤三作为一名日本著名服装设计师，非常擅长将不同的东方特色图案重选搭配在同一个造型上，看似简单，确有着极高的技巧性。东方意境是 Kenzo 一直致力追求的，民族服饰元素也大量采用，如印度服的窄裤脚、西班牙的纱布、中国棉袄、东欧背心等，都是 Kenzo 服饰令人印象深刻的重要因素。众所周知，Kenzo 树立了"老虎"的图案形象，并且在市场上的表现很好，Kenzo 还不断推出新的老虎形象，通过更加东方写意的手法，以手绘、版画、剪影等多种形式来体现，服装款式也更加艺术感，并附以街头文化的元素，这也造就了 Kenzo 独特的"东方意境"的品牌形象。Kenzo 以愉悦丰富的想象力与创造力，敏锐地开创了世界性的品牌，从东方的视角出发，可以感受到 Kenzo 对于世界融合的热情与渴望。作为东西方文化交融的时装品牌，Kenzo 一直在国际视野下表现东方的文化元素，天然的面料、天然的色彩、东方文化的元素，同时也加入了流行文化和审美，以独特的"东方意境"品牌形象让更多的年轻人喜欢。

（五）Dickies "美式工装" 品牌形象

提到 Dickies 的独特品牌形象，就不得不谈到它的品牌历史。创立于 1918 年的 Dickies，由 Charles Nathan Williamson 与 C. Don Williamson、Colonel E. E. Dickie 三人创立，最初他们买下了一家背带裤公司。在二战期间，公司生产制服为战争服务，同期，6.2 美元一条的 Dickies 工装裤成为了男性工作者共同的选择。战争结束后，Dickies 在工装服领域得到了一系列的专利，也聘请大量明星为其代言，使得 Dickies 的工装服形象深入人心。到 60 年代，Dickies 开始延伸到休闲服饰领域，到 70 年代，又推出了风靡一时的背带裤和喇叭牛仔裤，至此完成了人们对 Dickies 只做工作服的印象转型。Dickies 一直以来以高品质的工装著称，自从 50 年代青年文化先锋人物开始将款式丰富又经久耐穿的 Dickies 工装引入欧洲之后，Dickies 工装就被赋予了更多流行文化的涵义，也成为了潮流青年最喜欢的工装制服。Dickies 以耐穿、舒适和标志性的外观成为了一种生活方式的宣扬，更成为了美国工装的标志，同时 Dickies 所带来的"美式工装"街头风潮正在受到全球无数明星和时尚人士的追捧，也得到了一代又一代年轻人的喜欢。"美式工装"的独特品牌形象在全球各地消费者中得到广泛的认同。

（六）Uniqlo "日常舒适" 品牌形象

Uniqlo 一直倡导"衣服是配角，穿衣服的人才是主角"，它坚持将现代、简约自然、高品质且易于搭配的商品提供给全世界的消费者。Uniqlo 给顾客提供简单、高品质和耐用的舒适衣物，让人们的生活更美好。Uniqlo 售卖的是一种生活方式和风格。为了表达技术进步让人们的生活更美好，2013 年底，优衣库将 Slogan 由 Made For All（造服于人）换成了现在的 Life Wear（服适人生）。Uniqlo 在产品方面去除多余，追求本质，品牌也在向世人输出其价值观——简约、环保、克制的生活方式。不仅产品追求日常舒适，门店也给人这样的感觉。从第一家"优衣库"专卖店开始，Uniqlo 就立志把店铺打造成一个"让顾客可以自由选择的环境"。比如，在店铺装修时，要求店内的主通道必须笔直宽敞。天顶尽量不吊顶，显得开阔有空间感。要求店员必须保持一尘不染的环境，不管在什么时候，商品看上去整整齐齐，并且做到及时补货。店员在顾客咨询或需要帮助时，给予最热情的服务。店员必须系围裙，便于顾客辨认。这是站在顾客的立场上想问题——把顾客最想去的店，变成自己卖得最好的店。优衣库除了讲"服适人生"还强调"舒适百搭时尚"。Uniqlo 面料科技的不断创新，对简约精致的设计和对品质细节的追求，更加深了消费者对品牌的认知，树立了"日常舒适"的独特品牌形象。

（七）Victoria's Secret "性感美艳" 品牌形象

Victoria's Secret 对于"性感美艳"的定义早已令人闻名遐迩，维密不但引领了时尚，还成为"性感"的代名词，也成为具有高精神附加值的品牌。在过去的几年中，

Victoria's Secret 唤醒了一个沉睡的行业，也带动了其他品牌的发展。现如今在全美，超过 1000 家的分店都在销售由超级名模代言的维密性感内衣，其产品种类包括女士内衣、文胸、内裤、泳装、休闲女装、女鞋、化妆品及各种配套服装、豪华短裤、香水化妆品以及相关书籍等。Victoria's Secret 塑造了独特的品牌 IP，每年一度的维密大秀，从 1995 年开始维密首秀，到现在已 20 余年，1 个小时的娱乐节目在 192 个国家播放，粉丝遍布全球，融合了"时尚"和"音乐"，给品牌打开了知名度，提升了品牌地位。天使超模赋予了内衣更积极健康又美艳性感的品牌文化，逐渐形成了我们熟悉的维密形态——"性感美艳"。在营销方面也十分突出"性感美艳"的独特品牌形象，通过很好地掌握广告宣传以及产品设计上的性感尺度，利用明星造势，始终不渝地坚持品牌的高雅路线，从而赢得了更广泛的消费群体。此外，Victoria's Secret 善于运营场景营销并将性感元素融入其中，门店中实体闺房营造，延续了女性家庭闺房幻想，大秀中的翅膀和内衣等物品的陈列成为了梦想虚幻闺房的延伸。

（八）Paul Frank "时尚可爱" 品牌形象

Paul Frank（大嘴猴）创建于 1997 年，由设计师 Paul Frank 创作，这只可爱大嘴猴的名字叫 "Julius"。作为国际高端潮流品牌，Paul Frank 以色彩缤纷、年轻、可爱、时尚感吸引无数狂热粉丝。Paul Frank 的魅力体现在独特的原创设计、明快活泼的色彩和运用耐用且质感好的乙烯树脂材料上。开始时，Paul Frank 的 LOGO 只是出现在睡衣和钱包上，现在 Paul Frank 已经成为一个全球化的流行品牌，Paul Frank 的卡通造型出现在 T 恤、运动服饰、内衣、泳装、睡衣、家具、腕表、太阳镜、童装、儿童卡通书和儿童自行车等各种系列产品上。它的 LOGO 是卡通形象，所以在造型上非常可爱，受到很多年轻人的追捧。除此之外，在时尚圈，Paul Frank 也占有一席之地。Paul Frank 秉承"拒绝单调、拒绝平庸、永远年轻"的品牌理念，随着不同季产品线的推出，Paul Frank 结合了街头潮流，牛仔时尚以及嘻哈文化等多种元素，成为了时尚人士的新宠儿。这只没有表情的猴子用自己的面孔，吸引人们展开成人式的想象力，构建自己的理想国度，创造了富有想象力的成人乐园，以"时尚可爱"的独特品牌形象，让自己更具奇妙的潮牌形象深植于粉丝心中。

第五节　微信公众号的服装品牌形象

一、微信公众号服装品牌形象的概念与内涵

网络技术的快速发展与新媒体交互即时且互动性强的特点使服装品牌形象的塑造和传播模式迎来了新的变革契机。服装品牌借助微信平台颠覆了以往的"高冷"形象，以更为积极主动的姿态与消费者进行互动沟通。微信平台不仅成为品牌产品动态的宣传平台，也成为了服装品牌形象传播的重要渠道。互联网时代的消费者受到成长背景、爱好等个性化因素影响，对信息内容需求趋向于多元化，更加注重信息获取的效率且更具主动性。这使得服装品牌须根据用户的需求制定微信平台发布内容，以保证时刻

围绕服务对象和传播目标。

随着微信的广泛应用，微信公众号品牌形象已成为品牌形象的重要部分。在现有的一千万个微信公众号中，以服装品牌为主体的微信公众号就有约两万余个。服装品牌作为一个有较明确消费人群和风格定位的品牌类别，其品牌信息是被消费者广泛关注的，在微信平台上建立服装品牌微信公众号，能够帮助服装品牌将品牌信息更好地传达给消费者，对于一些非常重视口碑以及品牌塑造的服装品牌而言，官方的微信公众号俨然成为了服装品牌新品发布、潮流信息更新、品牌联名首发预告、客户维护、产品营销的重要阵地。

二、微信公众号服装品牌形象的核心价值

微信公众号为企业提供了全新的客户管理模式，使企业获得更详尽的客户信息，同时增加客户对品牌的记忆。很多服装品牌充分利用这个平台，抓住转型机遇，扩充潜在客户群体。不仅如此，服装品牌也会根据自身特点对信息进行整合，通过创建微信公众号，为服装品牌构建独一无二的网络品牌形象，实现线上线下的品牌形象统一，从而使客户对服装品牌的整体形象有更深刻和更全面的认知。

微信用户数量多、覆盖广、拥有大量的用户数据，为品牌形象的塑造提供了庞大的受众基础。微信公众号受众真实度高，主动性强，粉丝很大程度上是企业产品的消费群体或是潜在的消费群体，他们更愿意关注企业、产品的动态，有着了解行业、产品的需求，甚至是购买的意愿。企业将产品的推广信息发送给他们，使广告传播更有针对性、更有效。服装品牌可以利用微信公众平台收集用户信息，对其进行整合分类，借助数据分析、数据挖掘等技术进行针对性地分组服务，为受众制定精准的推送内容和风格，并通过移动终端、社交群和位置定位，将消息精准地推送给每个消费者，从而实现精准营销。同时，微信公众号时效性强，可以快速发布产品信息，使产品信息第一时间发送到数以万计的受众手里，加快产品推广，最终实现产品的精准、快速推广。

微信公众号的营销成本与传统电视广告、户外广告、广播广告相比有较大的成本优势。微信公众号传播渠道门槛低，约零成本的优势，在企业产品的推广上为企业节约了一大笔广告费用。企业不需要广告代理费、版面费、制作费等费用，仅通过运营者编辑信息，就可达到等同传统媒体、甚至超出传统媒体的广告传播效果。因此，微信公众号是一个现代化的低成本、高性价的信息推广平台。

微信公众平台互动性强，用户参与度高，有利于品牌展示更亲切的形象，拉近品牌与受众之间的距离。用户通过参与线上线下活动、留言等形式在企业微信公众号进行互动，表达自己的观点和态度。品牌积极回复，既能更好地了解用户需求，又能使用户感觉到企业不是遥不可及、冷冰冰的，而是一个可以被倾诉、被信任的朋友，从而提升消费者对品牌的认可与评价，更好地树立品牌形象。同时，受众在接收到企业微信公众号信息后，对自己喜欢的内容，可以通过转发、分享从而形成二次传播。一些二次传播的接受者，甚至会再次转发和分享。由于微信朋友圈私人、亲密的特性，使朋友圈中被二次传播的广告信息更具有信任感，被二次传播的企业同样也更值得信

赖，进而有利于品牌形象的树立。

微信公众号有利于消费者更近距离、多维度地了解企业文化。传播技术相对成熟，传播符号立体化的优势给企业文化多维度的传播提供了可能，也帮助企业增强用户的黏性和忠诚度。在微信公众号上，企业可以不受时间、空间限制，将企业文化更好地融入文字、图片、视频、音频中，使企业文化、价值观念、精神等内容能够更加立体地呈现出来，从而更容易被受众所理解和接受。通过企业与关注者精准互动的交互体系，实现企业品牌信息高效发送，宣传企业文化和价值，进一步更好地向消费群体展示企业的品牌价值，塑造自身品牌形象。

三、微信公众号服装品牌形象的构成要素

在对近百个服装品牌微信公众号进行考察和研究之后，选取 20 个服装品牌作为服装品牌微信公众号的研究样本（见表 10-7）。首先，确立了服装品牌的定位，将这 20 个服装品牌分为奢侈品、中端连锁、快时尚和潮牌四类，目的是涵盖各年龄层的消费人群，满足大多数消费者的需求。结合前述提出的品牌形象指标体系，对微信平台服装品牌形象构成要素进行全面解析，最终提出由产品形象、宣传形象、企业形象、网络平台形象 4 个维度和价格、信息内容等 17 个指标构成的微信平台服装品牌形象指标体系（见表 10-8）。

表 10-7　样本清单

奢侈品	中端连锁	快时尚	潮牌
古驰	斐乐	飒拉	STAYREAL
路易威登	摩西	优衣库	鬼洗
普拉达	维沙曼	SPAO	伦敦男孩
香奈儿	李维斯	海恩斯莫里斯	盼酷
博柏利	欧时力	组织	斯图西

表 10-8　微信平台服装品牌形象构成要素

维度	指标	维度	指标
产品形象	产品质量	宣传形象	品牌简介
	产品价格		相关链接
	款式设计		品牌商标
	产品类别		品牌故事
			新品简介
企业形象	企业声誉	网络平台形象	互动设计
	企业规模		趣味性设计
	市场份额		排版设计
	创新能力		图片设计
	文化内涵		内容设计

产品形象是以产品为核心而展开的系统形象设计，是一种产品在人们心中勾起各种感知和联想的聚集，是对产品存在的各种看法、情感和期待的表达。产品形象是在特定范围内，人们对产品内在的品质形象和外在视觉形象的印象总和，包括产品质量、价格、款式设计、产品类别。当消费者关注服装微信公众号时，产品形象依靠其特有的识别性和创新性等特征影响消费者的主观分享意愿。

企业形象是消费者针对企业各方面综合特征，对该企业产生的总体印象，是连接消费者和企业之间沟通的桥梁。在微信公众号上，服装品牌的企业形象塑造常与企业文化、声誉、规模、市场份额、创新能力有关，不同的企业形象其微信平台的塑造也呈现出不同的风格。基于社会公众对企业整体评价而生成的企业形象影响着消费者对品牌的综合判断。企业良好的形象使消费者对品牌产生信赖感，促使受众产生更高的购买意愿。

网络平台形象是消费者进行网购或网页浏览等虚拟性体验后对品牌留下的印象，具体表现为互动设计、趣味性设计、排版设计、图片设计、内容设计五方面。网络平台形象通过直观的视觉、听觉等感官刺激易使消费者对品牌产生积极联想。服装品牌应针对自身特点及目标消费者的生活形态和知识结构，选择符合品牌风格和文化内涵的排版形式、语言形态及图片视觉效果，打造别具一格的网络平台形象。利用新颖的平台设计和内容设计，融合文字、语言、图片、视频等表达形式，使传播内容更加饱满丰富，赋予传播的内容趣味性。注重信息与创意相结合，减少冗长文字赘述，采用微电影、微视频等娱乐化表达，让受众休闲和信息接受同步进行，进一步提升受众品牌体验。提高消费者与品牌或其他消费者间互动的可能性，使品牌信息从单向传播转化为多向互动，在维持品牌吸引力的同时运用微信平台分享便捷的特点以提高信息传播速率。

宣传形象指消费者在接收促销、宣传手段传递的品牌相关信息后，对该品牌的综合评价。新媒体时代信息的过载使得顾客群体在消息接收和筛选上变得更加挑剔，他们掌握着信息接受的主动权，不再满足于接受批量化和同质化的品牌信息。对于微信平台服装品牌运营管理者来说，他们可以准确把握目标消费者对品牌简介、品牌商标、品牌故事、新品简介等品牌信息的关注动机和需求特点，实现与受众的深度沟通和互动，满足受众的个性化需求，并以此为基础构筑品牌与顾客的关系，带动情感营销，会更有利于将消费者转化为品牌的忠实消费者。

四、微信公众号服装品牌形象案例分析

优衣库是日本知名服装品牌，以物美价廉、穿着舒适的产品深受广大消费者的喜爱。优衣库始终紧跟时代潮流，不断创新营销手段，善于运用消费者易于接受的方式进行营销。在微信迅速发展的时期，优衣库抓住机会，利用微信公众号进行营销，获得了巨大的成功。如今，优衣库微信公众号更是受到广大用户的关注，为其品牌销售注入更多的活力，丰富了品牌形象。优衣库微信公众号为服务号，每月最多能推送4次信息，平均一周推送一次。优衣库微信公众号每周主推送的阅读量均能达到10万+，成为服装类微信公众号中的翘楚。

优衣库微信公众号善于运用形式多样的营销推广手段进行宣传，通过文字、图片、视频、音频等方式，传递了品牌的最新资讯、产品介绍、潮流搭配等，增加了公众号推文的趣味性，有利于吸引消费者的关注。如在推文中设置不停盖戳的邀请函动图，使用户感觉推文是私人订制的邀请函，而自己是尊贵的 VIP，配上产品介绍与展示，吸引更多用户。此外，优衣库微信公众号还利用明星效应以及流行元素及时推出经典单品搭配。如以动图不断更换明星展示的服装，示范优衣库的经典搭配，塑造符合当季系列风格的造型，这样的形式深受粉丝追捧，广告效应不言而喻。

软文内容规划也是优衣库微信公众号的重点。内容是整个信息传播链条上的中心环节，没有内容也就没有信息。丰富的内容以及合理的安排能够传递更多消费者需要的信息，从而增加消费者对品牌的认可度，提升品牌形象。优衣库时常针对季节变化推出不同的软文。如《刷爆朋友圈的春季单品》《秋日高级感穿搭，买它就对了》，这些推文表面上是在介绍穿搭，实际则是在推广当季新品。优衣库时常分品类介绍产品，并且在产品介绍的末尾加上问卷调查，使文章整体更加连贯且有内涵，消费者在了解产品种类的同时还能找到钟爱的款式、类型，挑选心仪的产品，而企业也更能了解消费者的需求。这样丰富且有规划的推文形式让消费者在轻松中获得更多信息，更易于接受，找到共鸣。同时，优衣库的菜单简单明了，更有利于消费者获取自己需要的信息。进入优衣库的微信公众号，除了最新一期的推送外，下面有三个选项：新品穿搭、优惠活动、会员福利。其中，新品穿搭包括新品上市、联名活动、人气设计师合作款、每周精选穿搭；优惠活动包括超 U 惠、节日大促、人气必买 TOP 榜以及清空购物车；会员福利包括 UT 上心抢先订阅、LifeWear 品牌册、会员中心、下载 APP 以及反馈意见。设置简单明了、功能齐全，把产品信息、品牌文化、客户体验等内容都涵盖在内。同时设置反馈意见专栏，了解消费者的心声，做到人性化服务。

优衣库微信公众号还会不定期推出一些营销宣传活动。针对各种节假日，推出活动信息。同时，在标题上下功夫，增大消费者的点击率。如"换季升温精选，59 起""79 元起释放你的春日购买力"等，利用低价格吸引消费者，增加消费者的点击率。同时，将推文与微信商城链接起来，使消费者在心动的第一秒就能行动起来，直接购买产品，增加了消费者购物的便利性。在不同的活动中，优衣库微信公众号推出的优惠信息不同，通过打折、送优惠券、满减等方式吸引消费者购买产品。如在双十一期间发布活动预告，分类别——列举介绍优衣库的爆款产品，同时通过公众号领取消费券，既有网店优惠券、微信商城优惠券，也有实体店优惠券，为消费者提供更多的选择。

第六节　案例综述

一、服装品牌文化形象案例综述

在技术水平和价格水平相近的情况下，品牌文化已然成为了消费者购买行为的助推器。服装企业在塑造服装品牌文化形象时，要考虑到其品牌文化一定是能被消费者接受并最终为企业自身服务的，所以服装企业首先要做好市场信息的搜集和整理工作，对服装市场上的品牌分布和产品特点做出分析，从而根据自身的产品特点和服务范围做出一个适当的定位。例如，东北虎的文化形象定位就十分明确，从消费者入手，分析得出主要消费者所处的社会环境是国内，故将品牌文化形象定位于中国传统文化。在确定好品牌文化定位之后，企业就要从品牌的禀赋入手，分析品牌故事、品牌创始人、品牌起源地等，以此作为服装品牌文化形象宣传的要素，增强与消费者的情感联系。例如，CHANEL将创始人的名字作为品牌名称，使消费者能够直接联想到品牌的起源与品牌故事，并能从品牌创始人的形象直观地感受到品牌的文化形象。

要打动消费者的内心还是要企业根据自身的实际情况，将品牌文化融入服装产品的设计中，以保证品牌的外在形象和内在形象相一致。服装品牌文化通常是设计师的个人文化背景和对着装理解在品牌上的投影和折射。例如，三宅一生的服装产品遵从了回归本源的思想，诠释在面料和造型设计中；国内著名男装品牌柒牌男装的设计理念立足于中国传统文化，在男装设计中融入了中式立领、唐扣、刺绣等传统元素。最后，服装品牌文化形象的营销离不开宣传，服装企业需要即时地制定服装品牌文化形象的宣传计划，包括宣传模式、代言明星、产品包装以及广告投放等。

文化营销作为一种非常有魅力的品牌形象宣传推广方式，得到了企业的青睐，这是因为当一个品牌捆绑上某种文化时，品牌的影响力就会与文化的生命力一样源远流长。那么，对于服装企业而言，如何将一件产品披上文化的外衣，让其看起来与众不同？为此，文化营销必须寻找到属于自己的支撑点。①以国家、民族的文化精神为支撑点，如东北虎、天意、李宁等品牌。②以特定的文化事件为支点。③以目标顾客群为支点。另外，服装品牌文化形象的宣传方式会对不同的消费群体起到不一样的宣传效果，所以在宣传的过程中不能一味地依靠广告投放，因为消费者对广告有相应的记忆，也有视觉疲劳，甚至有些广告根本达不到推广企业产品和文化形象的作用。例如某服装企业在广告中标榜民族企业和本土口号，却选择了欧洲人作为形象代言人。

综上，服装品牌文化形象在企业中的运用模式：首先，要通过市场调研与分析确定品牌文化形象定位；其次要准确分析其品牌故事、品牌创始人、品牌起源等；然后，将品牌文化融入到服装产品的设计中；最后，选择合适的宣传模式与宣传渠道对服装品牌文化形象进行宣传与营销。

二、服装品牌环保形象案例综述

随着环保呼声的高涨，走一条绿色品牌形象之路已成为时代的必然要求，这不仅可以让服装品牌有更广阔的发展空间，而且可以进一步在群众间推行绿色环保的观念意识。服装品牌环保形象的塑造与传播：首先，要树立品牌绿色环保观念，与传统的社会营销观念相比，绿色环保观念更注重的是社会利益，且明确定位于节能与环保，立足于可持续发展，放眼于社会经济的长远利益与全球利益。其次，服装品牌形象的绿色设计也成为品牌绿色营销的一项重要内容，其中包含包装形象绿色设计、产品绿色设计两项最主要的内容。

产品和包装形象的绿色设计是随着绿色消费需求而产生的。在产品形象的绿色设计过程中，材质的选择是很关键的，每种材质都有其特有的属性，材质的色彩、质感、肌理等都将会塑造出不同的产品形象。材质的性能是否环保无污染、是否可回收利用、是否可再生等决定着产品是否环保绿色。同样地，包装设计的用材是否环保，传递的信息是否绿色，也直接影响着品牌形象是否绿色环保。在包装形象的绿色设计过程中，既要凸显可观赏性、功能性，也要凸显品牌的绿色性。例如，服装产品包装袋若采用可降解回收的牛皮纸、可拆卸化、易折叠、易压缩的设计，并在包装图案和色彩设计上多强调与宣传绿色环保方面的信息，能够加深消费者对品牌的好感，从而获得品牌美誉度。

服装企业可实施绿色营销战略，打造绿色品牌形象。服装企业只有真正贯彻绿色环保的发展战略才能实现品牌的可持续发展。绿色营销是指以满足消费者和经营者的共同利益为目的的社会绿色需求管理，以保护生态环境为宗旨的绿色市场营销模式。其主要营销策略有：①建立绿色营销渠道。绿色营销渠道是绿色产品从生产者转移到消费者所经过的通道。企业建立绿色营销渠道可通过启发和引导中间商的绿色意识，尽可能减少渠道资源消耗等策略来实现。②搞好绿色营销的促销活动。绿色促销是通过促销媒体，向消费者传递绿色信息，指导绿色消费，启发和引导消费者的绿色需求，最终促成购买行为。绿色促销的主要手段有绿色广告、绿色推广和绿色公关。③创新绿色理念。随着科技的迅猛发展以及创新理念的延申，服装企业的绿色营销也可以加入更多的科技元素和创新元素，以此来提高消费者对绿色服装的关注度。

综上，服装企业塑造品牌绿色环保形象：首先，树立环保意识观念，同时注重服装品牌形象的绿色环保设计，如产品形象的绿色设计和包装形象的绿色设计。其次，服装企业需加大力度实施绿色环保营销战略，塑造与推广服装品牌绿色环保形象的同时，向大众消费者传播环保思想，引导绿色消费。

三、服装品牌艺术形象案例综述

随着新媒体时代的到来，现代企业的品牌形象需要做出适应性的改变，而艺术形象作为一类新兴的服装品牌形象塑造的新方向，具有扩大商品影响力的作用。服装品牌艺术形象可以从产品、标识、店面、宣传和企业的艺术形象等方面塑造，主要是指服装品牌的视觉艺术形象。视觉艺术形象是指由人的眼睛直接感受到的艺术形象，它的构成材料都是空间性的。艺术中的视觉形象直接作用于欣赏者的视觉感官，因而特别富有直观性和生动性。在服装品牌视觉艺术形象中服装企业比较注重艺术手段的运用以及艺术形式的展现。他们常用的艺术手段是与艺术家合作、融合其他领域的艺术思维、构建艺术主题等。服装品牌与艺术家合作是最常用且艺术效果最明显的手段，品牌利用艺术家的名气赋予产品附加值的同时能够突破品牌固有的形象设计思维，颠覆消费者对品牌的认知。其他领域的艺术思维与服装产品设计、服装品牌形象的塑造具有共性，将其融合在一起会呈现出与众不同的艺术效果。比如，范思哲在服装设计时融合建筑设计思维使得他设计的服装往往带有意大利建筑的特有韵味。此外，服装企业在新品发布会或时装秀时，通常会先构建艺术主题直接向消费者传达服装产品的设计理念，由此能够更大程度上引发消费者的共鸣。服装企业常用的艺术展现方式有图案的手绘、涂鸦、发布形象宣传片与记录片等。相较而言，形象宣传篇和纪录片的艺术展现形式更能引起轰动，这是由于短片和视频的艺术形象宣传形式迎合了社会发展的步伐，其宣传的范围更广，宣传效果更明显，而手绘和涂鸦呈现的是最终的结果，并以图片的形式出现在公众的视野，艺术表达不够全面。服装品牌需根据自身产品的特点选择合适的艺术展现形式，比如当服装产品的设计重点在图案以及色彩的创新运用时，手绘和涂鸦就更直观。

随着服装品牌艺术形象发挥着越来越大的作用，联名营销也应运而生。品牌联名能够给时尚界带来源源不断的新活力。设计师还能因此得到新的灵感，消费者也因此得到新的体验。比如，LV 与 Supreme 的联名。LV 作为国际奢侈品品牌与 Supreme 联名的动因是什么呢？原来，奢侈品行业竞争激励，消费者呈现年轻化趋势，LV 与 Supreme 联名能够为品牌注入新鲜血液，提升品牌的竞争力。LV&Supreme 的联名营销策略有三方面：第一，保证品牌稀缺性，"限量发售"是奢侈品惯用的营销策略，让消费者在购买时感受到自己所购买商品的独特。第二，品牌定位延伸，LV 与潮牌进行联名能够暂时摆脱奢侈品的束缚，进军年轻市场。第三，图案艺术设计，突破经典的"LV"LOGO 图案样式，并采用了 Supreme 大胆跳脱的红色，突破了消费者心目中的固有形象，让品牌形象更有张力。

服装品牌艺术形象在企业中的运用先要明确服装品牌艺术形象的内容，再借用艺术手段与艺术展形式来塑造与传播服装品牌形象。最后，服装企业还可采用联名营销的方式提升品牌的影响力。

四、服装品牌独特形象案例综述

在竞争愈加激烈的服装市场上，只有努力寻找服装品牌形象的差异才能取得竞争优势。服装品牌的独特形象能够展现出品牌个性，从而与消费者建立深层次的情感联系，使其产生信赖感和认同感，最终形成固有的购买模式和品牌偏好。

目前，服装品牌形象主要集中于优雅知性、中性休闲、活泼可爱、潮流前卫等方面，容易让消费者产生感知疲劳，同时也不利于品牌辨识度和知名度的提升。ZARA"平民时尚"的品牌形象和 Uniqlo"日常舒适"的品牌形象直击大众消费者的需求，赢得了大众的喜爱和追捧。因此，服装品牌形象的定位可以突破原有的束缚，不再仅仅根据服装风格去设定，而是深入分析目标消费者的需求，再结合品牌产品风格来设定。

从 Nike"科技创新"品牌形象的成效来看，"科技创新"的形象定位对 Nike 来说具有很强的适用性。这是由于科技与创新是当下最热门的主题，他们能够带给消费者遐想，而 Nike 作为一个注重突破的运动品牌常常给消费者带来惊喜。与其他固有的品牌形象不同，Nike 更像是将一种"未来的可能性"与"产品性能"直接呈现给消费者。可见，塑造品牌独特形象还需考虑形象定位与品牌产品嫁接的匹配性。

CHANEL 的独特品牌形象之所以会取得成功，是因为品牌产品的设计自起源到现在均是围绕着"中性优雅"的风格，在大众消费者心目中已经形成了固有的品牌形象。一提到"中性优雅"的服装品牌，大众就会首先联想到 CHANEL。Victoria's Secret 作为一个知名内衣品牌，性感和美艳一直就是它的代名词，"性感美艳"品牌形象也已经深入人心。可见，独特品牌形象都具有一定的稳定性和持久性。

Dickies "美式工装" 品牌形象与 Paul Frank "时尚可爱" 品牌形象都是基于产品特色来塑造的。他们品牌形象设定方式的特别之处在于 Dickies 与 Paul Frank 都创造出了属于他们自己的新产品与代表形象，Dickies 首先设计出美式工装，开发了独有市场；Paul Frank 则创造了 "大嘴猴" 这个形象。因此，服装品牌形象的独特性离不开品牌的持续创新。

品牌独特性是一种最不易被竞争者模仿的价值。服装品牌独特形象的塑造需遵从以下几个原则：①结合目标消费者需求和品牌产品风格设定服装品牌的独特形象；②服装品牌独特形象的设定要与品牌自身具有匹配性；③服装品牌独特形象要有一定的稳定性和持久性；④服装品牌独特形象要求服装企业具有创造、创新能力。

五、微信公众号服装品牌形象案例综述

微信公众号是基于庞大微信用户群衍生出的一种新型商家模式，它是服装品牌与订阅者之间进行互动、沟通与对话的平台，同时也成为用户在移动端的一个重要信息接入口。微信公众号凭借着黏性传播模式、高接触度的信息推送、个人化体验的信息接收等特性，让它被越来越多的企业重视，成为服装品牌形象营销与传播的一方沃土。微信公众号服装品牌形象的运用模式为：树立明确的服装品牌形象，引起消费者关注，激发消费者对其产生兴趣，引导消费者对产品或品牌信息进行搜索，并采取关注的行动，最后促成分享行为的发生，达到服装品牌形象推广与宣传的目的，成为企业实现线上的品牌营销。

由于各种技术的发展，产品更新迭代的速度极快，品牌与品牌之间的竞争十分激烈。尤其对于微信公众平台上的品牌公众号来说，若想让用户在上百万个公众号中选择并关注自身品牌的公众号，就应当树立明确的品牌形象，让公众号的独特身份更加凸显，才能在第一时间获取用户关注。服装品牌要在微信公众号中提升和树立明确的品牌形象，需注重其内容营销和视觉形象的塑造。九派服饰旗下品牌 "佑一良品"，主要经营两个微信账号，一个是名为 "佑一良品" 的公众号（ID：uiyi2012），另一个是名为 "uiyi-designer" 的私人账号。两个账号分别承担不同的品牌宣传角色，公众号主要用于信息传播，私人账号主要用于情感交流。公众账号主要起传递产品信息，塑造产品形象的作用，私人账号则以设计总监的身份与消费者交流，通过与粉丝分享创意总监的生活，与粉丝进行情感交流，从而反映出一种有品位、有思想、高逼格的品牌理念。

微信公众号推文的内容质量与微信公众号的受关注度是成正比的。内容质量高的推送文章更能获得消费者的青睐。服装品牌的微信公众号为获取更高的关注度，不仅要对推文的主题内容进行层层筛选，还需优化公众号的视觉形象设计。用户在接收到微信公众号发布的推文时，公众号的头像设置、推送文的版面设计都是与用户直接产生关联的因素。在微信公众号服装品牌视觉形象的提升中应该从版面设计和阅读习惯上优化推文界面，从视觉上让用户获得最佳的阅读体验。

高质量的推文会引起消费者的关注和兴趣，那么如何实现用户的主动搜索并采取

行动呢？这就需要考虑微信公众号的人性化因素。首先，服装品牌要灵活制定发布推文的时间或时机。通常情况下，消费者会在午间十二点到十四点、晚上的九点到十一点、"双十一"或"双十二"等特殊时期频繁的使用微信浏览信息。其次，公众号的推送内容需准确。比如，夏季小清新——碎花裙，复古优雅——赫本风系列服饰搭配，上班通勤——CURIEL小黑裙等。这些推送内容都只用了几个字就明确推送主题，表达出品牌风格的同时也增加了消费者对品牌的印象。当消费者有需求时会依此对产品或品牌信息进行搜索和关注。此外，服装企业也可依托品牌效应，通过线上线下联动实现用户对微信公众号的关注和搜索，为线下品牌消费者提供更多购买渠道，为线上消费者提供更多产品信息。第三，采取合适的公众号的推送形式。只有文字没有图片的推送形式会增加用户的阅读困扰。服装品牌微信公众号的推文一般为图文结合的形式。在推文中以动图或短视频的形式推广产品能够提升服装品牌的产品形象。

品牌公众号与粉丝的关系质量会直接影响消费者的分享态度与分享意愿。在微信环境下，服装品牌通过微信公众号给予粉丝一些免费性服务或者发起一些具有报酬奖赏性的活动，可以被视为品牌通过微信公众号进行关系投资的行为，进而会影响粉丝对该关系质量的感知水平。当粉丝对该关系质量的感知度较高时，会对服装品牌产生信任或者承诺的态度，粉丝也会具有较高的微信分享态度与分享意愿，帮助服装品牌进行信息传播。对于微信公众号而言，粉丝的关注度及关系质量可以看作是品牌的无形资产。

微信公众号是服装品牌形象传播的主要途径之一。事实上，微信公众号的推广会产生一个循环机制。当用户将品牌公众号的推文分享至朋友圈的时候，对于该用户的微信好友来说，他们必定会对朋友分享的链接有所关注，进而对其产生兴趣并主动搜索、采取关注行动和分享行为。

参考文献

[1] Biel A L. Howbrand image drives brand equity[J]. Journal of Advertising Research, 1992, 32(6): 121-128.

[2] Keller K L. Strategic brand management: building, measuring and management brand equity[M]. Beijing: China Renmin University Press, 2003. 10-50.

[3] Herzog H. Behavioral science concepts for analyzing the consumer[J]. Marketing and the Behavioral Sciences, 1963(3): 76-86.

[4] Pohlman A, Mudd S. Market image as a Function of group and Product Type: A Quantitative Approach [J]. Journal of Applied Psychology, 1973, 57(2): 167-171.

[5] Warren J M, Levy S J. Fearfulness in female and male cats[J]. Animal Learning & Behavior, 1979, 7(4): 521-524.

[6] Alden D L, Steenkamp J, Batra R. Brand positioning through advertising in Asia, North American and Europe: the role of global consumer culture[J]. Journal of Marketing, 1999, 63(1): 75-87.

[7] Firat A, Venkatesh A. Liberatory postmodernism and the reenchantment of consumption[J]. Journal of Consumer Research, 1995, 22(3): 239-267.

[8] Cova B. The Post modern explained to managers: implications for marketing [J]. Business Horizons, 1996, 39(6): 15-23.

[9] McEnally M, DeChernatony L. The evolving nature of branding: consumer and managerial considerations [J]. Academy of Marketing Science Review, 1999, 2: 1-26.

[10] Dichter E. What's in an Image[J]. Journal of Consumer Marketing, 1985, 2(1): 75-81.

[11] Berry L L. The components of department store image: a theoretical and empirical analysis[J], Journal of Retailing, 1969, 45(1), 3-20.

[12] 黄淑莉. 原创服装品牌竞争力评价模型研究[D]. 北京: 北京服装学院, 2018: 13-21.

[13] 杜建刚, 郭清兰. 构建服务价值的共创模式[J]. 清华管理评论, 2013, (4): 48-53.

[14] 杨明强, 鲁德银. 基于产业价值链的农产品品牌塑造模式与策略研究[J]. 农业经济, 2013, (2): 127-128.

[15] Kwon E, Ratneshwar R, Kim E. Brand image congruence through sponsorship of sporting events: a reinquiry of gwinner and eaton (1999) [J]. Journal of Advertising, 2016, 45(1): 130-138.

[16] Bargh J A, Chartrand T L. The unbearable automaticity of being[J]. American Psychologist, 1999, 54(7): 462-479.

［17］ Herr P M，Aaker D A，Biel A L. Brand equity and advertising：advertising's role in building strong brands［J］. Journal of Marketing Research，1994，31（4）：580.

［18］ 罗子明.品牌形象的构成及其测量［J］.北京工商大学学报（社会科学版），2001，16（4）：19-22.

［19］ 范秀成，陈洁.品牌形象综合测评模型及其应用［J］.南开学报（哲学社会科学版），2002（3）：65-71.

［20］ 关辉，董大海.品牌形象对消费者行为倾向影响的实证研究［J］.中国流通经济，2007，21（7）：42-45.

［21］ 李陵申.我国服装品牌战略研究［D］.北京：对外经济贸易大学，2002：56-85.

［22］ 吴煜君.浅谈服装品牌的形象策略［J］.成都纺织高等专科学校学报，2003，20（1）：5-7.

［23］ 白琼琼，宁俊.成衣服装品牌形象评价体系研究［J］.纺织学报，2013，34（12）：126-130.

［24］ Churchill G A，A paradigm for Developingbetter measures of marketing constructs［J］. Journal of Marketing Research，1979，16（1）：64-73.

［25］ Aaker J L. Dimensions of brand personality［J］. Journal of Marketing Research，1997，34（3）：347-356.

［26］ Keller K. Strategic brand management［M］. New Jersey：Prentice Hall，1998：76-84.

［27］ Bird M，Channon C，Ehrenberg A S C. Brand image and brand usage［J］. Journal of Marketing Research，1970，7（3）：307.

［28］ 蒋廉雄，卢泰宏.形象创造价值吗？：服务品牌形象对顾客价值—满意—忠诚关系的影响［J］.管理世界，2006，（4）：106-114.

［29］ 肖锴，周璐.网络服装商家品牌形象感知对消费者购买决策影响的实证研究［J］.中国市场，2017，（25）：89-92.

［30］ Alba W J，Hutchinson W J. Dimensions of consumer expertise［J］. Journal of Consumer Research，1987，13（4）：411-454.

［31］ Campbell M，Keller K. Brand familiarity and advertising repetition effects［J］. Journal of Consumer Research，2003，30（2）：292-304.

［32］ Sujan M，Bettman J R. The effects of brand positioning strategies on consumers' brand and category perceptions：some insights from schema research［J］. Journal of Marketing Research，1989，26（4）：454-467.

［33］ Fornell C，Larcker D F. Evaluating struvtural equation models with unobservable and measurement errors［J］. Journal of Marketing Reasearch，1981，18（1）：39-50.

［34］ 唤明.品牌差异化价值创新的思考［J］.船艇，2007，（6）：40-42.

［35］ 谢京辉.品牌价值创造和价值实现的循环机制研究［J］.社会科学，2017，（4）：47-56.

［36］ 杨依依.企业品牌价值创造机理分析［J］.经济论坛，2007，33（20）：88-90.

［37］ 黄斌元.关于品牌价值创造的一个简要模型［J］.价值工程，2003，19（6）：19-21.

［38］ 郑晶，顾雯，刘晓刚.品牌美学实现品牌价值创新的挖掘与构建［J］.包装工程，2016，37（14）：47-52.

［39］ 金焕民.产品、商品与品牌系列解读品牌之四：价值创造的终极密码［J］.销售与市场（评论版），2015，（5）：98-99.

［40］ 张利艳."互联网+"时代品牌视觉形象包装与传播研究［J］.安徽理工大学学报（社会科学版），2016，18（3）：86-92.

［41］ 于艳丽，景进安.试谈品牌个性的核心价值及其塑造途径［J］.经济师，2006（6）：213-214.

［42］ 戴开勋.差异化营销策略及应用［J］.物流工程与管理，2010，32（10）：158-160.

［43］ 李沛，吴春茂.基于专家打分法的产品设计评价模型［J］.包装工程，2018，39（20）：207-211.

［44］ 贾艳红，赵军，南忠仁，等.基于熵权法的草原生态安全评价！：以甘肃牧区为例［J］.生态学杂志，

2006,25(8):1003-1008.

[45] 高顺成.中部六省对沿海纺织产业转移承接能力的拟熵权分析[J].纺织学报.2011,32(4):138-145.

[46] 高光皓,游新彩,袁超权.基于全局熵值法的湖南省绿色经济发展评价研究[J].当代经济,2019(6):94-97.

[47] 张科静,仓平,高长春.基于TOPSIS与熵值法的城市创意指数评价研究[J].东华大学学报(自然科学版),2010,36(1):81-85.

[48] 王霞,王岩红,苏林等.国家高新区产城融合度指标体系的构建及评价:基于因子分析及熵值法[J].科学学与技术管理,2014,35(7):79-88.

[49] 张一进.平台生态系统价值创造研究[D].辽宁:东北财经大学,2018:119-121.

[50] 张晓东.跨境电商消费者参与价值共创对品牌偏好的影响[J].商业经济与管理,2019,39(8):20-29.

[51] 詹泽慧,梅虎,麦子号,等.创造性思维与创新思维:内涵辨析、联动与展望[J].现代远程教育研究,2019,(2):40-49.

[52] Jane Holt. In an influential fashion:an encyclopedia of nineteenth- and twentieth-century fashion designers and retailers who transformed dress[J].Art Libraries Journal,2003,28(3):70.

[53] 胡旺盛,魏晓敏.品牌杠杆作用下品牌创新的策略研究[J].商业经济研究,2017,(19):67-68.

[54] 赵锁学.品牌与品牌创新刍议[J].经济与管理,2003(3):27.

[55] 靳少罕.河北省"中华老字号"企业品牌创新研究[D].石家庄:河北经贸大学,2017.

[56] 尉建文,黄莉."老字号"企业品牌创新及其影响因素[J].广西师范学院学报(哲学社会科学版),2016,37(1):13-18.

[57] 白长虹,刘春华.基于扎根理论的海尔、华为公司国际化战略案例相似性对比研究[J].科研管理,2014,35(3):99-107.

[58] Jaffe A B,Palmer K. Environmental regulation and innovation:A panel data study[J]. Review of Economics and Statistics,1997,79(4):610-619.

[59] Kemp R,Arundel A,SMITH K. Survey indicators for environmental innovation [R]. Garmisch-Partenkirchen,Germany:Conference towards environmental innovation systems,2002:1-26.

[60] Chen Y S,Lai S B,Wen C T. The influence of green innovation performance on corporate advantage in Taiwan[J].Journal of Business Ethics,2006,67(4):331-339.

[61] Drirssen P H,Hillebrand B,Kok R A W,et al. Green new product development:The pivotal role of product greenness[J]. IEEE Transactions on Engineering Management,2013,60(2):315-326.

[62] 张启尧,孙习祥.基于消费者视角的绿色品牌价值理论构建与测量[J].北京工商大学学报(社会科学版),2015,30(4):85-92.

[63] 祖倚丹,冯爱芬.推进纺织服装的绿色消费[J].上海纺织科技,2004(5):50-51.

[64] Chang J W. Assessing adverse effects of inferior innovations with brand innovability:perspectives of consumer innovativeness[J]. Journal of Technology Management & Innovation,2017,12(4):55-64.

[65] Rahil S,MARK B,FRANK A. The role of brand credibility in the relationship between brand innovativeness and purchase intention[J].Journal of Customer Behavior,2017,16(2):145-159.

[66] 陈李红,严新锋,丁雪梅,等.基于网络层次分析法的纺织服装产业可持续竞争力评价[J].纺织学报,2018,39(10):162-167.

[67] 马牧青.品牌设计的创意与方法[J].安阳师范学院学报,2016(1):46-48.

[68] 王碧琳,贺景卫.当代国内服装品牌标志设计研究[J].大观,2015(5):48.

[69] 范心雨,王盈智.品牌标志的设计原则与设计逻辑[J].美术教育研究,2018(4):77.

[70] 李砚祖.视觉传达设计的历史和美学[M].北京:中国人民大学出版社,2000:39.

[71] 王葎菲,林颖旭.浅论市场调研与品牌服装产品设计[J].轻纺工业与技术,2010,39(4):76-78.

[72] 张静.浅谈服装品牌的产品设计[J].现代商业,2008(17):55-56.

[73] 李渭涛,阮丽歌.包装设计的构成要素分析[J].美术大观,2009(4):119.

[74] 汤洁.服装品牌形象在包装设计中的符号化体现[J].包装工程,2010,31(6):67-70.

[75] 赵勤.企业产品包装设计、品牌形象与市场的关系[J].商场现代化,2006(36):114-115.

[76] 陈秀兰.运用包装设计树立良好产品品牌[J].中国包装,2008(4):97-98.

[77] 张延湘.浅析企业品牌定位存在的问题及策略[J].职业,2014(14):162.

[78] 苏清斌.品牌定位研究[D].南京:南京理工大学,2004:4-22.

[79] 李淑娟.我国品牌定位的主要误区及其解决对策[J].现代商业,2007(10):59-60.

[80] 朱振中.试论品牌定位策略[J].商业研究,2002,2(239):7-9.

[81] 冯晓宇.论公关与品牌形象的塑造[J].商场现代化,2016(22):86-87.

[82] 蒋国亮.维护高质量的品牌形象[J].宁波经济(财经观点),2011(3):60.

[83] 周文杰.服装产品设计研发系统的体系构成与特性[J].纺织科技进展月刊,2008(4):89-91.

[84] 吴琼.基于品牌个性视角的品牌形象代言人选择研究[J].科技创业.2014,27(2):32-34.

[85] 彭博,晁钢令.品牌代言人对品牌的作用及选择研究[J].现代管理科学,2011(12):17-19.

[86] 付强.基于品牌形象塑造的线上与线下整合营销传播研究[D].北京:北方工业大学,2014.

[87] 孟萍莉,崔佳慧.快时尚服装品牌的营销策略分析:以优衣库联名遭疯抢为例[J].中国商论.2020(4):85-87.

[88] 王荣荣,沈雷.新零售模式下服装品牌的营销策略分析[J].毛纺科技,2019,47(4):62-65.

[89] 陈放.品牌学:中国品牌实战原理[M].北京:时事出版社,2002:57-121.

[90] 徐青青,曹红锐.浅谈服装品牌形象塑造[J].武汉科技学院学报,2004,17(6):108-110.

[91] 朱奕,陈尚斌.浅谈服装个性化发展[J].农家参谋,2019,(15):172.

[92] 柏媛.基于消费者视角下的家纺品牌个性研究[D].杭州:浙江理工大学,2015:12-21.

[93] 周振华.品牌故事与品牌形象关系研究[D].上海:华东理工大学,2011.

[94] 赵蓓,贾艳瑞.论品牌故事与品牌联想的关系[J].东南学术,2016(5):116-122.

[95] 林刚,刘英.品牌故事在品牌传播中的作用机制探析:以国外化妆品品牌为例[J].品牌研究,2016(5):90-96.

[96] 汪涛,周玲,彭传新,等.讲故事 塑品牌:建构和传播故事的品牌叙事理论:基于达芙妮品牌的案例研究[J].管理世界,2011(3):112-123.

[97] 苏杨.品牌故事营销模式与构成要素[J].重庆科技学院学报(社会科学版),2013(4):119-121.

[98] 吴爽.基于人文价值观的文化营销策略在设计师品牌中的运用[D].杭州:浙江理工大学,2015:1-8.

[99] 薛帆,沈雷.文化营销视角下服装品牌形象塑造及运用[J].服装学报,2018,3(3):274-277.

[100] 王洋,周凤瑶.从例外和EIN营销策略看小众服装品牌营销策略的选择[J].浙江纺织服装职业技术学院学报,2018,(2):71-76.

[101] 毛锡平,李佳斌.简论品牌附加值的决定因素、作用范围和基础[J].上海理工大学学报(社会科学版),2004,17(2):77-80.

[102] 罗云齐,李飞燕.追求品牌附加值[J].企业研究,2001(11):42.

[103] 陈耕.对服装品牌形象创意的思考[J].艺术教育,2009(4):144.

[104] 王琰.新媒体环境下的广告传播策略研究[J].新闻知识,2012(12):55-56.

[105] 张敏.基于分众理论的大学官微平台品牌形象传播研究[J].新媒体研究,2018,4(8):6-8.

[106] 宿鲁杰,方丽英,吴春华.基于消费者的服装品牌形象模糊综合评判模型[J].山东纺织经济,2009

（4）:10-13.

[107]焦丽娜.顾客感知价值的维度及其影响的实证研究[J].无锡商业职业技术学院学报.2008,8（3）:4-7.

[108]白长虹,范秀成,甘源.基于顾客感知价值的服务企业品牌管理[J].外国经济与管理.2002,24（2）:7-13.

[109]李亚斌,宋国萍.基于顾客感知价值的服务企业品牌管理[J].现代营销（下旬刊）,2019（11）:140-141.

[110]袁洪汉.基于顾客感知价值的DK公司品牌形象研究[D].南昌:江西财经大学,2019:5-11.

[111]杨晨.员工服务形象与顾客感知价值的相关研究[D].重庆:西南大学,2010:5-7.

[112]王晓.品牌塑造与消费者的关系[J].发展研究,2005（8）:79-80.

[113]罗小容.浅谈品牌与消费者之间的关系[J].中国新技术新产品,2012（5）:216.

[114]孙静.品牌对消费者行为的影响[J].现代企业教育,2010（18）:141-142.

[115]沈柏全.产品价格、认知价值与品牌形象对购买意愿影响研究:以台湾咖啡为例[D].广西:广西大学,2011.

[116]邱森晖.商场价格促销对消费者心理和行为的影响[J].现代商业,2018（17）:11-12.

[117]陈行.基于消费需求的体验营销之探析[D].合肥:安徽大学,2006:14-16.

[118]王运启.交互体验营销的"升级维度"[J].经营管理者,2014（11）:34-37.

[119]连睿.运动服装品牌体验店氛围对顾客忠诚度的影响研究[D].北京:北京服装学院,2019:13-17.

[120]范聚红.品牌与消费者行为的关系分析[J].商场现代化,2006（25）:49-50.

[121]任文杰,宋晓娜.企业品牌使用者形象的控制管理[J].现代商业,2017（32）:44-46.

[122]陈霞.新奢侈品营销策略研究:以服装品牌ZARA为例[J].商,2015（21）:101.

[123]吴琼.快时尚服装品牌竞争力来源分析:以ZARA为例[J].科技创业月刊,2014,27（1）:77-79.

[124]林冰淑,胡维平.试论设计审美的价值判断:试析古代建筑中形式美价值判断[J].现代装饰（理论）,2013（10）:113.

[125]Tian K,McKenzie K T. The long-term predictive validity of the consumers´ need for uniqueness scale[J]. Journal of Consumer Psychology,2001,10（3）:171-193.

[126]黄志贵,姚晓琴.品牌个性化及其价值[J].西南民族大学学报（社会科学版）.2004,25（9）:68-70.

[127]蔡荣光.塑造品牌个性的步骤及注意的问题[J].现代营销（经营版）,2008（8）:36.

[128]闫岩.借助差异营销 创造品牌价值:从农夫山泉差异化营销策略谈起[J].中国集体经济（下半月）,2007（9）:55.

[129]沈周锋.从消费者需求到品牌视觉表现的探究[J].中国皮革,2014,43（4）:21-22.

[130]孙莉.服装品牌形象维护策略的研究[J].轻纺工业与技术,2010,39（6）:78-81.

[131]贾丽军."品牌美学"定义演变与研究意义[J].广告大观（综合版）,2009（7）:157.

[132]盛江军.品牌功能的探索[J].江苏广播电视大学学报,2005,79（2）:70-72.

[133]程桢.品牌创新的动因及策略[J].管理现代化,2004（6）:39-40.

[134]朱长凯.服装企业品牌创新能力研究[D].西安:西安工程大学,2012.

[135]陆剑清.品牌定位与营销创新[J].上海商业,2014（4）:34-36.

[136]IyerP,Davari A,Zolfagharian M,et al. Market orientation,positioning strategy and brand performance[J]. Industrial Marketing Management,2019,81（C）:16-29.

[137]林国建,宋伟.中华老字号企业品牌文化的创新发展[J].管理科学文摘,2006（12）:52-53.

[138]周月红.从爱马仕看品牌文化的传承与创新[J].艺术与设计（理论）,2007（10）:162-164.

[139]刘佳,张春晓.文化联名品牌设计的融合与创新[J].美术大观,2020（3）:114-115.

[140]赵军霞.浅谈品牌包装设计的创新[J].科技信息（科学教研）,2007,（30）:207.

［141］Popli G S, Gupta P V. A study on cognitive consistency of young passenger car consumers towards vehicular pollution by private cars: an empirical analysis in Indian context［J］. SSRN Electronic Journal, 2010(6):76-81.

［142］Awa H O, Nwache C A. Cognitive consistency in purchase behaviour: theoretical empirical analyses［J］. International Journal of Psychological Studies, 2010, 2(1):44.

［143］Mcguire W J, Mcguire C V, Child P, et al. Salience of ethnicity in the spontaneous self-concept as a function of one's ethnic distinctiveness in the social environment［J］. Journal of Personality & Social Psychology, 1978, 36(5):511-520.

［144］Festinger L. A Theory of cognitive dissonance［M］. Stanford: Stanford University Press, 1957, 3(1):231-234.

［145］Heider F. Attitude and cognitive organization［J］. Journal of Psychology, 1946, 21(1):107-112.

［146］Tannenbaum P H, Gengel R W. Generalization of attitude change through congruity principle relationships［J］. Journal of Personality & Social Psychology, 1996, 3(3):299-304.

［147］Newcomb T M. The acquaintance process: looking mainly backward［J］. Journal of Personality and Social Psychology, 1978, 36(10):1075-1083.

［148］Mcguire W J. Explorations in cognitive dissonance［J］. The American Journal of Psychology, 1964, 77(2):337-338.

［149］Aronson E. The theory of cognitive dissonance: a current perspective［J］. Advances in Experimental Social Psychology, 1969, 4(6):1-34.

［150］Steele C M. The Psychology of self-affirmation: sustaining the integrity of the Self［J］. Advances in Experimental Social Psychology, 1988, 21(3):166-172.

［151］Dineen B R, Ash S R, Noe R A. A web of applicant attraction: person-organization fit in the context of web-based recruitment［J］. Journal of Applied Psychology, 2002, 87(4):723-734.

［152］Brett J F, Atwater L E. 360 degree feedback: accuracy, reactions and perceptions of usefulness［J］. Journal Of Applied Psychology, 2001, 86(5):930-942.

［153］Wattanasuwan K. The self and symbolic consumption［J］. Journal of American Academy of Business, 2005, 6(1):179-184.

［154］Cooper J, Fazio R. A new look at dissonance theory［J］. Advances in Experimental Social Psychology, 1984, 17:229-266.

［155］Stone J, Cooper J. A self-standards model of cognitive dissonance［J］. Journal of Experimental Social Psychology, 2001, 37(3):228-243.

［156］Telci E, Maden C, Kantur D. The theory of cognitive dissonance: a marketing and management perspective［J］. Procedia - Social and Behavioral Sciences, 2011, 24:378-386.

［157］Bhattacharya C B, Elsbach D K. Us versus Them: the roles of organizational identification and disidentification in social marketing initiatives［J］. Journal of Public Policy & Marketing, 2002, 21(1):26-36.

［158］Erdogan B, Kraimer M L, Liden R C. Work value congruence and intrinsic career success: the compensatory roles of leader-member exchange and perceived organizational support［J］. Personnel Psychology, 2010, 57(2):305-332.

［159］Bashshur M R, Hernández A, Gonzálezromá V. When managers and their teams disagree: a longitudinal look at the consequences of differences in perceptions of organizational support［J］. Journal of Applied Psychology, 2011, 96(3):558-573.

［160］Baum M, Schafer M, Kabst R. Modeling the impact of advertisement-image congruity on applicant attraction[J]. Human Resource Management,2016,55(1):7-24.

[161] Martin D, Neill M, Hubbard S. The role of emotion in explaining consumer satisfaction and future behavioural lintention[J]. Journal of Services Marketing,2008,22(3):224-236.

[162] Koller M, Salzberger T. Cognitive dissonance as a relevant construct throughout the decision-making and consumption process - an empirical investigation related to a package tour[J]. Journal of Customer Behaviour,2007,6(3):217-227.

[163] Shih Y C. Online Reviews and pre-purchase cognitive dissonance:a theoretical framework and research propositions[J]. Journal of Emerging Trends in Computing and Information Sciences,2014,6:22-27.

[164] Badrinarayanan V, Becerra E P, Kim C H, et al. Transference and congruence effects on purchase intentions in online stores of multi-channel retailers:initial evidence from the U. S. and South Korea[J]. Journal of the Academy of Marketing Science,2012,40(4):539-557.

[165] Kamins M. An investigation into the "Match-up" hypothesis in celebrity advertising:when beauty may be only skin deep[J]. Journal of Advertising,1990,19(1):4-13.

[166] Lynch J, Schuler D. The matchup effect of spokesperson and product congruency:a schema theory interpretation[J]. Psychology & Marketing,1994,11(5):417-445.

[167] Close A, Krishen A, Latour M. This event is me:how consumer-event congruity leverages sponsorship [J]. Journal of Advertising Research,2009,49(3):271-284.

[168] Gwinner K P, Eaton J. Building brand image through event sponsorship:the role of image transfer[J]. Journal of Advertising,1999,28(4):47-57.

[169] Henrik S, Fredrik T. When communication challenges brand associations:a framework for understanding consumer responses to brand image incongruity[J]. Journal of Consumer Behaviour,2006,5(1):32-42.

[170] Back. The effects of image congruence on customers brand loyalty in the upper middle-class hotel industry[J]. Journal of Hospitality & Tourism Research,2005,29(4):448-467.

[171] DelHawkins, Coney K. Consumer behavior[M]. Building Marketing Strategy,1983,4(3):45-56 .

[172] Onkvisit S, Shaw J. Self-concept and image congruence:some research and managerial implications[J]. Journal of Consum Marketing,1987,4(1):13-23.

[173] Sirgy M. Self-conceptin consumer research:a critical review[J]. Journal of Consumer Research,1982,2 (3):23-27.

[174] 符国群. 消费者行为学[M]. 武汉:武汉大学出版社,2001:30-87.

[175] Hosany S, Martin D. Self-image congruence in consumer behavior[J]. Journal of Business Research, 2012,65(5):685-691.

[176] 韩慧林,邹统钎,庄飞鹏. 公司品牌形象对消费者购买意向的作用路径研究:基于中国跨国公司的实证分析[J]. 中央财经大学学报,2017(8):91-99.

[177] 秦其文,王兆峰,雷丽蓉. 民族文化旅游创意产业商业开发模式研究:以凤凰古城为例[J]. 旅游研究,2010,2(1):40-47.

[178] 乔均,尹坤. 自我一致性对象征性联合品牌购买意愿影响研究[J]. 品牌研究,2016,(3):22-28.

[179] Jamal A, Al-Marri M. Exploring the effect of self-image congruence and brand preference on satisfaction: the role of expertise[J]. Journal of Marketing Management,2007,23(7/8):613-629.

[180] Kressmann F, Sirgy M J, Herrmann A, et al. Direct and indirect effects of self-image congruence on brand loyalty[J]. Journal of Business Research,2006,59(9):955-964.

[181] He H W, Mukherjee A. I Am, Ergo I Shop:does store image congruity explain shopping behaviour of Chinese consumers? [J]. Journal of Marketing Management,2007,23 (5/6):443-460.

[182] Ibrahim H, Najjar F. Assessing the effects of self congruity, attitudes and customer satisfaction on

customer behavioural intentions in retail environment[J]. Marketing Intelligence & Planning, 2008, 26 (2): 207-227.

[183] Fu G Q, Saunders J, Qu R L. Brand extensions in emerging markets: theory development and testing in China[J]. Journal of Global Marketing, 2009, 22(3): 217-228.

[184] 孙国辉, 杨一翁. 感知质量与原产国对消费者评价的影响[J]. 商业研究, 2012(8): 14-21.

[185] Rogers C. Client-centered therapy: it's current practice, implications and theory[J]. 2003(1): 134-136.

[186] Levy S, Hanna G-G. Does advertising matter to store brand purchase intention? A conceptual framework [J]. Journal of Product & Brand Management, 2012, 21(2): 89-97.

[187] Kwak D H, Kang J H. Symbolic purchase in sport: the roles of self-image congruence and perceived quality[J]. Management Decision, 2009, 47(1): 85-99.

[188] He H W, Mukherjee A. Corporate identity and consumer marketing: a process model and research agenda [J]. Journal of Marketing Communications, 2009, 15(1): 1-16.

[189] Malar L, Krohmer H, Hoyer W D, et al. Emotional brand attachment and brand personality: the relative importance of the actual and the ideal self[J]. Journal of Marketing, 2011, 75(4): 35-52.

[190] Ericksen K M, Sirgy J M. Employedfemales´ clothing preference, self image congruence, and career anchorage[J]. Journal of Applied Social Psychology, 1992, 22(5): 408-422.

[191] 谭箐, 耿黎辉. 论女性自我概念与服装消费行为[J]. 西南交通大学学报(社会科学版), 2005, 6 (4): 119-122.

[192] Liu F, Li J, Mizerski D, et al. Self congruity, brand attitude, and brand loyalty: a study on luxury brands [J]. European Journal of Marketing, 2012, 46(718): 922-937.

[193] 牛婷. 自我概念、品牌个性对购买意愿的影响[D]. 重庆: 西南大学, 2014: 34-115.

[194] Aguirre-Rodriguez A, Bosnjak M, Sirgy J M. Moderators of the self-congruity effect on consumer decision-making: a meta-Analysis[J]. Journal of Business Research, 2012, 65(8): 1179-1188.

[195] Wolter S J, Cronin J J. Re-conceptualizing cognitive and affective customer-company identification: the role of self-motives and different customer-based outcomes[J]. Journal of the Academy of Marketing Science, 2016, 44(3): 397-413.

[196] Tsiotsou R. The role of perceived product quality and overall satisfaction on purchase intentions[J]. International Journal of Consumer Studies, 2006, 30(2): 207-217.

[197] Jacoby J, Olson J C, Haddock R A. Price, brandname, and product composition characteristicsas determinants of perceived quality[J]. Journal of Applied Psychology, 1971, 55(6): 570-579.

[198] 汪旭晖. 店铺形象对自有品牌感知与购买意向的影响研究[J]. 财经问题研究, 2007(8): 77-83.

[199] 王海忠, 王晶雪, 何云. 品牌名、原产国、价格对感知质量与购买意向的暗示作用[J]. 南开管理评论, 2007(6): 19-25.

[200] Boulding W, Kalra A, Staelin R, et al. A dynamic process model of service quality: from expectations to behavioral intentions[J]. Journal of Marketing Research, 1993, 30(1): 7-27.

[201] Lin C Y, Marshall D, Dawson J. Consumer attitudes towards a European retailers private brand food products: an integrated model of Taiwanese consumers[J]. Journal of Marketing Management, 2009, 25 (9/10): 875-891.

[202] Chang, T-Z, Wildt A R. Price, product information, and purchase intention: anempirical study[J]. Journal of The Academy of Marketing Science, 1994, 22(1): 16-27.

[203] Dodds W B, Monroe K B, Grewal D. Effects of price, brand, and store information on buyers product evaluations[J]. Journal of Marketing Research, 1991, 28(3): 307-319.

[204] Sheau-Feny Y, Sun-Mayl L, Yu-Gheew W. Store brand proneness: effects of perceived risks, quality And

familiarity[J]. Australasian Marketing Journal (AMJ),2011,20(1):48-58.

[205]Escalasje Y,Bettman J R. Self-construal,reference groups and brand meaning[J]. Journal of Consumer Research,2005,32(3):378-389.

[206]Converse P D,Piccone K A,Tocci M C. Childhood self-control,adolescent behavior and career success [J]. Personality and Individual Differences,2014,59(3):65-70.

[207]Punj G,Srinivasan N. Influence of expertiseand purchase experience on the formation of evoked sets[J]. Advances in Consumer Research,1989,16(1):507-514.

[208]Szybillo G J,Jacoby J. Intrinsic versus extrinsic cues as determinants of perceived product quality[J]. Journal of Applied Psychology,1974,59(1):74-78.

[209]Kirmani A,Rao A R. No pain,no gain:a critical review of the literature on signaling unobservable product quality[J]. Journal of Marketing,2000,64(2):66-79.

[210]Petty R E,Cacioppo J T,Schumann D. Central and peripheral routes to advertising effectiveness:the moderating role of involvement[J]. Journal of Consumer Research,1983,10(2):135-146.

[211]Labeaga J M,Lado N,Martos M. Behavioural loyalty towards store brands[J]. Journal of Retailing and Consumer Services,2007,14(5):0-356.

[212]Quester P G,Karunaratna A,Goh L K. Self-congruity and product evaluation:across-cultural study. Journal of Consumer Marketing,2000,17(6):525-535.

[213]Graeff T R. Image congruence effects on product evaluations:the role of self-monitoring and public private consumption[J]. Psychology And Marketing,1996,13(5):481-499.

[214]Gopal D. Linkages between self-Congruity,brand familiarity,perceived quality and purchase intention:a study of fashion retail brands[J]. Journal of Global Fashion Marketing,2015,6(3):180-193.

[215]Parasuraman A P,Zeithaml V A,Berry L L. SERVQUAL:a multiple-item scale for measuring consumer perceptions of service quality[J]. Journal of Retailing,1988,64(1):12-40.

[216]Alexandrov A,Lilly B,Babakus E. The effects of social- and self-motives on the intentions to share positive and negative word of mouth[J]. Journal of the Academy of Marketing Science,2013,41(5): 531-546.

[217]Napper L,Harris P R,Epton T. Developing and testing a self-affirmation manipulation[J]. Self and Identity,2009,8(1):45-62.

[218]Dursun I,Kabaday E T,Alan A K,et al. Store brand purchase intention:effects of risk,quality,familiarity and store brand shelf space[J]. Procedia-Social and Behavioral Sciences,2011,24(C):1190-1200.

[219]Nepomuceno M V,Laroche M,Richard M-O. How to reduce perceived risk when buying online:the interactions between intangibility,product knowledge,brand familiarity,privacy and security concerns [J]. Journal of Retailing and Consumer Services,2014,21(4):619-629.

[220]Diallo M F. Effects of store image and store brand price-image on store brand purchase intention: application to an emerging market[J]. Journal of Retailing and Consumer Services, 2012, 19(3): 360-367.

[221]Fishbein M A,Ajzen I. Belief,attitude,intention,and behavior:an introduction to theory and research [J]. Addison Wesley,1975,8(2):175-189.

[222]庄爱玲,余伟萍. 信息加工视角下品牌认知对消费者购买决策影响模型构建[J]. 情报杂志,2010, 29(7):203-207.

[223]张佳欣. 论 Dior 品牌的时尚营销与管理策略[J]. 全国商情,2016,(21):3-4.

[224]唐贵珍. 基于品牌成长规律的品牌建设研究[J]. 中国集体经济,2013,(28):37-38.

[225]刘志芳. 精准营销对品牌价值提升的机理研究[D]. 河北:河北大学,2010:12-15.

［226］Steven A. Taylor, Kevin Celuch, Stephen Goodwin. The importance of brand equity to customer loyalty ［J］. Journal of Product & Brand Management, 2013, 13(4):217-227.

［227］Normann R, Ramírez R. Designing interactive strategy: from value chain to value constellation［J］. Harvard Business Review, 1994, 71(4):1620-1630.

［228］Prahalad C K, Ramaswamy V. Co-opting customer competence［J］. Harvard Business Review, 2000, 78(1):79-90.

［229］Prahalad C K, Ramaswamy V. The new frontier of experience innovation［J］. MIT Sloan Management Review, 2003, 44(4):12-18.

［230］Prahalad C K, Ramaswamy V. Co-creation experiences practice in value creation［J］. Journal of Interactive Marketing, 2004, 18(3):5-14.

［231］Vargo S L, Lusch R F. Evolving to a new dominant logic for marketing［J］. Journal of Marketing, 2004, 68(1):1-17.

［232］Vargo S L, Robert F. Service-dominant logic: continuing the evolution［J］. Journal of the Academy of Marketing Science, 2008, 36(1):1-10.

［233］Schau H J, Muñiz A M, Arnould E J. How brand community practices create value［J］. Journal of Marketing, 2009, 73(5):30-51.

［234］Heinonen K, Strandvik T, Mickelsson K-J, et al. A customer - dominant logic of service［J］. Journal of Service Management, 2010, 21(4):531-548.

［235］李朝辉, 金永生. 价值共创研究综述与展望［J］. 北京邮电大学学报(社会科学版), 2013, 15(1):91-96.

［236］万文海, 王新新. 共创价值的两种范式及消费领域共创价值研究前沿述评［J］. 经济管理, 2013, 35(1):186-199.

［237］刘文超, 辛欣. "共同创造"思想的兴起与研究进展［J］. 管理观察, 2011, (7):17-20.

［238］安静. 知识密集型服务系统的服务价值共创实现模式研究［D］. 长春: 吉林大学, 2010.

［239］Kambil A, Friesen G B, Sundaran A. CO-creation: a new source of vaule［J］. Outlook, 1999(2):38-43.

［240］Ramirez R. Value co-production: intellectual origins and implications for practice and research［J］. Strategic Management Journal, 1999, 20(1):49-65.

［241］Meuter M L, Bitner M J. Self-service technologies: extending service frameworks and identifying issues for research［J］. Marketing Theory and Applications, 1998, (12):1.

［242］Grönroos C. Service logic revisited: who creates value? And who co - creates?［J］. European Business Review, 2008, 20(4):298-314.

［243］Nambisan S, Baron R. A different roles, different strokes: organizing virtual customer contributions［J］. Organization Science, 2010, 21(2):554-572.

［244］李朝辉, 卜庆娟, 曹冰. 虚拟品牌社区顾客参与价值共创如何提升品牌关系?: 品牌体验的中介作用［J］. 商业研究, 2019(6):9-17.

［245］Kelley P, Fisk R. Participating the service encounter: a theoretical framework: service marketing in a changing en-vironment［C］. Chicago: American Mar keting Association, 1985:117-121.

［246］胡银花, 孔凡斌. 消费者参与虚拟品牌社区价值共创动机的实证研究［J］. 湖北社会科学, 2018(5):73-80.

［247］Auh S, Bell S J, McLeod C S, et al. Co-production and customer loyalty in financial services［J］. Journal of Retailing, 2007, 83(3):359-370.

［248］魏庆刚. 基于顾客体验的价值共创影响机理研究及实证分析［J］. 河北工业科技, 2013, 30(6):407-413.

[249] Payne A F, Sror Backa K, Frow P. Managing the co-creation of value[J]. Journal of the Academy of Marketing Science, 2008(1) :83-96.

[250] 周兆山. 社会网络环境下顾客间价值共创对顾客忠诚的影响研究啊[D]. 北京:北京邮电大学,2014.

[251] 武文珍,陈启杰. 价值共创理论形成路径探析与未来研究展望[J]. 外国经济与管理,2012,34(6):66-73.

[252] 葛丽丽. 基于顾客体验的共创价值形成机理研究[J]. 商,2015(48):110-111.

[253] 刘敏. 消费者参与价值共创对消费者忠诚的影响:基于汽车服务业的实证研究[D]. 成都:电子科技大学,2018:14-20.

[254] 巫月娥. 顾客参与价值共创对顾客忠诚的影响:基于互联网+大规模定制模式的研究[J]. 重庆邮电大学学报(社会科学版),2019,31(2):101-109.

[255] Lusch R F, Vargo S. Service Dominant logic:reactions, reflections and refinements[J]. Marketing Theory,2006,(3):281-288.

[256] Vargo S,Lusch R F. Evolving to a new dominant logic for marketing[J]. Journal of Marketing,2004,68(1):1-17.

[257] 周靖. 消费者价值共创当前发展情况综述[J]. 现代营销(信息版),2019(3):248.

[258] Payne A F,Storbacka K,Frow P. Managing the co-creation of value[J]. Journal of Academic Market,2008,36(1):83-96.

[259] 吴小英. 虚拟社区价值共创对在线旅游企业品牌价值的影响研究[D]. 济南:山东大学,2015:26-27.

[260] Hoyer W D,Chandy R,Dorotic M,et al. Customer co-creation in new product development[J]. Journal of Service Research,2010,13(3):283-296.

[261] Gronroos C. Marketing as promise management:regaining customer management for marketing[J]. The Journal of Business Industrial Marketing,2009,24(516):351-359.

[262] 王玖河,刘琳. 顾客参与价值共创机理研究:基于结构方程模型的量化分析[J]. 企业经济,2017,36(2):73-81.

[263] 朱振中,程钧谟,刘福. 消费者独特性需求研究:回顾与展望[J]. 华东经济管理,2017,31(11):151-158.

[264] 张明立,贾薇,王宝. 基于独特性需要调节作用的顾客参与研究[J]. 管理工程学报,2011,25(2):53-61.

[265] 李朝辉. 基于顾客参与视角的虚拟品牌社区价值共创研究[D]. 北京:北京邮电大学,2013:45-71.

[266] 魏想明,潘佳欣. 基于扎根理论的顾客参与价值共创模式:以小米公司为例[J]. 湖北工业大学学报. 2019,34(6):9-13.

[267] Chuang S H, Lin H N. Co-creating e-service innovations:theory,practice,and impact on firm performance [J]. International Journal of Information Management,2015,35(3):277-291.

[268] Carbonell P,Rodriguez-Escudero A I, PUJARI D. Customer involvement in new service development:an examination of antecedents and outcomes[J]. Journal of Product Innovation Management,2009,26(5):536-550.

[269] 李太儒. 基于虚拟品牌社区的顾客价值共创行为转化研究[D]. 广州:广东工业大学,2017:27-40.

[270] Wang Y C, Hsiao S-H, Yang Z-G, et al. The impact of sellers′ social influence on the co-creation of innovation with customers and brand awareness in online communities[J]. Industrial Marketing Management,2016,54:56-70.

[271] 卜庆娟,金永生,李朝辉. 互动一定创造价值吗?:顾客价值共创互动行为对顾客价值的影响[J].

外国经济与管理,2016,38(9):21-37.

[272] 贾薇,张明立,王宝.服务业中顾客参与对顾客价值创造影响的实证研究[J].管理评论,2011,23(5):61-69.

[273] 申光龙,彭晓东,秦鹏飞.虚拟品牌社区顾客间互动对顾客参与价值共创的影响研究:以体验价值为中介变量[J].管理学报,2016,13(12):1808-1816.

[274] Vega-vazquez M,Revillacamacho M Á,Cossío-silva F J. The value co-creation process as a determinant of customer satisfaction[J].Management Decision,2013,51(10):1945-1953.

[275] Roggeveen A L,Tsiros M,Grewal D. Understanding the co-creation effect:when does collaborating with customers provide a lift to service recovery? [J].Journal of the Academy of Marketing Science,2012,40(6):771-790.

[276] Chen C F,Wang J P. Customer participation,value co-creation and customer loyalty - a case of airline online check-in system[J].Computers in Human Behavior,2016,62(C):346-352.

[277] Laroche M,Habibi M R,Richard M O,et al. The effects of social media based brand communities on brand community markers,value creation practices,brand trust and brand loyalty[J].Computers in Human Behavior,2012,28(5):1755-1767.

[278] Cossío-Silva F J,Revilla-Camacho M Á,Vega-Vázquez M,et al. Value co-creation and customer loyalty[J].Journal of Business Research,2016,69(5):1621-1625.

[279] Hsieh S H,Chang A. The psychological mechanism of brand co-creation engagement[J].Journal of Interactive Marketing,2016,33:13-26.

[280] 戴德宝,顾晓慧.用户参与行为、感知价值与忠诚度:基于移动短视频社交应用的分析[J].消费经济,2017,33(2):58-65.

[281] 王晶,程丽娟,宋庆美.基于顾客参与的定制满意度研究[J].管理学报,2008,5(3):391-395.

[282] 陈爱辉,鲁耀斌.SNS用户活跃行为研究:集成承诺、社会支持、沉没成本和社会影响理论的观点[J].南开管理评论,2014,17(3):30-39.

[283] Groth M. Customers as good soldiers:examining citizenship behaviors in internet service delivers[J].Journal of Management,2005,31(1):7-27.

[284] Bove L L,Pervan S J,Beatty S E,et al. Service worker role in encouraging customer organizational citizenship behaviors[J].Journal of Business Research,2009,62(7):698-705.

[285] Yi Y,Gong T. Customer value co-creation behavior:scale development and validation[J].Journal of Business Research,2013,66(9):1279-1284.

[286] 刘洪深,汪涛,张辉.从顾客参与行为到顾客公民行为:服务中顾客角色行为的转化研究[J].华东经济管理,2012,26(4):109-114.

[287] 武文珍,陈启杰.基于共创价值视角的顾客参与行为对其满意和行为意向的影响[J].管理评论,2017,29(9):167-180.

[288] 彭艳君.顾客参与量表的构建和研究[J].管理评论,2010,22(3):78-85.

[289] 曹花蕊,郑秋莹,韦福祥.基于多视角的顾客参与行为分类[J].现代管理科学,2013(3):41-44.

[290] Zeithaml V A. Consumer perceptions of price,quality,and value:a means-end model and synthesis of evidence[J].Journal of Marketing Service Quality,1988,12(3):135-138.

[291] 董大海,杨毅.网络环境下消费者价值感知的理论剖析[J].管理学报,2008(6):856-861.

[292] 范秀成,罗海成.基于顾客价值感知的服务企业竞争力探析[J]南开管理评论,2003(6):41-45.

[293] 余勇,田金霞,粟娟.场所依赖与游客游后行为倾向的关系研究——以价值感知、满意体验为中介变量[J].旅游科学,2010,24(3):54-62.

[294] 李志兰,牛全保,李东进.文化消费支出决策:价值感知、参照群体影响和资源约束[J].经济经纬,

2019,36(6):117-124.

［295］Chen Z,Dubinsky A J. A conceptual model of perceived customer value in ecommerce:a preliminary investigation［J］. Psychology and Marketing,2003,20(4):323-347.

［296］王春霞,张明立. 论顾客价值与顾客导向理论的关联性［J］. 哈尔滨商业大学学报(社会科学版),2006,(1):71-75.

［297］夏天添. 品质感知、价值感知与购买意愿:基于经验取样法的有调节的中介模型［J］. 商业经济研究. 2019(17):75-78.

［298］杨晓燕. 绿色价值:顾客感知价值的新维度［J］. 中国工业经济,2006(7):110-116.

［299］罗海青. 顾客价值感知要素实证研究［D］. 杭州:浙江大学,2003:69-75.

［300］Poyry E,Parvinen P,Malmivaara T. Can we get from liking to buying? Behavioral differences in hedonic and utilitarian Face-book usage［J］. Electronic Commerce Research and Application,2013,12 (4):224-235.

［301］Turel O,Serenko A,Bontis N. User acceptance of wireless short messaging services:deconstructing perceived value［J］. Information & Management,2006,44 (1):63-73.

［302］李泽昀. 中国情境下奢侈品母品牌价值感知对延伸品购买意愿的影响研究［D］. 哈尔滨:哈尔滨工业大学,2019:43-48.

［303］刘季红. 虚拟品牌社区价值感知对品牌至爱的影响研究:这区认同的中介作用［D］. 蚌埠:安徽财经大学,2015:14-16.

［304］Kim H W,Gupta S,Koh J. Investigating the intention to purchase digital items in social networking communities:a customer value perspective［J］. Information & Management,2011,48(6):228-234.

［305］邵景波,李泽昀,高子强. 奢侈品母品牌价值感知对延伸品购买意愿的影响:顾客满意和品牌信任的链式中介作用［J］. 预测,2019,38(3):38-44.

［306］张扬. 虚拟品牌社区价值感知对品牌忠诚影响实证研究［D］. 济南:山东大学,2014:25-28.

［307］王新新,薛海波. 品牌社群社会资本、价值感知与品牌忠诚［J］. 管理科学,2010,23(6):53-62.

［308］陈容容. 虚拟品牌社群中顾客互动对品牌忠诚度的影响:基于电子信息产品虚拟社区369个样本的分析［J］. 浙江树人大学学报(人文社会科学),2018,18(4):27-34.

［309］Babin B J,Darden W R,Griffin M. Work and/or fun:measuring hedonic and utilitarian shopping value［J］. Journal of Consumer Research ,1994,20(4):644-656.

［310］Woodruff R B. Customer value:the next source for competitive advantage［J］. Journal of the Academy of Marketing Science,1997,25(2):139-153.

［311］刘研,仇向洋. 顾客价值理论综述［J］. 现代管理科学,2005(5):82-84.

［312］Pine B J,Gilmore J H. Welcome to the experience economy［J］. Harvard Business Review,1998,76 (4):97-105.

［313］黄杰,马继,谢霞,等. 旅游者体验价值感知的维度判别与模型研究:基于新疆游客网络文本的内容分析［J］. 消费经济. 2017,33(02):85-91.

［314］Kim B,Oh J. The Difference of Determinants of Acceptance and Continuance of Mobile Data Services:A Value Perspective ［J］. Expert Systems with Applications,2010,38(3):1798-1804.

［315］肖怀云. 移动社会网络用户创造价值行为及其 影响研究:基于感知体验价值［D］. 南京:东南大学,2018.

［316］李建州,范秀成. 三维度服务体验实证研究［J］. 旅游科学,2006(2):54-59.

［317］Hennigs N,Wiedmann K-P,Strehlau S,et al. Consumervalue perception of luxury goods:a cross-cultural and cross-Industry comparison［J］. Psychology and Marketing,2012,29(12):1018-1034.

［318］彭涛. 基于利益相关者视角的品牌价值创造机理分析［D］. 重庆:重庆交通大学,2008:1-8.

[319]徐颖,陈静,向永胜.基于顾客价值创造的品牌形象策略研究[J].营销界,2019(42):27-27.

[320]Joshi A W,Sharma S. Customer knowledge development:antecedents and impact on new product performance[J]. Journal of Marketing,2004,68(4):47-59.

[321]邓植谊.淘品牌的界定及其价值创造特征分析[J].品牌研究,2019(16):93-94.

[322]魏洪亮.顾客参与下的价值创造[J].企业改革与管理,2009(8):71-72.

[323]朱讷言,付彩.浅谈网络众包社区中的顾客参与品牌价值创造[J].中国商论,2019(23):91-92.

[324]Prahalad C K. Co-opting customer competence[J]. Harvard Business Review,2000,25(1):1-8.

[325]吴菊华,李太儒.社会化电子商务情境下的价值共创研究[J].商业经济研究,2017,(22):71-74.

[326]Hoyer W D,Chandy R,Dorotic M,et al. Consumer co-creation in new product development[J]. Journal of Service Research,2010,13(3):283-296.

[327]Etgar M. A descriptive model of the consumer co-production process[J]. Journal of the Academy of Marketing Science,2008,36(1):97-108 .

[328]何海娇.顾客参与对顾客忠诚的影响研究[D].广州:广东工业大学,2012.

[329]王如意.服务业关系中顾客参与、信任与忠诚的关系研究[J].营销科学学报,2008,4(3):14-26.

[330]康庄,杨秀苔,余元全.服务业消费者参与、信任与满意关系研究[J].中南财经政法大学学报,2009(1):135-140.

[331]舒伯阳.基于体验经济的价值链分析及企业竞争策略[J].经济管理,2004(1):27-31.

[332]牟明慧.定制营销中顾客参与对顾客保留的影响研究[D].济南:山东大学,2017.

[333]萧琳.基于顾客感知价值的体验式营销策略研究[J].中国商论,2017(3):20-21.

[334]李朝辉,金永生,卜庆娟.顾客参与虚拟品牌社区价值共创对品牌资产影响研究:品牌体验的中介作用[J]营销科学学报,2014,10(4):109-124.

[335]董雅丽,何丽君.基于消费者感知价值的品牌忠诚研究[J].商业研究,2008(11):187-190.

[336]黄海洋.顾客感知价值对顾客忠诚的影响研究[D].沈阳:辽宁大学,2014.

[337]Yu J R,Lu Y. Study on thedevelopment of Nanchang tourism brand[J]. Journal of Nanchang Hangkong University,2017,19(1):4-46.

[338]蒋倩.虚拟品牌社区中顾客参与价值共创的影响因素分析[J].现代商贸工业.2019,40(9):70-71.

[339]张婧,邓卉.品牌价值共创的关键维度及其对顾客认知与品牌绩效的影响:产业服务情境的实证研究[J].南开管理评论,2013,16(2):104-115.

[340]Lemke F,Clark M,Wilson H. Customer experience quality:an exploration in business and consumer contexts using repertory grid technique[J]. Journal of the Academy of Marketing Science,2011,39(6):846-869.

[341]杨建华.消费体验对零售商品牌资产影响的实证研究[J].暨南学报(哲学社会科学版),2015,37(12):38-47.

[342]李启庚,余明阳.品牌体验价值对品牌资产影响的过程机理[J].系统管理学报,2011,20(6):744-751.

[343]缪松林.顾客参与对顾客忠诚的影响研究[D].深圳:深圳大学,2017:22-26.

[344]朱丽叶,袁登华,张红明.吴小英.顾客参与品牌共创如何提升品牌忠诚?:共创行为类型对品牌忠诚的影响与作用机制研究[J].外国经济与管理,2018,40(5):84-98.

[345]蒋天琳.共创价值行为对顾客忠诚度的影响研究:以淘品牌为例[D].成都:电子科技大学,2016.

[346]Chan K W,Yim C K,Lam S S K. Is customer participation in value creation a double-edged sword? evidence fromprofessional financial services across cultures[J]. Journal of Marketing,2010,74(3):48-64.

［347］Ostrom A L,Bitner M J,Brown S W,et al. Moving forward and making a difference:Research priorities for the science ofservice[J]. Journal of Service Research,2010,13(1):4-36.

［348］于强. 体验营销的价值创造研究[D]. 济南:山东大学,2006:17-26.

［349］Ostrom A L,Bitner M J,Brown S W,et al. Moving forward and making a difference:research priorities for the science of service[J]. Journal of Service Research,2010,13(1):4-36.

［350］郝晓凡,苗倩,杨若桐. 浅析体验经济下的企业品牌视觉形象设计[J]. 西部皮革,2019,41(15):90-92.

［351］胡琦. 基于体验下的品牌形象线脉沟通设计法研究[D]. 武汉:武汉理工大学,2012:15-18.

［352］王琳. 基于情感记忆理念的品牌形象设计研究[D]. 南京:东南大学,2016:18-21.

［353］皮平凡. 酒店顾客体验价值理论研究[J]. 江西财经大学学报,2009(2):101-107.

［354］杨国玉. 虚拟品牌社区中顾客参与对品牌价值创造简析[J]. 内蒙古科技与经济,2018(22):17-18.

［355］陈瑶,姚晨洁,胡守忠. 全渠道零售下服装消费体验的模型构建与应用分析[J]. 北京服装学院学报(自然科学版),2019,39(3):78-85.

［356］厉春雷. 美学视角的品牌竞争优势:价值创造与美感体验[J]. 学术交流,2013(2):137-139.

［357］Mathwick C,Malhotra N,Rigdon E. Experiential value:conceptualization,measurement and application in the catalog and internet shopping environment[J]. Journal of Retailing,2001,77(1):39-56.

［358］张凤超,尤树洋. 体验价值结构维度理论模型评介[J]. 外国经济与管理,2009,31(8):46-52.

［359］黄曦. 情感化在品牌设计中的运用与体现[J]. 青年时代,2017(34):133-134.

［360］Jensen Q,Hansen K V. Consumer values among restaurant customers[J]. Hospitality Management,2006,26(3):603-622.

［361］Wellings T,Williams M A,Pitts M. Customer perception of switch-feel in luxury sports utility vehicles[J]. Food Quality and Preference,2008,19(8):737-746.

［362］陈耕,杨格花. 服装卖场氛围营造对服装品牌价值的影响[J]. 装饰,2009(5):106-109.

［363］杨桂菊,侯丽敏,柏桦,等. 老字号品牌知名度、形象与支持:资产还是包袱?:基于品牌资产的顾客忠诚度研究[J]. 经济与管理研究,2015,36(5):138-144.

［364］钱才女. 老字号品牌属性对消费者感知价值及品牌忠诚意向的影响机理研究[D]. 杭州:浙江工商大学,2017:27-28.

［365］邱梦瑶. 旅游体验价值共创行为对游客忠诚的影响研究[D]. 南昌:江西财经大学,2019:5-15.

［366］Gentile C,Spiller N,Noci G. How to sustain the customer experience:an overview of experience components that co-create value with the customer[J]. European Management Journal,2007,25(5):395-410.

［367］黄天虎. 房地产业顾客参与对品牌忠诚的影响[D]. 南京:南京财经大学,2012:27-30.

［368］周名哲. 网络购物顾客参与、体验价值和行为意向的研究[D]. 北京:北京工商大学. 2014:19-32.

［369］Davis F D,Venkatesh V,Davis F D. A theoretical extension of the technology acceptance model:four longitudinal field studies [J]. Management Science,2000,46(2):186-204.

［370］陈少霞,张德鹏. 顾客创新价值形成机理及其计量模型建构-基于计划行为论[J]. 科技进步与对策,2014,31(20):18-26.

［371］Claycomb C,Lengnick-Hall C A,Inks L,et. al. The customer as a productive resource:a pilot study and strategic implications[J]. Journal of Business Strategies,2001,18(1):47-69.

［372］Neghina C,Caniels M C J,Bloemer J M M,et al. Value cocreation in service interactions:dimensions and antecedents[J]. Marketing Theory,2015,15(2):221-242.

［373］牛振邦,白长虹,张辉,等. 浅层互动能否激发顾客价值共创意愿:基于品牌体验和价值主张契合

的混合效应模型[J].科学学与科学技术管理,2015,36(11):112-123.

[374]卫海英,杨国亮.企业-顾客互动对品牌信任的影响分析:基于危机预防的视角[J].财贸经济,2011 (4):79-84.

[375]Şahin A,Cermal I,Hakan K. Does brand communication increase brand trust? The empirical research on global mobile phone brands[C]. The International Strategic Management Conference,2012,58(C):1361-1369.

[376]吴思,凌咏红,王璐.虚拟品牌社区中互动、信任和参与意愿之间关系的研究[J].情报杂志,2011,30(10):100-105.

[377]Gavilan D,Avello M,Martinez-Navarro G. The influence of online ratings and reviews on hotel booking consideration[J]. Tourism Management,2018,66(66):53-61.

[378]马克态.品牌体验、信任与满意[J].中大管理研究,2011,6(3):15-29.

[379]Delgado-Ballester E,Munuera-Alemán J L. Brand trust in the context of consumer loyalty[J]. European Journal of Marketing,2001,35(11/12):1238-1258.

[380]魏晓宇,陈雪琼,刘丽梅.顾客旅游虚拟社区中价值共创行为对品牌信任的影响[J].广西经济管理干部学院学报,2018,30(1):71-76.

[381]Chaydhuri A,Holbrook M B. The chain of effects frombrand trust and brand affect to brand performance: the role of brandloyalty[J]. Journal of Marketing,2001,65(2):81-93.

[382]赵赟,李荣日.职业网球赛事品牌形象对品牌忠诚影响研究:感知价值和信任的中介效应[J].沈阳体育学院学报.2019,38(5):62-70.

[383]Park C W,MacInnis D J,Prester J. Beyond attitudes:Attachment and consumer behavior[J]. Seoul Journal Business,2006,12(2):3-35.

[384]许正良,古安伟,马欣欣.基于消费者价值的品牌关系形成机理[J].吉林大学社会科学学报.2012,52(2):130-136.

[385]Rousseau D M,Sitkin S B,Burt R S,et al. Not so different after all:a cross-discipline view of trust[J]. Academy of Management Review,1998,23(3):393-404.

[386]胡常春.基于顾客信任的品牌忠诚度提升策略探讨[J].当代经济,2013(21):46-47.

[387]Yi Y,Gong T. Customer value co-creation behavior:scale development and validation[J]. Journal of Business Research,2013,66(9):1279-1284.

[388]李太儒.基于虚拟品牌社区的顾客价值共创行为转化研究[D].广州:广东工业大学,2017:39-40.

[389]申光龙,彭晓东,秦鹏飞.虚拟品牌社区顾客间互动对顾客参与价值共创的影响研究:以体验价值为中介变量[J].管理学报,2016,13(12):1808-1816.

[390]Hennigs N. Consumervalue perception of luxury goods:a cross-cultural and cross-industry comparison [J]. Luxury Marketing,2013(1):77-99.

[391]李朝辉,金永生.价值共创研究综述与展望[J].北京邮电大学学报(社会科学版),2013,15(1):91-96.

[392]Solem B A A. Influences of customer participation and customer brand engagement on brand loyalty[J]. Journal of Consumer Marketing,2016,33(5):332-342.

[393]刘柳.电子政务服务价值共创公众参与意愿影响因素研究[D].南京:南京大学,2016:38.

[394]Zhao Y,Chen Y W,Zhou R X. Factors influencing customers′ willingness to participate in virtual brand community's value co-creation:the moderating effect of customer involvement[J]. Online Information Review,2019,43(3):440-461.

[395]魏晓宇,陈雪琼,刘丽梅.顾客旅游虚拟社区中价值共创行为对品牌信任的影响[J].广西经济管理干部学院学报,2018,30(1):71-76.

[396]赵锁学.品牌与品牌创新刍议[J].经济与管理,2003(3):27.

[397]余明阳,杨芳平.品牌学教程[M]上海:复旦大学出版社,2009.

[398]Chen Y S. The driver of green innovation and green image-green core competence[J]. Journal of Business Ethics,2008,81(3):531-543.

[399]Boisvert J, Ashill N J. How brand innovativeness and quality impact attitude toward new service line extensions:the moderating role of consumer involvement[J]. Journal of Services Marketing,2011,25(7):517-527.

[400]沈于蓝.基于组织学习的老字号品牌创新研究[D].上海:华东理工大学,2015.

[401]靳少罕.河北省"中华老字号"企业品牌创新研究[D].石家庄:河北经贸大学,2017.

[402]胡旺盛,魏晓敏.品牌杠杆作用下品牌创新的策略研究[J].商业经济研究,2017(19):67-68.

[403]Fazal-e-Hasan S M, Hormoz A, Louise K, et al. The role of brand innovativeness and customer hope in developing online repurchase intentions[J]. Journal of Brand Management,2019,26(2):85-98.

[404]张岩松.品牌创新的四大基石[J].企业改革与管理,2005,(2):74-75.

[405]赵利国.品牌创新与整合营销传播[D].济南:山东大学,2007.

[406]刘宝玲.关于企业品牌创新及保护的战略选择[J].生产力研究,2008(10):129-130.

[407]刘新.论企业品牌创新的方式与维护[J].管理观察,2008(12):53-55.

[408]张芝兰.关于企业品牌创新及保护的战略选择[J].山西科技,2008(04):5-7.

[409]董秀春.品牌创新经营的对策研究[J].产业与科技论坛,2008(5):31-33.

[410]郑玉香,梁红.我国高端消费品的品牌创新与策略[J].企业经济,2015,34(7):27-30.

[411]马娟玲.北京老字号"稻香村"品牌创新策略研究[D].北京:首都经济贸易大学,2015.

[412]张瑾.上海服装行业老字号品牌创新策略研究[D].上海:华东师范大学,2015.

[413]周芳.基于商业生态系统的技术、商业模式、品牌协同创新耦合机制研究[J].商业经济研究,2016(10):108-109.

[414]刘敏.供给侧改革背景下我国民族消费品牌创新发展研究[J].求索,2017(10):83-89.

[415]吴锦峰,常亚平,潘慧明,等.服装产品创新对品牌权益的影响:基于消费者的视角[J].预测,2014,33(5):8-14.

[416]桑盼盼,沈雷,张竞羽.新常态下服装品牌差异化创新策略应用[J].服装学报,2018,3(5):460-465.

[417]Eisingerich A B, Rubera G. Drivers of brand commitment:a cross-national investigation[J]. Journal of International Marketing,2010,18(2):64-79.

[418]姚立丹.男装品牌创新经营的研究[D].无锡:江南大学,2007.

[419]范铁明,赵志军.东北皮草服装品牌发展与创新[J].大众文艺,2013(19):261-262.

[420]王雪燕.浅议服装独立设计师的品牌意识与创新趋势[J].服饰导刊,2014,3(1):55-61.

[421]祖聪聪,安文豪.浅谈品牌服装的继承与创新[J].艺术科技,2014,27(4):291.

[422]Huang P-Y, Kobayashi S, Isomura K. How UNIQLO evolves its value proposition and brand image:imitation,trial and error and innovation[J]. Strategic Direction,2014,30(7):42-45.

[423]卢婷苑.浅谈服装品牌市场营销现状与创新[J].现代交际,2017(7):75.

[424]沈雷,张竞羽.大数据时代的中国服装品牌创新策略[J].服装学报,2016,1(1):117-122.

[425]张圆圆.互联网时代下服装品牌的创新之路—以速品为例[J].科技经济导刊,2018,26(10):134-135.

[426]崔业松,董培琪,张竞羽.基于SWOT矩阵模型的江苏省服装品牌创新策略[J].针织工业,2018(8):49-54.

[427]李丹.大数据背景下中国服装品牌创新对策分析[J].艺术科技,2018,31(3):141.

［428］Sujan M. Consumer knowledge：effects on evaluation strategies mediating consumer judgments［J］. Journal of Consumer Research，1985，12（1）：31-46.

［429］Ward J，Loken B. The quintessential snack food：Measurement of product prototypes［J］. Advances in Consumer Research，1986，13（1）：126-131.

［430］蒋廉雄，何云，朱辉煌，等.品牌原型的理论基础、研究回顾与展望［J］.外国经济与管理，2010，32（1）：41-49.

［431］曹伟宝，狄方耀，杨建州.西藏特色农产品高端品牌原型形成机制研究：基于供应链视角［J］.中国藏学，2017（1）：133-139.

［432］刘英为，汪涛，周玲，等.中国品牌文化原型研究：理论构建与中西比较［J］.营销科学学报，2018，14（1）：1-20.

［433］张克一，唐小飞，苏浩玄，等.创新战略：品牌关系驱动与服务创新驱动的影响力比较研究［J］.预测，2018，37（4）：39-45.

［434］汪涛，熊莎莎，周玲.全球化背景下中国品牌文化原型资源的开发：基于原型理论的研究框架［J］.华东师范大学学报（哲学社会科学版），2020，52（6）：152-163.

［435］蒋廉雄，战男，朱辉煌，等.企业创新活动如何转化为品牌效应：类别化认知的主导机制［J］.外国经济与管理，2017，39（3）：61-78.

［436］Nedungadi P J，Hutchinson W. The prototypicality of brands：relationships with brand awareness，preference and usage［J］. Advances in Consumer Research，1985，12（1）：498-503.

［437］Peracchio L A，Tybout A M. The moderating role of prior knowledge in schema-based product evaluation［J］. Journal of Consumer Research，1996，23（3）：177-192.

［438］蒋廉雄，朱辉煌.品牌认知模式与品牌效应发生机制：超越"认知—属性"范式的理论建构［J］.管理世界，2010（9）：95-115.

［439］唐小飞，汪阳，王春国，等.高新技术企业品牌关系驱动力和品牌资产研究［J］.科研管理，2017，38（12）：70-77.

［440］Schultz S E，Kleine R，Kernan J B. These are a few of my favorite thing Toward an explication of attachment as a consumer behavior construct［J］. Advances in Consumer Research，1989，16（10），359-366.

［441］Trinke S J，Bartholomew K. Hierarchies of attachment relationships in young adulthood［J］. Journal of Social and Personal Relationships，1997，14（5）：603-625.

［442］Thomson M，Macinnis D J，Park C W. The ties that bind：measuring the strength of consumers' emotional attachments to brands［J］. Journal of Consumer Psychology，2005，15（1）：77-91.

［443］Park C W，MacInnis D J. What's in and what's out：Questions on the Boundaries of the Attitude Construct［J］. Journal of Consumer Research，2006，33（1）：16-18.

［444］Thach E C，Olsen J. The role of service quality in influencing brand attachment at winery visitor centers［J］. Journal of Quality Assurance in Hospitality & Tourism，2006，7（3）：59-77.

［445］Lacoeuilhe J. Quelle mesure pour lattachement à la marque？［J］. Revue Francaise Du Marketing，2007，213（7）：7-25.

［446］姜岩，董大海.品牌依恋理论研究探析［J］.外国经济与管理，2008（2）：51-59.

［447］侯海青.基于品牌依恋的品牌社群经营研究［J］.中国管理信息化，2009，12（13）：106-107.

［448］李欣，张明立，罗暖.品牌形象对品牌关系利益的影响［J］.管理科学，2016，29（6）：120-130.

［449］侯清峰，于洪彦，梁剑平.金钱与时间线索对品牌依恋的影响及其机制研究［J］.管理学报，2018，15（11）：1705-1712.

［450］潘海利，黄敏学.用户三元情感关系的形成与差异化影响：满意、依恋、认同对用户行为的交互补

充作用[J].南开管理评论,2017,20(4):16-26.

[451]祝裕卿,袁海霞.不同类型的微信公众号如何影响消费者品牌依恋[J].商业经济,2019(3):76-79.

[452]苏淑芬.自我一致性对品牌依恋的影响:解释水平的调节作用[J].现代商贸工业,2020,41(23):47-49.

[453]张义,孙明贵.怀旧消费决策模型及其营销启示[J].商业研究,2012(9):185-189.

[454]Bidmon S. How does attachment style influence the brand attachment-brand trust and brand loyalty chain in adolescents?[J]. International Journal of Advertising,2017(36):164-189.

[455]Thomson M. Human brands:Investigating antecedents to consumers´ strong attachments to celebrities [J]. Journal of Marketing,2006,70(3):104-119.

[456]杨春.消费者品牌依恋的内容结构及其相关研究[J].广州:暨南大学,2009.

[457]周健明,郭国庆,张新圣.网络负面谣言与品牌依恋:品牌涉入与品牌信任的作用[J].经济管理,2015,37(9):83-91.

[458]Malar L,Krohmer H,Hoyer W D,et al. Emotional brand attachment and brand personality:the relative importance of the actual and the ideal self [J]. Journal of Marketing,2011,75(4):35-52.

[459]Japutra A,Ekinci Y,Simkin L. Exploring brand attachment,its determinants and outcomes[J]. Journal of Strategic Marketing,2014,22(7):616-630.

[460]周松,井淼.品牌依恋影响因素的实证研究[J].西南民族大学学报(自然科学版),2013,39(2):275-279.

[461]姜捷萌.消费者自我概念一致性对品牌依恋影响研究[D].大连:大连海事大学,2013.

[462]臧志谊,王聪.消费者自我一致性和品牌情感依恋:现实-理想自我差异的调节作用[J].消费经济,2014,30(3):49-54.

[463]刘英贵,李海峰.新媒体传播中精准广告的营销方式研究[J].当代传播,2013(4):86-88.

[464]冉雅璇,卫海英.互动仪式链视角下品牌危机应对的多案例研究[J].管理学报,2016,13(5):647-656.

[465]Dawar N,Lei J. Brand crises:the roles of brand familiarity and crisis relevance in determining the impact on brand evaluations[J]. Journal of Business Research,2008,62(4):509-516.

[466]Wei H Y,Yang G L. A brand crisis prevention model guided by the interaction orientation[J]. Journal of Business Economics,2012,1(12):42-51.

[467]丁瑛,张红霞.品牌文化测量工具的开发及其信效度检验[J].南开管理评论,2010,13(5):115-122.

附 录

附录 A　服装品牌形象测评指标数据的编码过程

表 A-1　服装品牌形象测评指标数据编码过程

参考点举例	概念化		范畴化
对形象知觉的预测变量有内在属性（产品具体的、物理的特征，如纹理、质量）和外在属性（与产品相关，但不是物理的产品本身，如价格、广告）（Pope，1998）	aa1 款式	aa1 款式	A1 产品形象
	aa2 花样		
	aa2 纹理		
产品形象是基于产品维度的形象构成部分，包括产品类型、质量、价格。（高辉，2007）	aa3 图案		
品牌表现是与某品牌名称相联系并且是消费者所喜欢的产品有形属性所决定的功能性效用如耐久度、耐磨性等有关质量的属性，这些效用满足消费者的功能需求和实际的个人需求。（关辉，2008）	aa4 耐久度	a3 质量	
适用于一般耐用消费品品牌形象的抽象维度应包括功能性、耐久、服务性等。（Crask，1995）	aa5 耐磨性		
网络零售商应注意引进时尚的新品以丰富其商品品类或款式，并对质优价廉的商品进行线上重点展示和宣传。此外，以虚拟现实的形式提供商品图片信息、鼓励购物者购后发表在线商品评论、提供功能强大的商品搜索引。（吴锦峰，2012）	aa6 档次	a4 档次	
网络零售商应注意引进时尚的新品来丰富其商品品类或款式，并对质优价廉的商品进行线上重点展示和宣传。此外，以虚拟现实的形式提供商品图片信息、鼓励购物者购后发表在线商品评论、提供功能强大的商品搜索引。（吴锦峰，2012）	aa7 价格	a5 价格	
品牌就是一个名字、称谓、符号或设计，或是上述的总和，其目的是使自己的产品或服务有别于竞争者（Fillip，1996）	aa8 名称	A6 品牌名称	A2 品牌标识形象
服装品牌商标、名称、品牌代言人都能很好地展现符号形象对品牌的诠释。（王璐璐，2013）	aa9 商标	a7 品牌商标	
	aa10 符号设计		
品牌的符号形象是品牌形象最直接的表象，包括品牌标识、包装、风格、独特色彩等。（刘凤军，2009）	aa11 色彩	a8 品牌特有色彩	
	aa12 风格	a9 品牌服装风格	
	aa14 包装	a10 品牌包装	
公司形象即组织形象研究的要素主要包括革新性、历史延续性（指企业的历史、规模、实力等）、社会营销意识（产品上新及供应速度）及对消费者的关注程度。（黄胜兵	aa15 历史延续	a11 历史延续	A3 企业形象

参考点举例	概念化		范畴化
品牌形象是消费者对品牌的态度，包括品牌认知和情感感知层面。品牌认知包括品牌表现和公司形象。公司形象是消费者对公司持有的信念。公司形象在中国非常重要，国内企业都使用公司品牌这种模式，即公司名称与品牌名称是一致的，公司形象对品牌的影响非常显著。（关辉，2008）	aa16 文化内涵	a12 文化内涵	
企业形象通过抽象的企业价值观、文化内涵和技术创新等传递给消费者（范成秀，2002）	aa17 服务创新能力	a13 创新能力	
企业对服务的创新应提上品牌形象建设的日程，近年来各服装品牌都推出会员卡优惠等常客优惠项目，这种"常客计划"的吸引力正逐渐下降，所以服装企业必须推出一些新的服务让顾客感受到自己的与众不同，满足消费者求新、求异的普遍心理。（王璐璐，2012）	aa18 产品创新能力		
创新能力是最重要的"企业联想"之一。（范成秀，2002）	aa19 上新速度	a14 货品更新速度	
消费者由品牌联想到企业，包括企业文化、社会声誉、创新能力、技术实力（零售行业反映为货品供应及更新速度）。企业形象传承的核心是品牌的精神内涵，这种内涵除了从产品和品牌本身展现出来，还体现在企业的文化、组织、管理之中。（刘凤军，2009）	aa20 应急事件处理	a15 企业行为	
服务失误是无法避免的，虽然有些时候服务失误并不是由企业的过失造成的，但是企业采取的补救措施即进一步的行为活动有助于顾客与品牌建立良好的信任关系，从而树立正向的形象。（王璐璐，2012）	aa21 顾客关注度		
许多企业都将"顾客至上"视为企业的核心价值，如果能真正做到这一点，消费者会产生被重视的感觉，对企业更加信赖，且容易产生亲近感，有助于帮助企业塑造形象。			
品牌长期的广告、营销必然会在消费者头脑中留下对品牌理念的反映。（许晓勇，2003）	aa22 广告	a16 媒体广告	A4 宣传形象
安踏品牌的宣传形象构成中品牌代言人具有至关重要的作用，有益于品牌核心价值的直观传递。（王伊蕾，2015）	aa23 代言人	a17 形象代言	
服装品牌的促销宣传形象包含广告形象和销售推广形象。其中广告形象利用电视、报纸、杂志、POP 等形式传递，销售推广形象与品牌各类促销折扣活动有关。（王璐璐，2012）	aa24 折扣促销	a18 折扣促销	
店铺的促销力度减弱，顾客的冲动性购物意愿就会降低。促销形象对冲动性购买意愿的影响虽然可以立竿见影，但影响不稳定。因此，尽管可以通过促销活动迅速吸引顾客购买，零售商还需通过其他形象的提升来强化顾客的冲动性购买意愿。（许晓勇，2003）			

参考点举例	概念化		范畴化
品牌客服在销售过程中的响应性的专业程度、及时性，以及与售后环节有关的物流速度、订单跟进等服务均会对品牌整体形象产生影响。（肖锴，2017）	aa25 服务专业度	a19 售前服务	A5 服务形象
与线上消费相比，在实体服装品牌店铺中，消费者更关注的不是产品的售后服务而是售前服务。服务人员在售前服务中的专业素养和态度，化被动为主动成为塑造品牌形象的关键。（於凌，2018）	aa26 服务态度		
	aa27 回复及时性	a20 售后服务	
	aa28 售后物流速度		
	aa29 售后订单跟进		
服装品牌的服务形象中，售货员服务形象包括服务质量、仪表、人数等方面。（徐虹，2007）	aa30 售货员形象	a21 销售人员形象	
设计良好的网站，包括建立顾客导向的网络导航系统、优化网站展示页面设计，以丰富网站内容；展示丰富的产品信息，包括细致的商品图片及品牌信息；提高客服人员的质量，让消费者感知到对其反馈和关注等这些外在的因素对提高商品购买率非常重要，因为这些形象设计能够消费者的虚拟体验而直接致使产生购买行为。（姜参，2003）	aa32 网页导航设计	a22 网页界面设计	A6 网络形象
	aa33 网页展示页面设计		
品牌有关信息内容真实性、交易付款机制安全性、个人信息的保护性作为均与品牌形象有关。（肖锴，2017）	aa34 信息内容	a23 网页信息设计	
网站内容、网站设计、网站外观和浏览者个体差异是经由网络体验对品牌产生初步印象的前因变量。（肖锴，2017）	aa35 图片设计	a24 网页图片风格	
网络的形象建设应包括网站和系统设施、产品和促销信息、交易服务、便利性、图片和视觉设计等方面。（赵彦东，2014）	aa36 个人信息安全性	a25 网站安全性	
不同的网站设计及网页风格会给消费者留下不同的网络购物虚拟体验感，网站形象功能设计已成为影响在线消费者购物体验的关键因素。	aa37 付款安全性		
消费者能够在多大程度上找到自己想要的信息或产品的容易性是影响消费者在线购物体验的一个因素。（Hans，2014）	aa38 便利性	a26 网站便利性	
实体商店的形象会影响消费者的心情、停留时间和购物态度，甚至会使消费者产生物超所值的感觉。	aa39 店铺橱窗环境	a27 店铺橱窗陈列	A7 店铺形象
店铺橱窗环境包括内环境与外环境，是品牌文化和商品风格的传递口，其结构布局、产品、色彩合理搭配是提高消费者进店的关键。在品牌服装橱窗陈列中，背景及广告展板的设计不仅可以渲染橱窗风格，还可以宣传橱窗形象。（於凌，2018）	aa40 店铺橱窗布局		
品牌服装作为消费的主要对象，其产品承载着最大的价值，是形象塑造的根本所在，其次是产品的更新频率和产品的陈列形态，这些都是消费者在品牌形象展示中比较敏感和关注的点。（於凌，2018）	aa41 店铺橱窗背景		

参考点举例	概念化		范畴化
服装品牌店面形象包含陈列柜及货架形象、服装展示形象、展示模特形象和及墙壁和地面装修4个方面，涉及香味、音乐、灯光、色调、材质等感官要素。（徐虹，2007）	aa42 展示模特形象	a28 店铺服装展示效果	
商店气氛，如音乐、灯光、香味、店铺色彩，有益于增强消费者购物体验，进而增加购物价值，留下积极的品牌印象。（Babin，2000）	aa43 墙壁、地面装修		
	aa45 陈列柜及货架形象		
服装卖场店面的布置、卖场工作人员服务质量、卖场更衣室设施和环境、适时的促销、卖场烘托的氛围与品牌风格的一致性、深入人心的广告宣传、电子商务能力等是反映服装品牌形象的要素。（王璐璐，2012）	aa46 音乐	a29 卖场氛围	
	aa47 灯光		
	aa48 香味		
	aa49 装修色调		
服装产品是一个高感性的产品，其品牌形象不仅由服装"硬性"方面的属性所决定，还是由产品质量、销售场所环境、销售服务质量、促销策略等多个维度构成一个整体系统。（徐虹，2007）	aa50 商场装修	a30 商场整体形象	
	aa51 商场档次		
	aa52 商场位置	a31 商场位置	

附录 B　服装品牌形象构成要素的专家调查表

附录 B-1　线下服装品牌形象构成要素专家调查表

请您对服装品牌形象构成因素的重要程度进行判断,并在相应的位置打"√"。

1. 以下产品形象构成要素对线下品牌形象的影响程度:

主要因素指标		影响程度				
		很大	较大	一般	较小	没有
产品属性	款式					
	面料					
	图案					
产品功能	用途					
	类别					
产品品质	质量					
	档次					
产品价格						

2. 以下企业形象构成要素对线下品牌形象的影响程度:

主要因素指标		影响程度				
		很大	较大	一般	较小	没有
企业行为	服务形象					
	社会形象					
	公关形象					
企业文化	历史延续					
	经营理念					
	价值取向					
	品牌文化内涵					
企业技术及创新	产品创新能力					
	产品上新速度					
	技术领先度					

3. 以下品牌识别构成要素对线下品牌形象的影响程度:

主要因素指标	影响程度				
	很大	较大	一般	较小	没有
品牌名称					
品牌商标形象					
专有产品名称					
品牌特有色彩					
品牌特有风格					

4. 以下宣传促销形象构成要素对线下品牌形象的影响程度：

主要因素指标		影响程度				
		很大	较大	一般	较小	没有
时装展示	时装展示					
	新闻发布					
商场形象	商场整体形象					
	商场位置					
店铺形象	店面外观形象					
	店面墙壁及地面形象					
	展示模特形象					
	服装展示形象					
	陈列形象					
	卖场氛围					
服务形象	售货员服务形象					
	售后服务					
	产品维护服务					
媒体广告						
形象代言						

附录 B-2　线上服装品牌形象构成因素专家调查表

1. 以下产品形象构成要素对网络品牌形象的影响程度：

主要因素指标		影响程度				
		很大	较大	一般	较小	没有
产品属性	款式					
	面料					
	图案					
产品功能	用途					
	类别					
产品品质	质量					
	档次					
产品价格						

2. 以下品牌识别构成要素对网络品牌形象的影响程度：

主要因素指标	影响程度				
	很大	较大	一般	较小	没有
品牌名称					
品牌商标形象					
专有产品名称					
品牌特有色彩					
品牌特有风格					

3. 以下企业形象构成要素对网络品牌形象的影响程度：

主要因素指标		影响程度				
		很大	较大	一般	较小	没有
企业行为	服务形象					
	社会形象					
	公关形象					
企业文化	历史延续					
	经营理念					
	价值取向					
	品牌文化内涵					
企业技术及创新	产品创新能力					
	产品上新速度					
	技术领先度					

4. 以下宣传促销形象构成要素对网络品牌形象的影响程度：

主要因素指标		影响程度				
		很大	较大	一般	较小	没有
时装展示	模特形象					
	图片风格					
服务形象	售前客服形象					
	售后客服形象					
	物流服务					
媒体广告						
形象代言						
折扣促销						

5. 以下网站形象构成要素对网络品牌形象的影响程度：

主要因素指标		影响程度				
		很大	较大	一般	较小	没有
视觉形象	界面设计					
	导航设计					
	文字设计					
	信息设计					
安全形象	网站信息真实性					
	交易付款机制安全性					
	个人信息保护性					
便利形象	商品搜索便利度					
	网站操作便利度					
	交易付款便利度					

附录 C 服装品牌形象测评问卷

第一部分 服装品牌形象感知

请根据您对该品牌形象各方面的感知和看法，对下列选项的重要性作出判断。
（注：品牌形象指对某品牌各方面信息的综合认知和感受。）

1. 请根据您对该品牌的店铺形象感知做出判断：

题项	非常不同意	不同意	不太同意	比较同意	同意	非常同意
该品牌店铺的橱窗陈列效果具有吸引力						
该品牌店铺内的氛围让人心情愉悦（包括音乐、气味等）						
该品牌店铺内的服装陈列效果具有吸引力						
该品牌店铺所在商场位置便利						
该品牌店铺所在商场整体形象令人满意						

2. 请根据您对该品牌的网络形象感知做出判断：

题项	非常不同意	不同意	不太同意	比较同意	同意	非常同意
该品牌网页的图片风格很有吸引力						
该品牌网页提供详细产品信息						
该品牌网页设计风格让人印象深刻						
该品牌所属网站很可靠						
该品牌所属网站操作便捷						

3. 请根据您对该品牌的宣传形象感知做出判断

题项	非常不同意	不同意	不太同意	比较同意	同意	非常同意
该品牌的代言人让人印象深刻						
该品牌的广告宣传让人印象深刻						
该品牌的产品折扣促销力度大						

4. 请根据您对该品牌的服务形象感知做出判断：

题项	非常不同意	不同意	不太同意	比较同意	同意	非常同意
该品牌的售前服务让人愉悦						
该品牌的售后服务让人愉悦						
该品牌的销售人员形象好						

5. 请根据您对该品牌的品牌标识形象感知做出判断：

题项	非常不同意	不同意	不太同意	比较同意	同意	非常同意
该品牌服饰风格非常明显						
该品牌通过包装就能辨认出						
该品牌通过 LOGO 就能辨认出						
该品牌色彩具有辨识度						
该品牌名称让人印象深刻						

6. 请根据您对该品牌的企业形象感知做出判断：

题项	非常不同意	不同意	不太同意	比较同意	同意	非常同意
该品牌所属公司产品上新频繁						
该品牌所属公司具有社会责任感						
该品牌所属公司历史文化深远						
该品牌所属公司具有独特的风格理念						
该品牌所属公司创新能力强						

第二部分　基础信息

7. 您的性别

    A. 男　　　　　　　B. 女

8. 您的最高学历

    A. 硕士及以上　　　B. 大学本科　　　　C. 大专　　　　D. 高中
    E. 中专及以下

9. 您目前的职业范围

    A. 在校学生　　　　B. 教师　　　　　　C. 企业管理人员
    D. 国家单位从业人员　E. 自由职业者　　　F. 其他

10. 您的年龄范围

    A. 18 岁以下　　　B. 18~25 岁　　　　C. 25~35 岁　　D. 35~40 岁
    E. 40~45 岁　　　　F. 45~55 岁　　　　G. 55 岁以上

11. 您的平均月收入
    A. 2000 元以下　　　B. 2 000~4 999 元　　C. 5 000~9 999 元
    D. 10 000~14 999 元　E. 15 000~19 999 元　F. 20 000 元及以上

12. 您所居住的城市
    A. 一线城市（如：北京、上海、广东、深圳）
    B. 二线城市（如：杭州、南京、重庆、成都、昆明、武汉、宁波、苏州等）
    C. 三线城市（如：乌鲁木齐、贵阳、海口、兰州、南通、绍兴、济宁等）
    D. 四线及以下城市

附录 D　服装品牌形象价值创造构成因素的专家调查表

请您对服装品牌形象价值创造构成因素的重要程度进行判断，并在相应的位置打"√"。

服装品牌形象价值创造是服装品牌或企业在形象设计、形象宣传、品牌美学、品牌魅力、品牌功能等方面的改进创新活动，旨在让品牌在原本有限的价值空间的基础上创造出额外的品牌价值，从而满足顾客对品牌形象的更高目标的价值追求，使品牌形象的价值达到最大化。

1. 以下形象设计构成要素对服装品牌形象价值创造的影响程度：

形象设计是指品牌对形象各要素做全方位分析，并结合自身特征进行塑造与包装的活动，主要借助美学设计与差异营销手段来实现品牌形象的价值创造。

主要因素指标	影响程度				
	很大	较大	一般	较小	没有
产品形象设计					
店面形象设计					
品牌标识形象设计					
包装设计					
价格形象设计					

2. 以下形象宣传构成要素对服装品牌形象价值创造的影响程度：

形象宣传是指一系列为提高知名度与维护品牌形象的宣传推广活动，主要通过顾客参与的手段实现品牌形象价值创造。

主要因素指标	影响程度				
	很大	较大	一般	较小	没有
设计师形象宣传					
品牌代言人形象宣传					
广告形象宣传					
服务形象宣传					
企业形象宣传					
顾客形象宣传					
促销形象宣传					

3. 以下品牌美学构成要素对服装品牌形象价值创造的影响程度：

品牌美学是指品牌与受众通过品牌符号和品牌感知体验的审美互动来实现品牌审美溢价值的品牌建构理论，主要借助美学手段及顾客参与来实现品牌形象的价值创造。

主要因素指标	影响程度				
	很大	较大	一般	较小	没有
品牌风格					
品牌特征					
品牌符号					
品牌色彩					
品牌图案					
品牌海报					
品牌店铺氛围					

4. 以下品牌魅力构成要素对服装品牌形象价值创造的影响程度：

品牌魅力为品牌的独特特征，展现出品牌的精神价值，主要通过挖掘品牌内涵与塑造品牌个性来实现品牌形象的价值创造。

主要因素指标	影响程度				
	很大	较大	一般	较小	没有
品牌内涵					
品牌精神					
品牌理念					
品牌文化					
品牌声誉					
品牌个性					
品牌附加值					
品牌价值取向					

5. 以下品牌功能构成要素对服装品牌形象价值创造的影响程度：

品牌不仅是一个符号，还具备各种功能，可通过发挥品牌的各项功能来实现品牌形象的价值创造。

主要因素指标	影响程度				
	很大	较大	一般	较小	没有
识别功能					
质量承诺与保证功能					
传播功能					
导购功能					
竞争功能					
价值链功能					

附录 E　服装品牌形象创新感知的调查问卷

第一部分　消费者对服装品牌形象创新的感知情况

下列描述，能让您感受到服装品牌对创新的关注程度，请根据您的实际情况，填写下列问卷，在您觉得合适的方框内打"√"（本部分共 6 个题项）

1. 以下是对服装品牌产品形象创新的描述：	非常不同意——非常同意					
品牌不断更新产品生产过程所需的工艺	①	②	③	④	⑤	⑥
品牌持续推出样式新颖的产品	①	②	③	④	⑤	⑥
品牌推出的产品质量比同行好	①	②	③	④	⑤	⑥
品牌的设计理念很新颖	①	②	③	④	⑤	⑥
品牌产品使用新型面料	①	②	③	④	⑤	⑥
2. 以下是对服装品牌识别形象创新的描述：	非常不同意——非常同意					
品牌的包装不断更新	①	②	③	④	⑤	⑥
品牌的标识与时俱进	①	②	③	④	⑤	⑥
品牌不断调整品牌定位	①	②	③	④	⑤	⑥
品牌的服装风格能引导产业的方向	①	②	③	④	⑤	⑥
3. 以下是对服装品牌企业形象创新的描述：	非常不同意——非常同意					
企业拥有很强的创新文化	①	②	③	④	⑤	⑥
企业注重新技术的研发	①	②	③	④	⑤	⑥
企业的管理方式符合时代的发展	①	②	③	④	⑤	⑥
4. 以下是对服装营销形象创新的描述：	非常不同意——非常同意					
品牌的广告很有创意	①	②	③	④	⑤	⑥
品牌的促销活动相当创新	①	②	③	④	⑤	⑥
品牌的营销方式（如体验、网络营销）符合时代的发展	①	②	③	④	⑤	⑥
5. 以下是对服装服务形象创新的描述：	非常不同意——非常同意					
品牌雇佣优秀的员工（如文化素养高、受过专业训练）	①	②	③	④	⑤	⑥
品牌能提供更多个性服务（如定制服务、智能体验）	①	②	③	④	⑤	⑥
品牌的服务态度比同行好	①	②	③	④	⑤	⑥
6. 以下是对服装店铺形象创新的描述：	非常不同意——非常同意					
品牌的店铺氛围与众不同	①	②	③	④	⑤	⑥
品牌有与众不同的店面设计	①	②	③	④	⑤	⑥
品牌的橱窗展示很有创意	①	②	③	④	⑤	⑥

第二部分　基本信息

（本部分共 6 个题项，在您选中答案的方框中打 "√"）

7. 您的性别
   □男　　　　　　　　□女

8. 您的最高学历
   □博士　　　　　　　□硕士　　　　　　　□本科
   □本科以下

9. 您目前的职业范围
   □在校学生　　　　　□艺术工作者　　　　□企业公司管理人员
   □国家单位从业人员　□金融业从业者　　　□IT 行业工作者
   □自由职业者　　　　□家庭主妇　　　　　□其他

10. 您的年龄范围
    □18 岁以下　　　　□18～25 岁　　　　□25～35 岁
    □35～40 岁　　　　□40～45 岁　　　　□45～55 岁
    □55 岁以上

11. 您的平均月收入
    □2000 元以下　　　□2000～4999 元　　□5000～9999 元
    □10000 元及以上

12. 您所居住的城市
    □一线城市（如：北京、上海、广东、深圳）
    □二线城市（如：杭州、南京、重庆、成都、昆明、武汉、宁波、苏州等）
    □三线城市（如：乌鲁木齐、贵阳、海口、兰州、南通、绍兴、济宁等）
    □四线及以下城市

附录 F　服装品牌形象对消费者购买意愿影响的调查问卷

1. 请您填写一个服装品牌名称，并根据该品牌填写本问卷相关题项。＿＿＿＿＿＿

（注：该服装品牌需同时拥有线下实体店铺和线上店铺或网站）

第一部分　服装品牌形象感知

请您根据该品牌形象各方面的感知和看法，对下列选项的重要性作出判断。

（注：品牌形象指对某品牌各方面信息的综合认知和感受。）

2. 请根据您对该品牌的店铺形象感知做出判断：

题项	非常不同意	不同意	不太同意	比较同意	同意	非常同意
该品牌店铺的橱窗陈列效果具有吸引力						
该品牌店铺内的氛围让人心情愉悦（包括音乐、气味等）						
该品牌店铺内的服装陈列效果具有吸引力						
该品牌店铺所在商场位置便利						
该品牌店铺所在商场整体形象令人满意						

3. 请根据您对该品牌的网络形象感知做出判断：

题项	非常不同意	不同意	不太同意	比较同意	同意	非常同意
该品牌网页的图片风格很吸引我						
该品牌网页提供详细产品信息						
该品牌网页设计风格让人印象深刻						
该品牌所属网站很可靠						
该品牌所属网站操作便捷						

4. 请根据您对该品牌的宣传形象感知做出判断：

题项	非常不同意	不同意	不太同意	比较同意	同意	非常同意
该品牌的代言人让人印象深刻						
该品牌广告宣传让人印象深刻						
该品牌产品折扣促销力度大						

5. 请根据您对该品牌的服务形象感知做出判断

题项	非常 不同意	不同意	不太 同意	比较 同意	同意	非常 同意
该品牌的售前服务让人愉悦						
该品牌的售后服务让人愉悦						
该品牌销售人员形象好						

6. 请根据您对该品牌的品牌标识形象感知做出判断：

题项	非常 不同意	不同意	不太 同意	比较 同意	同意	非常 同意
该品牌服饰风格非常明显						
该品牌通过包装就能辨认出						
该品牌通过 LOGO 就能辨认出						
该品牌色彩具有辨识度						
该品牌名称让人印象深刻						

7. 请根据您对该品牌的企业形象感知做出判断

题项	非常 不同意	不同意	不太 同意	比较 同意	同意	非常 同意
该品牌所属公司产品上新频繁						
该品牌所属公司具有社会责任感						
该品牌所属公司历史文化深远						
该品牌所属公司具有独特的风格理念						
该品牌所属公司创新能力强						

第二部分　品牌形象对购买意愿的影响相关因素

请您根据对该品牌各方面信息的感知和看法从而获得的具体感受和产生的购买意愿，对下列选项的重要性作出判断。

8. 请根据您的个人形象与该品牌形象的一致性程度做出判断：

（注：即你目前呈现的个人形象或想要塑造的个人形象与品牌呈现形象的契合程度）

题项	非常不同意	不同意	不太同意	比较同意	同意	非常同意
该品牌形象与我目前的个人形象相一致						
该品牌形象与我理想中自己的形象相一致						
该品牌形象与他人眼中我的形象相一致						
该品牌形象与我期望别人看待我的形象一致						

9. 请根据您对该品牌的质量感知做出判断（感知质量是指根据您对品牌形象信息的感知结果，推测品牌产品质量好坏的程度）：

题项	非常不同意	不同意	不太同意	比较同意	同意	非常同意
该品牌总体质量很好						
该品牌质量稳定性很高						
该品牌质量值得信赖						

10. 请根据您对该品牌的熟悉程度做出判断：

题项	非常不同意	不同意	不太同意	比较同意	同意	非常同意
能够轻松地从众多服饰中辨认出该品牌的服饰						
很快就能够想出该品牌的一些特征（如细节设计特点、服装风格、产品价格等）						
很快就能回忆起该品牌的 LOGO						
曾经穿着过该品牌服饰						
对该品牌很熟悉						

11. 您购买或使用该品牌产品是由于：

题项	非常不同意	不同意	不太同意	比较同意	同意	非常同意
该品牌有助于塑造我所期望的，与某类人相同的形象						
该品牌能够使我给别人留下好印象						
该品牌有助于向他人展示我的个性						
该品牌有助于向他人展示我是怎样的人						

12. 当您打算购买服饰时：

题项	非常 不同意	不同意	不太 同意	比较 同意	同意	非常 同意
会将该品牌服饰列入考虑范围内						
有很高的可能性会购买该品牌服饰						
将来会购买该品牌服饰						

第三部分　基础信息

13. 您的性别
　　A. 男　　　　　　　B. 女

14. 您的最高学历
　　A. 硕士及以上　　　B. 大学本科　　　　C. 大专　　　　D. 高中
　　E. 中专及以下

15. 您目前的职业范围
　　A. 在校学生　　　　B. 教师　　　　　　C. 企业管理人员
　　D. 国家单位从业人员　E. 自由职业者　　　F. 其他

16. 您的年龄范围
　　A. 18 岁以下　　　　B. 18～25 岁　　　　C. 25～35 岁
　　D. 35～40 岁　　　　E. 40～45 岁　　　　F. 45～55 岁
　　G. 55 岁以上

17. 您的平均月收入
　　A. 2 000 元以下　　　B. 2 000～4 999 元　　C. 5 000～9 999 元
　　D. 10 000～14 999 元　E. 15 000～19 999 元　F. 20 000 及以上元

18. 您所居住的城市
　　A. 一线城市（如：北京、上海、广东、深圳）
　　B. 二线城市（如：杭州、南京、重庆、成都、昆明、武汉、宁波、苏州等）
　　C. 三线城市（如：乌鲁木齐、贵阳、海口、兰州、南通、绍兴、济宁等）
　　D. 四线及以下城市

附录 G　服装品牌形象价值创造对品牌忠诚影响的调查问卷

第一部分　品牌形象价值创造的感知调研

请根据您对服装品牌形象价值创造活动的感知，对下列选项作出选择：品牌形象价值创造是指品牌或企业在品牌形象各方面的创新创造活动。如品牌开展"邀请顾客参与产品的设计；采用艺术手段进行新品推广；打破以往的形象进行产品创新（如波司登加入米兰时装周大秀，展现全新服装品牌形象）；邀请顾客参加品牌展会、拍形象宣传片；收集顾客的反馈信息"等活动。

1. 服装企业开展品牌形象设计的创新创造活动时，您认为该品牌：［矩阵量表题］ *

品牌形象设计活动是指服装品牌结合自身特征进行塑造与包装品牌形象的活动（如运用刺绣元素打造国风形象）

	非常不同意	不同意	比较不同意	一般	比较同意	同意	非常同意
产品设计新颖							
店面设计独特							
标识设计具有辨识度							
包装设计简洁大方							
价格设计合理							

2. 服装企业开展品牌形象宣传的创新创造活动时，您认为：［矩阵量表题］ *

品牌形象宣传活动是服装品牌的宣传推广活动（如宣传片、明星广告等）

	非常不同意	不同意	比较不同意	一般	比较同意	同意	非常同意
品牌设计师形象通常与我心目中的设计师形象相符							
品牌代言人形象通常与我心目中的代言人形象相符							
品牌广告能吸引我的注意							
品牌服务能令我满意							
品牌所属企业具有良好的口碑							
品牌的顾客具有良好的个人形象							
品牌促销活动能加深我对该品牌的印象							

3. 服装企业开展品牌美学方面的创新创造活动时，您认为：［矩阵量表题］ *

品牌美学是指品牌借助美学设计手段打造品牌形象的创造性活动（如色彩搭配中的撞色搭配、深浅搭配等）。

	非常 不同意	不同意	比较 不同意	一般	比较 同意	同意	非常 同意
品牌风格通常受大众喜爱							
品牌符号具有美感（如 CHANEL 的"双 C"对称美）							
品牌色彩运用符合大众审美观念							
品牌图案具有代表性（如格-BURBERRY，山茶花-CHANEL）							
品牌海报通常具有吸引力							
品牌商店氛围通常令人愉悦、舒适							

4. 服装企业开展品牌魅力方面的创新创造活动时，您认为：［矩阵量表题］ ＊

品牌魅力主要是品牌的独有特征，如品牌的精神、品牌文化等。

	非常 不同意	不同意	比较 不同意	一般	比较 同意	同意	非常 同意
品牌理念符合大众观念							
品牌精神积极向上							
品牌文化深厚							
品牌声誉良好							
品牌个性鲜明（如维多利亚的秘密—性感）							
品牌具有较高的附加值（比如会获得较高质量的服务水平）							
品牌价值取向能得到大众认同							

5. 服装企业开展品牌功能方面的创新创造活动时，您认为：［矩阵量表题］ ＊

品牌功能在于它能反映企业产品的质量、性能、服务、信誉等信息，使消费者可以清晰地辨别该品牌与其他品牌的不同之处。

	非常 不同意	不同意	比较 不同意	一般	比较 同意	同意	非常 同意
能很容易识别出该品牌和其他品牌的差异							
该品牌的产品质量可靠							
该品牌能向我传递该品牌产品的相关信息							
该品牌能够引导我消费							
该品牌有较高的竞争优势							
该品牌通常会和其他知名品牌合作（如跨界、联名）							

第二部分

6. 当您参与和品牌相关的活动时，您会：［矩阵量表题］ *

	非常 不同意	不同意	比较 不同意	一般	比较 同意	同意	非常 同意
获得品牌或产品的相关信息							
向品牌员工询问品牌或产品的相关信息							
向其他顾客分享我已知的信息							
遵循品牌员工的指示或安排							
对品牌员工很友好							
与其他成员对话沟通							

7. 当您参与和品牌相关的活动，您认为：［矩阵量表题］ *

	非常 不同意	不同意	比较 不同意	一般	比较 同意	同意	非常 同意
感觉很有趣							
会有轻松感和愉悦感							
具有特殊意义（更信任该品牌、对该品牌改观等）							

8. 当您参与和品牌相关的活动时，您认为：［矩阵量表题］ *

	非常 不同意	不同意	比较 不同意	一般	比较 同意	同意	非常 同意
会学到更多的知识和技能							
能够引导您快速了解该品牌							
在参与或体验过程中，您更注重品牌产品的质量							
在参与或体验过程中，您更注重品牌产品的功能							

9. 当您参与和品牌相关的活动时，您认为：［矩阵量表题］ *

	非常 不同意	不同意	比较 不同意	一般	比较 同意	同意	非常 同意
能够从中找到归属感							
能够拓宽我的社会网络							
能够体现我的身份地位							

10. 当服装企业开展品牌形象创新创造活动时，您认为：［矩阵量表题］ *

	非常 不同意	不同意	比较 不同意	一般	比较 同意	同意	非常 同意
该品牌是我购买同类产品时的第一选择							
我愿意向朋友推荐该品牌							
即使该品牌产品比其他品牌产品价格较高，我也会购买							
我已经向朋友推荐了该品牌							
我将来还会一直购买该品牌的产品							

11. 若您有机会与品牌共同创造价值，您认为［矩阵量表题］ *

	非常 不同意	不同意	比较 不同意	一般	比较 同意	同意	非常 同意
我愿意学习如何参与到品牌的各项活动中，并与品牌共同创造价值							
我愿意尝试参与到品牌的各项活动中，并与品牌共同创造价值							
我愿意推荐其他人参与到品牌的各项活动中，并与品牌共同创造价值							

12. 当服装企业开展品牌形象创新创造活动时，您认为：［矩阵量表题］ *

	非常 不同意	不同意	比较 不同意	一般	比较 同意	同意	非常 同意
我相信，该品牌不会让我失望							
我对该品牌有信心							
我相信，该品牌在解决我的问题和担忧时是真诚的							
我相信，该品牌会尽力使我满意							

第三部分　基本资料

13. 您的性别［单选题］ *
　　□男　　　　　　　□女

14. 您的年龄段［单选题］ *
　　□18 岁以下　　　　□19～25 岁　　　　□26～30 岁
　　□31～40 岁　　　　□41～50 岁　　　　□51 岁以上

15. 您的职业 ［单选题］ ＊
　　□党政机关工作人员　　□专业技术人员、医生　　□教师
　　□公司管理干部　　　　□企业职工　　　　　　□学生
　　□商业服务业职工　　　□个体经营者　　　　　□其他

16. 您的学历 ［单选题］ ＊
　　□高中及以下　　　　　□专科　　　　　　　　□本科
　　□硕士及以上

17. 您的月收入 ［单选题］ ＊
　　□1500 元以下　　　　　□1501~3000 元　　　　□3001~5000 元
　　□5001~8000 元　　　　□8001~12000 元　　　□12001 元及以上

18. 您所在的城市 ［单选题］ ＊
　　□一线城市（北京、上海、广州、深圳）
　　□二线城市（杭州、南京、天津、武汉、成都、重庆、西安、济南等）
　　□三线城市（潍坊、保定、扬州、桂林、唐山、湖州市、洛阳、舟山、丽江、丽水等）
　　□四线城市或其他地区

附录 H　服装品牌形象创新对消费者意愿影响的调查问卷

第一部分　品牌形象创新的感知调研

请根据您对服装品牌形象创新的感知，对下列选项作出选择：

品牌形象创新是指品牌或企业对品牌形象各构成要素的重组、革新或扩展。如策划有新意的广告、推出个性服务、打破以往的产品形象进行创新（如 NIKE 研发出一种新型再生皮革面料，体现面料创新）等活动。

1. 请根据您对服装品牌的产品形象创新感知做出判断：	非常不同意——非常同意					
品牌不断更新产品生产过程所需的工艺	①	②	③	④	⑤	⑥
品牌持续推出样式新颖的产品	①	②	③	④	⑤	⑥
品牌推出的产品质量比同行好	①	②	③	④	⑤	⑥
品牌的设计理念很新颖	①	②	③	④	⑤	⑥
品牌产品使用新型面料	①	②	③	④	⑤	⑥
请根据您对服装品牌的产品形象创新感知做出判断：	非常不同意——非常同意					
品牌的包装不断更新	①	②	③	④	⑤	⑥
品牌的标识能与时俱进	①	②	③	④	⑤	⑥
品牌不断调整定位	①	②	③	④	⑤	⑥
品牌的服装风格能引导产业的方向	①	②	③	④	⑤	⑥
3. 请根据您对服装品牌的企业形象创新感知做出判断：	非常不同意——非常同意					
企业拥有很强的创新文化	①	②	③	④	⑤	⑥
企业注重新技术的研发	①	②	③	④	⑤	⑥
企业的管理方式符合时代的发展	①	②	③	④	⑤	⑥
4. 请根据您对服装品牌的营销形象创新感知做出判断：	非常不同意——非常同意					
品牌的广告很有创意	①	②	③	④	⑤	⑥
品牌的促销活动相当创新	①	②	③	④	⑤	⑥
品牌的营销方式(如体验、网络营销)符合时代的发展	①	②	③	④	⑤	⑥
5. 请根据您对某服装品牌的服务形象创新感知做出判断：	非常不同意——非常同意					
品牌雇佣优秀的员工(如文化素养高、受过专业训练)	①	②	③	④	⑤	⑥
品牌能提供更多个性服务(如定制服务、智能体验)	①	②	③	④	⑤	⑥
品牌的服务态度比同行好	①	②	③	④	⑤	⑥
6. 请根据您对某服装品牌的店铺形象创新感知做出判断：	非常不同意——非常同意					
品牌的店铺氛围与众不同	①	②	③	④	⑤	⑥
品牌有与众不同的店面设计	①	②	③	④	⑤	⑥
品牌的橱窗展示很有创意	①	②	③	④	⑤	⑥

第二部分　品牌形象创新对消费者行为的影响调研

7. 当某服装企业进行品牌形象创新时,您认为:	非常不同意——非常同意					
我觉得这个品牌的市场占有率高	①	②	③	④	⑤	⑥
我觉得这个品牌的市场覆盖率高	①	②	③	④	⑤	⑥
我觉得这个品牌的产品延伸度强	①	②	③	④	⑤	⑥
我觉得这个品牌的形象好	①	②	③	④	⑤	⑥
我觉得这个品牌的品质好	①	②	③	④	⑤	⑥
我觉得这个品牌的个性强	①	②	③	④	⑤	⑥
8. 请根据您对某服装品牌的情感程度做出判断:	非常不同意——非常同意					
当我使用这个品牌的产品时,我感觉非常好	①	②	③	④	⑤	⑥
这个品牌给我一种很愉快的感觉	①	②	③	④	⑤	⑥
这个品牌给我带来很多乐趣	①	②	③	④	⑤	⑥
作为这个品牌的顾客是一种很享受的经历	①	②	③	④	⑤	⑥
9. 若您接受某品牌形象创新的服装产品,您会:	非常不同意——非常同意					
如果有需要,我会考虑购买该品牌的产品	①	②	③	④	⑤	⑥
我购买该品牌的产品可能性很大	①	②	③	④	⑤	⑥
我计划购买该品牌产品	①	②	③	④	⑤	⑥
如果下次购买同类产品时,我会选择该品牌	①	②	③	④	⑤	⑥

第三部分　基本信息

10. 您的性别 （　　　）

    A. 男　　　　　　　　B. 女

11. 您的最高学历 （　　　）

    A. 硕士及以上　　　　　B. 大学本科　　　　　C. 专科

    D. 高中及以下

12. 您目前的职业范围 （　　　）

    A. 在校学生　　　　　B. 教师　　　　　C. 企业管理干部

    D. 党政机关从业人员　　E. 企业职工　　　　F. 专业技术人员、医生

    G. 自由职业者　　　　H. 家庭主妇　　　　I. 其他

13. 您的年龄范围 （　　　）

    A. 18 岁以下　　　　　B. 19~25 岁　　　　C. 26~30 岁

D. 31~40 岁   E. 40 岁之上

14. 您的平均月收入 （   ）
   A. 1 500 元以下   B. 1 501~3 000 元   C. 3 001~5 000 元
   D. 5 000~8 000 元   E. 8 001~12 000 元   F. 12 000 及以上元

15. 您所居住的城市 （   ）
   A. 一线城市 （如：北京、上海、广东、深圳）
   B. 二线城市 （如：杭州、南京、重庆、成都、昆明、武汉、宁波、苏州等）
   C. 三线城市 （如：乌鲁木齐、贵阳、海口、兰州、南通、绍兴、济宁等）
   D. 四线及以下城市

后 记

在数字化、网络化、信息化、智能化和全球化的背景下，局限于营销学的研究范式难以解决品牌营销中所出现的新问题，急需打破学科壁垒，以跨学科研究方法寻找新的研究范式，跨学科是品牌营销研究进一步发展的必然趋势。"服装品牌形象营销"这一主题是服装品牌管理中亟需研究的内容，有助于服装营销与管理学科的建设和发展。品牌形象已经成为品牌建设的核心动力，在数字时代趋向消费者需求与品牌营销的表现形态。

本书由作者指导多名研究生和本科生历时五年多的研究，两年多的撰写和打磨，几易其稿，终于成篇，呈现给广大时尚行业从业者和相关专业学生们。由于时间仓促，书中篇幅有限，加之作者个人水平有限，书中的错误和疏漏在所难免，若有争议或不当之处，敬请专业人士谅解指正。

2017年以来，我一直拥有一个令人自豪的核心团队，正是他们，帮我把很多想法，通过科学严谨的研究得以验证，并转变为成功的品牌实践。在此，感谢研究生杜沁盈、邱丽俊、郗可心、栗玲、何琳、靳雅丽、李炅和本科生余媛媛、顾悦、蒋萱、陈小茁、杨佳凤、涂展望、仪瑶瑶、徐玮、王唯嘉等学生的辛勤付出。可以说，这本书的出版，凝聚着多位研究生和本科生对服装品牌和时尚行业的深情热爱和专业情怀。

在本书的研究过程中，得到多位服装企业从业者、服装品牌方面的专家和学者的悉心指导和把关。同时，吸取借鉴了大量的服装品牌案例，无法一一标注出处，在此一并感谢。